LENA CHRIST
GESAMMELTE WERKE
Herausgegeben von Walter Schmitz
Zweiter Band

Lena Christ
Erzählungen
und kleine Prosa
Unsere Bayern
Die Rumplhanni

Lena Christ
Erzählungen und kleine Prosa
Unsere Bayern
Die Rumplhanni

Herausgegeben von Walter Schmitz

Süddeutscher Verlag

ISBN 3-7991-6284-4

© 1990 Süddeutscher Verlag
in der Südwest Verlag GmbH & Co. KG., München
Alle Rechte vorbehalten. Printed in Germany
Schutzumschlagentwurf: Design Team
Das Portraitphoto von Lena Christ auf dem Frontispiz
stammt etwa aus dem Jahr 1911
Gesetzt in der 10 auf 12 Punkt Bembo Antiqua
Satz: Typodata GmbH, München
Druck und Bindearbeit: Clausen & Bosse, Leck

Inhaltsübersicht

Wahrhaftige
Darstellung und Beschreibung
des großen
Haberfeldtreibens
vom Jahre 1914/15
vor dem Gasthaus »zum europäischen Hof«
dahier

Erklärung

Die Handlung findet statt auf dem großen Platz vor dem europäischen Hof.

Rund um den Platz stehen die Hütten und Häuser folgender Besitzer:

1. Beim Russ', neben dem Michl;
2. Bei der Serbin, hinterm Franzl;
3. Beim Belgierbertl, am See;
4. Bei der la Franze, neben der Elsässerin;
5. Bei der Britannia, drüberm Wasser;
6. Beim Montenegriner, neben dem Kesselflicker;
7. Beim Scheerschleiferviktori, hinterm Berg.

Im europäischen Hof weilen zur Zeit der Handlung verschiedene Gäste; darunter etliche Schwyzer, der Amerikaseppel, Onkel Wilson, die Tante Sylva, der Vetter Konstantin, der Bulgarenferdl, der Graf von Luxemburg und ein alter Schwed.

In der Teestube des Gasthofs der berüchtigte Hoteldieb, Mister Japs.

Die Hauptleute der treibenden Mannschaft sind: Der Michl, der Franzl und der Türkl.

Vorbereitung

Nachdem die treibende Mannschaft hüben und drüben aufgestellt und für die Schaffenden als Deckung eine genügende Anzahl Posten ausgesetzt wurde, so kann das Auflärmen beginnen mit Trommelschlag und Trompetenstoß, mit Kanonendonnern und Gewehrknattern.

Folgt dazwischen eine Anrede an die heimische Zuhörerschaft bezüglich Grund und Ursach dieses Treibens, auch eine Ansprach an die neutralen Zuschauer, um ihnen von der in Gang begriffenen, vorhandenen Sach Kenntnis geben

zu können und sie gleichzeitig zu ermahnen, den Haberern
in keiner Art und Weise irgendwo zu nahe treten zu wollen,
auf daß hiedurch alles Unglück wo möglich vermieden
bleibe.

Beginn des Treibens

Nach solcher Anred und nochmaligem Auflärmen wird
Ruhe geboten, und es erfolgt die Vorred, Anklag und
Fehme in folgender Weise:

DER KANZLER spricht:

»Im Auftrag des Kaiser Karl vom Untersberg müaß ma jetz
     nach vieravierzg Jahr wieder 's Haberfeld treibn; –
Darnach werdn überall Telegramm ausghängt, da kanns
     nachher noch a jede Zeitung extra abschreibn. –
Unser Burgermoasta, der deutsche Michl, a großer, a
                         foaster,
Der macht uns heut unsern Haberfeldmoaster. –
Der Nachbar Franzl, der österreichisch Kaiser, –
Ein alter Herr, ein guater und weiser, –
Der hat sich verpflicht' mit einem Bündnisschreibn,
Daß er aa mit uns mittuat bei dem Haberfeldtreibn, –
Unser dritter Genoss', der Viktori hinterm Berg
Der is meineidig worden und tuat net mit bei dem Werk;
Er hat a alte Feindschaft mitn Nachbarn, dem Franzl,
Zwegn dem Hof vom Trentinerhansl.
Die Feindschaft geht so weit, daß er Mord und Totschlag
                         net scheucht,
Und hoamtückisch mit seine Gselln ums Haus uma
                         schleicht;
Aber der Franzl fürcht si net,
Denn es hat ja koa Gfahr,
Denn so lang der deutsche Michl lebt,
Krummts eahm koa Haar.

Ja, unterm deutschen Michl da werdn mir firti mit alle-
samm,
Indem daß mir diesmal an Hindenburg als Oberknecht
habn!
Und 'n Kluck und 'n Falkenhayn,
An Beseler und 'n Ludendorfer,
An Einem und 'n Mackensen – mit dene ham mir an jeden
bald gworfa!
Dazua no den bayerischen Rupprecht und den Graf Zep-
pelin,
Und unsern Tirpitz mit seine Leutl im Wasser drinn;
Die treiben mit Kreuzer und Unterseeboot,
Und bringen unsere Erzfeind in die allergrößt Not.
Dazua unser Freund,
Der Türkl mitn von der Goltz, –
Bua! – Die Leut san gschnitzlt aus an guaten Holz!
Mit einer solchenen Mannschaft is guat Haberfeld treibn,
Da lassen unserne Feind bald eahnane Bosheiten bleibn. –
Jetz habts no a kloane Geduld, mir müassen enk scho no
mehra sagn,
Damit daß mir dene Herrschaften an kloan Schrecken
einjagn. –
Mir san zwar bei dem Haberfeldtreiben selber net z'neiden,
Und täten aa viel liaber friedli bei uns dahoam bleibn;
Aber die Bosheit und Rachsucht wachst scho schier bis in
Himmel hinein,
Und der Neid und die Scheinheiligkeit kann größer nim-
mer sein;
Die täten uns heut oder morgen ganz hoamtückisch er-
schlagn,
Und mir gangen z'grund und kunnten koa Wörtl nimmer
sagn! –
Drum, wann heut der Kaiser sagt, Leutln, geh, machts enk
aufn Weg,
So müaß ma gleich auf und auße, über Berg und Tal, über
Wasser und Steg;

A jeder bewaffnet wie zu einer großmächtigen Schlacht,
Und a so müaß ma durchwandern die stockfinstere Nacht. –
Und wanns gleich stocknacht is,
Und mir siecht koan Weg und koan Steg,
So müaß ma doch durche,
Durchs Wasser und durchn Dreck.
D'Neutralität von die Belgier hätt ma aa no zum Scheucha,
Und hinterrucks tat si der Franzos doch durchi schleicha.
Und der Engländer zwickat die Augen zu, damit daß ers net
                      siecht,
Was an dem deutschen Michl seiner Hoamat für a Verräte-
                      rei gschiecht.
Ja – meiner Seel! – Die waaren glei selber versessen aufs
                      Fanga,
Und täten uns gern in dem neutralen Belgien daglanga;
Drum müaß ma uns schleuna, auf daß mir die Stärkern
                      bleibn,
Und daß mir dene Leutln eahnane Bosheiten austreibn!
Ja, der Belgier und der Franzos, – der Engländer, der Serb
                      und der Russ',
Die brauchen alle mitanand a gar a harte Buaß;
Denn die hätten allsamm koa Barmherzigkeit mit uns
                      Haberfeldtreiber,
Die fressatn uns zsamm und kennatn koan
Fasttag, wärs Aschermittwoch oder Charfreita! –
I glaub aber, daß i mi da net betriag,
Wann i sag, da is mir do no liaber a Kriag!
Drum is's gscheiter, mir tean eahna's Haberfeld treibn,
Als daß uns die fressen, daß grad noch insane Boana
                      überbleibn!
So, meine Leut, auf dees nauf macht no a jeder a bissl an
                      Lärm;
Nach dem können dann die Zuhörer noch das weitere
                      hörn!«

DER HABERERMEISTER spricht:

»Zum ersten kommen mir glei über den russischen Zaren,
den scheinheiligen Nickl,
Und übern Nikolajewitsch seine Lumpastückl.
Der Zar Nikolaus halt's mit der Vielweiberei;
Der heirat' a jede, wann er an Profit siecht dabei!
Z'erscht hat er mit der la Franze an Ehevertrag g'macht,
Sie gibt eahm zehn Milliarden, – Bua – da hat er glacht!
Danebn holt er sich schö stad a deutsche Prinzessin ins Haus
Und busselt den Kaiser Wilhelm ab – es is a wahrer Graus!
Zletzt scharwenzelt er aa no mit der serbischen Mörda
Maschin
Und hängt si an die alte Britannia hin;
Und die alte Britannia hat eahm gfüllt seine Kassen,
Auf daß er kunnt von der Serbin a paar umbringa lassen.
Der Nikl der denkt sich: ›Dees Umbringa wern mir glei
habn,
I woaß eh schon a paar, für die lasset i gern die letzte Grubn
grabn!
Dem Österreicher Franzl sei Wamperl
Dees werd mir a so scho lang z'groß –
Wann i den z'samt der Germania abkragln laß – nachher bin
i a paar los!
Und den Saustall in mein Landl
Bring i am besten weg durch an Kriag,
Denn sunst geh i selber in d'Luft – i glaub, daß i mi da net
betriag!
Mei ganze Grausamkeit zsamt meine Zuchthäuser is nim-
mer viel Nutz,
Mir wachst der Anarchismus scho übern Kopf und den
Nihilisten eahna Trutz!‹,
Und der Nikolajewitsch sagt: ›I fang jetz amal a bissl's
Umbringa o!‹ –
Und hat sein Herr Vetter ins Ratzenkammerl to!
Der Nikl, der lacht aus seinem Ratzenkammerl raus,

Und sagt: ›I bin der Friedenszar! – Machts nur mobil vo mir
aus!‹
Und schreibt dem Kaiser Wilhelm: ›Lieber Freund, beim
Franzl brennts;
Bitt gar schö, hilf löschen!‹ – Laßt aber hoamli ozündn an
der Grenz!
Und der Herr Onkel holt vom ganzen Land seine Horden,
Auf daß s' amal anfangen mitn Rauben und Morden!
Na hams d'Häuser anzunden und Manner und Weiber
umbracht,
Jungfrauen gschändt und allerhand Schandtaten gmacht!
Ja, a so is der Russ' bei uns einbrochen, der Tropf!
Aber – schaug – jetz kimmt der Hindenburg! – Jetz kost's
eahm sein Kopf!
Buam, is dees wahr?«

CHOR DER HABERER:
»Ja, wahr is's, Moasta!«

HABERERMEISTER:
»Nachher treibts an, Buam!«

Auf dieses folgt ein anhaltender Krawall, wobei sich besonders der Hindenburg und der Ludendorff hervortun.

Nachdem also eine Zeit umgetrieben und auch den beiden
Missetätern verschiedentliche Straf und Buß angetan worden, tritt Stille ein.

DER MEISTER spricht wiederum:
»Zum zwoaten müaß ma kemma über die serbische
Mörda-Maschin,
Die hat Läus und Flöh und allerhand Gsindel in ihrana
Hütten drinn;
Sie halt's mit die Königsmörder und Brandlegersgselln,

Und laßt si alle Tag eahnane Schandtaten verzähln.
Sagt oana: ›Heut hab i an Thronfolger umbracht!‹
Nachher laßt s'n als den Tapfersten in ihra Schlafkammerl
auf d'Nacht.
An Russen, den halt sie sich no extra als Mann,
Der schafft ihr nachher alle Tag neue Mordtaten an!
Is dees wahr, Buam?«

CHOR DER HABERER:
»Ja, wahr is's, Moasta!«

HABERERMEISTER:
»Nachher treibts zua, Buam!«

Folgt wieder anhaltender Krawall, wobei der Österreicher
Franzl am lautesten tut.
  Nach diesem Treiben folgt wieder Stille, und der

HABERFELDMEISTER spricht:
»Jetz kimmt nachher der Bertl von Belgien dro,
Bua! – Dees is a Feiner, a kreuzbraver Mo!
Der hat glei sei Seel an die Teifeln verschriebn
Und hat sei ganz Landl ins Unglück nei'triebn.
Gegen Deutschland tat er sich auf d' Neutralität versteifen,
Und d'Franzosen durftn bei eahm eahnan Säbel schleifen.
Er laßt den Franzosen willig durch – durch sei Land,
Damit daß uns Frankreich leichter umbringa kannt!
Aber oha, Herr Albert! Mir riachen scho dein Bratn –
Und tean vor deiner Hütten a paar Zwoaravierzga ladn!
Drei Schuß und drei Kracha – a kloane Treiberei,
Dei Krönerl tuat wackeln – mit dein' Reich is's vorbei!
Buam, is dees wahr?«

CHOR DER HABERER:
»Ja, wahr is's, Moaster!«

MEISTER:
»Nachher treibts zua!«

Folgt abermals ein starkes Umtreiben, wobei der Emmich die Fensterladen aushängt, und der Beseler die Haustür, und der Belgier im Nachthemd voller Ängsten davonlauft.

Bei diesem Treffen wird leider aus den Fenstern der belgischen Hütte auf die Haberer geschossen, worauf diese den Heustadel anzünden und etliche von den Tätern an die Mauer stellen.
    Darnach wird wieder Ruhe, und der

HABERFELDMEISTER spricht:
»Als nächste kimmt jetz die la Franze an d'Reih;
Dees mannsbildernarrisch Frauenzimmer steckt voller
                                                    Lumperei!
Sie spitzt scho lang auf die Elsässer
Und die Lothringer eahnan Grund,
Und waar gern rheinische Bäuerin, nachher, sagts, wurd s'
                                                    erscht gsund!
Zwegn an Elsaß da führts scho langmächti an Streit,
Und moant, sie muaß gwinna; aber da is's weit gfeit!
Die hat anno siebazg den Prozeß scho verspielt,
Und verspielt 'n jetz wieder, mags geh, wia der willt!
Sie kennt zwar koa Schaama, sagt an Meineid und schwört,
Die Gründ hätten scho, seit d'Welt steht, zu ihran Sach
                                                    ghört;
Aber es hilft nix; der deutsche Michl hats verbriaft und sagts
                                                    gwiß,
Daß 's Elsaß a Trumm vo sein Hoamatl is.
D' la Franze hat natürli a narrische Wuat,
Und schreit giftig: Revansche! Dees kost' di dei Bluat!
Und sucht sich ganz hoamli etliche Henkersknecht aus

Und nimmt si a paar Russen als Apaschen ins Haus.
Dene hängt s' an Haufa Geld o und sagt! i hab enk ja so gern;
Aber – der Michl muaß abkraglt und 's Elsaß muaß französisch wern!
Drauf schickts dem Michl dees ganze Mordgsindl ins Haus,
An Zuaven, an Turko, an Gurka, an Neger, es is a wahrer Graus!
D'Engländer und d'Belgier, d'Garibaldiner und die eigna Buam müaßn aa mittoa,
Und der deutsche Michl steht mitn Franzl und mit seine Knecht ganz alloa!
Aber dees macht nix, la Franze! Heut tean dir mir 's Haberfeld treibn,
Da hilft di dei ganze Menascherie nix, da muaßt es halt leidn!
Da hilft dir dei Amerikaseppl aa nimmer aus der Soß,
Und mit der gelben Freundschaft, da is a so net viel los!
Und die Maronifresser, die reißen di aa nimmer raus,
Aber mir schiaßen dir dein Gockel runter vom Haus!
Buam, is dees wahr?«

CHOR DER HABERER
»Ja, wahr is's, Moasta!«

HABERFELDMEISTER
»Nachher treibts zua!«

Also beginnt wieder ein anhaltendes Treiben, dabei dann die la Franze voller Ängsten aus dem Hause rennt und im Hof der Elsässerin Hilfe sucht, vom bayerischen Rupprecht aber wieder daraus vertrieben wird.

Inzwischen kommen die Treiber mit dem Geliebten der la Franze, dem Schoffer, in ein starkes Geräufe, während ihr Gemahl, der Boa-Kare, aus dem Fenster der hintern Kammer springt und sich im Abordo einriegelt.

Darnach spricht

DER HABERERMEISTER:

»Jetz ham mir a paar Wörtl mit der alten Britannia z'redn!

Die zaundürre Hopfenstang is ihra Lebtag no koa Gscheite gwen!

Die hat schon von Kindsboa auf 's Schwindeln und 's Stehlen betriebn,

Und is bis auf den heutigen Tag a richtige Zuchthauspflanzen bliebn!

Ihra Voda is a Seeräuber gwen und ihra Muada a Giftmischerin,

Ihre Gschwistert ham graubert und gmordt z'Afrika und z'Indien drinn.

Sie selber is groß und stark wordn vor lauter Diabstahl und Raubn

Und hat sich in der ganzen Welt guat aussagfuattert, dees derfts mir glaubn!

Ihr erster Mann, der Eduard, der hat die Händ voller Bluat,

Hat die Burenweiber umbracht, und net amal die Kinder warn ihm z'guat!

Von der Brandstifterei muaß i aa no a paar Wörtl sagn,

Wann's an Orts wo brennt hat, mir hat net lang braucha fragn;

Koa anderne, als wia d'Britannia hat die vielen Häuser anzunden,

Und hat nachher bei dem Brand ihren Nutzen gfunden!

Und Haß und Feindschaft hat s'zügelt überall in der ganzen Welt,

Bal an Orts a paar g'rauft ham,

Da hat si gwiß net gfehlt;

Sie hat schön brav ghetzt

Und die Feindschaften gschürt,

Und nebenbei hübsch g'räubert

Und guat profitiert!

Is dees wahr, Buam?«

CHOR DER TREIBER:

»Ja, wahr is's, Moaster!«

MEISTER:

»Nachher treibts zua, Buam!«

Folgt ein starker Krawall; nach diesem spricht wieder

DER HABERFELDMEISTER:

»Mit der Britannia ihrem saubern Buam, dem langhaxeten
Grai,
Ham mir aa no was zum reden zwegn seiner Lumperei!
An größern Mordbrenner, wia den,
Hat Gottes Erdboden no net tragn,
Ja, net amal in der Höll drunten kannst an solchen Lumpen
dafragn!
Dees Bluat, wo wegen dem Verbrecher in dem Jahrgang
vergossen wordn is,
Dees kann der Erdboden kaum mehr fassen, Bua, dessell,
des is gwiß!
An Russ' und an Belgier,
An Franzos', an Italiano und an Serbn
Hat er mit seine scheinheiligen Reden und Verspruch
neigsetzt in ihra Verderbn,
Und der Michl und der Franzl,
Die ham eahnane frischen Buam verlorn,
Bloß wegen dem englischen Spitzbuam,
Weil dem unser Hoamatl z'mächtig is wordn!
Aber, Freunderl! Schaug di um
Und gib ja recht guat Acht,
Daß d'no schnell gnug a Mausloch finden kannst,
Wanns bei dir drent amal kracht!
Mei Liaber! Dir und deiner alten Wetterhex, der Britannia
gehts jetz an Kragn,
Und enkane saubern Freunderln
Derfan aa no schnell den letzten Vaterunser sagn;

Denn der Tirpitz und der Zeppelin,
Die hätten scho lang a große Schneid,
Daß s' Enk hoamsuacha kunntn
Und reichli beschenken in dera schlechtn Zeit!
Der Tirpitz tut enk jetz a paar Dutzend Zigarrn umi-
schicka,
Bal a englischa Dampfer die raucht, na kann er ganz
schmerzlos dasticka,
Und der Zeppelin sagt: Für die vielfraßigen und hungrigen
Luder
San meine Bomben – Leberknödel akrat dees rechte Futter!
I brings eahna selber umi, nachher kriagn sie's glei hoaß von
der Pfann,
Weil i den Hunger von dene arma Leut nimmer anschaugn
kann.
Die Engländer ham nämli a solchene Hungersnot in eah-
nane Stadtl,
Daß s' von die Patrona die Spitzl abbeißen als Suppenpa-
nadl!
Sogar die bildsaubern Suffragetterln beißen sich eahnane
Zahnerln krumm,
Und für d'Soldaten bleibt nix mehr, als wia a ›Dumdum‹!
Buam, is dees wahr?«

CHOR DER TREIBER:
»Ja, wahr is's, Moaster!«

HABERFELDMEISTER:
»Nachher treibts zua, Buam!«

Es wird wieder kräftig umgetrieben, wobei sich besonders
der Weddigen, der Emdenmüller und der Zeppelin hervortun.
Nach eingetretener Ruhe spricht wieder

DER HABERERMEISTER:

»Meine liabn Leutln, mit die Engländer is unser Abrech-
nung no net gar;
Die brauchan a harte Buaß, deessell is amal gwiß und wahr!
Jetz rucken mir erscht no mit die englischen Schiffsleut
zsamm,
Weil die 's Maul gar so groß, aber d'Schneid so kloa ham!
Denn die englischen Schiffsleut die führn si auf, dees is scho
a Graus!
Kaum, daß s' an Orts a Schifferl sehgn, hängen s' a neutrale
Fahna aus!
Als Holländer und Amerikaner fahren s' stolz durch das
Meer,
Und jagen zu Dutzenden hinter einem einschichtigen
Kriagsschifferl her;
Und ham nachher die Zwölfe den einzelnen daglangt,
Nachher schrein s', als hätt oaner glei fufzehne gfangt!
Buam, is dees wahr?«

CHOR DER TREIBER:

»Ja, wahr is's, Moasta!«

MEISTER:

»Nachher treibts zua!«

Also wird abermals stark umgetrieben und der alten Britannia ihre Hütten hübsch mit Zeppelinsteinen beschmissen,
die Türen eingeschlagen und der lange Grey herausgeholt
und in den Backofen gesperrt; unter dem Lärm springt der
King Schorsch samt der Britannia, notdürftig mit einem
neutralen Schlafrock bekleidet, aus dem Kammerfenster,
sie rennen dem nahen See zu, besteigen einen Kahn und
rudern davon. Der Tirpitz bemerkt sie und schickt ihnen
ein paar Mann nach; die tauchen unter und lupfen plötzlich
das Schiff, daß es umschnappt und die Zwei ins Wasser

fallen; dabei dann die Britannia so um Hilfe schreit, daß sie ihr falsches Gebiß verliert, während der Herr Schorsch fluchend den neutralen Schlafrock auszieht und als nackter Engländer zum Amerikaseppel seiner Badhütte schwimmt und sich beschwert.

Inzwischen beginnt im Ort wieder ein neues Treiben und

DER HABERFELDMEISTER spricht:
»Jetz sollt' ma no zum Montenegriner, zu dem windigen
                    Häuslmann, a bissl abischrein;
Aber mit solchene Rastlbinder gebn mir uns net ab, dees laß
                    ma bleibn;
Der Hungerleider soll nur ruhig mit der la Franze und mitn
                    Russen weiterspekuliern
Und mitn Serbn a Mausfallnhandlung aufmacha,
Nachher kann er sei z'sammgstohlns Geld nimmer verliern!
Is dees wahr, Buam?«

CHOR DER TREIBER:
»Ja, wahr is's, Moasta!«

MEISTER:
»Nachher treibts zua!«

Folgt ein kurzes Treiben, worauf wieder

DER MEISTER spricht:
»Buam, jetz hätt i bald auf oan vergessen,
                    Der wo's Treibn aa gar notwendig braucht,
Den Japanesen moan i, den gelben Spitzbuam, der da drent
in der Tschingtauer Teestubn sei Pfeifal raucht!
Der schlitzaugat Engländer stiehlt, wo er nur grad was zum
                    Einschieben findt,
Ganz gleich, obs jetz z'Europa is, oder z'Amerika, oder
                    grad z'China hint!
Seine Buam hat er fleißi auf Deutschland hergschickt zum
                    Studiern,

Daß s' von der Technik hübsch abschaugn und von der
Militari guat profitiern!
Und zum Dank für die Guatheit ham sie sich nachher unser
Kiautschau gstohln,
Und als Ausred hams gsagt, daß sie's wieder an die Chine-
sen zruckgeben wolln;
So raubern s' rum in der ganzen Welt, Leut, dees is gwiß
und wahr,
Drum müaß ma eahna aa no a bissl treibn – zwegn der
gelben Gefahr!
Is dees wahr, Buam?«

CHOR DER TREIBER:
»Ja, wahr is's, Moasta!«

HABERERMEISTER:
»Nachher treibts zua, Buam!«

Es wird wieder aufgelärmt, worauf abermals

DER MEISTER spricht:
»An Italiano, den schwarzgschneckltn Spitzbuam muaß i aa
no begrüaßn,
Und muaß 'hn an Meineidbauer hoaßen, den Kazzlmacha,
den süaßn!
Bei dem Tropf wachst der Treubruch und d'Lug auf an
guatn Grund,
Der is zu jeder Lumperei z'kaafa um drei englische Pfund!
Gegen sein Freund und Bruader hat er an Raubkriag erklärt,
Vor so an Lumpn muaß ma ausspucka! Der is koa Wort
nimmer wert!
Buam, is dees wahr?«

CHOR DER TREIBER:
»Ja, Moasta, wahr is's!«

MEISTER:
»Nachher treibts zua, Buam!«

Folgt ein starkes Treiben, dabei besonders der Oesterreicher-
franzl fest zuhaut. Darnach spricht abermals

DER MEISTER:
»Meine liabn Leut, dees Treibn is heunt so gschwind no net
gar;
Unser Arbat muaß recht gschehng, daß mir an Ruah ham
auf a paar Jahr!
Drum legn mir a glei die Herrn Zuschauer unser Abrech-
nung vor,
Und hoffen, daß 's eahna's Ghör no net verschlagn hat am
rechten Ohr!
Drum mirkts fleißi auf und hörts auf mei eindringlichs
Redn,
Damit daß a jeda an kloana Profit davontragt von dera
Mettn.
Auf dees, Leutl, machts no a kloans bissl an Lärm,
Darnach kinnan aa die Herrn Zuschauer eahnan Beicht-
spiegl hörn!«

Auf dieses hin wird ein kurzer Krawall gemacht, worauf
Stille eintritt und der

HABERFELDMEISTER spricht:
»Zum erschtn fang i glei an mitn Hodlerbauern aus der
Schwyz;
Dem hat d' la Franze an großn Rausch anghängt,
Jetzt macht er schlechte Witz.
Früher is er zwar Stammgast gwen
In dem deutschen Haus,
Aber jetz bal er uns reischmeckt – Buam! Nachher schmeiß'
man naus!
Und 'n Dalkroz aa und an Spitteler, die zwee Schwyzer-
stumpen;
Es kimmt scho wieder a Zeit, wo s' gern trinkn täten aus 'n
deutschen Humpen!

Aber nachher kriagn s' an Wurf und an Tritt außi bei der
Tür,
Daß s'eahnane Gliedmaßn hoamtragn kinnan in an Zei-
tungspapier!
In so an Genfer Schurnal oder sunst an Kaasblattl, an arma,
Dees alleweil a paar reiche Pariser Wurzen braucht zum
Liab-Aufwarma!
Daß die Zeitungsschmiera so gega uns plärrn, dees macht
uns koan Schmerz,
Mir ham starke Fäust und ziagate Stecka – und dazua a kalts
Herz!
Is's net wahr, Buam?«

CHOR DER HABERER:

»Ja, wahr is's Moaster!«

DER MEISTER:

»Nachher treibts zua!«

Also wird wieder umgetrieben, worauf abermals

DER HABERERMEISTER spricht:

»Amerikaseppl! Lus auf, denn jetz kimm i über di!
Denn du bist der Schlechtest von allsam! Freund, dees sag
dir i!
Du tuast so pharisäisch und fromm, wia a unschuldigs
Lampl,
Und haltst Handlschaft mit jedem Spitzbuam, du grund-
schlechter Kampl!
Dem deutschen Kind hast scheinheilig eppas zum Christ-
kindl gschenkt,
Und an Engländer hast an Strick gebn, daß er den deut-
schen Vater aufhenkt!
Du verdrahst d'Augn und sagst: ›Ach der Kriag macht mir
Schmerz!‹
Und deine Messer und Kugeln fahrn unserne Brüada ins
Herz.

Du kegelst dir's Maul aus vor lauter Friedensstifterei,
Und lieferst fleißig Granatn und Pulver und Blei.
Dei rechte Hand halt't an Federhalter und schreibt fleißig
Protest,
Und dei Linke die hebt den gfüllten Geldbeutl gar fest;
Denn da drinn is der Lohn für dei schiachs Judaswerk,
Ja – 's Geldmacha kannst du! Dees is dei ganze Stärk!
Aber koa Schneid und koa Ehr hast und koa Gwissen im
Leib,
Drum is's aa mei Pflicht, daß i dir a weng 's Haberfeld treib!
Is's net wahr, Buam?«

CHOR DER TREIBER:
»Ja, wahr is's, Moasta!«

MEISTER:
»Nachher treibts zua, Buam!«

Folgt ein anhaltender Krawall, das Schlußtreiben, worauf
zum guten End noch

DER HABERERMEISTER spricht:
»Alle andern Zuschauer muaß i no a kloane Verwarnung
gebn:
Mischts enk net ein, denn sunst gehts enk ans Lebn!
Laßts enk net hetzen gegen uns Haberfeldleut,
In fremde Sachen einmischen hat scho oftmals oan g'reut!
Freili, bald's moants, ös müaßts aa mitraaffa – i halt enk net
auf!
Aber – der erschte, der herhaut, kriagt a zwiefache nauf!
Denn unserne Arm die sand lang,
Und groß is unser Schneid;
Unserne Fäust, die sand eisern, und unserne Kugeln fliagn
weit!
Mir scheuchen uns net, wann der Hofhund wo bellt, –
Mir fürchten unsern Herrgott und sunst nix auf der Welt!«

Ein Dischkurs

Der Sepp und der Hans san im Wirtshaus beinand;
Der Sepp is schö stad, – doch der Hans voller Grand:
Denn den ärgert scho lang sei Soldatenkluft,
Und auf oamal – da macht er eahm Luft!
»Himmi Herrgott Sackl Zement!
Drei Monat bin i jetz beim Regiment,
Und alleweil bin i no net Gefreiter,
Und die Schinderei die geht a so weiter!
Scho in aller Fruah derfst di oplärrn lassen;
Zum ›Guatnacht‹ teans dir no an Landler blasen,
Jeder Schnapfer derf dir d' Leviten lesen,
Und die ganz Woch hast a miserabligs Fressen!
Wia a Ziaghanswurschtl derfst exerziern:
›Gruppenkolonne rechts und links formiern,
Links schwenkt, marrsch! – Gerade - aus!
Köpf nach rechts!‹ – Es is a Graus!
Von links her kimmt nachher Kavallerie:
›Visier siebnhundert!‹ – Aber sehgn tuast es nia!
Hie und da derfst aa an Feind markiern
Und wia a Expreßzug um d' Stadt rum marschiern,
Fünfazwanzg Kilometer in oana Stund, –
Bua, da wannst net hi werst, – nachher bist gsund!
Wia a Haaring, so durschti, gehst hoamazua,
Aber, oha! Hast glaabt, jetz hättst schon dein Ruah!
Jetz hoaßts zum Appell und zum Unterricht!
Und der Feldwebel plärrt: ›Ha! Das wissen Sie nicht!?‹
Verzweiflungsvoll hatscht na zum Zielen und Laden,
Und z' guaterletzt führt di no oana zum Baden!
Und grad oamal d' Woch Urlaub bei dera Schinderei!
Mir hat do aa Pflichten! – Und hat do a Wei!
Aber jetz schmeiß i's bald hintre, an Muckl und 's Gwehr, –

Na kinnans mi gern habn mit eahnan Militär!« –
Der Sepperl der hört eahm ganz aufmerksam zua,
Trinkt a paarmal und raucht sein Pfeiferl in Ruah.
Z'letzt lacht er a Schmunzerl und stützt si aufn Stock
Und zupft an dem schwarzweißen Bandl am Rock:
»Mei Liaber! I sag dirs, du derbarmst mir a schier!
So schlecht kanns ja mir gar net geh, als wia dir!
In bin zwar a Krüppel mit an hölzernen Hax,
Aber gegn dei Kreiz is dees mei bloß a Gschnax!
Mir muaß mit enk wirkli Mitleiden habn,
Da is's draußen scho besser gwen im Schützengraben!
Bua, bei uns da is's lusti! Da brauchst gar koa Bett,
Koan Strohsack aufz'schütteln, – hast mitn Ausziagn koa
                                          Gfrett.
Und drinn is's erscht zünfti im Unterstand!
Da hast glei a Brausebad dro an der Wand!
Und bal di was beißen tuat, brauchst di bloß z' kratzen,
D' Haupthetz aber hast bei der Nacht mit die Ratzen!
Woaßt, wia dir die lusti im Gsicht rum spaziern,
Oder im Brotbeutl dein Scheibling inhaliern! –
Und was du da von der Verköstigung sagst:
Mei, du hast ja ganz recht, wannst di bitter beklagst!
D' Woch sechsmal a Fleisch und a Suppen dazua
Und oamal an Griasschmarrn, – mir waars ja grad gnua!
Da gibts bei uns draußen scho a feinere Kost:
An ›Drahtverhau‹, Seefisch – an Stanglbräumost!
Französische ›Zuckerhüat‹ zum schwarzen Kaffee,
›Blaue Bohna‹ zum Reisbrei und ›Feldhasen‹ zum Tee!
A diam haun aa d' Granaten in d' Feldküchen nei, –
Da sparn s' dir glei 's Beißen, Bua, dees is erscht fei! –
Und, woaßt, drobn am Schratzmanndl, da hats erscht
                                          ghaut!
Da wannst dabei gwen wärst, da hättst erscht gschaut!
Von Drill und Exerzieren hast sell nixen ghört;
Da habn bloß d' Kanonaschüß pumpert und g'röhrt!

Die Kügerl habn tanzt, mir habn gstänkert und graaft,
Und koa Teife und koa Höll hätt uns d' Schneid sell abkaaft!
Französische Spielleut habn Musi aufgmacht,
Daß weit von die Berg ra das Echo hat kracht!
Da hat mancher an Kreuzsprung, an Juchschroa no to...
Daß d' denn gar a so staad bist? – Kimmt dir 's Lacha net o? –
Dees war doch so a Gaude zu der selbigen Zeit!
Heut steht mir no 's Wasser in Augnan vor Freud!
Laafan heunt no viel Weiber schwarzgwandt umanand,
Und Kinder gibts net weni, die sell Woaseln wordn sand.
Hat mancher nix z' beißen und z' nagn, so a Wurm,
Seit sein Vatan am Schratzmannl überwaaht hat der Sturm.
Manche Frau, manche Muatta hat d' Not in ihrm Haus,
Und mit der Hilf von die Nachbarn schaugts jammerli aus!
Denn a jeder ghalt 's Geld in sein' eignen Sack drinn,
Und denkt si: ›Bis jetz is koa Feind net herinn!
Die Helden da draußen die gebn scho brav Acht,
Daß koa feindliche Kugel zu uns eina kracht!
Die Witwen und Woasln derhalten si scho;
Und bals not tuat, na hängst eah' an Bettlsack o!‹ –
Ah was, i hör auf und bin staad mit mein Gred!
I leb ja no allweil und hungert mi net!
Meine Kinder ham zwar unterdem d' Muatta verlorn, –
Heuer auf Pfingsten is s' eingrabn wordn;
Aber, – mei Herr, – was is dös gegn dei Kümmernis,
Daß dei Wei die ganz Wocha Strohwittib is!« –
Der Hans hockt da, tuat koan Deuter, koa Frag;
Aber mittendrinn glangt er schnell eine in Sack,
Nimmt a Silberstuck außa, legts hi aufn Tisch:
»Für die Witwen und Woasln! – – – Du, – ozapft werd
                                              frisch!«

                                *

Lieber Kamerad! Kommt dir dees Briaferl in d' Händ,
So denk aa du an die Woasln von unserm Regiment!

[Aus:]
Unsere Bayern

Kriegserklärung

Krieg! – Ein Weltkrieg! –
Wer hatte dies Wort geprägt?

Dies Wort, das so ungeheuerlich, so furchtbar ist, daß es vordem fast nur von alten Kaffeebasen und von Wahrsagerinnen in den Mund genommen wurde.

Die hatten ja schon immer gesagt: So und so – und wer das Jahr 1920 erleben will, der muß einen eisernen Kopf haben – denn da kommt der Weltkrieg.

Aber das glaubten nur die wenigsten im Volk; – ja – es gab so manchen, der trotz dieser seit Jahren wirklich drohenden Gefahr über solchen vermeintlichen Unsinn lachte.

Zwar hatte heuer im Juni da drunten in Sarajewo ein Serbe sich am Leben des österreichischen Thronfolgerpaares vergriffen. Doch das war in Bosnien geschehen, und in Bayern regte man sich nicht lange darüber auf. Man verdammte den elenden Mordbuben, bedauerte aufrichtig die Unglücklichen, die seinem Anschlag zum Opfer gefallen waren, und hatte ein herzliches Mitleid mit den verwaisten Kindern und dem hartgeprüften alten Kaiser Franz Josef.

Man erwartete Sühne, – aber nur einzelne dachten an die möglichen Folgen und schüttelten bedenklich den Kopf.

Und dann kam es.

Mitten in den großen Fremdentrubel – mitten in das wohlig-gemütliche Ausruhen und sommerliche Rasten vieler Tausender schlug die Botschaft wie eine Bombe ein: Österreich fordert Sühne! –

Österreich hat an Serbien ein Ultimatum gestellt! – Stunden beklemmender Spannung folgten.

Was wird Serbien tun? –

Am Samstag, den 25. Juli abends, traf dann aus Wien die Nachricht ein: Serbien nimmt das Ultimatum nicht an! –

Es gibt Krieg! –

Wie überall, so auch in München, wirkte das Wort »Krieg« in diesem Augenblick wie eine Erlösung.

Im Blut jedes einzelnen begann es zu wurlen und zu zucken, – man atmete auf, – man erhob sich, – lief hinaus in die Straßen, – man tat, was jeder tat. –

Wie ein ungeheurer Strom flutete im Innern der Stadt die unendliche Menge dahin, – man wußte nicht, wo sie sich gesammelt – man redete nicht darüber, wohin es ging.

Ein Wogen – Brausen – Jubeln – Vorwärtswallen! »Hoch Österreich! – Hurra, Kaiser Franz! – Es lebe der Kaiser! – Der König hoch! – Nieder mit Serbien! Hurra! Hurra!«

Dazwischen weithinschallender Gesang.

Dann vor der österreichisch-ungarischen Gesandtschaft. – Ein vieltausendstimmiges, brausendes Hochrufen; – plötzlich ein Augenblick der Stille – einer spricht – man lauscht, weint, – Hurra! – Hoch! –

Der Gesandte erscheint auf dem Balkon.

Er dankt allen, die da kamen, und spricht die Hoffnung aus, Deutschland und Österreich möchten durch ewige Freundschaft und Waffenbrüderschaft verbunden bleiben. –

Und dann donnert's abermals und tost's durch die Menge: »Hoch! Hurra!«

Langsam bewegt sich der gewaltige Zug weiter. »Auf! Zum König!«

Vor dem Wittelsbacher Schloß dasselbe Schauspiel. Brausende Hochrufe.

Dazwischen tönt die Königshymne und »Deutschland, Deutschland über alles«.

Der König aber war in Leutstetten, und so wogte die Menge wieder weiter.

Im Innern der Stadt, in den Bierhallen, in den Kaffeehäusern – überall sammelten sich Hunderte – Tausende.

Stürmisch wurden von den Musikkapellen vaterländische Lieder verlangt und von der Menge stehend mitgesungen.

Eins dieser Kaffeehäuser ging dann an jenem Abend in Scherben; infolge eines Mißverständnisses, wie es später hieß. –

Auch sonst mag mancher in diesen Tagen gewerkt und geschrien haben, dem es besser angestanden wäre, zu schweigen; aber das lag halt in der Natur der Sache. –

Eine Woche voll drückender Ungewißheit folgte dieser kurzen, erregten Zeit.

Was wird Rußland tun? – Was Frankreich und England? –

Mittlerweile kehrten die Fürsten in ihre Residenzen zurück, die Sommerfrischler kamen wieder in die Hauptstadt, und die alten Weiber liefen nach der Stadtsparkasse, ihre paar Gräten heimzuholen und im Strumpf oder Strohsack zu verwahren.

Neue Botschaften! –

Rußlands drohende Haltung – Beschießung von Belgrad – nächtlicher Ministerrat in Paris – und schließlich: Rußland mobilisiert!

Mit der darauf in Deutschland folgenden Verhängung des Kriegszustandes begann in München eine allgemeine Flucht der Fremden. Ein Sturm auf alle nach dem Norden gehenden Züge setzte ein, und neben den Bergen von Koffern und Körben schob sich eine ungeheuere, aufgeregte, rufende und fragende Menge durch die Sperren des Bahnsteigs. –

Der nächste Tag, es war Samstag, der 1. August, brachte noch Nachrichten von letzten Vermittlungsversuchen: Der Großherzog von Hessen reist nach Rußland. – Deutschland fragt amtlich in Petersburg an, – Deutschland verlangt Antwort innerhalb zwölf Stunden. –

Rußland schweigt. –

Und dann...

Berlin, 1. August 1914, 6 Uhr 30 Minuten abends: »Seine Majestät der Kaiser ordnete die Mobilmachung des deutschen Heeres und der Flotte an.«

Zu Hunderten drängte sich die Menge um die Telegrammtafeln, – wie ein Aufatmen ging es durch die ganze
Stadt: Mobil! –

Als dann kurz darauf vom König ebenfalls die Mobilmachung für die bayerische Armee befohlen wurde, hatte
schon alle eine ungeheuere Bewegung ergriffen.

Die Tageszeitungen sagten dazu lakonisch: »Die
Bekanntmachung wurde von der Bevölkerung mit stürmi-
scher Begeisterung aufgenommen.«

Ja – wahrlich! – Wer in diesen Tagen unser Bayernvolk
sah, – hörte, – der konnte guten Muts für kommende
Schrecken sein, – konnte kecklich mit einstimmen in den
tausendfachen Sang: »...Fest steht und treu die Wacht – die
Wacht am Rhein!«

So war's in Bayerns Hauptstadt.

Draußen aber, in den Märkten und Dörfern, auf Feldern
und Fluren – da war in den letzten Julitagen nicht vieles
anders denn die Jahre vorher.

Da mähten die einen, banden die andern; Fuder um Fuder
ward schweigsam im Schweiß des Angesichts aufgebaut –
heimgefahren – abgeladen.

Der Bauer gab kurz seine Befehle – tat sein Tagwerk; die
Bäuerin wirtschaftete im Haus und im Stall, die Söhne und
Knechte schafften ihr Werk wie immer.

Da und dort war auch einer auf dem Feld, der trug den
Rock des Königs, – und von den Söhnen war der und jener
Soldat, – hatte dieser und jener seinen Ernteurlaub. –

Still und geruhig ging's überall her; man nützte die Tage
und sah kaum nach den drohenden Wettertürmen am Himmel, – sah kaum in die Zeitung, die jetzt voll von allerhand
Kriegsgerede und Alarmnachrichten war, und machte
einen Acker um den andern leer, – eine Tenne um die
andere voll mit Heu, Klee, Korn, Weizen.

Aber wenn sie zu den Mahlzeiten im kühligen Hausflöz
beisammensaßen und mit dem Löffel langsam bald in die

Schüssel über, bald unter dem Dreifuß fuhren, da nahm der Bauer die Zeitung, las eine Weile, führte seinen Löffel bedächtiger zum Mund und sagte danach: »Schaugts, daß's firti werds draußt, – i fürcht, es geht bald los.«

»Ah was! Dös hoaßts scho wie lang alleweil!« meint die Bäuerin.

»Ja – wenns nur grad amal losgang!« ruft der jüngere Sohn, einer vom Leibregiment.

»Vo mir aus gibts heunt no an Kriag!« sagte der ältere, Gefreiter bei der Feldartillerie.

»Was nur alleweil habts mit enkan Kriag! Es gibt koan Kriag net, sag i!« brummt die Hausmutter und macht das Kreuz und betet: »Himmlischer Vater, wir danken dir, daß du uns gespeist hast...«

Da tritt der Postbot ein – mitten unterm Beten. »Hans! A Telegramm! – Sepp! – Für die aa oans! – Pfüat enk Good.«

»Gelobt sei Jesus Christ«, schluckt die Bäuerin. »In Ewigkeit. Amen«, sagt halblaut der Bauer.

»Muata – i muaß glei furt – eirucka«, kommt's von den Lippen des Jüngeren.

»Vata – i muaß abfahrn – glei auf der Stell!« tönt's vom Mund des Älteren.

Und sie weisen den Alten ihre Befehle.

»Jess Maria – daß Gott derbarm!«

Die Bäuerin schlägt nochmals ein Kreuz.

»Jetzt grausts ma; jetzt bring i mei Sach nimmer hoam.«

So sagt der Bauer und starrt auf die Telegramme. »Ja no – des is halt a so.«

Langsam deckt die Dirn ab, – langsam legt die Bäuerin das härwene Tischtuch in die Schublade.

Da geht der Bauer in die Kammer.

Nach einer Weile kommt er wieder, zählt zwanzig Talerstücke auf den Tisch und sagt zu seinem Weib: »Dreißg Mark für an jeden. Richt eahna d' Sach zsamm, Muata!«

Nach einer Weile ein helles Juchzen im Hof.

Vom Stall her antwortet ein zweites – von der Straße her ein weiteres.

Da steht der Sepp in der Uniform des Leibregiments; die Mutter schneidet ihm ein Zweiglein Rosmarin vom Stock, – der Vater reicht ihm den braunen Handkoffer: »Schaug halt, daß d' wieder kimmst, Sepp.«

Der Hans tritt aus dem Stall: »Juhu! – Vater – schnell no an Schapfa Bier her! ... He! Kurbei! – Wastl! – Da gehts hera! ... Mir gengan aa glei mit! ... Trinkts no schnell amal, ehvor!«

Die Dirn steigt eilends hinab in den Keller und bringt etliche Flaschen.

Der Bauer langt die blaue, bauchige Krugl vom Fenstersims und schenkt ein: »Soo. Trinkts, Buam! – Daß's wieder hoam kemmts!«

»Dös tean ma scho. Aber zerscht müaß ma no auf Paris eine!«

»Und auf Petersburg!«

Alle lachen – juchzen – trinken.

Der Hans besteckt sich mit Balsaminen und Georginen, – der Wastl vom Nachbar bettelt sich ein Rosmarinsträußl, – und der Kurbei vom Häusler beginnt zu singen: »Siegreich wolln mir 's Frankreich schlagen ...«

»'s Rußland hoaßts jetz – du Ochs!« verbessert ihn der Wastl, und ein lustiges Lachen ertönt.

Dann ein kurzer Abschied.

»Also – pfüat enk der Himmel! Mir arbatn scho, daß koana einakimmt auf Bayern – koa Franzos und koa Ruß! – Geh – woan net Muata! – Mir san ja no net daschossn! – Des hat do no Zeit bis darnach!«

»Pfüat di Good, Vata. Mir kemman scho wieder.«

»Pfüa Good, Bauer.«

»Pfüa Good.«

»Juhu! Jujujuhu! – – – Siegreich wolln mir 's Frankreich schlagen – sterben als ein tapfrer Held ...«

Stumm geht der Bauer an die Arbeit.

Die Bäuerin läuft die Stiegen hinauf und steht lange auf der Laube, wo die vielen Geranien feuerrot blühen, steht und schaut lang hinaus, bis der Wald die Dahingehenden aufnimmt.

Schweigsam geht der Tag dahin; – schweigend sitzt man bei der Abendsuppe.

Bald darauf dröhnt der Hausriegel, – der Bauer verwahrt sein Sach heut ehender denn sonst, – er ist müd.

Die Bäuerin folgt stumm und mit rotgeweinten Augen.

Ums Gebetläuten liegt alles ringsum in der Ruh, – nirgends mehr sitzt einer auf der Hausbank.

Da – um halb zehn Uhr fährt der Bauer auf. Die Hunde geben wütend Laut – Stimmen von Männern dringen vom Hof herein. –

Jemand rüttelt an der Haustür: »He da! – Aufmacha! – Auf da! – Bauer! – Ortsführer!«

»Was gibt's?« fragt der Bauer aus dem Fenster.

»Der Kriag is erklärt! – Unterschreiben! – Der Ortsführer muaß unterschreibn!«

»Der bin i net. Naa. Der Kriag, sagts? ... Der Windl drent ... Der Nachba is Ortsführer ... Is er vom Kini selber erklärt ...?«

Aber die hören ihn nicht mehr; schon dröhnen ihre Stiefel an die Tür des Nachbarhauses.

»Aufgmacht da! – Der Kriag is erklärt! – Unterschreibn! – Ortsführer, auf ...!«

Langsam vergeht die Nacht, – in mancher Kammer verlöscht das Licht erst beim Morgengrauen.

Am andern Tag sagt der Bauer: »I muaß an Knecht habn; – der Woaz muaß hoam, daß ma in d' Mühl fahrn kinnan – der Kriag is erklärt ...«

Allerhand aus der ersten Kriegswoche

Jung Bayern

Hurra! – Bayern, schiabts! – Da drent is der Feind!«

So tönt's die Lazarettstraße entlang, und eine Horde von zwanzig Schulbuben stürmt gegen die Thorwaldsenstraße.

Ihre weiß-blaue Flagge haben sie an einen Besenstiel genagelt, und ihr Träger schwingt sie hurraschreiend bei seinem Sturmlauf.

Jeder ist bewaffnet. Mit Holzprügeln statt der Gewehre, – mit Hafendeckeln als Brustwehr, – mit groben, selbstgeschnittenen Seitengewehren.

Etliche tragen Kinderhelme aus Pappendeckel mit roten Haarschwänzen darauf; andere solche aus Zeitungen mit reichen fliegenden Büscheln aus Seidenpapier. Die Kommandierenden aber schwingen stolz eine wirkliche Soldatenmütze.

Plötzlich halten sie ein im Lauf.

»Bayern, halt! – D' Franzosen kehrn um! – Jetz gibt's a Schlacht! – Aufstelln! – Prügel herrichten! – Sturmangriff! – – Los! – Hurra!«

Ein Haufen Buben stürmt aus einem Hausgang. Einer schreit: »Vorwärts! – D' Bayern kemman! – Jetz müaßts allsam Fife la franz plärrn und nacha d' Arm in d'Luft strecka und sagn: Bardon Musje!«

»Wenn ma mögn scho!« tönt's zurück; »zuaghaut werd richti – aber franzesisch plärrn – naa! – Dees konnst dir denka! – Pfui Teife!«

Dann folgt die Schlacht.

Mit ihren langen Prügeln dreschen beide Parteien das Straßenpflaster, daß es kracht und die Splitter fliegen. Plötzlich aber werfen die »Franzosen« ihre Waffen weg und nehmen Reißaus, verfolgt von den jubelnden, heulenden »Bayern«.

Etliche sind auch als »tot« oder »verwundet« während der Schlacht umgefallen und werden nun von »Sanitätern« auf rohgezimmerte Tragbahren gelegt, mit Bettvorlagen, Haderlumpen oder mit dem Generalanzeiger der Münchner Neuesten zugedeckt und ins »Lazarett« geschafft. Das ist ein niederes Zelt mit der Roten Kreuzfahne drauf; eine Flammers Seifenkiste, bemalt mit dem Genfer Kreuz, steht vor dem Eingang, und drin hantieren ein paar Mädchen, gekleidet als Krankenschwestern, mit alten Bierflaschen und Kindsfatschen.

Ein Haufen »Franzosen« wird abgefangen, mit Stricken gefesselt und nach den Zelten auf der Zeughauswiese gebracht; sie sind alle geduckt – verärgert – beschämt.

»I mag nimma mittoa!« murrt ein kleiner Kerl; »die ganze Zeit sollt ma a Franzos oder sunst a Feind sein und si verprügeln lassen! – I mach jetz aa r an Bayern, – daß ihrs wißts!«

Man redet ihm zu: »Ah geh, Schorsche! – Sei do gscheidt! – des is do grad a Gschpui!«

»I pfeif enk auf des Gschpui!«

Er läßt den Kopf hängen und trottet mißmutig dahin gleich den andern Gefangenen.

Nun sind sie bei den Zelten.

Alte Bettziechen, Decken, Vorhänge und Rupfen sind hier über kunstgerechte Stützbauten gehängt; ein kleines Feuer raucht vor dem einen, – eine amerikanische Flagge weht auf einem andern.

Die Gefangenen werden hier mit wahrem Indianergeheul empfangen, gehörig verprügelt und danach in ein Zelt eingeschlossen, daraus sie aber sogleich entweichen und sich zerstreuen.

Eine Trommel ertönt – die Fahne der Bayern weht durch die Gassen, – eine neue Armee bildet sich.

Und dann zieht die Horde dahin, und ihr Gesang schallt frisch und keck die Häuser und Kasernen entlang:

»Es welken alle Blätter,
Sie fallen alle ab; –
Und daß mich mein Schatz verlassen, –
Ja daß mich mein Schatz verlassen, –
Das kränket mich so sehr!«

»Die Lausbuben!« brummt ein alter Herr vor sich hin.

Während nun die einen wieder eine neue »Schlacht« vorbereiten, machen sich etliche an die Kasernen und betteln bei den Soldaten: »Bittschön, schenken S' ma a alte Mützen! – I möcht so gern a ›Bayer‹ sein!«

Erhalten sie dann eine oder ein paar, dann raufen sie sich erst tüchtig drum. Die Sieger aber schwenken das kostbare Ding jubelnd und schreiend: »Hurra! Bayern hoch! – Nieder mit de Feind! – Unser Kaisa soll leben! Unser König daneben! Hurra! Hoch!«

Ham Sie's schon gehört? ...
Spione

Aus dem Angerkloster tritt eine Nonne.

Der Schleier umrahmt ein grobgeschnittenes, faltenreiches Gesicht, große, grobe Arbeitshände verbergen sich in den weiten Ärmeln.

Unter dem faltigen Rock stapfen ein Paar ungeschlachte Füße in unförmigen Schuhen.

Mit hastigen Schritten eilt die Klosterfrau über den Platz; ein kleines Mädchen gibt ihr die Hand und grüßt sie – eine rauhe, schier männliche Stimme antwortet dem Kind, das sich danach umwendet und der weitereilenden Nonne nachblickt.

»Was schaugst denn, Kloane?« fragt eine vorübergehende Frau das Mädchen.

»Dera Schwester schaug i nach; die is wia a Mann.«

»Welcher Schwester?« fragt die Alte wieder; aber da sieht sie die Nonne eben in eine Straße einbiegen.

Sie läuft ihr nach, so rasch sie kann.

»Oho! Wo aus denn so eilig, Frau Wimmer?«

»Hab koa Zeit! I hab wem in der Reissen – a Mannsbild in a r an Klosterfrauengwand!«

»Mariand Josef! Den hab i aa grad gsehgn! Da muaß i glei aa mitlaafa!«

Beide rennen nun hinter der alten Nonne her, bis sie ein Bekannter aufhalten will: »Halt, halt, meine Liabn! Da werd nix grennt! ...«

»Gengans doch zua und haltn S' uns net auf, Herr Burger! Uns pressierts!«

»Ja freili. Wo brennts denn?«

»Mir verfolgn wem...«

»Ja – a Mannsbild...«

»Ja – als Klosterschwester ... dort ... sehngs? ...«

»Was? – De Schwester? – Sie, de muaß i ma r aa a wengl oschaugn!«

Und er läuft eilends dahin.

Nun sind aber schon etliche Neugierige aufmerksam geworden; und da sie das Wort »Schwester« hören, ist ihr Urteil fertig.

»Was sagn S'? De Schwester? ... Ja, des werd halt a Russ' sei ... oder a Spion! ... Da müaß ma glei aa mit!«

Die Nonne biegt derweil ins Rosental ein. Plötzlich hört sie hinter sich eiliges Laufen. Sie schaut um und sieht, wie ein Trupp Menschen um die Ecke rennt, die Straße überquert und nun ihr gegenüber gleichen Schritt mit ihr hält.

Da greift sie rasch nach ihrem Schleier – befühlt das Gewand, – schüttelt den Kopf und geht weiter.

Drüben wird die Menge immer größer, und ein kleiner Schusterbub plärrt plötzlich: »Maxe, da geh hera! – A Spion!«

»A Spion!«

Plötzlich wird's lebendig in der Horde.

»Fangts'n do, den Kerl, bevor er was anstellt!« ruft einer.

»Haut's'n nieder, den Hund!« ein anderer.

»Verhaften lassen!« – »Niederschiaßn!« – »Dagarma!« so tönt's wild durcheinander.

Die Nonne merkt etwas.

Sie beginnt zu laufen.

»Aha! – Jetz werd eahm Angst, dem Hund!« höhnt einer, und alles rennt hinterdrein.

»Packts'n zsamm!« – »Schlagts'n tot!« –

Die Nonne eilt in fliegender Hast dahin. Plötzlich stürzt sie in ein Haus mit einem Gittertor, schlägt das Tor zu und rennt die Stiege empor.

Eine Köchin tritt eben aus einer Wohnung; da kommt die Schwester.

»Ich bitte Sie um Gottes willen, Fräulein! Schützen Sie mich!«

Ein Schutzmann eilt die Stiege herauf.

Ein Kriminalkommissär folgt.

Drunten tobt und schreit die Horde.

»In Stückln werd er dahackt! – Zu Voressn werd er daschnittn! – In Fetzn werd er daschlagn!«

So tönt's wild durcheinander.

Droben findet inzwischen eine peinliche Untersuchung vor den Schutzleuten, den Hausleuten und der Köchin statt, wobei sich herausstellt, daß die Nonne wirklich ein Weib – eine Nonne ist.

Die trostlose, schluchzende Schwester wird in ein Automobil gebracht und unter dem Johlen und Schreien halbwüchsiger Burschen wieder nach dem Kloster geschafft, wo die Unglückliche noch tagelang in einem schweren Fieber liegt.

Die Menge aber hat schon wieder einen andern »Spion« auf dem Korn.

Es ist Nacht.

Vor den Munitionskolonnen geht langsam ein Posten auf und ab.

Gleichmäßig hallt sein Schritt und verliert sich wieder in der Stille.

Nur das Pfeifen und Schnauben der Lokomotiven wird zeitweise vernehmbar.

Der Posten wechselt die Schulterung und geht weiter, immer auf und ab.

Plötzlich bleibt er stehen.

Ein Geräusch ... »Halt! ... wer da? ...«

Ein Hase rennt in langen Sätzen an ihm vorüber. »Der is aufgescheucht wordn«, denkt sich der Posten. Und er horcht gespannt auf jedes Geräusch.

Drüben rascheln die Blätter der Bäume im Wind, – ein Signal der Eisenbahn wird laut, – ferne Turmuhren verkünden die zweite Morgenstunde.

Schon hebt sich sein Fuß, um den Marsch wieder aufzunehmen, – da hört er abermals ein Geräusch.

Ganz vorn – bei der ersten Baracke streicht's – ein fremder Schatten zeigt sich, – ein zweiter, – ein dritter, – ein vierter.

»Halt! ... wer da?«

Die Schatten bewegen sich, – aber nichts ist zu hören.

»Wer da is, hab i gsagt! – Wann i koa Antwort kriag, schiaß i!«

Nichts antwortet. Aber die Schatten schleichen langsam gegen die Munitionskolonne.

»Des is net sauber«, sagt der Posten und schießt.

Es kracht, – da – ein vierfaches Krachen antwortet.

»Was? – Auf mi habts es abgsehgn?« – murmelt der Soldat; – und ein neuer Schuß saust hin zu den Schatten.

Wieder antwortet ihm ein vierfaches Krachen.

Da stürzen auch schon die Einquartierten aus den Häusern, jeder einen Revolver in der Faust.

Und dann kracht's.

Nichts ist zu sehen, – aber eine ganze Salve kracht zurück.

Man schießt wieder.

Und wieder antwortet eine ganze Salve.

Ein Fluch wird laut.

Es ist ein Artillerist, dem man die Sicherung vom Revolver wegschoß.

Noch eine Salve – die Antwort klingt wie ein zehnfaches Echo...

Aber niemand sieht was, spürt was.

Endlich wird alles ruhiger, und einer meint: »Des werd halt 's Echo gwen sein!«...

Da bringt ein Soldat plötzlich einen daher. Am Rockkragen hat er ihn gepackt und schreit: »Oan hab i von de Spion!«

Ein Haufen Zündhölzer flammen auf.

Der Verhaftete sieht aus, wie ein betrunkener Arbeiter. Aber er hat ein scharfes Messer in der Hand.

»Aha! Ham ma di dawischt, Bruada!« tönt's ihm entgegen.

»I bitte enk Manner – teats ma nix! – I will koan Menschn nix! – I hab grad an Rausch ghabt...«

»Des konnst wem andern verzähln! – Zu was hast nachher mit dein Messer a so umanandgfuchtelt, wia i kemma bin?«

»De Kugln hab i abwehrn wolln!« erwidert der andere weinerlich; »so wahr als zwoa und zwoa vier is! – I hab ma denkt! – gfehlt is's – hab i ma denkt – und da hab i halt umagfuchtelt und umagstocha – daß ma nixn geschehng hat könna; – direkt vor lauter Schrecka und Angst hab i's außa! Gwiß und wahrhafti!«

»Ja – wers glaabt!« ruft einer.

»Sags nur, – an Postn hast derstecha wolln, – du Spion – du mistiger!« schreit ein anderer.

»Ja – morgn in der Fruah bist derschossn, mei Liaba!« droht ein dritter.

»I bitt enk um der Gottswilln, Leut!« jammert der Spion, und seine Zähne klappern; »Seids do gscheid! Wenn i enk

sag – vo lauta Angst hab i's to! – Mei liaber Good – da wurat
an andern aa Angst, wenn de Kugln nur bloß a so
umapflitzn um eahm!«

»Des konn glaabn wer mag, daß d' Angst ghabt hast!«
sagt ein Unteroffizier lachend; »des kunnt a jeder sagn!«

»No – nachher schaugts her!« ruft der arme Teufel
gekränkt aus; »schaugts nur her, wannt's ma's net glaabn
wollts! – Da – was waar denn nachher dees?«

Und er dreht sich halb um, bückt sich und faßt mit den
Fingerspitzen seinen Hosenboden: »Da – wenns koana
glaabn will!«

Alles lacht.

Der ihn gebracht hat aber sagt: »So so! Gspannt hab i's ja
scho lang, daß da was net stimmt! – Pfui Teife! – Jetz woaß i
wenigstens aa, was d' Angst für an Gruch hat!«

Dann läßt man ihn laufen.

Die Wasserleitung

Vor den Telegrammtafeln stehen dichte Gruppen Neugie-
riger.

»Was is's? Gibts no koa neues Telegramm?«

Alles wartet; denn gewöhnlich um diese Zeit kommen
die neuen Anschläge.

»Aha! Da kommt er schon!«

Man macht dem Radler Platz; aber sogleich schließt sich
ein erdrückender Ring um ihn und alles fragt: »Was gibt's?
– An Sieg?«

Aber der Radler antwortet nicht. Todernst und mit
fieberhafter Eile reißt er das alte Telegramm ab, zieht einen
roten Zettel aus der Ledertasche, klebt ihn fest, – und stürzt
weg, – aufs Rad – und dahin.

Die Menge aber steht starr, – einer blickt den andern an,
als hätte er soeben die Posaunen des jüngsten Gerichts in
den Ohren dröhnen gehört, – die Ankommenden fragen

ungestüm – keine Antwort; – man sieht hin – liest – und
murmelt erbleichend: »Entsetzlich!«

Wie ein Lauffeuer verbreitet sich die Schreckenskunde:
»Die Münchner Wasserleitung ist vergiftet worden!«

Auf Straßen und Plätzen wimmelt's von bleichen, zähne-
klappernden Weibern – von erbitterten, grimmig und verstört dreinschauenden Männern.

»Gellns – d' Wasserleitung!...«

So tönt's einem überall und unausgesetzt ans Ohr.

»Entsetzlich! – Schauderhaft!« flüstert eine dicke Dame.

»Dees is sauber!« sagt ein Dienstmann.

»Ja, sagn S' nur grad – was soll denn jetzt werdn?« ruft am
Viktualienmarkt drunten eins dem andern zu. »Des is doch
scheußlich! – Da muaß ja Mensch und Viech z'grundgeh!«

»Ja – es ist furchtbar. – Cholerabazillen sollen drinn sei!«
sagt ein alter Herr.

»Naa – i hab ghört, Tiffus is's!« erwidert eine Herr-
schaftsköchin.

»Ah, gar koa Spur – Ziankali hams nei'!« schreit eine
Ganshandlerin dazwischen; »fünf Zentner Ziankali – hat
der Meier Toni gsagt – und der muaß's doch wissen als
Kuttelwascher!«

»Fünf Zentner Ziankali! – Entsetzlich!«

Ein Frost beutelt jeden.

In der Trambahn sitzen die Leut schon alle mehr tot als
lebendig.

Und so oft einer aufsteigt – eine Platz nimmt – immer
dasselbe Schreckenswort: »Gellns – d' Wasserleitung!...«

Beim Hoftheater steigt eine elegante Dame ein.

Der Schaffner fragt nicht: »Wie weit, wenn ich bitten
darf?« sondern sagt mit heiserer Stimme: »Guat Morgn,
Frailein; – gellns dees is was, – d' Wasserleitung!...«

»Warum – was ist's mit der?« fragt die Dame erstaunt.

»Was? – Sie wissens net?« ruft der Schaffner entsetzt; »ja

– ham Sie's denn net ghört? – D' Wasserleitung is vergift!«

Die Dame ist wie vom Blitz getroffen; durch den Wagen aber schallt's wieder laut und furchtbar ernst: »'s ganze Trinkwasser!… Tiffus… Cholera… Ziankali…«

In diesem Augenblick löst sich die Erstarrung der Dame, – sie schnappt etliche Male nach Luft – schreit auf – verfällt in Zuckungen – in Krämpfe – springt aus dem Wagen und rennt mit dem gellenden Ruf: »Hilfe! Ich bin vergiftet! – Ein Brechmittel!« in die Karmeliterapotheke.

In der Trambahn aber ein Aufseufzen: »Entsetzlich!«

In der Bräuhausküche geht's drunter und drüber.

Da schleppen zwei handliche Köchinnen den endsgroßen Suppenhafen vom Brunnen zum Herd – eine wirft so ein zwanzig – dreißig Pfund Rindfleisch hinein, und die Frau Wirtin gibt Zwiebel und Grünzeug dazu und deckt den großmächtigen Deckel drauf.

In der einen Ecke steht die Nandl und wäscht den Kopfsalat, – in der andern hockt die Theres, die ein Dutzend Brathendln einputzt.

Daneben wird grad in dem breiten Grand das Spülwasser eingefüllt, Teller und Schüsseln hineingeworfen und von etlichen Weibern gewaschen und gespült.

Drüben auf der Glut aber steht ein Endstrumm Wurstkessel, in dem allerhand Weiß- und Bratwürst, Dicke und Dünngselchte, Stockwürst und Gschwollne gebrüht und gewärmt werden.

Vom Büffet her erschallen die Rufe der Kellnerinnen: »Sechs Paar Brat auf drei… fünf Gschwollne auf zwoa… a Tellerfleisch… a Bullio mit und oane ohne Ei!«

Teller und Platten klappern, – die Kathi zieht die Würste aus dem Kessel, wiederholt die Bestellungen, und gibt alles ans Büffet.

Die Zenzi schlägt ein Ei in den Suppenteller, löst eine Maggikapsel in kochendem Wasser, gießt ein wenigs von der alten, fetten Hühnerbrüh dazu und richtet die Bouillon mit und ohne Ei.

Die Wirtin läßt ihre Wünsche und Befehle hören, sieht in die Häfen, – rührt in den Töpfen, – schiebt an den Schüsseln und klappert mit den Deckeln; – dann setzt sie sich ans Büffet, wischt sich mit der weißen Leinenschürze den Schweiß von der Stirn und ruft: »Zenzl, mach mir a Naturlimonad!«

Die Zenzi läuft – schwenkt das Glas am Brunnen und bereitet den Trunk.

Zwei Löffel Zucker – umgerührt – die Wirtin leert das Glas auf einen Zug: »Ah – is dees a Wohltat – so a frischer Trunk!«

In diesem Augenblick stürmt einer aus dem Saal ans Büffetfenster: »Habts es scho ghört – d' Münchner Wasserleitung is vergift! – 's ganz Wasser is voll Cholera und Ziankali!...«

Durch die Küche gellt ein siebenfacher Aufschrei, – dann ist alles wie erstarrt.

Nur langsam löst sich die Zunge der Entsetzten: »Mariand Josix! Gfeit is's! – Alles is vergift!«

Die Zenzi schreit: »Teats d' Würscht raus! – Die werdn ja aa vergift!«

»Und's Fleisch ausn Suppenhafa!« ruft bebend die Nandl.

»An Salat ausn Wassa!« befiehlt die Kathi und rennt selber und gießt alles in den Ausguß.

Jede sucht zu retten, – die Wirtin aber lehnt kalkweiß am Büffet und haucht: »Gfeit is's ... holts an Dokta ... i bin vergift ... alls is dahi ... Sperrts zua ... i bin scho hin...«

In der Vorstadt rennt einer von Haus zu Haus, läutet Sturm an allen Nachtglocken und plärrt durch die Stiegenhäuser: »s' Trinkwasser is vergift! – D' Cholera kimmt!«

»Heiligs Kreiz!...«

Die Frau Huber – im Schlafrock – ohne Haar – ohne Zähne –: »Insa liabe Zeit ... d' Cholera ... Frau Sekretär ... Frau Baumeista ... O mei, o mei...«

Die Frau Baumeister zittert an Händen und Füßen: »Aber das ist ja scheußlich! ... Das ist ja Massenmord!«

»Da geht ja die ganze Stadt München z'grund!« jammert die Frau Huber. »Mit was soll ma denn da unsern Kaffee kochen...«

»Und unser Fleischsuppen?...« stöhnt die Frau Baumeister.

Mit einemmal aber schreit die Frau Huber: »Allmächtiger... meine Zähn!... Mei neus Gebiß!... Des liegt jetz im Wasser ... und i trau mirs nimmer 'neinz'toa...«

Jetzt erscheint die Frau Sekretär im weißen Unterrock und rosa Nachtjackerl aus dem Hochparterre, das heiße Onduliereisen im aufgelösten Haar: »Was is denn los? Wo brennts denn?«

»Ach ... ham Sie's denn net ghört, Frau Sekretär?... 's Wasser ... Gift hams nei ... D' Cholera is da!«

»Ach!!...«

Ein gellender Aufschrei.

Das Onduliereisen liegt am Boden – die Frau Sekretär rennt mit fliegenden Haaren zum Haus hinaus, über die Straße und hinauf zum Doktor.

Schrill tönt die Klingel, – der Arzt öffnet, – die Frau windet und krümmt sich: »Herr Dokta ... helfen S' ... Cholera ... au ... 's Trinkwasser ... mei Kaffee...«

Sie stürzt hinein ins Sprechzimmer; – aber da sitzen und lehnen schon ringsrum jammernde Weiber – klagende Mütter mit schreienden Säuglingen. –

Und draußen zieht schon wieder jemand wie wahnsinnig an der Klingel.

Der Arzt sucht sie alle zu beruhigen.

Er geht zum Telephon – fragt an – wartet – spricht – dankt – hängt ab.

»Also, meine Damen – gehn S' nur wieder heim! – Das mit der Wasserleitung ist Schwindel, sagt das Gesundheitsamt. – Das Wasser ist vollkommen rein!«

Ungläubige Mienen – schmerzverzogene Gesichter.

»Des glaabn S' aba selber net, Herr Dokter! Schaugn S' eahna mei Büaberl o – des werd scho ganz schwarz!«

»Und mir zreißts meine Därm!«

»Und i verlier scho 's Bewußtsein...«

Der Arzt lächelt.

Dann geht er einen Augenblick hinaus, – man hört ihn den Brunnen aufreiben – das Wasser sprudeln – ein Glas schwenken – vollaufen; – er bringt es hinein zu den Frauen und – ein Aufschrei – er trinkt vor ihren Augen das Glas leer.

»Soo«, sagt er lachend; »in einer Stunde dürfen Sie wiederkommen und nachschauen, ob ich noch lebe. – Inzwischen können Sie ja Choleratropfen aus der Apotheke holen – ich habe die Ehre!«

Draußen hat er sie.

Auf der Stiege begegnet den Frauen das Kocherl vom ersten Stock. Sie trägt zwei große Kupfereimer voll Wasser.

»Mir kochen heut mit Weihwasser!« sagt sie lachend. »In der Kirch drübn habn s' gestern frisch gweicht!«

Da tritt ihr Dienstherr aus der Tür: »Was is's mitn Weihwasser? ... Was? ... kochen? ... Sie san wohl übergschnappt! ... Zu was brauchen denn mir überhaupts a Wasser? ... Für was hat ma denn a Bier?...

Marsch, sag i! – Sofort wieder zruck damit! Und heut koch i ... verstanden! ... Holn S' vier Ripperl und drei Radi, a Pfund Butter und drei mal drei Quartl Bier! – Punktum!«

Beim Automobilfang am Land

Droben in der Kirche war grad der Seelgottesdienst für die alt Staudenweberin, Gott hab sie selig, zu End, und die Leut gingen gruppenweise, diskutierend und über den Krieg jammernd, heimzu.

Da kam der Herr Wachtmeister samt dem Gendarmen in größter Eile über den Marktplatz gelaufen und schrie: »Obacht! D' Straßen absperrn! A Automobil voll Russen is von Rosenhoam her gmeldt! – Aufhalten und de ganz Bande zu mir bringa!«

Heißa! Das traf!

Die alten Weiber kreischten auf – schlugen das Kreuz und riefen alle Heiligen um ihren Schutz an, während jede so schnell wie möglich heimzukommen trachtete. –

Die Bauern schüttelten den Kopf, fluchten und ballten die Faust und gingen danach ins Wirtshaus, wo man besser über die verdammte Gschicht reden konnte, wie daheim.

Die Jungen aber – und die Handwerker des Markts! – Bruder – denen stieg's heiß auf!

Die sprangen heim und holten, was sie fanden: Schießprügel und Pistolen – Revolver und Säbel – Dreschflegeln und Mistgabeln, Wagendeichseln und Sensen!

Dann wurde die Staatsstraße am obern und untern Ende des Marktes mit Heuwagen, Pflugscharen und Wiesbäumen verbarrikadiert, und Posten ausgestellt, die dreinschauten, wie dreizehn Teufel, alle Augenblick giftig ausspaizten und drohend sagten: »Solln si nur dawischn lassen! – De hängen so gschpaßi drobn auf der Telegraphenstang – ohne Ohrwaschl und ohne Kopf! – Dene zoagn ma's!«

Ein Haufen Buben schloß sich ihnen mit Tremeln und Steinen an, und dahinter standen die zitternden und verzagten Weiber mit ihren schreienden Kindern am Arm, und jammerten und klagten: »Insa liabe Zeit – wia werds ins geh! De schiaßn gwiß alles übern Haufa und schmeißen des ganz Ort voll Bomben und Granaten o! – Mir woaß's ja – was dees für Ungeheuer san – d' Russen!«

Kein Mensch denkt an die Arbeit – keins ans Kochen – ans Essen. Alles steht, harrt, fürchtet.

Der Vormittag geht dahin, es läutet elf Uhr.

»Mariand Josef! Elfe is scho!«

Erschrocken fahren etliche zusammen und eilen heim. Die meisten aber bleiben.

Und die Posten werden immer grimmiger, schauen immer wilder, je weiter es auf Mittag geht.

Ein Trupp Burschen saust auf dem Radel die Rosenheimer Straße hinauf bis gegen Berganger, wieder zurück, – schwitzend – keuchend – fluchend.

Aber die Russen kommen nicht.

Schon gehen etliche heim, da kommt der Telegraphenbote eilig dahergeradelt: »An Lauser Weg zuasparrn! Vo Kirchdorf is's Telegramm da, daß a fremds Automobil vorbeigsaust is!«

Im Nu ist die Straße abgesperrt, und die Posten teilen sich.

In fieberhafter Eile hetzen die Radfahrer den Lauser Berg hinauf, durchstreifen den Wald, sausen zurück; es ist noch nichts zu sehen.

Da kommt die Sommerfrischlerin von Münster her und berichtet: »Nach Münster is telephoniert worden, daß ein fremds Auto durch Helfendorf gfahrn is und gegen's Münsterer Holz zua ghalten hat. Sie sollen an Haufen Gold habn und a Kisten voll Bomben!«

»Herrgottseiten! A Geld hams dabei! Und Bomben! – Mei Liaber – dene gehts schlecht!«

Sofort wird ein Wagen mit einem Odelfaß über die Straße von Münster her gestellt und ein dickes Wagenseil von einem Baum zur Telegraphenstange gegenüber gespannt.

Die Leut werden immer mehr – die Wut immer größer.
Plötzlich heißt's: »Von Zinneberg her kommt ein Auto!«

»Was? Vo Zinneberg her? – Des muaß ja vo Rosenhoam
her kemma!«

»Macht nix, – der Wegmacher hats gsehgn!«

Im selben Augenblick hört man auch schon das Rattern
des Motors.

Die Weiber laufen eilig und kreischend in die Häuser, die
Posten legen an – schußfertig richten sich ein Dutzend
Gewehrläufe und Revolvermündungen auf das Auto; – der
Wagnermartin schreit drohend: »Absteign!« und fuchtelt
mit einer nagelneuen Wagendeichsel vor dem Automobil
herum.

Da hält der Wagen, – dem Martin bleibt das Maul offen –
die Schießprügel der Burschen sinken – und aus dem
Wagen steigt fluchend und schimpfend der Herr Tierarzt.

»Ja, Himmel Kreiz... Was fallt enk denn ei, ihr Flegel! –
Vorn kann ma scho net 'rein – da kann ma net naus – zum
Teufel nomal! – Wenn enk nur euere Viecher alle verrek-
katn, dahoam – ös Hannackn, verfluachte!«...

Inzwischen kommen die Radfahrer schweißtriefend den
Baldhamer Weg herab: »A Militärautomobil is unterwegs
von der Stadt her! Zwischen Münster und Egmating han d'
Russen ins Holz. Der Wirt hat gsagt, daß s' fünf Milliona
dabei ham!«

»Geh, hörts doch mit euerm Unsinn auf!« schimpft der
Tierarzt; »de wern akrat zu euch Bauernlackl herkemma
und sich schö brav fanga lassn! – Aufgmacht jetzt da! I muaß
weiter!«

Nachdem er durch ist, sagen etliche giftig: »Fahr zum
Teife – Siemgscheider! – Was woaß denn der! – Mir kriagns
scho no, de wo ma kriagn wolln!«

»Aber so net!« mischt sich eine Weiberstimme ein; »de
wenn durchsausen, de fahrn über alles drüber nüber! Dees
müaßts gscheider macha: an Draht über d' Straß spanna,

und a fuchzg Meter vorderhalb an Posten hin. Kimmt eppa, na schreit der Posten ›Halt!‹. Haltns an, na is's a so recht – und sausn s' weiter, na gschichts eahna grad recht! – Denn: an Kopf hat koana mehr! Den schneidts an jeden ab!«

»Bravo! Gut hast gredt, Nanni! – Ganz richti: Köpfa solln sa si!«

Augenblicklich wird der Schlosser und der Zinngießer ausgeraubt, und alle Straßen zugesperrt.

Etliche bleiben überall als Posten, die andern rennen alle Münster zu.

Die Aufregung wird jetzt immer größer; denn als zuvor ein paar mit dem Zug angekommen waren, hatten sie schreckliche Dinge berichtet: »Hundert Russen und Franzosen hat man in der Stadt erschossen! Alle Bahngleise liegen voll Bomben! Alle Wasserleitungen sollen vergiftet werden! In Berlin und Wien ist die Cholera und Paris steht in Flammen!«

Sausend geht's dahin, über Baldham, Kreuz, Windach. Die zu Fuß rennen den kürzern Weg durchs Holz gegen Münster.

In der Ferne hört sich was wie ein Autosignal an.

Da verdoppeln die Radler ihre Schnelligkeit, arbeiten mit Händen und Füßen und wetzen mit den Hosenböden, daß die Sättel krachen und die Joppen fliegen.

Abermals das Signal. Diesmal näher.

»Fahrts zua, Buam, was Zeug halt!« schreit der erste, und saust über das schmale Stegbrett des Moorgrabens.

»San ma scho da!« erwidern die andern und strampeln dicht hinter ihm drein, gegen den Graben.

Rrrt! Der erste ist drüben. Rrrt – der zweite auch; aber beim dritten hört man ein leises Krachen, – beim vierten ein stärkeres, – und der fünfte liegt im Graben.

Der sechste fährt auf ihn drauf und purzelt über ihn weg, und der siebente gleichfalls. Die andern drei – vier lachen, springen drüber, nachdem sie das Rad ins Kornfeld drüben vorausgeschickt, und dann geht's weiter.

Tropfnaß und auf und auf voll Schlamm folgen die Verunglückten.

Droben beim Windacher Bauern sitzt alles grad beim Dreibrot.

Da sausen die Burschen vorbei.

»Ja, wo rennan denn de zua?« fragt die alt Großmutter.

»Zum Russenfanga!« schreit ihr der Knecht ins Ohr; »sechs Russen kemman mit an Auterl, – de ham zwanzg Milliona Mark z' Rosenhoam gstohln! Und 's Wasser vergift! Und Paris ozündt! 's ganze Paris brennt scho!«

Die Alte fällt mit weitaufgesperrten Augen und sperrangeloffenem Maul auf ihren Sitz zurück. Da rennt der Bauer hinten hinaus und kommt gleich drauf wieder zurück mit dem Ruf: »Sie kemman scho! D' Russen hams!«

Der Knecht ist der erste, draußen. Die Bäuerin rennt ihm nach – über den Misthaufen – durch den Obstgarten – an den Kreuzweg.

Die Magd folgt, – der Bub, – die Jüngste. Aber beim Sprung vom Misthaufen fallen beide in die Odellacke.

Also – am Kreuzweg stehen zwei Automobile.

Das eine ist ein Militärauto, besetzt mit vier handfesten Landwehrmännern.

Jeder hat das Seitengewehr aufgepflanzt.

Im andern Auto – – – ja, das ist der Herr Teufel, – im andern sind keine Russen, sondern ganz gewöhnliche Bayern in Zivil, die schon seit in der Früh die Straße zwischen Perlach und Rosenheim durchrasen, ohne was zu finden von den Russen.

»Also bei euch ist nichts vorgefallen?« fragt ein begleitender Offizier.

»Naa, bis jetz no net. Mir warten ja aa scho lang drauf!«

»Es wern halt koa da sei«, sagt der alt Lechnerbauer.

»Des werst jetz du wissen, alter Bock!« tönt's gereizt zurück. »Sie san do avisiert!«

»Allerdings«, bestätigt der Offizier; »sie sind auch bereits gesehen und verfolgt worden. Aber bei den ausgedehnten

Wäldern ... Na ... fahren wir weiter! Wo geht's nach
Aying?«

Man weist ihnen den Weg.

Und der Neubeckfranzl schreit gleich: »I fahr voraus und
zoag Eahna an Weg!«

»Ist nicht nötig!« lehnt der Offizier ab und meint dann
noch: »Sie müssen halt alle Straßen hier sperren und nachts
Posten ausstellen! ... Also – fahren wir weiter! Vorwärts!«

»Viel Glück!« schreit einer.

»Heil und Sieg!« ein anderer.

»Hurra! – Allheil!« brüllen alle.

Dann geht's wieder dahin.

Der kleine Weiler wird also ringsherum verrammelt und
verschlossen.

Was irgendwie an Wagen, Eggen, Pflugscharen, Strik-
ken und Wiesbäumen entbehrlich ist, das wird auf die
Straßen gebracht.

Kein Eisenbahnzug wäre heil drüber gekommen; wie
viel weniger ein einschichtigs Auto.

Und der alt Lechner stellte sich drunten mit der Stallatern
Posten, – der Knecht vom Schindler droben.

Aber so eine Nacht ist lang – die Arbeit am Tag war hart
– zudem ging dem Hans die Latern bald aus und er lehnte im
Dunkeln am Heuwagen dran.

Da dachte er sich: »Bal eppa kimmt, hör i 's scho«, und
legte sich auf den Wagen, zog den Janker über die Ohren
und schnarchte.

Und der alt Lechner zog alle Augenblick eine Schnapsfla-
sche aus dem Sack und stärkte sich; aber es half nicht viel,
und als es zu Münster zwölf Uhr schlug, da nahm er seine
Latern, sagte zu sich selber: »Mi kinnts gern habn! Vo dera
Seitn kemman s' z'erscht net!« Und ging heim ins Bett.

Aber um drei Uhr in der Früh gab's plötzlich auf dieser
Seite einen großen Spektakel, und der Hans vom Schindler
lief mit schlotternden Knien heim, weckte die Leut und
sagte zähnklappernd: »Sie han da. Aufn Lechner seiner

Seitn hans. An Lechner glaab i, hams's scho umbracht.«

Da standen alle auf, beim Bauern wurde alles geweckt und beim Bendl, beim Himsler und beim Lechner.

Laternen und Wachslichter brannten auf, alles bewaffnete sich mit Sensen, Drischeln, Gabeln, Prügeln – und man zog gegen die Feinde.

Aber als man gegen die Barrikaden kam, erscholl ein lautes: »Mmuh«, – und da man näher leuchtete, da standen dem Hirner von Kreuz seine neugekauften Ochsen in dem Verhau, hatten die Hörner in den Stricken und die Füße in der Egge – und brüllten hilflos.

Und unter dem Mistwagen lag der Hirner und schnarchte.

Und als man ihn hervorzog, da begann er gotteslästerlich zu fluchen und sagte, daß er zu Holzkirchen die Viecher gekauft und danach ein paar Maß getrunken hätte.

»Und na hab i hoamtreibn wolln. Aber moanst, daß i vom Fleck kemma waar! – An jeder Straß steht a so a Teifeskarrn, – stößst dir's Hirn an an Wiesbaam o – oder fallst gar in a Pfluagmesser eine! Gfluacht und gscholtn hab i … aber was konnst toa … jetz hab i mi halt, wia meine Viecher zletzt stecka bliebn sand und 's Prügln nix mehr gholfa hat dabei, – hab i mi halt da her glegt.«

Er befreit seine Ochsen und treibt heim.

Und die Windacher warten heut noch auf die fünf Russen.

Und die andern auch.

Augenblicke

Ein Offizier tritt in eine Schusterwerkstatt.

»Grüß Gott.«

»Grüaß Good, Herr Oberst.«

Der Schuster packt grad ein Kofferl, – seine Frau kocht in der Ecke hinten auf dem Spiritus ein Pfännlein Suppe.

»Ich hätt noch eine kleine Reparatur da für meinen Sohn;

es pressiert aber, – er muß sie bis zum Ausmarsch morgen früh haben!«

»Des werd halt nimmer guat geh – Herr Oberst – i muaß heunt no eirucka.«

Der Frau rinnen die Tränen über die eingefallenen Wangen; – sie steht knapp vor ihrer schweren Stunde.

Der Offizier steht eine Weile stumm.

Dann klopft er dem Schuhmacher auf die Schulter.

»So wünsch ich Ihnen halt eine gute Zeit, Kamerad!«

Und tritt zu der Frau.

»Und Ihnen auch, Frau Mutter!«

Drückt ihr die Hand – legt ein Goldstück auf den Tisch und geht.

»Muatta, heunt nacht gehts dahin.«

In der armseligen Dachkammer steht der Bursch, marschmäßig ausgerüstet, vor seiner Mutter, einer armen Wittib, deren alleinige Stütze er war.

»Was! Heunt scho! – Und i hab gar nix, was i dir mitgebn kann – gar nix!«

»Des macht nix, Muatta. Mach dir nix draus! D' Hauptsach is, daß du z' essen hast.«

Sie kocht ihm noch den letzten Kaffee – bricht die einzige Blume von dem Geranienstock am Fenster und steckt sie ihm an die Brust.

»I hätt'n zwar an Vatan aufs Grab stelln mögn – aber – er werd ma net harb sei deswegn, – daß i dir des Bleame gib. Werd scho wieder oans aufblüahn bis Allerheilign.«

Der Sohn geht.

»Pfüat di Good, Muatta.«

»Pfüat di Good, Bua. I kimm vielleicht no aufn Bahnhof.«

Und da er fort ist, geht sie ratlos in ihrer Kammer auf und ab: »Hab i denn gar nix – hab i denn gar nix?...« Da fällt ihr Blick auf die alte Truhe.

»Herrgott ... da drinn ... das Brautgwand, das seidene ... es sollt zwar mein Totengwand sein ... aber ... i werds scho wieder kriagn!«

Hastig schließt sie die Truhe auf, nimmt das raschelnde Seidenkleid aus dem Tuch, darin es seit vielen Jahren lag, und beschaut es prüfend.

Dann legt sie es sorgfältig zusammen, hüllt sich in einen Kragen und trägt das Kleid fort – ins Leihhaus.

»Schon geschlossen!«

Sie steht, wie angenagelt.

»Gengans halt zu der Versetzerin vüre! – Glei da vorn im Radlsteg!«

Sie läuft eilends dorthin.

»Soviel S' ma halt gebn könnan ... Je mehra ... desto besser!«

»Ja mei – des is a altmodischs Gwand – nix bsonders – i gib Eahna halt derweil drei Mark drauf – Sie können dann morgn nomal herschaugn, was's gebn hat.«

Drei Mark – nicht viel für ein Brautgewand – aber es sind doch drei Mark.

»In Gotts Nam – gebn S' mirs; fünf wärn mir liaba gwen.«...

Am Abend steht sie am Bahnhof.

Und da ihr Sohn endlich mit seiner Kompagnie anmarschiert kommt, da tritt sie rasch zu ihm: »I hab no was für di, Bua... kimm gsund wieder.«

Schier fröhlich geht sie heim. –

Am letzten Julisonntag waren sie zum drittenmal von der Kanzel verkündigt worden: »Zum heiligen Sakrament der Ehe haben sich versprochen der löbliche Jüngling Gregorius Baumgartner, Schenkkellner, von hier mit der ehr- und tugendsamen Jungfrau Katharina Steinberger, Köchin, von hier.«

Am vierten August war die Hochzeit bestellt, und zwar hatten sie es so ausgemacht: Der Fiaker sollte erst den

Hochzeiter holen und den einen Beiständer; danach den andern Beiständer und zuletzt die Hochzeiterin.

Und der Dienstherr vom Gregori, der Rosenwirt, wollte nicht bloß Beiständer sein, sondern auch dem Paar eine schöne Hochzeit zurichten; denn er konnte den Gregori gut leiden.

Aber die Dienstfrau der Kathi, die Singerwirtin, wollte nichts davon wissen.

»Naa, Kathi, des gibts net! D' Hochzeit richt i an! Leidergott, daß mei Mann tot is! Der hätt Eahna gern an Beiständer gmacht! – Naa – des laß i mir wirkli net nehma! I hab Eahna gern ghabt, so lang S' bei uns warn!«

Da war also guter Rat teuer. Aber der Gregori sagte: »Woaßt was, Kathi! Mir machens a so: 's Mittagmahl halten mir bei mein Herrn, und zum Nachtmahl gehn mir zu der Singerin. Na is nirgends a Verschmach aufghebt!«

Also wurde es so bestellt, und die beiden Wirte waren zufrieden.

Die Kathi fuhr noch auf ein paar Tage nach Rosenheim zu ihrer Schwester und ließ sich von ihr das Brautkleid machen. Und am vierten August stand sie im weißen Kaschmirgewand und mit dem Kranz und Schleier geschmückt in der guten Stube ihrer Mutter, der alten Steinbergerin.

Diese weinte leise, als sie ihrer Tochter das Myrtenzweiglein an die Brust steckte und ihr ein goldenes Kettlein als Brautgabe um den Hals hing.

Der Vater stand derweil schon lang drüben in der Schlafstube, angetan mit Gehrock und weißer Binde, und strich ungeduldig an seinem Zylinder herum, zog alle Augenblicke seine Uhr und brummte: »Wo nur der bleibt! – Jetzt is scho zehne!«

Da fuhr der Wagen vor.

Er lief hinab.

Der Rosenwirt sprang heraus, der Hochzeiter folgte langsam.

»Ja, wo bleibts denn solang!« fragte der alt Steinberger noch, – aber er bekam keine Antwort.

»Wo is mei Kathi?«

»Drobn – was is denn los?«

»Vater – i muaß heut no eirucka.«

Der Steinberger starrt ihn an wie einen Irrsinnigen.

Aber der Rosenwirt bestätigt ihm, daß grad vor einer knappen Stund das Telegramm gekommen sei.

»Jetz muaß ma's ihr halt schonad beibringa, der Hochzeiterin«, schloß der Rosenwirt; »er sagt, er bringts net ferti.«

»Naa«, murmelt der Hochzeiter gepreßt, »i brings net übers Herz.« –

Eine Weile später steht der Steinberger droben unter der Haustür und flüstert seiner Frau die schwere Botschaft zu. Die schreit entsetzt auf: »Was sagst? … Eirucka? … Heunt no? …«

Da öffnet sich die Stubentür; die Hochzeiterin steht totenbleich plötzlich vor den beiden: »Was habts gsagt? … Eirucka muaß er … der Gregori? …«

Hilflos blickt sie von einem zum andern. Langsam rinnen ihr ein paar große Tränen über die Wangen, – aber sie sagt nichts mehr.

Der Alte wischt sich mit dem Ärmel über die Augen, dann geht er hinab und sagt: »Sie woaß's scho.«

Und führt den Hochzeiter hinauf.

Die Mutter jammert laut.

Die Hochzeiterin aber steht bleich und aufrecht am Tisch, da der Gregori eintritt.

Und sie lächelt leise, als er ihren Namen nennt.

Stumm preßt er sie einen Augenblick an sich, dann sagt er: »Soo. Jetz müaß ma macha, daß ma zsammkommen; sonst muaß i ledig in Kriag!« …

Nach der Trauung halten sie ein stilles Mahl beim Rosenwirt und nehmen danach kurz Abschied voneinander.

»I woaß's gwiß: Du kommst wieder!«

»Pfüat di Gott!« – – –

Am Abend füllt sich das Gastzimmer der Singerwirtin schon zeitig mit Gästen.

Ganz hinten steht eine weißgedeckte Tafel mit Blumen drauf, auf Fensterbrettern und Bänken liegen allerhand Pakete, und die Stammgäste schleppen Bildertafeln, Prunkgeschirr, eine Hänguhr und allerhand lustiges Geschenkzeug herbei, um es dem Brautpaar zu stiften.

Die Musik kommt und packt ihre Instrumente aus. Der Braten und die andern Schüsseln sind fertig, und die Singerin sagt schmunzelnd: »Soo. Jetz derfans scho komma.«

Aber die Zeit vergeht – und die Gäste warten – und die Musik wartet gleichfalls – sie kommen nicht. Die Singerin läuft alle Augenblick hinaus auf die Straße und schaut nach ihnen aus.

Aber – soviele Wagen auch vorüberrollen – keiner bringt das Hochzeitspaar.

Etliche Stammgäste kommen in die Küche: »Was is's denn, Frau Singer? Wo bleibn denn d' Hochzeitsleut?«

Die Wirtin schüttelt ratlos den Kopf und sagt: »I woaß's aa net, wo s' bleibn. – I kanns net versteh, was des hoaßn soll! – Um sechse wars ausgmacht – und jetz is's halbe achte.«

Da geht die Tür nach dem Hausgang auf, – und herein kommt die Kathi im Küchengewand und mit der weißen Schürze.

»Soo, Frau Singer«, sagt sie; »jetz bin i wieder da. – Jetz werd glei weiterkocht!«

Sprachlos starrt sie die Wirtin an, – die Gäste sind wie angenagelt.

Die Hochzeiterin aber fährt fort: »Mein Mann is heut nachmittag eingruckt. Er läßt euch grüaßn, – und ihr sollt's mit der Hochzat no so lang warten, bis der Kriag gar is. – Wenns euch net z'lang dauert bis da hin! – Und i bleib halt derweil da und koch – und wart, bis er wiederkommt, mein Mann.«

Die »Viehparkkolonne«

Angetrötten! – Viehhalle zwei muß sofort sauber gmacht, ausgweißlt und desinfiziert wern! – Weber, Sie holen mit'n Hümler Heu und Stroh! – Weinberger, Sie richten mit'n Leibinger Halle eins her! – Daß mir ordentlich ausgschwefelt wird! – Daß mir die Barren sauber sand, wann i nachschaug! – Hopf, der Viehstand?«

»Hundertachtzehn Stiere, dreiundzwanzig Kühe, Herr Feldwebel!«

»Also hundertoanavierzg. – Morgen kommen weitere hundert Stück. – Weggetreten!«

Die Mannschaft verteilt sich und macht sich an die Arbeit; denn es gilt, für die bayerische Armee einen möglichst großen Rinderpark für allenfallsigen Bedarf zu schaffen und in den Münchner Viehhallen unterzubringen.

Felddienstuntaugliche Reserve ist zu diesem Posten kommandiert, und zwar in der Ordnung, daß jeder für gewöhnlich seine gewisse Arbeit hat.

So trifft den Porzellanmaler Weinberger das Ausweißeln und Tünchen der Ställe; der Schaufensterdekorateur Hopf hat das Ausmisten und Streubreiten zu besorgen, der Mathematiker Weber muß füttern, der Dichter Hümler aber tränken; dem Damenfriseur Aschner obliegt das Striegeln und Bürsten des Viehs, während der Klavierspieler Pauli das Waschen der hinteren Kuh- und Stierviertel zu besorgen hat.

Da indes aber die Kühe auch gemolken werden müssen, so hat man zu diesem Werk den Erzieher und Doktor phil. Reismann, sowie den Hausmeister Leibinger ausersehen. In die übrige Arbeit teilen sich Schriftsetzer, Bildhauer, ein Geometer, ein Tapezierer, ein Oberkellner, ein Verkäufer von Roman Mayr und sonstige Berufe und Private.

»Also hundert Stück kommen wieder«, sagt der Dekorateur Hopf, »das wird ja sauber. Da weiß i schon wirklich bald nimmer, wo i naus soll mit mein Mistkarrn! – Zweihunderteinundvierzig Viecher! – Der Dreck! – Die Arbeit! – Ich danke!«

»Na – Sie san aber schon wirklich gelungen, Hopf!« entgegnete ihm der Klavierspieler Pauli; »Sie jammern da, als ob's Ihnen alleins anging! Was sollt denn dann i sagn! – Meinen S', mei Arbeit is a Kleinigkeit? – Bsonders wann Sie auf d' Nacht immer so schön ausmisten, daß das Viech am andern Tag allemal ausschaut, als wärs im Spinat glegn!«

»Bitte sehr!« erwidert ihm Hopf; »da möcht i aber schon bitten! Ich laß mir keine Unreinlichkeiten vorwerfen! Ich bin selber für Akurateß und fürs Dekorative! – Aber – wann man das Vieh derart unsinnig füttert, wie's hier gschieht, da dürft man ja den ganzen Tag mit der Mistgabel parat stehen!«

Aber da kommt der Mathematiker Weber: »Entschuldigen Sie, meine Herrn, – aber das mit dem Füttern – entschuldigen Sie, – ich habe es genau aufs Gramm ausgerechnet, was jedes Tier zu jeder Mahlzeit zu bekommen hat, daß erstens die Futtermittel genau die vorgeschriebene Zeit reichen – und – vor allem – daß die Tiere trotz Abgang der Exkremente nichts an Gewicht einbüßen.«

»Jawohl, Weber, da ham S' ganz recht!« mischt sich der Hausmeister Leibinger drein. »Wo nahmat denn 's Viech d' Milli her – und 's Schmalz, wann's net guat gfuattat werd! – Da tatn unserne Küah bald so hautmager ausschaugn wie der Herr Hopf! – Oder so zaundürr wie der Pauli!«

»Sind S' fei net so frech!« sagt der Herr Hopf giftig, und der Pauli murmelt: »Es gibt Leute, die mi net beleidigen können! Verstanden!«

Und geht weiter.

»Aha, jetzt hockt er eahna!« lacht der Hausmeister. »Jetz ham ma wieder a paar nauftrieben. – Aber i sag Eahna was, Weber, fuattan S' nur ruhig weiter! Geht ja net auf unser Rechnung! – Und – verstanden – a schöns Viech – a zeckerlfetts – das siecht a jeder gern: der Feldwebel – der Leutnant und der Tierarzt. Wia d' Luftballon muaß es aufblasen, na san s' wohlgenährt!«

Damit trennen sie sich und auch der Herr Hopf entfernt sich ohne weitere Entgegnung.

Der Dichter Hümler ist inzwischen in den Stall drei gegangen und nimmt die beiden Wassereimer vom Haken. Dann bleibt er sinnend vor dem Barren der Stiere stehen und betrachtet die lange Reihe von feisten Rücken, die massigen Köpfe und die glotzenden Augenpaare, die ihn und seine Eimer anstarren.

Gedankenvoll steht er da; plötzlich seufzt er tief und schwer und murmelt: »Ist das nicht unerhört! – Nun soll ich also wirklich meine produktivste Zeit im Kuhstall verplempern! Jeder singt und dichtet – Zithern erklingen – alle Musen singen... Nur ich...«

»Hümler! – Kreizsakra! – 's Wasser eingebn! – Der Kerl steht wieder amal da wie der Ochs vorm Berg!«

Erschrocken läßt der Dichter den Eimer fallen, worauf etliche Stiere unruhig werden und brummen.

Und einer beginnt zu schnauben und mit den Augen zu rollen, den Kopf zu senken und mit dem Schweif zu schlagen, so daß dem Hümler angst und bang wird und er erschrocken zurückweicht. Aber da fährt ihm plötzlich eine kalte, nasse Zunge übers Ohr und ein paar kurze Hörner stoßen ihn unsanft in den Rücken.

»Ach du lieber Himmel!« stöhnt der zu Tod Erschreckte; »hinter dir und vor dir nichts als Tod und Verderben!«

Und er weicht entsetzt wieder zurück auf die andere Seite, wo ihn ein dröhnendes »Mhmuh« empfängt.

Da packt ihn ein Grausen; er ergreift den andern Eimer und rast in wildem Lauf durch die Halle, rufend: »Die Tollwut! Die Stiere! – Das ist mein Tod!...«

Und bebend füllt er draußen die Kübel, ruft einem Kameraden und sagt: »Guter Freund! Möchten Sie mir nicht rasch die Tiere tränken! Ich geb Ihnen gern eine Mark dafür; – ich hab nämlich was vergessen.«

Der andere schmunzelt, steckt das Geld ein, sagt »Merssi!«, und Hümler geht aufatmend in die Halle eins hinüber, wo eben fest geschwefelt wird.

»Ah, der Hümler!« – tönt's ihm da entgegen. »Was is's? Brauchst aa ausräuchern?«

»Nein – aber – kann ich vielleicht was helfen?« meint der Dichter schüchtern.

»Was helfen? – Aha! – Bist scho wieder davongroast vor lauter Schneid!« ruft der Weinberger. »Ham s' dir scho wieder was to, unsere Viecher!«

»Ach Gott!« seufzt der Dichter bekümmert. »Sie sind schrecklich, diese Biester! – Stellen Sie sich vor – so ein friedliebender Mensch wie ich – in so einem Stall voll wilder Stiere! – Wissen Sie – ich hatte mir die Sache so schön vorgestellt – so ganz anders! – Ich dachte, da kann man ganz friedlich mit seiner Herde dahinwandern durchs berühmte Flandern oder in die Champagne, – immer gut außer Schußweite … keine Sorge – blauen Himmel – lachende Sonne… Sie müssen nämlich bedenken – ich bin Lyriker… Ach – so ein stilvolles Heldengrab – und dazu das ferne Kanonendonnern… oh … es hätte einen herrlichen Stoff gegeben für meine neuen Kriegslieder! – Und nun sitz ich hier – ganz nüchtern – und immer in Todesangst!«

»Ja ja. Bei dir hat halt aa unser Herrgott 's Gschlecht verwechselt, wie er di erschaffen hat! – In an Weiberkittl müaßast du a ganz a guate Figur macha!« sagt der Leibinger mitleidig. »Di durften s' aa z'erscht amal a paar Tag zum Heilmann und Litte toa zum Auszementiern, daß d' fester wurd'st! – Herrgott, wie a solcherner Waschlappen aa militärtaugli werdn kann! – Geh – zahl a Maß – sunst muaß i di gar a wenig dablecka!«

Bereitwillig zahlt der Dichter – froh der entschwundenen Not – und hilft dann Kalk anrühren.

Drüben im Stall läuft derweil der Klavierspieler Pauli wütend von einem Stier zum andern – von einer Kuh zur andern, in der einen Hand einen vollen Eimer, in der andern einen Schwamm zum Reinigen.

»Saustall verdammter!« schimpft er; »jetz weiß i scho bald nimmer – bin i beim Militär oder in einem Säuglingsheim! – So eine Dreckarbeit! – Und woher kommts? – Bloß von der verrückten Fütterei! Die Viecher müssen sich ja vorkommen wie die Grottenbahn von der Oktoberwiesen! – Da nei – da raus! – Das is ja zum Davonlaufen!«

Vorsichtig faßt er den Schweif einer Kuh und will ihn abwaschen; aber die schlägt unwillig einen Bogen damit, und der Klavierspieler muß eilig an seine eigene Reinigung denken.

Und vorn an den Barren steht der Mathematiker und füllt bedächtig eine Gabel Heu um die andere ein, füttert und füttert, und berechnet dabei, wie viel Gramm die Tiere in der Stunde zunehmen unter den und den Umständen, indes das Vieh aufgeblasen dasteht, kaut und kaut – und langsam Schüppel um Schüppel zerreibt und zermalmt.

Da schreit der Klavierspieler voll Zorn: »Jetz langt's aber! Sie sind wohl übergschnappt! – Was bilden denn Sie Ihnen eigentlich ein? – Meinen S', i lauf den ganzen Tag mit dem Schwamm rum und laß mich verunreinigen von dem Viechzeug! Da – gehn S' nur selber amal und machen S' die Arbeit – dann wern S' es glei sehgn, was das heißt ...«

Damit wirft er dem Mathematiker wütend den Schwamm hin.

Der aber spießt ihn behutsam auf die Gabel, reicht ihn dem Kameraden hin und sagt: »Bitte sehr – ich bin zum Füttern kommandiert – also füttere ich.«

Hinter einer Kuh sitzt derweil der Erzieher Reismann auf einem Schemel und probiert das Melken.

»Es kommt halt nichts!« jammert er; »ich kann ziehen wie ich will – es kommt halt nichts! – Jetzt packt mich schon der Starrkrampf an den Fingern und ich seh immer noch keine Milch!«

Verzweifelt drückt und zerrt er am Euter der Kuh herum, bis ihn das gepeinigte Tier schließlich unwillig über den Haufen rennt.

Hilflos klaubt sich der Erzieher zusammen und murmelt: »Nein, so was von Rüppelhaftigkeit ist mir noch nicht vorgekommen! – Aber ich werde dir schon noch Erziehung beibringen! – Wenn mit Güte nicht zu fahren ist, versuchen wirs einfach mit Strenge! Morgen nehm ich den Stock und hau dir sechse runter – das wird schon helfen!«

Ingrimmig setzt er sich wieder und versucht seine Arbeit aufs neue; aber vergeblich. Er läutet an allen Glocken – es ist nichts mit der Milch.

»Also ich versteh das nicht!« murmelt er grimmig; »jetzt hab ich doch extra den ›Praktischen Landwirt‹ studiert und mache es genau so, wie es drin steht: ›Auf einem Schemel unter die Kuh sitzen, – Melkeimer zwischen die Knie, – Euter mit den Fingern fassen, – mit Daumen leicht pressen und abwärts streichen‹; – es kommt halt nichts! – Jetzt weiß ich wirklich nicht mehr, ist das eine Kuh oder nicht!«

Er arbeitet, daß ihm die Schweißtropfen von der Stirn rinnen, – umsonst.

Plötzlich ein Stoß, – er liegt mitsamt dem Melkkübel abermals in der Streu und jammert.

In diesem Augenblick kommt der Leibinger zur Stalltür herein und hört den andern stöhnen.

»Was is denn da los?« fragt er und rennt hin, wo sich der Erzieher zum zweitenmal wieder aufrafft und nach dem Schemel greift.

»Hat s' di gschmissen?«

»Ach, und wie! Schon zweimal!«

»Hast d' Milli aa ausgschütt?«

»Nein. Dieses Rindvieh gibt ja keine!«

»Wass? Koa Milli? – Des waar ja glei recht! Die muaß ja oane gebn!«

»Und ich sag, sie gibt keine! Ich hab schon Wasserblasen an den Fingern vor lauter Drücken und Ziehen – es kommt keine.«

Der Hausmeister lacht mitleidig und sagt: »O du Erzochs! – Daß d' es net überhaupts glei ausgwunden hast, 's Euter! – Da glaub i's freili, daß di 's Viech hintreschlagt!«

Er setzt sich auf den Schemel und nimmt den Eimer zwischen die Knie: »Da – schaug her – des muaßt viel feiner opacka! – Ganz schö stad runterstreicha! – Da – siechst, daß s' oane gibt, a Milli! – Die muaß ma ihr halt sozusagn außakitzeln! – Mit der Grobheit richst nixn!«

Der Erzieher steht starr: »Also – so ein Biest!« knurrt er. »Wirft einem die ganze Pädagogik über den Haufen! – Und Ihnen pariert sie!«

»Ja mei, mei Liaba! – Des will grad so guat glernt sei, 's Melka, wie was anders aa. I habs aa erst lerna müassen!«

Während nun der Erzieher das Melken lernt, kommt plötzlich der Herr Leutnant der Reserve, sonst im bürgerlichen Leben Hofzahnarzt ihrer Durchlaucht, der Fürstin Soundso.

Langsam geht er durch die Stallhalle.

»Sind die Tiere wohl?«

»Jawohl, Herr Leutnant!«

»Fressen sie?«

»Jawohl, Herr Leutnant!«

»Von morgen ab werden Trebern gefüttert!«

»Befehl, Herr Leutnant!«

Der Leutnant geht wieder.

Andern Tags kommen die Trebern.

Der Mathematiker zieht die Nase hoch, rechnet aus, wie lange die beiden Wagen voll reichen, wenn jedes Tier täglich fünf Kilo erhält, und beginnt sodann mit dem Füttern.

Aber die Tiere stecken bloß die Nase in die Barren, schnuppern und blasen etlichemal, schauen hinüber und herüber und brüllen schließlich nach dem gewohnten Futter.

Der gute Weber ist ratlos.

»Ja – die fressen ja nicht!« jammert er. »Die lassen ja alles liegen! – Was soll ich bloß machen? – Meine ganze Rechnung ist über den Haufen geworfen!«

Und der Erzieher meint, man solle die Tiere eben hungern lassen – ihnen eine Standrede halten – oder mit dem Stock nachhelfen, – das käme auch bei Kindern öfters vor, daß sie nicht äßen.

Aber es hilft alles nichts, und die Tiere legen sich alle auf die Streu und fressen ihr Lagerstroh an.

Man räumt also die Mahlzeit wieder weg, putzt die Barren und probiert's später noch einmal.

Vergebens. Die Tiere rühren nichts an.

Der Mathematiker ist in Verzweiflung.

»Was mach ich nur – was mach ich nur!« ruft er immer wieder aus. »Wenn sie so weitermachen, dann nehmen sie bei jeder Mahlzeit hundertachtundsiebzig Gramm ab! Das verantwort ich nicht!«

»Gott sei Dank!« sagt der Dekorateur. »Jetz kann man sich doch endlich einmal wieder a bißl ausruhn!«

Und der Klavierspieler triumphiert: »So. Jetz is endlich amal a Ruah mit der ewigen Durchlauferei! Ganz recht! Vierzehn Tag solln s' nix fressen!«

Abends kommt wieder der Leutnant.

»Na – was ists mit den Trebern?«

»Zu Befehl, Herr Leutnant, – das Vieh frißt die Trebern nicht!«

»Wass? – Das Vieh ist beim Militär. Es muß die Trebern fressen! – Verstanden!«

»Zu Befehl, Herr Leutnant!«

»Wie lange reicht das Quantum, das heute kam?«

»Zwei Tage, Herr Leutnant.«

»Gut. Übermorgen kommen frische. Bis dahin hat das Vieh die andern gefressen! Verstanden!«

Der Herr Leutnant geht.

Der Mathematiker ist verzweifelt.

»Ich werf das ganze Freßzeug auf den Misthaufen!« schreit er. »Ich werde noch direkt wahnsinnig, wenn das Teufelsvieh nicht frißt!«

Aber das Vieh frißt auch den nächsten Tag nicht.

Und die Sache wird immer kritischer.

Der Herr Feldwebel Däuerl, sonst Gerichtsvollzieher, läuft fluchend durch den Stall.

»Das ist eine Viecherei! – Die Trebern müaßn gfressen werdn, sonst spuckts! – I mach euch alle verantwortli! – Die Trebern müaßn bis morgn gar sein! – I verlangs! – Verstanden!«

Und da der Mathematiker was entgegnen will, brüllt der Gestrenge: »Maul halten!«

Und geht.

Da kommt dem Leibinger eine gute Idee. Und den andern Tag sind die Trebern richtig zu Ende, da die neuen kommen, und das Vieh frißt wieder – Heu.

Und der Herr Leutnant hört am Abend bloß: »Das Vieh frißt – aber es verträgt die Trebern schlecht.«

Und so kommen die Tiere wieder zu ihrem gewohnten Futter.

Am nächsten Tag laufen die Viehwagen mit den hundert Rindern ein; es sind etwa siebzig Stiere und dreißig Kühe.

Und da sie unter großen Mühen und Gefahren endlich ausgeladen sind und in der Halle stehen, kommt der Stabsveterinär zur Untersuchung wegen Seuchenverdacht.

Der zieht also ein Instrument aus dem Sack, ruft dem nächststehenden, dem Dichter Hümler, und sagt: »Da her! – Halten S' einmal dem Stier den Kopf, daß ich ihm ins Maul schauen kann!«

Der Dichter steht zitternd stramm: »Befehl, Herr Stabsarzt – das kann ich nicht!«

»Sie halten dem Stier den Kopf, sag ich!«

»Zu Befehl, ich trau mi nicht!«

»Mensch – was soll denn das heißen! – Was sind denn Sie in Ihrem Privatberuf?«

»Lyriker, Herr Stabsarzt!«

»Ja so! Ja – dann glaub ich's!«

Der Veterinär schmunzelt und ruft: »Geht einmal ein anderer her da! – Sie da! – Sind Sie auch ein Dichter!«

»Nein, Herr Stabsarzt! Bin Klavierspieler.«

»O Jessas! – Und Sie?«

»Friseur, Herr Stabsarzt!«

»Ja Himmel! – He da! – Sie her!«

»Befehl, Herr Stabsarzt!«

»Halten S' dem Stier die Hörner fest! – Ja, wie gstelln S' Eahna denn! Sind sie auch noch nicht mit Vieh umgegangen?«

»Nein, Herr Stabsarzt! Bin Schaufensterdekorateur!«

»Das ist ja unglaublich! – Ja, ist denn da wirklich keiner dabei, der mit'n Viech umgehen kann?«

Man holt den Leibinger.

Der macht seine Sache ganz leidlich, so daß der Veterinär fragt: »Sind Sie von draußen?«

»Nein, Herr Stabsarzt. Aber i hab früher g'arbat beim Heil und Litte. Da gibts allerhand Viecher.«

»Na – dann ist doch wenigstens einer da.«

So fristete also die »Viehparkkolonne« ihr Dasein, bis plötzlich alles Vieh wegen der Seuchengefahr geschlachtet werden mußte.

Da löste sich die Gesellschaft auf, und es kamen die einen zum Proviantamt, die andern zum Train.

Der Herr Dichter und der Herr Mathematiker aber wurden frei wegen eines doppelten Bruchs.

Im Dorfwirtshaus

Grüaß di Good, Nickl.«

»Grüaß enk Good aa.«

Der Pentenrieder holt sich einen Stuhl und setzt sich zu den Bauern, die bereits um den langen Ahorntisch hocken.

»Nickl, kriagst a Halbe?« fragt die Nanni.

Aber der Pentenrieder sagt gar nichts, tut einen grohnenden Seufzer und rückt näher an den Tisch.

»Hast scho an Botschaft vo deine Buam, Nickl?« fragt jetzt der Wimmer von Berg.

»Ja.«

»Soo. – Wo hand s'?«

»Gega Frankreich.«

»Hast an Briaf?«

»Zwee.«

»Was schreibn s' denn?« sagt der Wirt, der Posthalter.

»Lies selm!« erwidert der Pentenrieder und holt zwei Feldbriefe aus dem Sack.

»Geh, Posthalter, lies laut, daß mar aa epps hörn!« meint der Weber von Kreuz.

Und dann wird's ganz still in der Gaststube, und die Nanni macht die Kucheltür zu, daß man das Geschirrklappern nimmer hört.

Und der Posthalter beginnt:

»Meine geliebte Eltern!

Sendet Euch aus dem feindlichen Frankreich, wos aber noch deutsches Elsaß heißt.

Indem daß mir den 14ten August in Sirey im Franzosenland standen und mit den roten Hosen zsammgrumpelt sind.

Mir ham uns auf einem Berg vor einem großen Saarburger Holz verschanzt ghabt und ham gwart, bis angeht.

Da sans ganz tantschig hintern Ort aufzogn und ham auffagschaugt zu uns.

Jetz hats aufamal ghoaßn: Auf gehts – und mei Hauptmann hat gsagt: Das ist die Feuertaufe – und na hats kracht.

Kreuzsakra. Da ham ma gschaugt. Das war so a Gaude. Mir ham gmoant, des geht wie beim Manöver. Derweil san aufamal die Kugeln daherkommen wie d' Schauerstoanl und mir ham denkt, gfeit is.

Bals ghoaßen hat, Feuer! na hats es ja no tan; aber dazwischen! Einer nach dem andern hat gsagt: Pfui Teife und scheußli.

Nämlich waren es leichtlich zehn Regimenter bei den Franzosen, und mir nur eins.

Da hats gheißen: ein bißl zruck!

Liebe Eltern, da san mir alle hinunter über den Berg und hintre ins Holz.

Aber mein Feldwebel ist ruhig droben auf- und abgangen, und der Hauptmann hat frei auskundschaft.

Da hab ich denkt, Hans, siechst, bals dein Feldwebel nix macht, wo er doch ganz drobn is, nachher werds dir eppan aa nixn toa.

Und bin schö langsam wieder vüre und zu mein Feldwebel.

Der hat ma d' Hand gebn und hat gsagt: Brav, Pentenrieder!

Aber es hat nixn gholfen.

Die Franzosen waren zviel und mir zwenig. Und so hats halt wieder gheißen: Zruck.

Also san ma wieder durchs Holz zruck: ganzes Batalion in Marschkolonne.

Und die Franzosen ham uns schön brav nachpfeffert und gschossen, was s nur grad außabracht ham.

Aber zhoch.

Über uns sans gflogn die Gschoß und Kugeln und san umapflitzt wie d Impen im Fruahjahr, bal d Königin ausfliagt.

Aber mir ham uns nimmer gschiecha und san ganz gemüatli furtgangen bis auf Saarburg.

Da hats ghoaßen: Auf dem Zinglberg verschanzen.

Überall, auf alle Berg herentahalb Saarburg san unsere bayrischen Regimenter gstanden und ham glauert, wann der Franzos kimmt.

Mein Hauptmann hat gsagt, großartig, die werden jetzt hereingelockt und nachher werdns droschen.

Ja, meine lieben Eltern, die san droschen worn wie der Woaz im Winter!

Also, mir liegen in unserne Unterständ, die mit Brukkenwägen, Stadeltoren und Haustüren eingedeckt waren, und warten.

Da geht am 18ten der Tanz los.

Rumm! Bumm! So hat unser schwermüatige Hottollrie angfangt.

Und von drenten sans daherkommen: Ssss... und Huiji!

Gräusli pfeiens die Ludergranaten! Unserne Haubitzen ham si aa dreingmischt in die Musi – und mir ham derweil Erdäpfel klaubt.

Bis jetz hams uns also no net daraten ghabt, die Roten.

Auf oamal schreit mei Hauptmann: Da her, Leut! Da schaugts nüber, nachher könnts was sehgn!

Ja, da sans dahergekommen, die Roten. Zerst Kavallrie – a ganzer Haufen – gschlossen. Großeich hat der Ort gheißen.

Auf amal bumperts bei uns, – und – patschi – hat scho einghaut mitten in die ganz Reiterei.

Die – auseinander – oa Haufa roast in Obstgarten, der ander neben an Bauernhof. Aber – rumm – bumm! Die unsern hams scho wieder ghabt.

Und so hat unser Hottollrie die ganz Kavallrie zsammgschossen.

Derweil fahrt a französische Battrie auf; schön, nobel, mit Schwung; ohne Deckung, fahrns bei Kleineich in an Baumgarten und protzen ab.

Aber – unsere Schwermüatinga hams scho ghabt. Bumm! Mitten drin in der Battrie sans gsessen!

Wie im Theater hat mas sehgn könna, die Gaude.

Und so is der Tanz dahingangen den ganzen Tag, die ganz Nacht und wieder den ganzen Tag.

Und nachher is die große Schlacht kommen in Saarburg, am 20ten.

Da muaß ja der Ferdl aa dabeigwesn sein; denn da hat des erschte Regiment und d Leiber des mehrane gmacht.

Mir ham ja leider Gott net viel z'toan ghabt an dem Tag; und doch hätts mi bald dawischt dabei!

Also – so um a achte in der Fruah tuats aufamal knapp über unserm Unterstand: huijji! – Und – krach – hauts eppan dreißg Meter hinterhalb ein.

Glei drauf kommen zwoa, die krepiern so fufzehn-zwanzg Meter vorderhalb.

Aus is, denk i mir; jetz hams uns daglängt!

Und kaum hab i des denkt, da tuats aa schon an Sauser – an gräuslichen Kracher – a furchtbars Gstank – neben uns, im fünften Unterstand hats gschnacklt.

Gott steh uns bei! sagn meine Kameraden und schlagen den Rockkragen über d' Ohren. Und i nimm mei Büchs und denk, jetz werds do bald hoaßen: Sturm!

Da – ein Donnerschlag wie selbigsmal, wo der Blitz bei uns eingschlagn hat – und – geliebte Eltern – mein Unterstand war hin. Und meine Kameraden hats durch den Luftdruck hinghaut und dermalmt.

Ja – unser Herrgott hat mirs gut gmeint an dem Tag! I bin ein Stückl auf d Seiten gflogn – hab meine Sinn verlorn – und lieg also unter dem Schutthaufen.

Da hör ich, wie ich wieder zu mir komm eine Stimm: Herr Feldwebel! In Nummer drei hats aa einghaut!

Und ich fang an, mich auszugrabn. Aber mei rechter Hax war so eingrammt in die Trümmer, daß i net raus hab können. Da kommt mein Feldwebel – mitten im größten Granathagel, – räumt ganz allein alles von mir weg und ziagt mi mit furchtbarer Müh aus mein Grab.

Mein Stiefel is drin stecken bliebn; und mein Haxn hätts aa bald kost.

Aber gangen ists, und der Herr Feldwebel, dem i also mei Lebn verdank, hat mi hintregstampert zum Verbandplatz und hat gsagt: Soo, mei Liaber, jetz schaugst aber, daß di druckst, – sunst dawischts mi aa no!

Also, geliebte Eltern, ich liege hier im Lazarett und hoffe, daß ich bis in acht Tagen wieder laufen kann.

Denn – d Franzosen müassen boarisch wern, ehnder gebn ma koan Ruah!

Es grüßt Euch alle   Euer Hans,

      Gefreiter im zweiten bayrischen Infantrieregiment.«

Der Posthalter hat geendet und legt den Brief langsam vor den Pentenrieder hin.

Die Bauern trinken stumm, einer schnupft bedächtig, und der Pentenrieder nimmt den Brief und schiebt ihn ein.

Dann sagt er seufzend: »Ja ja«, und langt nach seinem Bier.

»Soll i den andern aa no lesen?« fragt der Wirt.

»Freili sollst des!« rufen die Bauern.

»Ja, lies nur!« sagt der Pentenrieder und stützt das Kinn auf beide Hände, die den groben Hackelstecken halten.

Da zündet der Wirt bedächtig die große Lampe überm Tisch an, stellt sich nahe dazu und liest:

»Lieber Vater und Mutter!

Ich ergreife die Feder, um dies Brieflein an Euch zu richten.

Indem daß ich verwundet im Lazarett hier liege an einem Granatsplitter.

Geht aber schon besser.

Es ist mir passiert bei der großen Schlacht von Lothringen, wo mir mit unserm bayrischen Kronprinz Rupprecht die Franzosen so schön brav droschen ham.

Besonders in Saarburg, und das will ich Euch kurz mitteilen.

Alsdann: Das ist uns recht zwider gwen, wie mir mittendrin den Befehl kriegt haben: Zurück!

Indem daß mir schon siegreich ins Frankreich mit Hurra
eingezogen waren und ham glaubt, jetz gehts so dahin bis
auf Paris.

Aber unser Hauptmann hat gsagt, er weiß selber nimmer, was los ist, aber der deutsche Soldat tut was er muß.

Da sind mir halt wieder zruck, ohne Sang und Klang und
mit großem Schmerz und Zorn im Herzen.

Hinterhalb Saarburg hat sich schon alles gut verschanzt
ghabt; die Leiber, das zweite, mir und die Zwölfer.

Und unsere Artollerie und alle Haubitzen sind angesaust
kommen und haben sich eingedeckt und zsammgricht.

Derweil hats also auf einmal gheißen, der Franzos is da.

Mit Trommeln und Regimentsmusik sind sie eingezogen, mit fliegenden Fahnen und großer Herrlichkeit.

Nachher ham sie überall große Plakaten aufpappt von
der Befreiung vom Elsaß und ham Reden ghalten über die
barbarische Knechtschaft und gsagt, jetz muaß jeder wieder
französisch wern.

Na hams alle Schildl von die Läden weg, wo deutsch
warn, und hams französisch überschrieben, ja – sogar alle
Uhrn hams neu aufzogn und auf französische Zeit gstellt.

Des ham uns darnach alles die Leut in Saarburg erzählt,
und auch, daß etliche Großkopfate den Franzosen Bleamel-
sträuß und Triumphbögen verehrt habn.

Und eine hat sich eigens neue Schuach anglegt und hat
gsagt: Mit dene tanz i, wann meine Freund, d Franzosen,
kommen!

Die hat aber bald austanzt ghabt.

Denn am 18ten August hat unser Oberst gsagt: So, jetzt
wirds bald krachen.

Und wirklich, glei drauf geht der Tanz schon los.

Da donnert unsere Feldartollerie vom Dinkelsberg und
vom Stinzelberg, von Saaraltdorf und von Rieding her.

Dahinter krachen die schweren Feldhaubitzen und Mörser vom ersten und dritten Fußartollerieregiment von Hilbesheim her, und vom 18ten Fußer von Rauweiler her.

Unsere Pionier ham garbat, daß eahna grad s Wasser runtergronnen ist, und unser Reiterei hat schon paßt aufs Losgehn.

Unser großer Luftballon is aufgstiegn und unsere Flieger san drobn umanandkarossiert, daß s a Freud war.

Aber die andern ham aa ihrene Flieger loslassen, und die ham unsere Stellungen grad a so auskundschaft, wie mir die ihrigen.

Und auf amal hauts ein bei uns! So lang i draußen war, hab i ja net viel gsehgn davon; aber da herinn im Lazarett verzähln sies: ganze Unterständ hams zsammgschossen, – ganze Battrien hams vernicht. Aber – mir san die tapfern Bayern; mir ham uns net irr machen lassen!

Zwee Täg hat das furchtbare Gspiel dauert, und was da die unsern in der Schneid und Tapferkeit gleist ham, des is net zum sagn.

Oan hats das rechte Ohrwaschel weggrissen; macht nixn! hat er gsagt; i kimm mit oan Ohr grad so gschwind auf Paris!

Dem andern reißts a Trumm von sein Stiefel und zwee Zehen weg; seine Kameraden fragn: Brauchst an Dokta? An Dokta wer i braucha! sagt der giftig; schaugts liaber, daß s an Schuasta herbringts!

Und wies grad am allerärgsten ist, da sagt unser Hauptmann: So Kinder, jetz heißts Reu und Leid gmacht, und amal in d Händ gspuckt und dann drauf wie der Teufel!

Herrgott! Wie hat jeder von uns brennt vor Wut und hat gwart auf den Befehl: Zum Angriff vor!

Endlich, am 20ten August, gluthheiß wars, hat die Warterei ein End ghabt.

Der Franzos war mürb und sein Artolleriefeuer ist kleiner und kleiner wordn.

Und z Mittag um elfe hats plötzlich gheißen: Vorwärts!
Ausschwärmen!

Da hätt bald oana den andern überrumpelt vor lauter
Rennen!

Und dann ists gangen: Hinlegen! – Sprung auf – marsch
marsch! – Hinlegen! Sprung auf!

Dazu hats aus den Kirchtürmen und von den Kasern her
die Maschinengewehrkugeln nur bloß so gschneibt!

Daß man da nicht wie ein alter Suppenseiher durchlö-
chert worden ist, das wundert mich heut noch.

Plötzlich auch noch Schrapnell- und Granatfeuer.

Sprung auf, – marsch marsch! schreit mein Leutnant; – da
haut ihm eine Schrapnellkugel das Schädeldach durch und
er ist dahin.

Mein Feldwebel springt vor mir her; vor einer Stauden
wirft er sich hin, springt aber sofort wieder in d Höh und
wirft sich etliche Meter seitwärts nieder. Da, wo er zerst
war, wirft sich jetzt ein Kamerad hin; – hujii – krach – der
Bursch is in Fetzen.

Ein Bach kommt.

Hinüber!

Da liegen hinter Gestrüpp ein paar rote Hosen grad im
Anschlag.

Wie sie aber die Übermacht sehen, werfen sie das
Gewehr weg: Pardon, Mosje!

War aber nix mehr zmachen. Zehn Kugeln habn troffen.

Das Maschinenfeuer ist immer narreter worden und ein
Kamerad um den andern hat was erwischt.

Aber dahin ists gangen, wies heilig Donnerwetter und
vorbei an dem Elend.

Auf einmal kommt der Feind hübsch nah in Sicht.

Und drüben in der Stadt ertönt das Hornsignal von den
Leibern: Kartoffelsupp – Kartoffelsupp!

Da heißts auch bei uns: Stellung! Die Kompanie schießt
auf die Schützen im Friedhof!

Und mein Zugführer schreit: Gradaus liegende Schützen – Visier 700 – Zum Schuß fertig! Legt an! – Feuer! – Laden! Ha, da ist ihnen anders worden bei unsern Salven!

Waren aber schon wieder andere da; und mir sind drauf los wie die Hund auf d Hasen.

Eine Salven um die ander ham mir ihnen nachpfeffert, und am Gottesacker hat man darnach vor lauter Leichen kein Grab nimmer gsehgn.

Bei uns hats ja furchtbar ghaust; alle Augenblick hats ein erwischt.

Mein Freund, den Schmid Sepp, auch; der feuert no, springt auf, und mittendrinn schreit er: Herr Feldwebel, jetzt glaub i, is mir a Kugel in Magn abigrumpelt!

Und fällt um und is tot.

Derweil is aber Unterstützung kommen, zum Sturm wird blasen, d Trommeln schlagen, und mir drauf und nei in d Kirch!

Herrgott, hats da ausgschaut! Da liegen Mannert, Weiber, Kinder, drinn eingsperrt, jammern, beten, schrein.

Die Hund ham die ganzen Leut zsammtriebn ghabt in die Kirch, ham ein Maschinengewehr aufn Turm und ham den Gottesacker als Schützengrabn hergnommen.

Na, mir hams ihnen schon zeigt, wo der Kapuziner sein Schmalz holt – mir san ferti worn damit.

Und meine Regimentskameraden ham derweil den Rebenberg packt, und d Leiber d Stadt, und wieder andere Hof und Eich – kurz und guat – mir ham, wies so um d Mitternacht war, gewußt, daß mirs gewonnen ham.

Am andern Tag hats gheißen, Versprengte und Versteckte suchen.

I hab zwar über Nacht auf einmal in der rechten Achsel ein hübschen Wehdam gspürt, aber i hab mir denkt, es wird nix gefährlichs sein, und hab mittan.

Und in einem Haus, da such i mit zwee Kameraden und steh mittendrinn so ein zehn-zwölf Rothosen gegenüber.

Der erste fuchtelt mir vor meiner Nasen mit sein Auf-
pflanzten rum; da denk i mir: i bin do net in der Fechtschul!,
ziag mein festen Schnitzer und haun eahm eini. Und dem
nächsten aa, und dem dritten aa. Die ham gschaut! Hoho!
hat einer noch gsagt – aber mehra nimmer. Viere hab i stad
gmacht in dera Stund; aber beim letzten hats mir pressiert.
Da hab i nimmer der Weil ghabt, daß i eahm mei Messer
wieder rauszogen hätt! Denn die andern ham leidergott
meine zwee Kameraden so stark bedroht, daß i bloß
gschwind mein Gewehr umkehrt hab und drauflos droschen.

Na ham mirs ghabt.

Den gleichen Tag hats noch Biwack geben in Imlingen.

Aber meine Achsel hat immer besser wehgetan, und so
bin ich zum Verbandplatz, wo es gheißen hat – ein Granatsplitter.

Jetzt ist er heraußen, und ich hoffe, daß ich bald wieder
hinauskann zu meinen Kameraden.

Es grüßt Euch   Euer Sohn Ferdl
                          Gefreiter im 1. bayr. Inf.-Regt.«

Der Pentenrieder sitzt immer noch stumm, auf den Stock
geneigt.

Der Posthalter gibt ihm den Brief: »Die ham was derlebt,
deine Buam, Nickl! Die können verzähln!«

»Ja, ja«, sagt der Alte wieder einsilbig und schiebt auch
den zweiten Brief ein; »'s Korn muaß halt jetz no droschen
wern – 's Brotmehl werd knapp. An Knecht sollt i halt jetz
kriagn statt meine Buam.«

Dann trinkt er aus und sagt: »No a Halbe, Nanni.«

Es ist ein Schnitter

Es ist um den Tag, da man den Erzengel Raphael feiert. Wieder einmal will ich einkehren in meinem Heimatort. Ratternd und fauchend fährt mein Zug durchs Tal. Der junge Schnee glänzt auf den Höhen, über den Fluren und Feldern, liegt schwer auf den Zweigen der uralten Tannen des Forst's und leuchtet von den niedern Dächern der Bauernhäuser ringsum.

Erst leise, verhalten, dann immer heller klingt das Läuten einer Glocke herüber; der schlanke, spitze Turm ragt aus dem Wald von knorrigen Obstbäumen, das Dorf liegt vor mir.

Der Zug hält.

Der letzte Ton der Glocke ist verhallt.

Ernste, schweigende Menschen wandeln an mir vorüber; alte, gebeugte Bauernweiber im schwarzen Wollkittel und seidenen Kopftuch, – müde, abgerackerte Männer mit samtenen Leibstückeln und silbernen Talerknöpfen, – junge, handliche Dirnen und riegelsame Weiber in schwarzen Gewändern und florbesteckten Hüten.

»Grüaß di Good, Nackmoarin!« grüßt einer, der alt Sixen.

»Grüaß di Good, Sixen«, erwidert die Bäuerin.

»Gehst eahm aa mit seiner Leich?«

»Ja. Is ja a meiniger Gvatter gwen, der Lehrschneider.«

Ich gehe durchs Dorf – zum Gottesacker.

Da hat der Totengräber schon sein Werk getan, – die Grube, darin der Lehrschneider seine letzte Ruhstatt haben soll, ist gegraben. Ein grauer Erdhügel liegt daneben, morsches Gebein ragt daraus.

Und wieder hebt die Glocke an zu läuten, die zweite folgt, das feine Klingen der Armeseelenglocke mischt sich drein und das klagende Singen des Zügenglöckleins, das dem Toten bei seinem Abscheiden geklungen, tönt dazwischen.

Dort drüben tragen sie ihn aus dem armseligen Haus, und betend folgt die Menge.

Langsam bewegt sich der Zug gegen die weit geöffneten Gittertüren des Freithofs.

Ich wandle durch die Reihen der beschneiten Hügel.

Und hinter der Kirche finde ich den Totengräber schon wieder an der Arbeit.

«Grüaß di Good, Kaschba!«

»Grüaß di Good, aa.«

»Für wen muaßt denn aufmacha?«

»Für de alt Leinthalerin. Der Schlag hat s' troffa. Es is halt a weng gar z'viel gwen für sie: der oanzig Bua – und glei ganz hi … ja, ja … der Kriag…«

Durch die Gräberreihen humpelt ein steinalts Leut, tiefgebückt auf seinem Krückstock, – das narrisch Waberl.

Da und dort bleibt sie stehen, betrachtet das verrostete Kreuz hier, – den marmornen Grabstein dort, – und dann redet sie für sich selber: »Gell, bis halt dengerscht aa net überbliebn! – Hast gmoant, weilst Gulden grad gnua hast – triffts di net! – Aber der Kriag – gell – Bruader – der Kriag – drei Buam – zwee tot – oana verkemma – ja Bruada – jetz hat di 's Geld aa nimmer gfreut – jetz hast gar an Strick braucht um d' Gurgel – und an Nagel – am Heubodn…«

Sie steht vor einem frischen Erdhügel.

Ein welker, beschneiter Kranz liegt darauf.

»Werd di leicht gar a weng friern da drinn, Buschenreiterin! – Hast es alleweil gern warm ghabt dahoam! – Aber dein Ruah hast… und hast es nimmer dalebt… von deine Buam. – Han brave Soldatn gwen – alle zwee … und jetz hands halt aa dahin… alle zwee… Insa Herr gib enk allsam die ewi Ruah…«

Drunten auf der Dorfstraße, die zum Bahnhof führt, zieht ein Häuflein Rekruten dahin, und ihr Juchzen und Schreien schallt herüber bis zum Freithof:

»Gloria – Gloria! Gloria Viktoria!
Mit Herz und Hand fürs Vaterland –
Fürs Vaterland! – Juch!«

Vorne wird der Lehrschneider eingegraben. Der Pfarrer redet vom Opfer – vom Krieg.

»Er starb einsam, indes seine Söhne draußen stehen auf dem Felde der Schlachten...«

»Und die Vöglein im Walde –
Die sangen so wunder-wunderschön:
In der Heimat – in der Heimat –
Da gibt's ein Wiedersehn!«

Der Wind trägt den Sang der Burschen herüber.

Da kommt einer langsam, den einen Fuß nachziehend, in den Freithof, – ein Soldat – der Rohrmüller.

Er geht an eins der Gräber, steht schweigend, die Mütze in der Hand, und eine Zähre rollt ihm langsam in den Bart.

Er starrt auf die Blechtafel, darauf steht:

»Hier liegt die ehrsame Rohrmüllerin Maria Raindl, gestorben den dritten Oktober 1914 mit dreißig Jahr im Kindlbett. R. J. P.«...

Droben beim Posthalter richtet man zum Leichenessen an für die Freundschaft des Lehrschneiders.

Da kommt der Postbot.

Ein Telegramm für den Wirt.

Die Wirtin nimmt's, – macht's auf... »heiligs Kreiz...«
Sie fällt in den Stuhl wie ein Baum.

Aber bald rafft sie sich wieder zur Höh, klaubt geschäftig an ihrem Gewand, am Schlüsselbund, an der Geldtasche herum, fährt sich über die Stirn, schaut scheu um sich – und wirft das Papier in die Herdflammen.

Der Wirt trägt einen Kübel voll Fleisch aus dem Schlachthaus, da sieht er den Postboten.

»Hast epps für mi ghabt, Simmerl?«

»Ja – an Telegramm, – d' Wirtin hat'n scho.«

»An Telegramm sagst ... vo wem kann denn der sein?«

»Woaß's net; leicht epps militarischs. – Was is's mit deine Buam, Posthalter? – San s' jetz beinand?«

»Ja. Alle drei hands beim Leibregiment. – Geh, trink schnell a Halbe.«

Er trägt das Fleisch in die Kuchel.

»Muatta, der Simmerl sagt, a Telegramm...«

Sie steht am Herd und fährt mit dem Schürhaken in der Glut herum: »Ah – nixn is's... a Geld... es is nixn...«

Aber da würgt es in ihr und ein Weinen schüttelt die große Frau.

»Muatta... ums Christi...- is's der Sepp... oder der Hans... oder – der – Maxl?...«

»... Alle drei...«

Drinn in der Gaststube verabschieden sich etliche Einberufene: »Aufgehts, Buam!«

Eine Ziehharmonika ertönt, gellende Juchschreie hallen durchs Haus, und die Burschen ziehen singend dahin.

Der Wirt geht aufrecht und stumm aus der Kuchel.

Sein Enkelkind, das Resei, läuft auf ihn zu: »Großvata!...«

Da knackt der große, hagere Körper zusammen, fällt zur Erden, – ein Schlag hat ihn gestreift, – seine Glieder gelähmt, – seinen Mund verstummen gemacht.

Aufschreiend rennt das Kind in die Küche: »Großmuatta! ... Großvata ... hilfen!...«

Danach läuft's aus dem Haus und vor zur Nagelschmiedin, ihrer zweiten Großmutter. Denn die Nagelschmieds Resl ist des Posthalters Hansl sein Weib.

Das Kind hängt sich an die altmodische Klinke der Haustür und macht auf, läuft hinein in den Flöz – in die Kuchel – in die Stube: »Großmuatta!«

Aber da sitzt die Großmutter am Tisch, hat die alte Hornbrille in der einen Hand, ein Papier in der andern ...

und auf dem Papier steht: »Mutter, der Martl liegt tot in Rußland. Ich bin verwundet im Lazarett...«

Starr sitzt sie – ihr Blick aber ruht auf einer alten Zeitung am Tisch. Da stehen die endsgroßen Buchstaben der Aufschrift: »Hundertfünfzigtausend Russen liegen tot in den masurischen Seen – hunderttausend sind gefangen...«

Und langsam legt sie den Brief aus der Hand, schaut auf das Kind und wieder auf die Zeitung.

Und setzt langsam wieder die Hornbrille auf und starrt vor sich hin und schlingt die Finger ineinander wie zum Beten.

Dann nimmt sie das uralte, abgegriffene Betbuch vom Fensterbrett, schlägt es auf, setzt das Kind auf ihren Schoß und liest: »Siehe, meine Tage sind einer Hand breit bei dir – und mein Leben ist wie nichts vor dir – denn der Mensch – vom Weibe geboren – lebt kurze Zeit – und ist voll Unruhe – gehet auf wie eine Blume und fällt ab – fliehet wie ein Schatten und bleibet nicht – du lässest ihn dahinfahren wie einen Strom – und er ist wie ein Gras – das da frühe blühet und bald welk wird – und des Abends abgehauet wird und verdorret...«

Das Kind springt plötzlich vom Schoß der Alten und läuft hinaus, denn Gesang wird laut von der Straße her.

Und es zieht ein Häuflein Wehrkraftbuben, von einer Übung heimkehrend, gegen den Bahnhof; sie schwenken den mit Tannenreis geschmückten Hut, begrüßen die Bauern, denen sie im Herbst mit frischer Hand die Ernte eingebracht, die Erdäpfel vom Feld geholt und den Traid gedroschen – und singen mit heller Stimme:

»Kein schönrer Tod ist in der Welt,
Als wer vorm Feind erschlagen,
Auf grüner Heid – im breiten Feld,
Darf nicht hörn groß Wehklagen.

Manch frommer Held mit Freudigkeit
Hat zugesetzt Leib und Blute,

Starb selgen Tod auf grüner Heid,
Dem Vaterland zugute.

Kein schönrer Tod ist in der Welt,
Als wer vorm Feind erschlagen,
Auf grüner Heid, im freien Feld,
Darf nicht hörn groß Wehklagen.«

Allerhand aus Stadt und Land

Auf der Straße

Auf einer Bank in den Anlagen sitzt ein kleines Mädchen von vielleicht sieben Jahren und strickt.

Ein verwundeter Landwehrmann kommt langsam dahergegangen und läßt sich bei dem Kind nieder.

»Tuast stricka?«

»Ja – fürn Vata.«

Eine Weile sind beide still.

Der Verwundete stopft sich eine Pfeife und zündet sie an; das Kind strickt weiter und betrachtet dabei den Krieger verstohlen von der Seite.

Dieser macht nun langsam Zug um Zug und schaut sinnierend gradaus.

Da weckt ihn plötzlich eine Frage des Mädchens: »Sie, Herr Soldat, kennen Sie meinen Vater?«

Der Landwehrmann erwidert verwundert: »Mei Kind – wia soll i den kenna?«

»No – der hat grad a solchene Schrift auf der Achsel wia Sie!«

»Soo. – Is dei Vata beim zwoatn Regiment?«

»Ja. – Beim Landwehrregiment – dritte Kompanie.«

»Was? – Bei der dritten? – Nachher kenn i'n; – wia hoaßt er denn?«

»Wunderl. Wissen S' net, wias eahm geht, mein Vata?«

Aber der Soldat erbleicht – wird rot – sein Blick trübt sich – der Wunderl – – – ja – den hat's gerissen, damals – der liegt heut still in der fremden Erde...

»Naa – mei Kind...«, murmelt er unsicher; »dees woaß i net...«

Und verstummend geht er von dannen.

Im Dorf

Vor der Kirche steht die Neuhäuslerin und die Grislmüllerin.

Sie reden vom Krieg.

»Ja mei!« sagt die Neuhäuslerin; »beim Kriag, da bleibt
gar koana verschont. Da findts an jeden.«

»Ja Wabn, – da hast recht;« erwidert die Grislmüllerin;
»der Kriag der hat scho a diam oan kloamüati gmacht a dera
Zeit. I denk grad auf d' Hechenthalerin. Was hat das Wei
voneh für an Hochmuat ghabt! – Koa Mensch hat nixen
sagn derfa von Kriag! – Was geht ins da Kriag o! hats gsagt;
ins geht er gar nixen o! Insane Buam brauchan net furt – der
oa is freiganga des vori Jahr – no – und der ander kaam
erscht aufs Jahr zum Spieln. – Der Mo, sagts, is scho z'alt,
den holn s' nimma – und wenn er glei deant hat bei de
schwaarn Reiter. Geld und Sach, sagts, hams gnua – Woaz
und Korn aa, – um ins, sagts, konns net gfehlt sei. – No –
und jatz? – Schaug, jetz is er halt a so dahiganga, der Kriag.
Ja. – Und na hams eahm zerscht des besser Roß gnomma –
d' Fanny. Dees is ihr des liaber Roß gwen vo allsamm. – Ja.
– Und na hams an Knecht gholt – a Gschwisterkind von ihr.
– Da is s' scho a weng stader worn, d' Hechenthalerin. Ja. –
Und na is der Bauer furt – mitn Landsturm. – Dees is eahm
scho recht hart ankommen. Ja. – Da hats na a Wallfahrt
gmacht aufn Birkastoa. – Und wia s' hoam kimmt, steht
der älter Bua, der Kaschba da und sagt: Muatta – pfüat di
Good – i geh in Kriag. – Geht also vom freien Stuck. – Na –
und heunt ham s' d' Rekruten aa gholt. – Jetz is s' kloa
worn.«

»Ja, ja, der Kriag«; sagt die Neuhäuslerin langsam; »der
Kriag is a diam ganz heilsame! Der klopft bei de Großkop-
fatn grad a so an, wia bei de Häuslleut. – D' Hauptsach is,
daß wieder alls recht werd, Grislen. – Und daß s' wieder
hübsch allsam hoamkemman, insane Leut. – Pfüate Good.«

»Pfüate Good aa.«

Die Grislmüllerin geht rasch durch den Gottesacker, gibt dem und jenem Grabhügel einen Weichbrunn und sagt für sich: »Daß s' wieder hübsch hoamkemman. Ja. – Und die mein' aa.«

Münchner Bilder

Die Biernot

In der Straßenbahn sitzen ein paar ältere, feiste Bürger. Sie blicken zum Fenster hinaus und gähnen oder brummen abwechselnd. Plötzlich sagt der eine: »Jessas, die Obstler-karrn! Und nix hams drobn wia lauter grean Salat und Rhabarber!«

»Ja no«, knurrt der ander; »gibt nix anders mehr! Kannst ja nix mehr habn! – Mir wachst jetz der Brunnkreß a so scho bald zum Maul raus vor lauter grean Salat fressen!«

»Is scho wahr!« sagt der am Fenster; »mir woaß scho bald nimmer, is man a Kuah oder sonst a Rindviech! Nix mehr is's! Gar nix mehr! – Weißwürscht gibts aa koa mehr, Dampfnudel aa nimmer! Der Guglhupf und d' Röhrnudel sand aa abkommen! Jetz fehlt gar nix mehr, als daß's aa koa Bier nimmer gibt! – Aber nahher spring i direkt in d' Isar! – Direkt!«

»Sie, da müassen S' Eahna aber glei an direktn Fahrschein bis zu der Iserbrucken nehma, Herr Nachbar!« meint in dem Augenblick ein Fahrgast hinter ihm; »grad lies i in der Zeitung die Bekanntmachung, daß der Biergebrauch bei uns eingschränkt wordn is; von zwoa bis um halbe sechse gibts nix mehr!«

»Waar scho recht!« murmelt der ander; und der am Fenster straft den vorlauten Redner mit einem giftigen Blick: »Dees werdn Sie wissen!« sagt er verächtlich; »dees werdn Sie akrat wissen! – Ha, mir als Stammgäst von der Halle drei im Mathäser! – Mir kriagn a Bier, dees merkens Eahna! Mir kriagn oans!«

»Stachus – Karlsplatz!« ruft der Schaffner.

Die beiden Bürger erheben sich grandelnd. »A so a Siemgscheidter! – Er woaß's, daß mir koa Bier mehr kriagn – jetz, um viere am Nammittag!«

Sie gehen verärgert dahin – zur Halle drei in den Mathäser.

Aber da stehen die Kellnerinnen auf einem Haufen beieinander unter der Tür, und alle plärren wie aus einem
Mund:»Gibt nixen! – Gibt koa Bier net! – Erst um halbe
sechse werd anzapft...«

Der Kaminkehrer

Kaminkehrer morgn nachmittag!« so schreit der kleine
Lehrbub, der Xaverl, durch das Stiegenhaus.

Dann läuft er weiter ins nächste Haus, läutet Sturm an
allen Glocken und ruft wieder:»Morgn nachmittag Kaminkehrer!«

»Gott sei Dank!« sagt die Hausfrau; »endlich kommt er!
Mir kann a so kaum mehr an Kaffee kocha, so schlecht
brennts!«

Und die Köchin vom andern Haus brummt:»Ja, Zeit
is's, daß er kimmt! Das faule Trumm, die ander Magd, wos
zerscht ghabt ham, hat, scheints, a so scho dreiviertel Jahr
nimmer kehrn lassen, damits Küch net hat stöbern brauchen! Und an mir geht's End aus, wann der Braten koa
Krusten hat, und wann er raucht, der Malefizofen, daß's
oan 's Wasser bei die Augn raustreibt!«

Am andern Nachmittag aber stehen die Hausfrauen wut-
schnaubend in ihrer Wohnküche und schimpfen:»Ja him-
melherrschaft! Wo bleibt denn der langweilige Kerl! Jetz is's
scho halbe viere! Moant vielleicht der Hanswurscht, i räum
eahm um Mitternacht sein Dreck weg!«

Und das Kocherl, das schon die ganze Küch ausgeräumt,
das Kupfer und Zinn geputzt und die ganze Geschirr- und
Gläserserie gewaschen und in Körbe gepackt hat, schaut
fuchsteufelswild alle Augenblick nach der Uhr, haut den
Hund, schimpft die Kinder, zerkriegt sich mit dem Zim-
mermädl, mit der Herrschaft, feuert den Schürhaken und

die Kohlenschaufel ins Eck, wirft sich endlich schluchzend
in einen Stuhl und heult: »Das is eine Gemeinheit! Das is
eine Roheit! Jetz is's scho fünfe, und der Ruaßlackl laßt oan
sitzn! Grad heut, wo i früher fertig werdn wollt, weil mei
Karl sein erschtn Ausgang hat ausn Lazarett! Aber i woaß's
scho, wann i was vorhab, na hat gwiß der Teifi was
dreinzmacha! I kannt mi grad aufhenga!«

Da, um halb sechs Uhr, läutets. Zorngeladen stürzt die
Köchin an die Tür und will grad losplatzen: »Malefiz
Ruaßkater, langweiliger...«, da bleibt ihr das Maul offen;
vor ihr steht eine Frau, angetan mit einer berußten rosa
Nachtjacke, einem kurzen Rock und hohen Männerstie-
feln. Und überm Haar trägt sie die Kaminkehrerhaube, eine
alte Zylinderhaut.

»Wird da 'kehrt?« fragt sie kurz und nimmt ihre Besen
und die Rußraffel von der Schulter.

»Jaa ... aber ... i denk es kommt der Gsell ... oder ... der
Moasta?...«

Die Köchin schluckt verwirrt.

»Die sand alle zwoa im Kriag«, erwidert die Frau; »und
mei neuer Gsell is gestern eingruckt. Gfunden hab i net glei
oan – no ja, da kehr i halt selber. A bißl langsamer geh tuats
halt, wie beim Moasta ... aber...«

»Aber bitte sehr!« beeilt sich die verwirrte Köchin und
sucht nach Worten; doch die Frau Kaminkehrer schneidet
ihr kurz die Rede ab: »Es is scho recht, Frailein; wo is d'
Kuchel, daß i firti wer?«

Und tritt ein und kehrt den Herd – und den Salonofen –
und den vom Bad.

Und eh sie geht, sagt sie: »So. Nix für ungut, Frailein,
wann i gruaßt hab – es ist halt a Weiberarbat – mir ham halt
Kriag – Guatn Abnd!«

Sieben um eine Mark!

Auf dem Viktualienmarkt stehen die Händler und Bäuerinnen mit Eiern, Butter, Schmalz.

Und die Hausfrauen drängen sich um sie und fragen: »Wieviel Oar ums Markl?«

»Simmi.«

Eine dicke Bäuerin im Dachauer Bollenkittel sagts.

»Was! Grad simmi! – Dees is ja ausgschaamt!« rufen die Hausfrauen.

»Ja freili! – Dees is freili ausgschaamt!« entgegnet die Bäuerin. »Dees glaab i! Gell, der Bauer durft enk brav d' Arbat toa und obaun und einarnten und dreschen – und 's Viech herfuttern, und alles guat herrichten und enk in d' Mäuler schiabn, daß ihrs bloß mehr z' fressen brauchts! Und für alles dees und die ganz Arbat sollt er aa no nixn verlanga – und enk d' Sach schenka! – Bal mir zum Kramer oder zum Metzger oder in d' Apotheken gengan, na müaß ma aa schier 's Doppelte von dem zahln, was ma früher zahlt hat, – und 's Brot werd oan akkrat a so vürgrechnet wia enk und koa Mehl sollt ma braucha – und koane Knödl sollt ma essen – und 's Fleisch kost a Mark dreißg und a Mark fuchzg – dees glaab i! – Da hat si d' Billigkeit aufghört! – Insane Manna hand a furt – und inserne Buam und Knecht aa – mir schinden ins vo viere in der Fruah bis um neine auf d' Nacht – aber net umasinst – und net grad für enk Stadterer – verstanden! – Insane Henna legn aa net doppelt, jetz, ohne Körndlfuatta! – Legts enk halt selber a Oarzucht o! – Oder züglts enk Fleischfliagn! Die legn allemal glei hundert Oar auf oamal und kosten nix! – Aber meine Oar gib i net umasinst, verschdanden! Simme um a Mark – fuchzehen um zwoa – bal i s' net obring, na trag i s' wieder hoam – na fress' ma s' selber!«

Eine dichte Mauer von Neugierigen hat sich um sie gebildet; die einen schmunzeln – die andern schimpfen.

Und eine Arbeitersfrau nähert sich ihr drohend: »Du, gibst mir aa net mehra, wo i an arms Wei bin? – I frag di guatwilli!«

»Aber gwiß net!« erwidert die Bäuerin trocken; »wennst du a so an arms Wei bist, nachher brauchst du net so viel Oar, daß es si austragn tat! Du kannst dir dein Erdäpfelschmarrn und dei Brotsuppen aa ohne Oar kocha! – Hab i net recht?«

Ja, etliche »Bessere« müssen ihr recht geben, so sehr die andere auch wettert und schimpft.

Indem kommt eine barmherzige Schwester mit einer Jungfrau, die ein paar große Körbe trägt.

»Frauerl, habens Eier?« fragt die Schwester.

»O ja. Oar grad gnua!«

»Wieviel gebens denn ums Mark bei Abnahme von zweihundert Stück?«

»Simme ums Markl gibts, die Raffel, die wuacherische!« rufen etliche giftig.

Aber die Bäuerin bestätigt es nicht. Sie fragt langsam: »Wo ghörn s' denn hi?«

»Ins Krankenhaus rechts der Isar.«

»Auf Haidhausen?«

»Ja.«

»Sie, gellns, da is aa a Lazarett eingricht?«

»Ja – schon.«

Die Bäuerin steht eine Weile nachdenklich.

Die Schwester wartet immer noch auf die Antwort, wieviel Eier sie bekommt, und die Neugierigen stehen abwartend – lauernd – kampfbereit.

»Die braucht net viel lang, bis sie's außasagt, wia weni daß s' gibt!« meint eine.

»Ja, sie bsinnt si no, obs net liaber grad ›fünfe‹ sagn soll!« meint die ander.

»Die solls nur probiern! Nachher hats ihrane Oar die längste Zeit in ihran Körbel ghabt!« droht die dritte.

Aber die Bäuerin sagt plötzlich zu der Schwester: »Schwester! I möcht Enk eppas sagn: in den Lazarett liegt oana vo meine Buam. Der Hartmann Kaschba. Also, paßts auf: I gib Enk die ganzen Oar, wias da hand, – es hand zweehundertundfuchzg Stuck, – um fufzecha Mark, – aber Ihr müaßts mein Buam, an Kaschba, hi und da oans einschlagn oder zwee. I gaabs Enk gern a so; aber i möcht do an Kaffee und an Zucker mit hoam bringa, – und Socka für die andern drei. Sie hand ja aa draußt; oaner z' Frankreich hint – und die andern z' Rußland.«

Und damit nimmt sie den einen Korb der Jungfrau und zählt langsam – mit unsicherer Stimme: »Also: fünfe ... zecha ... fuchzecha ... zwoanzge ...«

Da verstummt eins ums ander von der Menge, – langsam leert sich der Platz.

Brot- und Mehlkarten

Sie, Herr Rathaus, bittschön, wo beschwert man si denn da?«

Ein feister Bürger fragt also den Pförtner.

»Über was – zwegn was?«

»Über was! – Fragns net so dappi! – Zwegn die Brotkartn natürli!«

Eine alte Auskochwirtin mischt sich drein: »Sie, Herr, dees woaß i! Gengans nur glei mit! – Glangans aa net, gellns! O, i sags ja! Dees waar dir a so a Betrieb! Die liaßatn di zsammt deine Gäst verhungern! – Koana Knödl derfst nimmer kocha, – koane Bavesen derfst nimmer bacha, Küachl und d' Stritzerl sand verboten, – jetz sagns mir bloß, was i meine Leut z' essen gebn sollt! – Ach, i sags ja, der Kriag!«

Der Bürger gibt ihr recht: »Da hams recht, Frau Nachbarin!« sagt er; »a Saustall is's! Zum Aufhänga is's hergricht! – Zum Davonlaufa! – Stellns Eahna vor: Mei Alte

wiegt zwoa Zentn zwoaradreißg – i zwoa Zentn fünfa-
vierzg; dees kinnans Eahna scho denka, daß a sechana
Mensch mehra Brot braucht, als wia so an alte Spinatrasch-
bel von achtasiebazg Pfund, oder a zaundürre Schneider-
goaß! Net wahr! – Mir ham do ganz anderne Mägn, – ganz
anderne Bäuch! – Net wahr! Und dazua kimmt no der
Bernhardinerhund, – und der Dackl, – und d' Köchin, –
und der Kanari! – Net wahr! – Und da gabatns oan bloß die
kloane Kartn! – Aber i rühr mi scho! Vo mir kinnans heint
was hörn! – I mucks eahna!«

»Ganz richti! Nur richti hisagn dene Gwappeltn!« so
ermuntert ihn die Wirtin.

Sie sind inzwischen an der Tür der Beschwerdestube
angelangt.

»Anschließen! – Gang freilassen!«

Der Aufsichtsbeamte sorgt für Ordnung.

»Jessas, an Aufsichtsrat brauchans aa no! – Was is's?
Kriagn Sie aa grad die kloane Brotkartn bei Eahnan
schwaarn Beruf?«

Eine Arbeitersfrau fragts, und alles grinst.

Und der Bürger gesellt sich zu einem andern Bürger und
zählt ihm seine Familie auf, indes die Frau Auskochwirtin
einer Bekannten zuflüstert: »Also wissens; schaama tat i mi,
wann i mi als a so a gwamperts Mannsbild in dene Zeitn da
herstelln müaßt! Er wiegt drei Zentn, – und sei Alte vierthalbe, hat er selber gsagt! – Und die möchten aa no mehra
Brot! Mit dene Bäuch!«

»No, da hams recht!« flüstert die ander; »die kunntn si do
aa am Fleisch sattessen! – Die ham do Geld gnua! Wann
oaner so a Wampen hat, der hat aa a Geld, da macht mir
oans nixen vor! A laarer Sack steht net, hoaßts!«

»Ganz recht. Jawohl. Und für seine Viecher möcht er aa
no Karten! An Bernhardiner, – an Dackl – a Katz, – a
Köchin, – an Papperl, – a paar Dutzad Kanari! Der moant
ja, für eahm und seine Viecher setzens a extrige Vertei-
lungsstell ei!«

»A so a Viech! – I sags ja! – D' Sach werd alleweil weniger – alleweil schlechter – und d' Leut aa. Sehngs, wias zum Beispiel mir ganga is: unser Bäcker, der Krauthuaber, bacht ein solchernes miserabligs Brot, daß mas kaam die Säu gebn kann! Und dabei fehlt aa no jedesmal fast a halbs Pfund am Gwicht! Bei dera Qualität! Lauter Säggleibn und gfailte Erdäpfel! – Jawohl! – Und na hab i mi beschwert, verstehngans; – was moanans, daß mir der ausgschaamte Toagpatzer zur Antwort gebn hat? ›Mei Orgel!‹ hat er gsagt, ›müaßts halt schaugn, daß enk der Magistrat Kletzenbrotkarten oder Prinzregententortenwapperl ausstellt, wann enk mei Brot net guat gnua is!‹ – Jawohl! Grobheiten hab i ghabt! – Mit Respekt z' melden: auf Kirchweih hat er uns eingladn, mi und d' Schmidbauerin! – Aber i werds scho obringa da drinn! – Der is die längste Zeit Loabeschmied gwenn! Dessell woaß i!«

Drinn bei den Beamten gehts derweil hübsch zu.

Eine feine Dame: »Ich brauche sofort Landesbrotmarken für meinen Sohn; der muß mit dem Zug um vier Uhr abreisen!«

»Ja. Da muß halt Ihr Sohn sich da und da hin bemühen...«

»Soo! – Das müssen Sie ihm schon selber sagen! Mir tut er das nicht!«

»Dann tuts uns leid; mir habn da herinn keine Zwangserziehungsanstalt!« – – –

Eine Zugeherin: »Reglimirn möcht i! Weil des a Unverschämtheit von dem Weibsbild is! Sie hat a greane Kartn, wo s' doch grad zwoamal d' Woch zum Waschen geht, – und i, wo i mi die ganze Woch schinden und plagn muaß, – i kriagat grad die rote! –«

»Da müssens halt zum Oberlehrer...«

»Ja – zum Oberlehrer! Zum Kini und zum Kaiser geh i, bal i net aa mei greane Kartn kriag! Ha! Waar ja glei recht! – Sie, die ganz ander! Dees glaab i!« –

Ein achtundsechzigjähriger Dienstmann: »Sie, Herr Apminischdratta, i möcht Eahna bloß drauf aufmerksam macha, daß i der Packträger und Veteran Baumoasta bin! Indem daß i Eahna freindli ersuach, daß i a greane Kartn kriag, indem daß i zu mein Radi und zu mein Bier unbedingt allemal a Brot brauch!« –

Ein Künstler: »Ich bitte um eine große Brotkarte!«

»Sie san do Maler! Sie arbeiten doch net so schwer?«

»Ach – das schon; – aber – ich bin augenblicklich in großer Notlage, – ich kann mir nur Brot und Wasser leisten...«

Eine alte, taube Kaffeehäuslwirtin; sie kommt bereits zum fünftenmal, so daß der Beamte schon in Gedanken das Kreuz macht. Mit einem tiefen Knix und strahlendem Lächeln überreicht sie ihm einen Brief; darauf steht:

»Geöhrder Her Zedelherausreicher!

Als Wiethweh hab ich mir seit dem krig ein Goßtkind zugleckt. Indem daß ich keine eefrau und nicht mehr verheirad bin. Zihmmerhern habe leider keine zurzeit. Wivill Kardofel derf i unangemellt haben bei dem volständinga bruuch in lebentsmitel? 10 stehadi Gäst. Und das Deandl hab ich nemlich nicht gerechnet beim brod. bittschenn nomal ausrechnen!«

»Hi'wern kunntst aa!« murmelt der Beamte, rechnet ihr nochmals alles aus und setzt unter seine Ziffern die Drohung: »Wann S' jetz nochmal kommen, reißt mir der Faden ab!«

Mit einem tiefen Bückling verläßt die Alte das Zimmer.

Eine Gesellschaft unterhält sich ziemlich lebhaft. Da brüllt ein Wirt: »Gellns, tean fei Sie recht Schbetakl macha, wann i rechnen muaß! Da kann i nix toa und der Herr Brotrat nix toa, bals ös enkan Brotladn alleweil offa habts! Meine Gäst wolln do aa versorgt sein! I kann do net verlanga, daß a jeder sei Pfenningmuckl an an Spagatschnürl umghängt scho mitbringt wiar a Gweichtl von Ablaß! – Na also!«

Der nächste: »Sie hams ghört? Wo kimm i jetz eigentli zu mein Roßhabern? – Waß? – Na kinnts mi aa gern habn!«

»Bittschön, i brauch a Mehl!« sagt eine schüchtern.

»Zimmer 105!« erklärt der Beamte.

»Ja. Aber dee gebn mir koans!«

»Warum net? Ham Sie vielleicht schon Mehl im Vorrat?«

»Nnaa ... dees heißt ... eigentlich ja ... aber bloß zwoa Zentner...«

»Dees is allerdings net viel«, sagt der Beamte beißend; »'s Leibregiment hat mehra kauft. – Der nächste!«

»Ja – und was is's mit mir?...«

»Nix is's, Madamm!« sagt ein Maurer; »der Herr Burgamoasta hat gsagt, du sollst dir derweil a schöne Mehlwurmzucht olegn, bis d' von der Stadt a Mehl kriagst! Nachher sparst 's Fleisch aa glei und 's Kompott!«

Die ander geht wütend davon.

Eine ärmlich gewandete Frau tritt vor: »Durft i bitten, Herr ... mir kriagn in die nächsten Tag vielleicht was Kloans...«, sie schaut verlegen an sich herunter; »und i hab scho viere...«

»Was ist der Mann?«

»Tapezierer und Soldat. Er is scho vier Monat draußt.«

Langsam rinnt eine Träne über ihre Wangen. –

Ein Feldgrauer. Auf Krücken kommt er näher. Das rechte Bein fehlt.

»Ja, der Simmerl! Daß di du so weit auffaschleppst?« fragt ihn ein anderer; »wo hast denn dei Alte?«

»Die is brocha. Zwoa Buam ham mir. Woaß der Teifel – mir war liaber – i hätt no zwoa Haxen...«

»Ja no«, erwidert ihm sein Kamerad; »mir muaß si halt denka in Gotts Namm. D' Hauptsach is, daß mir no insan Kopf ham.«

»Hast recht aa«, sagt der eine; »und daß mir boarisch bleibn. Daß mirs damachan.«

»Mir damachans scho!« ruft einer dazwischen; »jetz kimm ja i naus! Mei Liaber! Bal i kimm...«

»Was is's na, balst du kimmst? – Na bist halt da! – Alter
Krampfbruader! – Mit deine Sprüch derfst abschneidn! ...
Herr Offizium, gebn S' mir mei Mehlkarten, nachher geh
i!«

Und der alte Schuhputzer vom Isartor nimmt brumm-
mend seine Karte, mißt den Sprüchmacher verächtlich von
unten bis oben und geht dann, indem er murmelt: »Du
werst es no rausreißen, 's Vaterland! – Jessas naa – i müaßat
oan glei hintreschlagn...«

Weihnacht im Krieg

Unser lieber Herr, der Himmelvater, sitzt in seinem alten Lehnsessel, raucht seine lange Pfeif und rückt sich das Augenglas auf der Nasen zurecht. Dann sagt er zum Erzengel Michael: »Geh, Micherl, bring mir amal schnell die bayerisch Zeitgschicht, Band sieben, Abteilung Gegenwart!«

»Glei!« sagt der Sankt Michael und fliegt davon.

Derweil ist die Himmelmutter grad mit dem Kaffeekochen fertig, schenkt die verschiedenen Haferln und Tassen voll, nimmts Christkindl auf den Schoß und setzt sich also zu unserm lieben Herrn, indem sie sagt: »Vatta, da muaß i aa dabei sein; die Gegenwart von meine Bayern intressiert mi scho recht; bsonders jetz unterm Kriag. Was is's eigentli mitn Kriag? Werd er no net bald gar?«

Aber das hört er nicht gern, der Himmelvater: »Was d' nur alleweil hast mit deiner Fragerei!« sagt er; »dees werst scho sehgn, wann er gar werd! Vorläufig denk i no net dran! Bis jetzt habn ihn no viel z' wenig Leut gspürt, den Kriag! In die Städt sand die Weiberleut no grad so überspannt und narrisch wie ehvor, – und bei die Bauern draußt ham aa d' Bäuerinnen bloß 's Jammern und 's Leutausziagn glernt!«

Die Himmelmutter wirft schnell noch ein Stückl Zucker in den Kaffee des lieben Herrn und meint dann begütigend: »Geh, sei stad, Vatta! Es is wo anders aa net besser als wia bei meine Bayern! – Sagst, was d' magst, i hab halt doch allemal wieder mei Freud dran, an meine Landeskinder! Mei liabs Herrgottl! Sie stehn aa eahnan Teil aus in dem Kriag; gar die arma Leut!«

»Ja no, dees is ja wahr«, meint der himmlisch Vater und rührt gedankenvoll seinen Kaffee um; »aber es muaß halt amal so sein! I woaß's scho, für was's guat is. Hoffentlich sehng sie's ein, wenn die Zeit amal da is.«

Der Erzengel bringt das Buch, einen großmächtigen

weißblau eingebundenen Folianten mit dem bayrischen Löwen in Silber gepreßt als Wappen drauf.

»So, Micherl, leg's nur hin derweil auf' n Schreibtisch, bis i mein Kaffee trunken hab!« sagt unser Herr; dann taucht er seine Kriegssemmelbrocken langsam ein und betrachtet nachdenklich das Leben und Treiben der Erdenpilger in seinem Weltspiegel.

So trinkt also die himmlisch Familie ihren Kaffee; darnach geht die Arbeit an.

»Wo sand mir zletzt stecken bliebn mitn Einschreibn?« fragt der Himmelvater.

»'s Weihnachten trifft heut, gnädiger Herr!« sagt der heilige Benno und winkt etliche Engel zu sich.

»Wo bleibn denn die andern Christengel so lang?« brummt er sie an.

»Grad kommens!« meint einer aus der Gruppe; da fliegen sie auch schon daher in höchster Eil.

»Machts nur wieder an rechten Wind um mi her!« greint der liebe Herr in dem Augenblick; »mir woaß si bald so nimmer z'helfen vor lauter Zugluft da herobn!«

Er schlägt das Buch auf, nimmt den goldenen Federhalter in die Hand, taucht tief in die rote Tinte ein und schreibt das Datum: vierundzwanzigster Dezember des Jahres neunzehnhundertvierzehn nach christlicher Zeitrechnung. Dann kommen einige allgemeine Notizen über 's Wetter, über Lohn- und Strafsachen, über Armenpflege und momentane Hilfeleistungen im allgemeinen und im besonderen.

Dann gehts über den Punkt Krieg.

»Wo stehen eigentlich die Bayern überall?« fragt der heilige Michael.

»Das kann aus strategischen Gründen nicht verraten werdn!« erwidert die heilige Barbara; »d' Artillerie steht halt bei die Kanonen und die andern im Schützengraben oder sonst wo, wanns net grad verwundet sand oder gar auf der Himmelfahrt.«

»Pst! A bißl leiser!« mahnt in dem Augenblick die Himmelmutter; »der Vatta werd sonst irr in seiner Schreiberei!«

Sie blickt um sich: »Geh, Antonius! Geh, nimm mir 's Kindl a bißl ab und trags a Weile spaziern; i muaß jetz da dabei sein, – es geht über meine Bayern!«

Der heilig Antoni nimmt behutsam das Kindl, indes einer von den Blasengeln lachend singt: »Heilger Antoni, laß's Kinderl net falln! Du kunnst koans mehr macha und kunntst koans mehr maln!«

Da ertönt die Stimme des Himmelvaters: »Wer weiß was über Weihnachten auf den Schlachtfeldern?«

Etliche Christengel treten vor, und der älteste beginnt: »Ich komm aus den Vogesen, Herr. Da hats am heiligen Abend 'kracht und 'pumpert, und die Bayerischen habn aus ihren Kanonen rauspulvert, was nur raus gangen ist. So war der Befehl; denn die andern, die Französischen, ham anno siebzig grad um dieselbig Zeit den großen Angriff gmacht, und so ham sich die Bayern halt vorgsorgt. Es ist ihnen auch die Angreiflust vergangen, den Franzosen, und so hab i mein Werk gut vollbracht. Liebe Zeit! Sie hams net gar schön ghabt, die Landstürmer und ihre Offizier. Ihre Gräben schaugn aus wie Schwimmbäder – bis an die Knie waten d' Leut im Schlamm und Wasser, – und im Unterstand – o mei, Herr! A Luft – zum Schneiden so dick und stickig – die Öllamperln qualmen – das Öferl raucht – die nassen Wänd dampfen – und die tropfenden Uniformen dazu – dabarmt hams' mir! – Muaßt nit gar z' hart ins Gricht gehn damit, wenns hi und da giftig wordn sand und gscholten und gflucht ham, meine Leut! – Na – i bin also mit oan naus in d' Kälten – du hast grad a kloans Schneerl schneibn lassen, Herr – und hab eahm a Baamerl aussuchen helfen. War a harte Arbat! A ganz a verkrumpschelts und verkrüppelts Föhrenwurzerl ham mir gfunden. Hat aber nix gschadt. Mir hams nei in Unterstand, drei Äpfel und fünf Lichtl dran, und mei Freund hat a paar Zaachern in die

Augen zerdruckt und an Seufzer gmacht: ›O mei liabe Frau!
Meine liabn Kinder!‹

Nachher ham mir die zwoa Liebesgabensäck aufgschnit-
ten, die Packerln und Schachtln aufeinandergschlicht't und
unserne Leut z'sammgrufen. – Herr – es war a arme Weihnacht – aber sie wird dir aa gfalln habn. Es war die vom
Münchner Landsturm.« –

Der nächste Engel tritt vor: »Herr, weilst grad beim
Landsturm bist: Die meinigen liegen weit draußen in einer
fremden Vorstadt; ein tiefer Kanal fließt dran vorbei. In
einem Neubau haben sie ihre Kasern eingericht't und mir
eine nette Stuben z'rechtgmacht mit einem gedeckten
Tisch. – Einer stellt grad, wie ich komm, ein wunderlichs
Kiefernbäumerl auf den Tisch; ein anderer hängt einen
Lebzelten dran und ein Heiligenbild; – wieder einer steckt
Hölzlein in ein paar Äpfel und Nüsse, – und einer hat ein
vierjähriges Franzosenbübl auf den Knien und schaut trüb
gradaus – heimzu in eine arme Stuben –, wo ein magers,
müds Weib mit einem Haufen Kinder haust. – Da steht
einer am Fenster und starrt in die dunklen Gassen hinaus, –
dort hockt einer am Bettrand und hat die Händ verschlungen und die Augen geschlossen.

Und ich geh hinaus und hol die andern. Und sie nehmen
ihre brennenden Kerzen in die Nacht, langsam steigen sie
die Staffeln der Stiege empor, – einer beginnt leise: ›Stille
Nacht – heilige Nacht‹, – rauh und stockend singen die
andern zu End, – falten die Händ und stehen schweigend,
indes das Franzosenbübl lustig in die Händ patscht und
jubelt und lacht.

Da hab i mir denkt: das Bübl wird euch schon wieder
z'rechtbringen! – und bin wieder heimzu.«

Und wieder beginnt ein Engel: »Herr, jetz komm i. I war
bei die ›Leiber‹! Die sind grad aus einer Schlacht zruckkom-
men, ham gsungen, pfiffen und g'jodelt und waren voll
Siegesfreud.

In einem Schloß war ihr Quartier. Gstürmt hat's, Herr,
und gregnt und gschneibt – aber gfrorn hats koan. Hei!
denk i mir: da hilf i gern beim Christbaumputzen!

Da haben die einen die Liebesgaben vom Bahnhof zu
Peronn geholt, – die andern haben Stuben um Stuben mit
Tannengrün geziert, Christbäumerl gschnitten und das
Bild des Bayernkönigs mit Lorbeeren geschmückt. Einen
langen Tisch habens zsammengnagelt und ihre Gaben auf-
gebaut.

Und dann hab ich geholfen beim Christbaumputzen und
beim Lustigsein, bis er da gwesen ist, der heilig Abend.

Da ist ein Lichtl ums ander aufgangen, die Quartiere sind
hell und heller worden und meine ›Leiber‹ haben gesungen
von der stillen, gnadenvollen Nacht – haben ihre Päcklein
aus der Heimat geöffnet und ein bißl an mich gedacht.

Und dann ist der Hauptmann 'kommen und der Feldwebel, und sie ham vom langen Gedenken an diese Weihnacht
gredt und allen eine gsunde Heimkehr gwunschen.

Das ist im Quartier gwesen. Drüben in der Dorfkirch
aber ham s' die Christnacht gar feierlich begangen, Herr,
und ham auch an dich denkt. Und darnach sands wieder
naus in die Nacht, und in den Dreck und Lehm, Herr, in ein
grausigs Hagelwetter und in ein mörderischs Franzosen-
feuer, das gar manchen ›Leiber‹ von Mund auf in deinen
Himmel raufgführt hat.« –

So berichten die Engel, einer um den andern, von der
Weihnacht im Feld; der von den Eisenbahnern, der ander
von der Artillerie; der von denen in Flandern und in Belgien, der ander von denen in Rußland.

Und dann tritt einer vor und sagt: »Herr, die heilig Nacht
da draußen ist eine schöne gwesen. Aber ich kunnt dir
berichten von mancher Mutter und manchem Weib in der
bayerischen Heimat, von allerhand Sorg und Not, von
Beten und Weinen. Aber du weißts ja selber alles, Herr,

drum bitte ich bloß: gib ihnen, um was sie bitten: einen guten Frieden und eine frohe Heimkehr!«

»Amen«, sagt die Himmelmutter.

Und der himmlisch Vater schließt das Buch.

Kriegsjahrmarkt

Ite missa est!« sagt der Pfarrer; die Glocken läuten zum Erntesegen, und der Ministrant läuft um den kupfernen Weichbrunnkessel, taucht den endsgroßen Kugelbesen tief ein und reicht ihn dem hochwürdigen Herrn, damit er die Gemeinde noch schnell mit Ysop besprenge, ehe sie davonläuft. Denn heut haben sie's pressant, die Bauern.

Der Herr Pfarrer muß schier Trab laufen, daß er seinen Weichbrunn noch anbringt; alles drängt und schiebt sich der Kirchtür zu.

Draußen, vor dem Friedhofsgitter stehen derweil schon die Kirchenschwänzer, eine Anzahl junger Burschen, denen die Stockwürste und das Schloßbräubier beim Posthalter auch lieber sind als Kyrie und Gloria und Predigt und Hochamt. Sie unterhalten sich lachend und stänkernd, und schielen dabei alle Augenblicke nach der Kirchtür, ob die Dirnen noch nicht bald daraus treten.

Und vorn auf dem Marktplatz, ganz nahe bei der Kirche, arbeiten die Händler und Verkäufer fieberhaft, ordnen ihre Waren, legen diese und jene Neuheit möglichst auffällig und schauen nach, ob sie genug Nickel und Kupfergeld zum Herausgeben haben.

Der Überraschungsmann leert einen ganzen Sack bunter Papierpäcklein auf eine Rupfenplache am Erdboden, der Messerschmied poliert an den Klingen seiner Hindenburgmesser und deutsch-österreichischen Bündnisscheren, der Photograph stürzt rasch eine Halbe Bier hinunter und probiert mit krächzender Stimme sein: »Trötten Sie näher, Herr Baron, Frau Madamm! Hier wird man photographiert im Zeppelinluftschiff, – im Unterseeboot, – in der dicken Berta! – Hier photographiert man im Salon und auf dem Kriegsschauplatz! – Herreinspaziert zum Kriegsphotograph – zum Weltatüljö!«

Ganz nahe der Friedhofsmauer aber steht einer unter

einem weißblauen Zelttuchschirm, der hat einen Haufen
verschnürter Pakete vor sich liegen, vergräbt die Hände in
den Hosentaschen und pfeift den neuesten Operettenschla-
ger. Es ist der billige Jakob.

Da wurlts aus der Kirche: erst die Manner, alte, junge;
Bauern, Burschen. Dann die Bäuerinnen, die Halbstädti-
schen, die Austräglerinnen. Und dazwischen die Dirnen:
Töchter, Mägde, Kucheldirnen, Stallmenscher.

Draußen wird der Haufen junger Mannsbilder rasch
größer, sie lauern wie Jäger aufs Wildprat. Jetzt stürzen sie
vor: der Huberlenz auf die Windlgretl, der Wirtskaspar auf
die Kramerzenz, der Hochleitnerxaver auf die Bachmaurer-
mirl, der auf die, der ander auf die. Und der Jackl führt die
Nandl vor den Stand der tuchernen Frau, die unablässig
schreit: »A Spitzerl, a Banderl, a Faizerl, a Tuach! Geht epps
ab?«

»Magst a so a eingmirkts Schneuztüachl, Nanni?« so
fragt der Jackl und hält ihr ein steifgestärktes Sacktuch hin,
in das mit buntem Glanzgarn allerhand Blumen, Schnörkel
und das Wort: »Liebe« gestickt sind.

»Ah geh!« sagt die Nandl geziert; »dees is ja viel z' schee
für mi!«

Und dazu langt sie mit beiden Händen darnach.

Der Wastl laßt sich derweil mit der Rosina »auf dem
Kriegsschauplatz« abphotographieren, und der reiche
Kobelbauernsepp führt die Reisermarie insgeheim zum
Met ins Haus der alten Lebzelterin, die kriegshalber keinen
Marktplatz aufstellen durfte.

Bauern und Bäuerinnen gehen bedächtig und alles prüfend durch die Reihen der Stände, vor denen es von Kindern wurlt, die ihr Fünferl oder Zehnerl hundertmal von
einer Hand in die andere legen, es zwischen den Fingern
drehen und hundertmal fragen: »He du! – Was kost'n dees?
– Und was kost dees? – Und was dees?« ohne doch das
rechte zu finden, bis ihnen am hintersten Zuckerstand

endlich eine große Stranizze voll Waffelbruch oder ein dehnbares, süßes Gummizuckermanndl, eine Tafel gefüllte Schokolade oder hundert Stück gefüllte Kaffeebohnen das Fünferl aus den Fingern ziehen.

Die Knittlbäuerin steht vor dem »blechernen Gschirrhansl«. »Bäuerin, was möchst denn? – Suach dir was aus, a Schüsserl, a Teegerl, a Haferl, a Pfann! – A Reibeisen, a Zündholzbüchsl, a Kaffeehaferl oder a Soaffaschüsserl! – Is nix gfällig heut?« So lockt der Gschirrhansl.

»I hab koa Geld net!« erwidert die Knittlin und betrachtet mit beiden Händen einen Haussegen, auf Papier gemalt, eine Milchkanne und einen Kuchenteller mit dem Spruch: »Unser täglich Brot gib uns heute«.

»No, wia's du dees sagn willst!« ertönts da hinter ihr; »du, die reich Knittlin! Was sag denn nachher i als arms Häuslleut?«

Die alte Nagelschmiedin sagts.

»Du hast leicht redn!« erwidert die Knittlin und ergreift wieder etliche andere Stücke zur genauen Prüfung; »du bist alloa! Aber i mit mein Haufa Leut, und 'n Bauern im Kriag furt! Mei Liabe! Dees braucht beißn: drei Kinder, vier Mägd und zwee Knecht, und die Alten im Austrag!«

Aber die Nagelschmiedin gibt nicht Ruhe: »Natürli – an Haufa Leut! Aber daß d' zu deine Leut aa an Haufa Sach und an Haufa Geld hast, dees sagst net, gell! Wia ma nur so schiach toa ko!«

Kopfschüttelnd geht sie davon.

Die Knittlin hat das letzte gar nimmer gehört; sie starrt verzückt und bewundernd auf eine Bildtafel, die in Perlmuttermalerei die heilige Familie im Haus zu Nazareth vorstellt. Ein billiger, vergoldeter Fabrikrahmen umschließt das Bild; aber er glänzt und funkelt so nagelneu, und das Perlmuttergemälde schimmert und gleißt so im Sonnenschein, daß die Knittlin schier geblendet ist, alles andere um sich vergißt und leise sagt: »He du, was verlangst denn dafür?«

Der Gschirrhansl reibt sich die Hände, macht ein wichtigs Gesicht und spitzt die Lippen, indem er sagt: »Was i verlang, fragst? – Gell, gfallts dir aa, dees Gemälde! – Jaa dees glaab i. Dees hättn heut scho viel wolln, dees Bild; dees is was Seltens, dees siecht ma bloß in Herrschaftshäuser. Ja. Beim gnädinga Herrn Baron drobn hams ma heut aa scho oans abkaaft. Ja. Der Herr Administrata hats für sei Großmuata bsorgt, weil die an Namenstag hat. Gell, schön is's, ganz hervorragend!«

Er betrachtet blinzelnd die Bäuerin.

Die wiederholt bloß ihre Frage: »Was verlangst denn?« und greift dabei in die schier grundlose Rocktasche um den Geldbeutel.

»Was i verlang? Acht Mark, weils dees letzte is; zwölf Mark hab i für dees vom gnädinga Herrn verlangt. Acht Mark – dees is gwiß billig!«

»Ja was nit gar – acht Mark!« ruft die Knittlin erschrokken; »du waarst ja ausgschaamt! Um dees kaaf i ja scho a Fackerl beim Liabl! Acht Mark!« Sie dreht den Geldbeutel unschlüssig in den Händen.

»A Fackl! – Dees glaab i!« sagt der Hansl gekränkt; »kunntst ja glei sagn, sechs Stallhasn! Aber koa solches Bild net! Naa – ganz gwiß net!«

»Ja no – dees sell kann ja sein«, meint die Knittlin und langt wieder nach dem Bild; »aber acht Mark is halt aa viel Geld – voraus jetzt in Kriagszeitn!«

»Viel Geld!« ruft der Hans aus; »viel Geld! Du werst was gspürn von die Kriagszeitn! Für d' Milli drei Pfenning mehra, fürn Butta a Fuchzgerl mehra, fürs Schmalz aa, – Oar gibts a so grad mehr sechse um a Markl, – mei Liabe! Du gspürst 'n freili, an Kriag! – Für di is doch a so a Ausgab grad a Kloanigkeit bei dene Einnahmen!«

Die Knittlin schmunzelt.

»Ja no!« sagt sie halblaut; »wenn mir jetzt net insa Gschäft machan und uns epps derhausen – nach'm Kriag gilt d' Sach

nix mehr! Da kriagns d' Stadterer wieder von Ausland eina!
– Jetz gilt's Bauernsach eppas, dees is wahr; i sag ja aa nixen,
– vo mir aus kann der Kriag no zwee Jahr dauern – mir
macht er nixn. – Also – was is's na jetz mit dem Bildl? –
Gibst mirs um siebn Mark?«

»Siebn Mark? – Naa gar nia, Bäuerin!« erwidert der
Hansl; »acht Mark und koan Pfenning mehra oder weniger;
i steh net drauf an, daß d' es du nimmst – dees is glei
verkaaft, wanns d' Frau Tierarzt oder d' Frau Apotheka
siecht! Da kann i zehn Mark verlanga – i kriags!«

Sie hat den Geldbeutel schon offen, die Knittlin, und
langsam klaubt sie die Papierl heraus, einen Markschein um
den andern, kratzt auch noch die Zehnerl und die Zwei-
ringe zusammen, bis es acht Mark sind; denn ums Sterben
möcht sie kein Silbergeld ausgeben jetzt im Krieg; wer
weiß, wie's geht.

Der Hansl schiebt es schmunzelnd ein.

»Soll i's a bißl einwickeln?« sagt er geschäftig.

»Ah naa! I trags glei a so hoam!«

Sie nimmt das Bild protzig untern Arm, rafft den reichen
Rock hoch, daß man den leuchtendroten Unterkittel sieht
und die schwarze Perlstickerei daran, und dann geht sie
zufrieden heim.

Vorn beim billigen Jakob gehts derweil hübsch lebhaft
zu.

Der werkt und hantiert, erklärt und expliziert, und plärrt
dazu, daß einem die Ohren singen.

Und der Ring von Zuschauern, von Neugierigen wird
schon zur Mauer.

»Und diese einzigartige, dein Leben lang gehende, eff eff
versilberte Taschenuhr mit dem Bild des berühmten Feld-
marschalls Hindenburg kostet dich nur drei Mark! – Und
dazu als Geschenk diese im zweiundvierziger Granatfeuer
vergoldete Panzerkette mit dem deutschen Kaiser als
Anhänger! Und dazu abermals als Geschenk diesen aller-

feinsten Behälter für deine Zündholzschachtel – mit der
Fotografie des Grafen Zeppelin! – Und diesen Bleistift –
und dazu noch diese sechs künstlerfarbigen Ansichtskarten
vom Kriegsschauplatz – alles als Geschenk zu dieser Uhr! –
Alles um den Weltkriegspreis von drei Mark! – Wer wagt
es? – Wer nimmt es?« – – –

Ein junger Bursch, der Gaßnertoni, nimmts.

Die andern schauen – drängen sich an den Toni heran und
wollen die Dinge mit der Hand sehen.

»Dumbacha is's halt, die Uhr«, sagt der alte Stiegenleit-
ner; »und a messingers Kettl und a blecherne Schachtel.
Um dees gib i koane drei Mark!« Und er geht.

Aber der billige Jakob hat ein gutes Gehör: »Für d i c h gib
ich keine drei P f e n n i g, du Hungerleider!« ruft er ihm
unter dem Gelächter der Umstehenden nach; »wenns auf
den ankäm, könntn die Gschäftsleut allesamt zusperrn! –
Aber Gott sei Dank! – Wir haben noch Leut! – Noch Käufer!
– Noch Patrioten! – Wer schätzt nicht den Hindenburg, den
Zeppelin, wer ehrt nicht unsern Kaiser, wer denkt nicht an
den Krieg – an die Schlachtfelder! – Alles dies könnt ihr hier
zugleich machen um drei Mark! – Wer tuts noch? – Wer
kauft noch? – Du? – Hier! – Und hier noch einmal! – Was
ists? – Wer will noch eine patriotische Tat vollbringen um
drei Mark? – Keiner mehr? – O über euch Notnickeln!
Hockts euch nur gleich als ein ganzer drauf auf euere
Geldsäck, daß s' nicht kleiner werdn!«

Er greift nach einem verschnürten Paket und öffnet es.

»Jetz kommt was Neues. Jetz erscheinen die Schwerter.
Das Schwert des deutschen Mannes, das Schwert des Land-
wirts, das Schwert des Bauernknechts!«

Er hält eine Sense hoch.

»Im Schweiße deines Angesichts sollst du dein Weizen
mähen, hat einst unser Herrgott gsagt, glaub ich; aber,
meine Leut – da muaß i lachen! – Mit dieser Sense, – und mit
diesem Wetzstein dazu...«, er nimmt einen solchen und

beginnt zu wetzen; »da ist es eine Spielerei, ein Vergnügen. Und es kommt billig; denn es kostet nicht tausend Mark, nicht hundert und nicht zehn – nein – diese Sense mit diesem Wetzstein kostet nur zwei Mark! – Wer Ohrwaschl hat, der höre! – Zwei Mark ein Acker voll Weizen, einer voll Korn, einer voll Klee! – He, du! Gstohln werd fein nix bei uns dahoam! – Zoag her, was d' eingschobn hst! – Was? – Dein Geldbeutl? – Wo meine zwoa Mark drinn sand für diese Sensen und den Wetzstoa, den wo ich dir grad verkaufen will! – Freunderl, lern dein Religionsunterricht besser! Denn es heißt: Wer vier Markl hat, geb dem zwei, der koans hat, – darum raus mit die tiafn Tön! Diese Sense, diesen Wetzstein, und dazu, weils gleich ist, weil grad Kriag is, noch dieses Vereinszeichen, dieses Stilet! Und für die Bäuerin daheim einen Gurkenschäler – und ein Kartoffelmesser – alles um lumpige zwei Mark! – Jetz, Freunderl, wannst net zugreifst, bist ein … ah … aha, gehst ins Gwissen! – Danke sehr! – Du aa? – Schön! – Und noch einer! – Und abermals einer! – Und wieder einer! – Eine Sense, ein Wetzstein, ein Vereinszeichen, ein Gurkenschäler, ein Kartoffelmesser um zwei Mark! – Danke sehr! –«

»Der werd so ziemli dees mehra Geld vo ins habn!« sagt der Brandl halblaut zum Singer; »der derf si nachher scho an Schubkarrn z'leicha nehma, zum Geld hoamfahrn!«

»Da hast recht!« meint der Singer; »dees Gschäft tragt no dees mehra. Aber versteh muaß mans.«

Damit langt er in den Sack, zieht langsam seinen Lederbeutel und nimmt zwei Mark heraus.

»I muaß ma's aa kaafa, dees Zeugl; mir brauchts scho, heuer. I hab a so koan Werkzeug für d' Franzosen, bals kemman.«

»Kriagst aa oa zu der Arnt?«

»Ja, drei.«

»Mir grad oan. No – er werd scho glanga.«

Damit geht der Brandl langsam der Postwirtschaft zu. Und der Singer folgt.

Derweil beginnts zum Mittag zu läuten, und gemach wirds leerer auf dem Marktplatz und still bis zum Nachmittag.

Eine Kriegswallfahrt

Drei Bäuerinnen, zwei alte und eine junge, steigen langsam und schnaufend die waldige Anhöhe empor, die zum Kirchlein unserer lieben Frau vom Birkenstein führt.

Mit beiden Händen halten sie ihre weitfaltigen, leuchtendroten Röcke hoch, und zwischen den Fingern der Rechten schiebt sich Perle um Perle des abgebrauchten Rosenkranzes und fällt leise klirrend zu den andern, abgebeteten.

»Heilige Maria, Muatter Gottes, bitt für uns arme Sünder...«

»Und schick uns insane Buam wieder hoam...«

»Hilf, o Muatter, hilf...«

»Hilf aa insern Vattan...«

So beten sie halblaut, immer abwechselnd, bald die junge, bald die alten.

Und steigen gemach höher und sind endlich droben unter den Birken, drinnen in der Kapelle unserer Frau.

Langsam treten sie ein, umständlich besprengt sich jede mit dem Weichbrunn, und mit verhaltenen Tritten nahen sie sich dem Altar und legen ihre Opferkerzen dort nieder, seufzend die alten, leise weinend die junge.

Draußen krachen die Böller unserer Frau zur Ehre. Die Sonne sinkt mählich hinter dem Rohnberg hinab und säumt aufsteigende Wettertürme mit ihrem Leuchten.

»Jetz glaab i, gibts gar no a Wetta!« meint drunten der Hausknecht vom Schoberwirt; »dees waar aber zwider. Wo morgn tausend Persona angsagt san zum Bittgang!«

»Ja, dessell sag i aa, daß dees zwider waar«, sagt der Meßner und setzt sich vors Haus; »da machat mei Alte net viel Gschäft mit ihrane Rosenkränz und Ablaßbildl.«

»Natürli! Eahm is's scho wieder ums Gschäft!« fällt ihm ein alter Holzknecht in die Rede; »jetz hab i alleweil denkt, so heilige Leit, wia du, schaugetn auf so was gar net!«

»Soo! Vo was, moanst, lebatn denn nachher mir?« greint

da der Meßner; »moanst eppa, 's Gebetläutn tragt so viel, daß ma Millionär werd! Und überhaupts: des oa is mei Gschäft – und des ander is des ihra. Geht mi ja eigentli nixn o, was s' verdeant, dabei; um des bekümmert i mi nixn. A halbe Bier möcht i.«

»I woaß's scho!« spöttelt der ander; »hast scho recht! I tats die Leit aa net neistreicha, was i hätt und was i net hätt! – Aber no – i hab scho nixen, als wia d' Arbat Tag und Nacht...«

»Und am Sunnta an Rausch!« lacht der Hausknecht und läuft eilig davon, damit ihn die erhobene Faust des Holzknechts nimmer erwischt.

Der aber sagt bloß giftig: »Hanswurscht, trauriger!« läßt den Arm sinken, hängt die Pfeife ins Mauleck und geht.

Und der Meßner steht langsam wieder auf, schaut nach dem Gewölk, aus dem es jäh wetterleuchtet, und tritt ins Haus, indem er zu sich selber sagt: »I wer mi do liaba hinei verziagn, – es schaugg ma do z' gfahrli her.«

Und er geht in die Wirtsstube mit den gescheuerten Tischen, der dunklen Schenkecke und dem efeuumwachsenen Herrgottswinkel.

Da sitzen schon ein paar im Eck und haben die Köpfe nahend beieinander.

Und der eine sagt eben halblaut zu dem andern: »I sag halt soviel: a jeder kunnt si was erspart habn! A jeder hätt a Geld, wenn s' net so aufdrahlerisch glebt hätten!«

»Freili!« erwidert der ander mit verhaltener Stimme; »wahr muaß's sei! Es tragat scho was, dees Gschäftl! Aber d' Gelegenheit werd halt alleweil seltener! – Und versteh sollt mas halt besser!«

»No ja. Gelegenheit ... no ja ... jetz, i kunnt mi net beklagn: i triffs alle Sunntag günsti. Am Sunntag vor acht Täg bin i z' Maria Eich gwenn, heint bin i da, – und am nächsten Sunntag bin i z' Altötting drunt. – Und darnach geht der Frauendreißger z' Rammersdorf und z' Thalkircha aus, da gibts aa an großen Bittgang – und nachher bin i wieder an der Kapazinerkircha z' Minga. I bring mi durch!«

»Ja mei«, seufzt der ander; »du tuast di leicht; du bist a Veteran – a Reichskrüppel! Und i bin grad a verunglückter Bergwerksarbeiter! – Di laß a jeder Burgamoasta und a jeder Schandarm fechten. Aber mi – o mei, Bruada! – Mi kastln s' halt ei, wann s' mi derwischn beim Bettln!«

»Ja, ja, dessell is ja richti«, sagt der Veteran, ein wohlaussehender Siebziger mit einem Stelzfuß; »wann i net Kriegsveteran waar, nachher gang's mir aa net so guat. Aber no – für was hat ma denn schließli seine gsunden Boana g'opfert und sein Schädl hinghalten anno sechsasechzg und anno siebazg! Is ja a so trauri gnua, daß ma auf seine alten Tag no so rumharpfa muaß in der Welt – und an Vagabunden macha...«

»Ja, ja, dessell is ja richti«, sagt der Bergwerksarbeiter, ein bleicher, verkümmerter Alter, abgerackert, verhärmt, und nur mit einem Arm; »s' beste waar halt, insa Herrgott liaßat koane Krüppel net weiterwachsen. 's gscheiter waar: d' Augn zua und eini in a Gruabn und zuagscharrt im Namen Gotts Vaters, Amen!«

»No, no, Kamerad! Gar so gfährli is's nachher do net!« tröstet ihn der Veteran; »dees derf ma si net so nei lassen! Dees muaß ma halt aa für an Beruf auffassen, wia epps anderschts aa. D' Hauptsach is, daß's was tragt – und daß s' di net derwischen.«

»Du hast guat redn«, sagt der Bergmann; »der oa hat halt 's Glück – und der ander hat's Pech. Jetz ham s' mi in oan Jahr akkrat vierazwanzgmal einkastlt zwegn an Bettln. Vierazwanzgmal! Bruadaherz, dees is a Nummara! Und i mit mein kranken Magn scho überhaupts! I vertrag ja des hundertst net! Und dazua die Gfängniskost! O mei! Mir graust, wann i drodenk! – He, Kellerin! Habts koa Schalerl Kaffee?«

Er winkt der Schenkkellnerin; der Veteran aber sagt:

»Und mir bringst no a Quartl Bier – und an Kaas; und den Kaffee von mein Kameraden zahl aa i. D' Hauptsach is, daß's morgn a scheens Wetter werd! Net wahr, Bruader!«

»Jawohl. Wahr is's. Und die ander Hauptsach waar 's Glück. Aber i hab ja grad alleweil 's Pech!«

»Laß's nur guat sei, Kamerad!« tröstet der Veteran; »deesmal derfan s' dir nix toa. Deesmal hilf i dir. I geh für di morgn eini zum Burgamoasta. Der kennt mi scho; is a Regimentskamerad vo mir. Der muaß di morgn sitzn lassen, wo i di hinsitz. Verstanden! Und d' Hauptsach – des woaßt scho – daß's Wetta aushalt.«

»Freili. Und a Glück. Heint hätt sa si scho ganz guat anlassen! Heint waars scho da gwen, 's Glück! Also, i geh da zum Kircherl auffi, verstehst, und hock mi unterwegs auf an Stoa zum Rasten, ziag an Huat abi und laß ma 's Hirn a bißl abtrückern vom Schwoaß. Da kimmt a nobelhafte Dame daher, ganz schwarz, woanat und betat. Schaugt mittn untern Betn zu mir her, glangt in Sack nei und gibt mir a Fuchzgerl.

I geh voller Freid auffi ins Kircherl. Da kniats beim Altar hibei, woant und seufzt und bet't, daß i mir selber denkt hab: insa liabe Frau steh ihr bei! I geh wieder außa, steh mitn Huat in der Hand auf der Gallerie heraußt und schaug an Meßmer zua, wie er d' Kanzel im Freien aufbaut; da kimmt sie aa daher, schaugt mi o, – i schaug sie o, – sie glangt in Sack – und schenkt mir nomal a Fuchzgerl. – Dees sollt oan halt öfters passiern.«

»Sei nur stad!« lacht der Veteran; »siechst, es werd scho! Paß auf, morgn fleckts uns! – Aber jetz muaß i nachn Wetter schaugn … denn a guats Wetter, des brauch ma!«

»Ja. Und i wer mein Strohsack aufschütteln am Heubodn drobn und an Mondschei anzünden; nachher leg i mi zu der Ruah.«

»Dees wer i aa macha. Grad nachn Wetta schaug i no. Nachher gehn ma glei mitanand, Kamerad.«

Und damit zahlt er die Zeche für sie beide, und sie gehen.

Am andern Morgen hat sich das Wetter ganz zugemacht; die Berge sind voll Nebel, und eine dumpfe Schwüle hängt in den Tälern, bis es leicht zu regnen beginnt.

Da krachen wieder die Böller, die Glocken von Fischbachau beginnen zu läuten, die von der Kapelle zu Birkenstein tönen hell darein.

Die Kerzen des Altars werden entzündet, und ein Priester im Chorgewand geht, die Bittgänger abzuholen.

Und dann kommts wie ein Murmeln näher, wird lauter und lauter, und tönt endlich hundert- und hundertfach aus dem Mund der Wallfahrer: »Heilige Muatter – bitt für unsere Brüder! ... Muatter, hilf unsern Kriegern ... o Muatter, wir bitten um den Frieden!«

Männer rufens; alte, gebeugte, zerarbeitete, – junge, – Soldaten – Burschen.

Frauen betens, singend – klagend, – mit geneigtem Haupt – mit verschlungenen Händen.

Und ein greiser Priester betritt die Kanzel, redet von der wunderbaren Mutter und ruft hinauf zum Gnadenbild: »Mutter! bring uns den Vater wieder! Bringt mir meinen Sohn, – meinen Gatten, – meinen Bruder!«

Und die Menge rufs mit, – schluchzt, – fleht und betet.

Ein Chor von Mädchen singt ein uraltes Frauenlied, – stumm stehen die Bittgänger, – der Pfarrer bringt das Opfer dar.

Leise verklingt das letzte Lied: »Muatter du von Jesus Christ – unsrer Brüder nit vergiß, – hilf in dieser harten Zeit – o Muatter der Barmherzigkeit. Amen.«

Langsam leert sich der Platz vor der Kirche; schweigsam und in sich gekehrt gehen die Beter von dannen.

Und dann sitzen sie drunten beim Schoberwirt und droben beim Oberwirt; und auf dem Kalvarienberg hocken sie in Haufen wie ehedem die Juden bei der Bergpredigt.

Da ißt der eine etliche Würste, der ander eine Schüssel Voressen, die eine eine Suppe, die ander einen Braten.

Und dann füllen drei – vier Schenkkellner die Krüge, rollen die Banzen und zapfen an, bis das letzte Faß aus dem Keller geholt ist.

Der alte Kollervater holt sich auch seine Maß und meint: »Schee is's gwenn. Neinavierzg Fahna hand dabei gwen. Und der Urzenfranzl und der Kramerdori hand aa dabeigwen, weils Urlaub ham. – Ja ja. – Meine Buam hand aa alle drei draußt. Ja ja.«

Da leiert nebendran eine kleine Spieldose, und der Veteran mit dem Stelzfuß hinkt daher: »An armer, alter Kriegersmann von anno siebzg tat bitten!...«

»Jessas! Muatta! – A Veteran! – Werd do net insan Sepperl aa a so geh! – Geh – schenk eahm was!«

Und der Bauer denkt: »Herrgott, meine Buam – sie werdn do hoffentli...«

Und gibt, gibt gern und reichlich.

Und die Bäuerin seufzt, denkt an etwas, – und gibt.

Am Abend fahren die beiden, der Veteran und der Bergmann, zusammen nach München.

»Na, wia hats ganga?« fragt der Veteran.

»I dank dir; – i bin zfriedn. Mei Joppensack is voll und der Hosensack aa. Heint hab i amal Glück ghabt.«

So berichtet der Bergmann.

Und der Veteran lacht: »Na also, Bruaderherz! I bin aa zfriedn. I sags ja: es is nix so schlecht, – es hat aa sei Guats. – Auch der Kriag! – Bloß's Wetter hätt halt aushalten solln, 's Wetter!...«

Die Lebensretterin

Also, daß i enk no dessell verzähl«, sagt der Reservist Bacherl vom ersten Regiment; »also mir hat zum Beispiel a Granatn direkt 's Leben grett! – Dees glaabts net? – Dees werds glei glaabn, wann i's enk verzählt hab!

Also: Mir ham vor Epinal a Gfecht ghabt. Nieder – auf – nieder – Sprung – a so is's dahingangen mit Schützenfeuer und Schnellfeuer.

Grad schreit der Vize wieder: ›Sprung auf‹ – da reißts mi auf oamal so narrisch in mein Kreiz, daß i mi überschlag wia a Has, wann er a Ladung Schrot in Magn kriagt, und fall richti um.

Is mir eine solchene Teifelskugel rechts beim Bauch eini und an der Wirbelsäuln wieder außa.

Kreizkiesel und Kanonablätter! Hab i da pfiffa! Und ganz und gar gelähmt! Und den Blutverlust! Und die Schmerzen! – Gruzinesen! I hab bloß des oani denkt: ›Wenn nur grad a Granatn kaam – und bei dir eihauet – daß d' hi waarst – und erlöst!‹

Aber es is koane komma. No – am dritten Tag hams mi nachher gfunden. I komm also in ein Feldlazarett, werd untersucht, und der Stabsarzt sagt: ›Der kriegt fein nix z' essen!‹

Guat. Lassen mi also liegn, zwoa Tag – drei Tag. – Jetz war i also richti ohne z' essen fünf Tag und fünf Nächt, daß i gmoant hab, i bin a ägyptische Leich a eibalsamierte. Jessas, wann i heut an dees denk!

Also guat. Den andern Tag kommt a Schwester daher und sagt: ›Kinder, heut gibts nix z'essen! Heut müssen die vorhandenen eisernen Bestandbüchsen aufgmacht werdn. Mir sand in Gefahr, unsere Soldaten habn zruck müassen.‹

Und kaum hats ausgredt, da hörn mirs aa scho pfeifen und krachen.

Granaten.

D' Schwester gibt no gschwind jedem zweiten Mann oa Dosen und sagt: ›Gschwind in Keller nunter!‹

A jeder kriacht, hinkt, rutscht dahin, – die andern werdn nuntertragn.

Bloß i und mei Kamerad, – er hat an Haxenschuß ghabt, – sand no drobn und machen die Büchsen auf; denn mi hat a so ghungert, daß i nimmer redn und mi nimmer rührn hab kinna; und in mein Magn war a Schmerz, als tatn tausend Würm dro nagn.

Grad hat mei Kamerad den letzten Hieb gemacht, – die Dosen is offen – Herrgott – jetz kriag i was z' essen, – zum erstenmal wieder was z'essen! –

Da – ßßs ... hujii ... ein furchtbarer Donnerschlag – i gspür no einen dumpfen Schmerz, die Büchsen hauts tief in Boden nei, – i stoß einen gräuslichen Fluch aus – dann reißt mi der Luftdruck hintre an d' Wand, daß i weg war. Am andern Tag lieg i hungrig und scheltend in einem andern Lazarett. Der Herr Generalarzt untersucht mich: ›Der Mann ist außer Gefahr‹, sagt er; ›der Bauchschuß ist glatt verheilt. – Hast dich tapfer gehalten, mein Sohn!‹ sagt er zu mir; ›so lang zu hungern, das hält nicht leicht einer aus! Aber – wenn nur ein einziger Bissen Essen in deinen Bauch gekommen wäre, so wärst du jetzt hin.‹

Da hab i direkt gewoant. Vor lauter Freud – und Wuat – und Hunger.

Fuchzg Pfund hab i abgnommen die zehn Tag, wo i nix kriagt hab – aber i leb no.

Mir hat die Granaten mei Leben grett' – mein Kameraden hat sie's gnommen. Eahm hats zrissen.«

Liebesbriefe aus dem Felde

Drei viertl Stunden vor Perthe
Im Schützengraben bei Dreck und Schnee
Schreib ich an Dich ein Brieflein gar
Am zwoarazwanzigsten Februar.

Vielgeliebte Mariandl
Bist aa im Kriag mei Zuckerkandl!

Du möchst gern wissen, wies mir geht
Und wies mit mein Befinden steht;
Drum will i Dir a Verslein gebn
Von meinem Schützengrabenlebn.
Brauchst ja deswegn net drüber z'lacha,
I kanns halt aa net anders macha.
I kunnt mi ärgern, oft scho woana,
Hab nix mehr fast wia Haut und Boana!
Ja; und am ganzen Gwand koan Fleck
Der net strotzt vor lauter Dreck!
Das ganze Gsicht is voller Haar,
Und der Kriag is no net gar;
Zwoa Monat ham mir scho koa Bett
Dös waar dir so a Gfrett!
Kreizsakkra, is dir dees a Lebn;
Mir müaßen uns halt drein ergebn.
I bsinn mi zwar scho um und um:
Koa Bier, – koan Wein, – dös is mir z'dumm!
Mei Herr, wo tat ma's denn hernehma,
Wo mir gar nia ins Wirtshaus kemma!
Koan Hasen siechst und aa koa Reh;
Aber Läus kannst fanga – und erst Flöh!
Woaßt, wia mir da oft schabn und kratzn,
Daß uns glei auffahrn ganze Batzen!
Grad fangens wieder 's Beißen an,
Daß i nimmer schreiben kann;

Drum muaß i jetz mein Briaf beschließn,
Gell, tua fei 's Lieserl aa schön grüaßn!
Aufs Jahr, wann's Glück will, Marianderl,
Wird Dein Sepp Dein Ehemanderl.
Geh schick mir doch a Liebesgab,
Weil i koa Zigarrn nimmer hab!
Als Dank kriagst wieder a Gedicht –
Jetz pfüati Good – vergiß mein nicht!

Flandern, geschrieben auf Josefi.

Liebste Kuni!

Es streibt sich mir die feder reschbegtife Bleistift an Dich zu
richten.

Du ausgschaamtes weipbsbilld Du! Wo ich anungslos im
Felde der Ehrre den Heldendot fürs Vaderland bestreite und
Du last mich sizen. Was hast Du den an dem geschnigelten
Lapen den Gustl, wo er schon so ville Mätchen verfürt hat
und gar nichz gleichsicht. auch errverlust und ist gar nicht
fäig ein Soldat zu werden indem das ich doch ein stramer
luipold kanonier bin wo ich es Dir imer noch recht gemacht
habe und ausgeführt ins apolo und zum Albrecht und in
kino. aber gnade God wenn der krieg gar ist und mir
deitschen helden mit den sigeslorber heimwärtz zien dann
hau ich Dir die fozen schon so voll daß Du kein verlangen
nicht mehr trägst.

Achtungsvolst
Dein getreier Hans.

Die Siegesfahne der Totenpackerlies

Liesl, was is jetz dees mit dir, daß du gar nia an Fahna aussi tuast!«

So fragt der Herr Hauptlehrer Spiegel die alte Totenpak-kerin nach der Leiche des seligen Herrn Schweighofers, grad beim Verlassen des Friedhofs.

»Ja mei!« meint die Liesl; »Herr Hauptlehrer, wann Sie oan aussahängan, so hats do an Wert! Sie ham a Schulhaus – und Schulkinder, die wo si da dro a Beispiel nehma kinnan! – Aber mei – i als Totenpackerin – warum soll i da aa no mittoa! – Meine Kundschaften ham aa, ohne daß i an Fahna aussihäng, die ewige Ruah!«

»Aber Liesl!« sagt der Herr Lehrer; »wia kannst so was sagn! – Zwegn die Toten is's do net! – Zwegn die Lebendi-gen doch! – Zwegn die tapfern Soldaten, wo allemal dabei warn, wann mir an Sieg habn! – Und zwegn dem guatn Beispiel!«

»Ah, mei!« sagt die Liesl wieder; »auf mei oaschichtigs Beispiel werds net okemma! – Und zwegn die Soldaten ... o mei Herrgott ... seit drei Monat woaß i nix mehr von mein Girgl! – Is mir recht loade um mein Buam, Herr Lehrer! – Eppan is eahm gar was zuagstößn – da möcht i wirkli net übermüati werdn und so an gscheckatn Fetzn vürs Fenster hänga!«

Und damit sagt sie ihm pfüa Good und geht mit gesenk-tem Kopf heimzu.

»Es is halt a Kreiz!« murmelt der Herr Hauptlehrer für sich und schaut ihr nach; »jetz hätt ma glücklich alle Bauern und Häusler so weit, daß s' tean, was s' nur grad toa können, – a jeder Fretter hat sei Siegesfahnerl, – unser ganze Gemeinde is vorn dran mit der Erkenntlichkeit, – und die alt Raffel mag net! – Sie alloa mag net!«

Er seufzt und geht dem Schulhaus zu.

Der Postbote begegnet ihm auf dem Rad.

»Gibts was Neus?« fragt ihn der Herr Lehrer.

»Przemysl is gfalln, Herr Hauptlehrer!« schreit der Bote; »grad muaß i an Herrn Baron 's Telegramm bringa!«

»Was! Przemysl! – Ja – da muaß i glei...«

Der Lehrer rennt wie der Blitz davon.

Etliche Minuten später hängen zwei endslange Fahnen von seinen Dachfenstern nieder, seine Kinder rennen durch den Ort und schreien: »An Sieg! An Sieg! Schemisl is gfalln!« – und er selber läutet in der Pfarrkirche mit allen Glocken.

»An Sieg!« heißts; »an Sieg ham ma! Läuten teans! D' Fahn aussa!«

Und ein Haus ums ander wird beflaggt, die Leute stehen in Häuflein beisammen, Fröhlichkeit herrscht überall.

Nur bei der Totenpackerlies rührt sich auch diesmal nichts.

Die sitzt in ihrer Kammer am Tisch, hat einen Briefbogen vor sich liegen und ihren Rosenkranz, den Federhalter und das Tintenglas; und sie wischt mit dem Schurzzipfel über das Augenglas, setzt es auf und greift nach der Feder.

Lange sitzt sie so.

Und von Zeit zu Zeit taucht sie ein, schlenkert die Feder aus, beugt sich tief übers Papier und schreibt mit ungelenker, zittriger Hand.

Endlich ist sie fertig.

Sie legt den Federhalter an das Tintenglas, nimmt das Briefblatt auf und hält es gegen das Licht des niedern Fensters.

Und dann liest sie halblaut: »Mein lieber Girg – wennst du schon tot bist – dann ist es vorbei – und ich hab dich nimmer – wennst du aber noch lebst – dann mach dein Sach guat – und denk an deine Mutter – wo für dich betet – bis daß du wieder heim kimmst. Schreibe mir einmal – daß ich weiß – obst du noch lebst – daß ich für dich beten kann – als für einen lebendigen – ansonst muß ich halt für dich beten – als für einen abgeschiedenen. Deine Mutter.« – – –

Drei – vier Wochen sind seitdem vergangen.

Die herinnen tun ihr Tagwerk in Haus und Werkstatt und Acker, – die draußen kämpfen weiter; – und die Fahnen lehnen hinterm Kasten oder neben dem Ofen, bis man einmal wieder läutet und einen Sieg verkündet.

Eine alte Bäuerin hat in der vergangenen Nacht die Augen für immer zugemacht, und der Bauer macht sich auf den Weg zur Totenpackerlies, daß sie ihr Werk an seinem Eheweib verrichte.

Die Lies steht grad beim Fenster, da der Bauer eintritt, und nagelt ein Stück Zeug an ihren Besenstiel.

»Glei, Bauer!« sagt sie geschäftig; »glei wer i's habn! I mach grad no gschwind mein Fahna, daß i'hn ausse stecka kann!«

Und schlägt den letzten Nagel ein und trägt das Werk hinaus vors Haus, an den Gartenzaun, wo sie es anbindet.

Da hängt nun die Fahne: ein Stück von ihrer blauen Rupfenbettziehe, und dran hingenäht der Unterstock eines groben Leinenhemdes.

Der Bauer folgt ihr voll Verwunderung; – auf der Straße bleiben etliche stehen, andere rennen und holen die Nachbarn; – endlich fragt der Alte: »Wast tuast denn da? Zu was ghört denn der Hadern?«

Die Lies schaut ihn bitterbös an: »Hadern sagt er! – Zu mein boarischen Fahn – weiß und blau! – Geh! Mach mi net harb! – – Aber – i woaß's gar net, daß ma heunt so lang net läut't! – Daß si koa Mensch net rührt!«

Und sie läuft nach der Kirche, zieht an allen Glockensträngen – und läutet, daß ihr schier der Atem ausgeht.

Und da die Leute aus den Häusern rennen, zu sehen, was es gibt, da haspelt sie von einem zum andern und schreit: »D' Fahna aussa! – An großen Sieg ham ma! – Mei Girgl hat a Festung erobert! – A ganz a große! – Mir kanns gar net nenna, so schwaar gehts zum sagn! – Er hats gwunna! – Mit hunderttausend Gfangte! – Da – schaugts her und lests!«

Und sie zieht eine Feldpostkarte aus dem Sack und hält sie dem nächsten hin.

Der liest: »Liebe Mutter! Ich bin jetzt nicht mehr in Frankreich, sondern gegen den Ruß. Die letzten Tage war es recht hart. Viel Arbeit. Die große Festung Przemysl im Sturm genommen und viele Tausend Russen dabei erwischt samt Kanonen und Gewehr. Das ist ein sehr großer Sieg. Aber viel Arbeit. Gruß dein Sohn Girgl.«

Da fangen die Leute, eines ums andere, schön still zum Lachen an, – schütteln die Köpfe und deuten auf die Stirn.

Und gehen lachend heim, indes die Lies mitten auf dem Kirchplatz steht, die Karte ihres Sohnes zwischen den Fingern dreht und den Blick groß und leer weit, weit hinaus richtet, bis langsam eine Träne um die andere über ihre furchigen Wangen rinnt und auf den Spenzer tropft.

Endlich rafft sie sich zusammen, schiebt die Karte wieder ein und sagt zu sich selber: »Macht aa nixen, wann sie's net glaabn. Mei Bua lüagt net. I glaabs eahm. Und an Siegfahna hat er. Vo mir.«

Dann geht sie zu der toten Bäuerin und tut ihr Werk.

Um Feierabend vorm Quartier

Es ist sechs Uhr abends.

Vor dem hohen, schmiedeisernen Gittertor des Quartiers marschiert langsam, wie ein Tiger im Käfig, der Wachposten auf und ab und knurrt: »Weg vom Eingang! Weg da! Niemand darf nei! – Marrsch da! Eingang freimachen!«

Die Menge, der dies gilt, besteht in der Hauptsache aus Frauen, alten und jungen.

Die meisten sind elegant, vornehm gekleidet, – sie vertreten die besseren Stände, und man hört allerhand Titel: »Frau Professor! – Frau Doktor! – Frau Oberingenieur! – Gnädige Frau! – Frau Rechnungsrat!«

Eine Dame kommt eben eiligst auf hohen Stöckelschuhen angetrippelt und will zum Tor hinein.

Aber: »Halt!« ruft der Posten; »Eintritt verboten! Niemand darf nei!«

»Oho! – Ich hab meinen Mann drinn! Ich muß hinein!« Die Dame stampft mit dem Fuß; – ihre Augen funkeln.

Die Umstehenden betrachten den Vorgang; – schweigend, lächelnd die einen, – erbittert, wütend, schimpfend die andern.

»Aber das ist ja unerhört!« ruft die Dame, die es angeht, aus; »Sie haben kein Recht, mir meinen Mann derart vorzuenthalten!«

»I halt Eahna gar nix vor«, erwidert lakonisch der Posten; »i tua bloß mei Pflicht. Es hat ghoaßen: koaner derf rein – und koaner derf naus. – Mehra woaß i net.«

»Das geht mich gar nichts an, was Sie wissen!« kreischt die Dame wieder; »ich will meinen Mann und damit punktum! Das wär ja noch das Nettere! Bis sechs Uhr kann mein Mann meinetwegen dem Vaterland gehören! – Aber nach sechs Uhr gehört er mir! – Verstanden! – Ich wünsche, daß Sie mir meinen Mann herschicken! – Und zwar sofort! –«

»Vo mir aus wünschens, was S' mögn. I hab mein Befehl, und über den kann i net naus!«

»Befehl! – Das ist kein Befehl mehr! – Das ist Schikane!« Die Stimme schnappt ihr über.

»Jawohl. Sehr richtig. Eine Tyrannei ists!« Eine aus der Menge murmelts.

»Tyrannei! – Eine Schweinerei ists!« ruft eine Kunstmalersgattin mit revolutionärer Geste; »eine Vergewaltigung der Ehefrauen ists!«

»Pscht! – Sie! – Sagns das net so laut!« mahnt flüsternd eine alte, einfache Frau; »der Posten wanns hört, kann er Eahna belanga wegen Anarchismus!«

»Er muß halt tun, was sei Hauptmann anschafft!« meint eine andere Dame.

Aber: »Nichts muß er!« ruft die Künstlersfrau: »gar nichts muß er! – Eine Schikaniererei ists! Eine Unverfrorenheit ists! – Beschwerde muß man einreichen! – Den Boykott erklären!«

»Aber nachher sehgns ja 's Manderl glei gar nimmer!« meint ein alter Herr lächelnd; »und überhaupts: a Landsturmdepot is doch koa Milligschäft, daß man's boykottiern kann!«

Das ist zu viel für die Dame. Sie bricht in Tränen aus und schluchzt: »Sind Sie ruhig! Wo man sowieso vor Schmerz nimmer weiß, wo man naus soll, da wird man auch noch verhöhnt!«

Der Haufen ist inzwischen immer größer geworden; dicht drängen sich die Neugierigen um die Weinende.

Eine Frau meint: »Ha, daß s' denn aa gar so streng sand mit die arma Teifeln? – Für dees, daß s' draußt doch grad an Kopf hinhalten müassen! – Dees gang doch aa ohne solcherne Gschichten!«

»Freili gangs!« ruft ein Ausgeher, der gerade dazukam und gar nicht erst weiß, was los ist; »i sags ja alleweil: des ganze is a Einkreisungspolitik, und unseroana is der Depp.

Nachn Kriag gibts a Revolution, dees sag i, – in Rußland ganz gwiß!«

Der Wachposten sagt gar nichts und klingelt an einer verborgenen Glocke.

Die Umstehenden aber nicken vielsagend mit den Köpfen und tuscheln geheimnisvoll über die Ausführungen dieses Propheten, der sich aber schon wieder davongetrollt hat.

Plötzlich kommen ein paar Wachsoldaten aus dem Hof: »Was is's? – Warum hast denn gläut't?«

»Daß's mir helfts beim Leutwegschaffa. – Die Weiber san ja allsam chloriformiert! Die packen ja eahnane Manner o, bals jetz hoamkemman!«

Ein allgemeiner Entrüstungsruf antwortet ihm.

Aber die drei Wachsoldaten lassen der Menge nicht viel Zeit zum Schimpfen: »Weg da!« heißts; »Platz machen! – Gehns da nüber auf die ander Seiten; – bei der Kasern herüben darf niemand warten! – Übrigens sand Eahnane Herrn gar net da! – Die sand aufn Oberwiesenfeld!«

Eine neue Enttäuschung.

»Was's! – Net amal da?« ruft eine aus; »und der Lackl sagt oan gar nix! Der laßt oan warten, bis oan d' Schwammerl auf die Hühneraugn wachsen!«

»Der Posten hat bloß zu reden, wann er gfragt wird!« sagt ein Wachmann; »überhaupts brauchens Eahna da net a so aufz'führn! – Die Leut san jetz Soldaten, genau so, wia mir! Für die macht ma aa koane Extratanz!«

Und damit schiebt und drängt er die Gesellschaft gemeinsam mit seinen Kameraden vom Tor weg und verschwindet.

Widerstrebend verzogen sich die Harrenden gegen den drübern Gehsteig zu, und eine sagt halblaut: »Gott sei Dank, daß s' wieder gehen, die gefühllosen Menschen! – Die ham so a Ahnung von an zerstörten Familienglück!«

Da tönt Soldatengesang aus der Ferne und kommt langsam näher.

»Jetzt kommens!« jubelt eine hübsche, junge Dame; »jetz sehen s' uns doch noch! – Da muß i gleich den Schokolad herrichten für mein' Mann, daß i 'hn ihm gschwind in d' Hand schwärzen kann, wann s' da sind!«

»Und ich die Hartwurst!« meint eine andere.

»Und ich den Braten und die Socken!« sagt die dritte.

»Meinen S', daß i mein Mann den Kakao geben kann, gnädige Frau?« fragt wieder eine andere; »ich hab eigens zwei Thermosflaschen gekauft zum Wechseln. Dann kann ich ihm alle Abend eine Flasche voll bringen. Wissen S', ich schlag immer zwei Eier drein, daß er bei Kräften bleibt. Er is ja so schwächlich, – und magenkrank!«

»Ach lieber Himmel!« klagt die nächste; »mein Mann machts überhaupt nicht! – Er ist ja bloß ein Siebenmonat-kind!«

»Die armen Herrn!« meint eine andere; »wissen S', meine Damen, sie sinds halt net gwöhnt! Sind doch lauter feinere Leut! Denen tuts doch viel weher wie so einem Rammel! – Ach der Krieg! – Das hätt i doch net glaubt, daß er uns auch no treffen tät! Das wann i gwußt hätt, nachher hätt i net so viel nausgworfen für d' Wohlfahrten!« – – –

Sie kommen!

In drei Zügen marschieren sie daher, singend.

> »Da liegt er nun und schreit so sehr,
> Weil er getroffen ist, –
> Weil er getroffen ist!«

So schallts aus dem ersten Zug.

> »Röslein, Röslein, Röslein rot!
> Rößlein auf der Weiden!«

So singen die zweiten.

> »Haltet aus im Sturmgebraus!«

die dritten.

Schon ist der erste Zug bei der Schulkaserne angekommen; schon stürmen die Damen über die Straße und wollen auf ihre Männer zu, – da ertönt scharf und kurz der Befehl: »Achtung! – Augen rechts!«

Und im Augenblick sind die soeben noch von der Wiedersehensfreude belebten Gesichter der Landsturmrekruten starr und bewegungslos, die Stiefel stampfen auf dem Pflaster – und die Frauen stehen verblüfft, – hilflos, – in Tränen ausbrechend.

Das ist zu viel.

»Ja, ja!« meint ein alter Herr; »da heißts auch: o schöne Zeit – o selge Zeit – wie bist du fern – wie bist du weit! – So rasch entwöhnt man die Kinder nicht von der Brust, wie die Ungedienten von der Familie!«

Inzwischen sind sie drinnen im Hof angelangt und können nun mit Rechtsum wegtreten, sich reinigen und das Nachtessen fassen.

Und draußen stehen die Frauen, weinend, die Hartwurst und den Schokolad zerquetschend und drückend, mit todestraurigen Blicken.

Und die Dame mit der Thermosflasche schluchzt: »Das ist so unglaublich! – Nun kann ich ihm den Kakao auch nicht bringen! Der Mensch geht ja kaput! – Der hält ja das nicht aus ohne Kakao mit Ei!« –

Erst gegen neun Uhr abends wird die Straße wieder still, – die Frauen gehen gleich Märtyrerinnen der Nation heimzu, – und die Rekruten sitzen in ihren Schlafsälen oder legen sich aufs Stroh.

Und einer sagt gähnend: »Den dritten Tag hätt' ma also aa glückli. – Werd scho geh mit der Zeit. – Wann mir aa scho alt sand und steife Boana ham. – Dees is amal gwiß: 's Essen und s' Schlaffa hat mir mei ganz Lebn no net so guat gschmeckt als wie jetzt, wo i drei Tag Soldat bin. Alles gwohnt ma mit der Zeit...«

»Da hast recht, Kamerad!« meint sein Bettnachbar; »sogar die einschläfrige Bettstatt ohne Bedienung! Guat Nacht, Kamerad!« –

Die Rumplhanni

Eine Erzählung

Es ist um den Abend des Tags, da man schreibt den fünften August eintausendneunhundertvierzehn.

Die Sonn geht langsam hinter den alten Zwiebelturm der Kirche zu Öd, scheint noch eine Zeitlang auf die Bergwände da hinten, weit hinter Höhenrain und Kirchdorf, daß sie flimmern und brennen, und verschwindet dann gemach hinter den Wäldern vor Frauenreuth.

Aus der Hufschmiede, die an der Straße gegen Ostermünchen steht, dringt noch beißender Rauch. Der alte Hufschmied schlägt fluchend und kreistend dem feisten Bräundl des Reiserbauern von Vogelried das letzte Eisen an den Huf; sein Gsell, der Pauli, löscht singend und pfeifend die Glut der Feuerung, und der Lehrbub räumt verdrossen die Werkzeuge auf.

»Soo!« sagt endlich der Schmied und strafft seinen Rükken zur Höh; »Herrvergeltsgood, dees hätt' ma wieder! – Jetz schaug nur, Reiser, daß er guat hintrekimmt auf Frankreich, dei Häuter!«

Der Reiser verzieht das Gesicht zu einem halben Lächeln. »Werd scho umifindn!« meint er dann und weist den Gaul gemächlich aus der Schmiede; »und jetz sag i dir halt no an scheen Dank und guat Nacht!«

»Es is scho recht!« sagt der Schmied und hängt sein Schurzfell an den Haken hinterm Tor; »guate Nacht aa!«

»I laß dein Kaschba a guats Hoamkemma wünschen, sagst!«

»I dank dir, Reiser.«

»Und an Franzl aa, balst eahm schreibst!«

»Der is scho dahi – anorts – gega Frankreich, moanet i.«

»Aha.«

Der Reiser gibt seinem Bräundl einen Tatsch mit der

flachen Hand und ruft: »Hüa, Alter! – Zua, sag i! – Mit dir
geht's morgn aa dahi! –«

Und lenkt ihn in einem leichten Trab heimzu, indes der
Schmied in die Werkstatt ruft: »Alsdann, Pauli, Bua, –
Feiramd macha! – Für heunt glangts!«

Worauf er zum Brunnen geht und sich wäscht.

»Feiramd! Daß 's Gott gsegn!« sagt der Pauli und reckt
sich; »Kreizsakkra, heunt hätt' i 'hn bald gspürt, mein
Buckl! – Zwoaradreißg ham mir heunt bschlagn!«

»Ah was!« brummt der Lehrbub; »dees is ja koa Arbat
nimmer! – Dees is ja a Schinderei!«

Damit schließt er die Torflügel der Schmiede und schiebt
die eiserne Sperrstange vor.

»Unsern Kaschba ham mir scho gspürt, heunt«, sagt am
Brunnen der Schmied mit einem Seufzer; »der is uns scho
recht abgangen! – San halt do zwee Arm weniger gwen!«

Worauf er sich gegen das Wirtshaus drüben bei der
Kirche wendet.

»Ja, dees is mir aa a so vürkemma heunt«, murmelt der
Pauli, indem er sich prustend seift und wäscht; »den ham
mir freili gspürt, an Kaschba. – Ja, ja, – heunt nacht geht's
dahi damit; – da muaß er fahrn.«

Der Lehrbub zieht die Arme aus dem Hemd und pumpt
sich einen Strahl Wasser über Hals und Kopf.

»Der Wirtsjackl fahrt aa heunt nacht!« schreit er dazu laut
und schüttelt sich das Wasser aus den Ohren; »und der
Hausersimmerl aa; – und der Knecht vom Wirt, und der
Fritzl vom Staudnschneider aa.«

»Ja«, sagt der Pauli und wischt sich die Händ an den
Hemdärmeln trocken; »i glaab, dreizehne san eahna von
Öd und Voglried; – i wollt, i waar der vierzehnt! Die ganz
Arbat ko mi jetz bald gern habn!«

Und geht gleich dem Schmied zum Wirt, dem Ödenhuber. –

Ist eine gute Einkehr, dem Ödenhuber seine Wirtschaft;

ein saubers, geräumiges Haus, – reinlich inwendig und auswendig, – mit frischem Bier und gutem Koch, einer Metzgerei dabei und einem großen Höft mit feistem Vieh und reichen Stadeln.

Dazu der Mathias Ödenhuber als Wirt; – ein aufrechter Fünfziger; der gleich seinen Vorderen sich beizeiten eine riegelsame und werktätige Hausfrau genommen hat und nun seit zwanzig Jahren mit ihr, einer reichen Posthalterstochter aus dem Ebersberger Gau, die Wirtschaft samt dem Hofgut rechtschaffen hält und führt, dabei ihnen ihre beiden Kinder, der Jackl und die Leni, gutding dazu helfen.

Grad steht der Ödenhuber unter der breiten Haustür mit dem buntverglasten Oberlicht, als sich der Hufschmied in den kleinen Wirtsgarten mit den drei alten Kastanienbäumen und den zwei wurmstichigen Tischen setzt, auf denen ein grünlicher, moosiger Reif wuchert und darauf Ameisen und Fliegen geschäftig hin und her laufen.

»Grüaß di Good, Schmied!« sagt der Wirt.

»Grüaß di Good aa.«

»Kriagst a Maß?«

»A Maß bringst ma, ja.«

»Resi, der Schmied kriagt a Maß!«

Der Wirt ruft's ins Haus, und die Schenkkellnerin läuft mit dem Krug.

Der Ödenhuber setzt sich zum Schmied.

»Hast Feiramd gmacht?«

»Jaa. – Waar mir a so bald liaber, es wurd für ganz Feiramd!«

Die Resl stellt ihm das Bier hin.

»Was möchst? – An ewigen Feiramd?! – Zum Wohlsein! – Du waarst net viel gschlecki!«

»Heunt no durft Feiramd sei, sag i! – Nachher gang i glei aa no mit, mit insane Buam! – Heunt no!... Wann i no jung waar!«

Er trinkt hastig.

Der Ödenhuber schmunzelt.

»Du wurdst eahna koa gringe Angst net einjagn, moan i! ... Ah! Grüaß di Good, Pauli!«

Er macht dem Gesellen Platz.

Der setzt sich.

»'n Abnd. A Halbe möcht i. – Zum Abgwohna.«

Die Resl lacht.

»Jetz hab i schon gjammert, daß ins alle insane Buam davongengan – in Kriag; – derweil is do no oana dabliebn! – Hams di net gfunden? – Oder is's eahna um dein scheena Kopf load?«

Der Pauli zieht gemächlich seine kurze Pfeif aus dem Joppensack, stopft sie und sagt bloß: »Schnabel halten! – A Halbe kriag i!«

Dann zündet er sie an.

Die Resl lacht: »Raucht er dir jetz?« und geht darnach.

Der Ödenhuber holt ein Zeitungsblatt aus dem Brustlatz seines weißen Schawers und liest die Aufrufungen und Anzeigen.

Der Schmied hockt stumm vor seinem Krug.

»Was bist jetz du für a Jahrgang, Pauli?«

Der Wirt fragt's.

»Achtadachzg.«

»Deant?«

»Naa.«

»Ah so.«

»Warum fragst?«

»No, i moan halt, sunst tatn s' di wohl a so bald holn?«

»Kunnt scho sein.«

Der Schmied starrt stumpf und trüb vor sich hin.

Jetzt sagt er langsam: »Vo heunt auf morgn is der Kriag alleweil net gar. Der frißt schon an etlichs paar Leut, denk i.«

»Da kannst recht habn«, erwidert der Ödenhuber.

»Dessell glaab i aa«, meint der Pauli.

Die Resl bringt das Bier.

»Sollst lebn, Pauli!«

»Is scho recht, Hex! – Und bals mi trifft, – denkst dir, – nachher derf der ander lebn, gell! – D' Ersatzreserve!«

»Warum? – Gehst du leicht aa?«

Die Resl fragt's erschrocken.

»Ja no, – kunnt scho sein...«

Er raucht, daß sein Gesicht kaum mehr zu sehen ist.

»Hast leicht aa scho an Zettl?...«

»Naa ... no net. – Aber ... i moan gar...«

»Pauli! – Du werst do net!...«

Der Wirt horcht auf.

»Aber, Pauli!« mischt er sich ein; »wia leicht kunnts di dein Kopf kosten! – Um dein Kohlrabi waars wirkli schad!«

Der Schmied ist wieder ins Brüten gekommen. Jetzt murmelt er vor sich hin: »Werd scho geh. – Mir muaß si halt dreinfinden. Is nur guat, daß d' es nimmer derlebn hast müassn ... Muata ... daß alle zwee ... dahigen gan. – Ja no...«

Er schrickt auf an seinem Seufzen und trinkt.

Dann beschattet er die Augen mit der Hand und schaut nach der Kirchenuhr.

»Geh, Ödnhuaber, siechst net, wia spat daß's is?« fragt er.

Der Wirt fährt aus der Zeitung auf: »Wia spat, sagst?«

Er zieht die Uhr.

»Dreiviertel auf simme.«

»Scho! – Er werd si do net versaama, der Kaschba!«

»Ah, naa! Der versaamt si net! – Is ja der meine aa dabei. – Sie san halt beim Pfüagoodn.«

»Ja ja. – Aber um halbe zehne geht der letzt' Zug vo Osterminga.«

»Den kriagn s' leicht no!«

»Jano. – Aber i hättn halt no gern daghabt, mein Kaschba. – Mir hat do no allerhand zum redn, mitanand.«

»Dessell is ja wahr...«

»Mir möcht halt no sagn ... was oan druckt,... bevor oana a so dahingeht, ...mir woaß net, wohi, ...und wias außigeht damit...«

Der Wirt nickt und legt seine Zeitung zusammen.

»Ja ja. A Feldzug is halt koa Keglscheiberts.«

Der Schmied schnauft tief auf.

»Schaug, mein' Franzl hab i aa nimmer gsehgn. – Der is glei von der Kasern aus weiterkemma.«

»I woaß 's a so.« –

Die Resl hat derweil halblaut auf den Pauli eingeredet.

»Warum möchst denn scho zahln? – Warum gehst denn scho? – Bist harbisch auf mi?«

»Naa. – Aber an kloan Weg mach i no, verstehst! –... Herrgott, – mi druckts a so, daß i grad Landsturm bin...«

Er trinkt hitzig aus.

Die Resl starrt ihn angstvoll an.

»Pauli! – Ja, was hast denn?...«

Er setzt das Krügl auf den Tisch, daß es scheppert.

»Woaß 's der Teixl, Dirndl, ... i moan ... i mach gar aa Feiramd mit der Arbat! ... I geh aa! ... I meld mi freiwilli ... i kann's net dawartn, bis daß s' mi holn...«

Da springt die Resl auf.

»Furt,   sagst?«   ...   Freiwilli!   ...   Pauli!   ...   Ums Christi...«

Der Schmied fährt zusammen.

»Was hast gsagt? – Du gehst aa? ... Ja, – was tua denn nachher i...?«

Er starrt den Gsellen an und sinkt dann wieder in sich zusammen.

»Ja no, ... muaß i di halt geh lassen. – Da kann ma nix macha. – Bist ja gsund. – Geh nur zua in Gottsnam, ... geh nur ... geht's nur allsamm...«

Der Wirt mischt sich ein: »Aber, was waar denn jetz net dees, Pauli! – Werst 'hn do net alloa lassen, an Schmied! – den altn Mo! –«

Der Pauli ist in einem verlegenen Kampf mit sich selber.

»I woaß 's scho. – Aber ... in mir wurlt es grad alls! – Ödnhuaber, – i sag dir's wia's is, – i schaam mi!«

Er springt auf und reckt sich.

»Bei meiner Postur! – Und bei dem Gsund! – Was?! – Waar's da net a Schand?«

Die Resl kämpft ein Weinen nieder.

Der Schmied betrachtet den Burschen mit trübem Aug.

Da tritt der Pauli zu ihm: »I ko net anderscht, Moasta ... i muaß dir Pfüagood sagn. – Lohn hab i a so grad nur vier Mark fuchzge z'kriagn, – mei Kuferl is glei packt, – bis die andern gengan, bin i aa firti!«

Er wendet sich zur Resl: »Dirndl! – Alsdann ... zahln, sag i! – Da! ... Und sei net harb auf mi ... i kimm scho wieder! ...«

»Is 's wirkli dei Ernst?« fragt der Wirt verstört.

Die Resl geht aufschluchzend ins Haus.

»Ödnhuaber ... es geht um d' Hoamat! – I muaß mit!«

Der Pauli klopft hastig seine Pfeife aus und schiebt sie ein.

Und der Schmied zieht langsam seinen ledernen Zug-beutel, entnimmt ihm zwei Taler, legt sie auf den Tisch und wickelt bedächtig die Schnur mit den Muscheln daran wieder um den Beutel.

Dann sagt er: »Da ... i konn di net haltn. – Da san sechs Mark. – Weil i di guat leidn hab kinna. – Laß dir's guat geh. – Und ... balst wieder kimmst ... bist da. – D' Arbat wart't scho auf di.«

Der Gsell schiebt das Geld ein.

Und sagt mit unsicherer Stimm: »Moasta, i dank dir und sag halt Geltsgood. – I kimm scho wieder, bals sein will. – Und wann net, ... na muaßt dir halt um an andern schaugn.«

Und reicht ihm die Hand.

»Alsdann. Jetz pfüat di halt Good.«

Tonlos dankt ihm der Schmied.

»Pfüa Good aa. – I konn di net aufhaltn.«

Und er stützt die Ellenbogen auf den Tisch und hält den Kopf zwischen den Händen.

Der Pauli wendet sich zum Wirt.

»Alsdann, Ödnhuaber ... bleib gsund...«

Er streckt ihm die Hand hin, und der Wirt drückt und schüttelt sie.

»Na wünsch ich dir halt Glück, Pauli! – Pfüat di der Himmi!«

Die Resl tritt mit verweinten Augen aus dem Haus und gibt dem Burschen ein kleins Packerl in die Hand.

»Pauli ... leb wohl. – Und sagn mir halt: aufs Wiedersehng...«

Sie drückt die Schürze ans Gesicht.

Aber der Pauli lacht laut und sagt lustig: »Servus, Resl! – Aufs Wiedersehng ... hast recht! – Und jetz woan net! I schreib dir scho amal aus Paris ... oder aus Rußland. – Alsdann! Pfüate!«

Damit reißt er sie schnell an sich und läuft alsdann eilig dahin, ins Schmiedhaus, indes die Resl langsam in die Gaststube geht.

Stumm sitzt der Schmied.

Der Ödenhuber zieht seine Uhr, dann meint er: »Sakkra! – Glei simme! – Jetz durftn s' aber bald kemma! –«

Und steht auf und geht mitten auf die Straße, zu schauen, ob er keinen sieht von den Buben. –

Da fährt ein Leiterwagen vorbei, hoch aufgesetzt mit Weizen; und der Hauserbauer lenkt laut die beiden Ochsen: »Wühlöh, Alter! – Ziag o! – – – Hott eina! ... Hoott!«

Aber da er den Ödenhuber stehen sieht, fährt ihm eine jähe Röte ins Gesicht; er speizt giftig aus und plärrt den Sattelochsen an: »Hott eina, hab i gsagt, sag i!... Was der wieder zum gaffa und zum spioniern hat, da drent!«

Und der Wirt seinerseits hat kaum den Hauser ersehen,

als er auch schon die Händ in die Hosensäck vergräbt, die
Füß weitmächtig auseinanderspreizt und spöttisch vor sich
hinsagt: »Dem geht's aber no dick ein, heunt, – dem
Hungerleider! – Der legat aa liaber dreizehn Aufsetzn auf sei
Kinderwagl auf, bals gang! – Bei dem möcht i amal Hand-
ochs sei!«

In diesem Augenblick ruft eine gschnappige Weiberstimm vom Wagen herunter: »Was gaffst denn, Bamperl-
wirt? – Schaug liaber, daß dir dei Essig net no saurer wird!«

Worauf der Ödenhuber voller Wut murmelt: »Schnappen, elendige!«

Und eilig ins Haus geht.

Die ihn aber zum Gehen gebracht, ist ein saubers, mol-
ligs Frauenzimmer mit festen Armen, feisten roten Backen
und kohlschwarzen Haaren.

Es ist die Rumplhanni, des Hausers Dirn.

Die Tenne des Hauerbauern von Öd ist sperrangelweit
offen, und dem Hauser sein Sohn, der Simmerl, schiebt
grad einen abgeleerten Leiterwagen zum hintern Tor hinaus und hinein in den Wagenschupfen.

Darnach schaut er hinüber gegen die Straße, ob der Alt
noch nicht bald einfahrt mit dem letzten Fuder.

Derweil biegen auch schon die Ochsen bei dem Gartenzaun des Ödenhubers ums Eck; der Hauser legt sich dem
Sattelochsen fest in die Seite und zieht am Leitwayla, was er
kann.

»Wühlöh, Alter! – Wühst umi! – Wühst, sag i! – Toifi,
bollischer! – Wühlöh! – Gehst net ummi, moanst, Pandur,
miserabiger!«

Und vom Fuder herab schreit die Hanni, daß es drüben
im Holz widerhallt: »Holliho! – Ablaarn!« –

Die Hauserin hat grad in der Speiskammer die frischge-
molkene Milch mit einem Spritzer Weichbrunn gesegnet

und in die Weidlinge zum Aufsetzen eingegossen, sich auch
hie und da mit dem Handrücken oder dem Schürzenzipfel
Augen und Nase abgewischt; – denn sie weint, wie ihr
Alter, der Lenz, sagt, Rotz und Wasser, – weil ihr Simmerl
heut zur Nacht noch dahin muß, – in den Krieg. Jetzt
wendet sie sich langsam um, daß sie mit ihrer Fülle und
Breite nicht etwan hinter sich was hinabstoße, und nimmt
den Rahm ab fürs Butterausrühren. Vorsichtig fährt sie mit
dem feisten Zeigefinger um den Milchrand im Weidling,
leckt ihn ab und streift dann mit dem flachen Holzlöffel
behutsam die fette, säuerliche Rahmhaut in den Hafen auf
dem Bänklein. Darnach gießt sie die abgeblasene Milch in
den Topfenkessel und seufzt: »Hach ja. Ins haßts halt. Mir
ham halt koa Glück net ... Ja ja...«

Und ihre alte Mutter, die Kollerin von Reigersberg, jetzt
Austragmutter vom Hauserlenz, schiebt drüben in der
kohlschwarzen Kuchel einen Büschel Reisig ins Ofenloch,
entzündet einen dürren Span und hält ihn unter die Reiser,
bis sie knistern und rauchen und brennen. Dann löscht sie
den Span, legt ihn wieder hinters Ofenrohr zu den dürren
Eierschalen und dem Sandriegel, schürt etliche Prügel nach
und stellt hüstelnd und seufzend die große Messingpfanne
mit dem Kaffeewasser auf den Herd. Dazu sagt sie halblaut
immer wieder die Worte: »O mei Herrgott! – Der Kriag –
dees Unglück! – O mei Herrgott!« –

Da scheppert der Rumplhanni ihr Ruf herein ins Haus:
»Holliho! – Ablaarn!«

Und zur gleichen Zeit läuft der Hauserin ihre Jüngste, die
Liesl, mit einem weißen Kopftuch auf und einem Endsre-
chen über der Achsel in den Hausflöz und schreit: »Muatta!
– Großmuatta! – Da san ma! – Dees letzte Fuada ham ma
dahoam! – Zum Ablaarn sollts kemma!«

Worauf die Kollerin in die Speis ruft: »Rosina, schaug
aufn Kaffee! – I muaß zum Woazablaarn!«

Dabei fährt sie aus den Lederpantoffeln, humpelt

strumpfsöcklig über die Stiegen hinauf zum Söller, öffnet die niedere Tür zum Kriadaboden und läuft in den dunklen, mit neuem, starkduftendem Heu und Klee vollgefüllten Raum.

Von da aus schreit sie hinab in die Tenne: »Simmerl! – Lenz! – Bin scho gricht't!«

Nun löst der Simmerl den Wiesbaum vom Fuder und sagt: »Hanni, geh, laß jetz mi ausse am Wagn; – pressiern tuats. – Um halbe neune muaß i geh!«

Die Hanni kriegt eine weinerliche Stimm und erwidert: »So bald scho! – Ha, daß d' denn heunt no furt muaßt?!«

Und rutscht vom Fuder und läßt sich vom Simmerl auffangen, – indes die Großmutter Kollerin brummelt: »Frag net so damisch, Lalln, dumme! – Daß er heunt no furt muaß! – Weil er halt muaß! – Weils di nixen ogeht! – Schaug liaber, daß d' auffa gehst zum Fassen!«

Derweil stellt der Simmerl eine Leiter an den Heuboden, zwickt die Hanni schnell in die Arm und schiebt sie lachend die Sprossen hinauf.

Die Hanni kichert leise, packt den endslangen Burschen bei seinem rötlichen Haarschüppel und wirft ihm das Hütl ins Gesicht, ehe sie zur Alten hinaufsteigt.

Diese aber hat das Kichern gehört und knerrt nun: »Möcht wissen, was's da lang z'kudern und z'lacha gibt, du ausgschaamts Weibsbild du! – Du brauchst mi gar net auszlacha, bal i eppas sag, – daß d' es woaßt!«

Worauf die Hanni schnippisch erwidert: »Und du brauchst mi gar nix z'hoaßn, daß d' es aa woaßt! – Dir hab i no koa Weibsbild net abgebn, gell ja! –«

Damit steigt sie die Leiter hinauf und zum Kriadaboden.

Die Alte murmelt noch was und kriecht dann in die »Obern« empor.

Und der Simmerl besteigt das Fuder, indes der Hauser drüben im Stall die Ochsen tränkt und füttert.

Nun faßt der Simmerl Garbe um Garbe mit der Gabel

und hebt sie leicht und locker hinüber zur Hanni, die sie
eben so locker abnimmt und der Kollerin hinaufreicht, die
sie fürsichtig von der Gabel streift, damit kein Körnl Weiz
unnütz verloren geht.

Endlich ist die letzte Garbe untergebracht, und die Großmutter steigt wieder hinab in den Heuboden und hinunter
ins Haus.

Die Hanni steckt ihre Gabel tief in den Heuhaufen vor ihr
und kommt die Leiter herab in die Tenne; der Simmerl
schiebt den Wagen hinaus in den Hof und schließt das
hintere Scheunentor. Dann kehrt die Hanni die ausgefalle-
nen Körnl und Ähren zum vordern Tor hinaus für die
Hennen, indem sie sagt: »Den oan Flügl konnst schon
zuamacha, Simmerl.«

Das tut er. Dann lehnt er sich an die Stalltür und schaut
zu, wie die Körnl und Spelzen zur Tenne hinausfliegen.

Mittendrin aber kommt's verhalten von seinen Lippen:

»Hanni!«

»Simmerl?«

»Jetz san ma firti.«

»Ja.«

»Jetz hoaßt's geh.«

»Und mi laßt hänga!«

Sie lehnt den Besen ins Eck und räumt umständlich die
Rechen und Gabeln zusammen.

»Hanni!«

»Was möchst?«

»I muaß di pfüatn...«

»Und i steh da – im Dreck.«

»Was kann i dafür? – Was soll i denn macha!«

»Hättst mi net ogrührt...«

»Bal ma oans gern hat...«

»Aha. Zum drokriagn!«...

»I hab di net drokriagt...«

»Aber unglückli gmacht!«

Der Simmerl lehnt langsam den zweiten Torflügel an, so daß es ganz dunkel wird in der Tenne.

»Was? – Unglückli? – I? – Di? – Wia nachher?«

Die Hanni fängt leise zu weinen an.

»Ja ... wia nachher ... weil i dahäng ... am Kreiz! – A so...«

»Was sagst du?«

»Jawoi! Gwiß und wahrhaftig!«

»Vo mir?...«

»Frag net so dumm! – Dees woaßt du guat selber!«

»I! – Da bin i mir gar nixn...«

»Aha. Möchst di weggaschraufa...«

»Und i sag, es ko net sei...«

»Dees sagt a jeder.«

»Da muaß scho a anderer...«

Die Hanni fährt in die Höh: »Du! Mach mi net harbisch, sag i! – Sinst geh i auf der Stell zu de Altn...«

»Hanni!«

»Dees konnst dir nachher scho denka...«

»Dees werst dir überlegn!«

»Da überleg i gar nixn! I red ganz oafach!«

Der Simmerl tappt ihrer Stimme nach.

»I sag ja nixn, Hanni. – I bekenn mi ja...«

»Aha. – Vor meiner. – Aber vor dein Vatan...«

»Bekümmert di net...«

Er sucht sie im Dunkel.

»I mach's recht, Hanni. I bekenn alls.«

»Werd viel fürguat sein!«

»Der Alt muaß sorgn...«

»Der werd a Freud habn!«

»Ja no...«

Die Hanni drückt sich ausweichend in einen Winkel. »I muaß halt geh, – « sagt sie; »anorts hi, wo mi neamd kennt.«

»Zu was denn? – I richt's ja.«

»Moanst, i laß mi oschaugn!«

»Koa Mensch schaugt di o!«

»Aha. Grad mitn Fingern deutn s' auf oan! – Mir woaß's ja no – bei der Sixnkathl!«

Der Simmerl tappt nach ihren Armen.

»Dessell is aa grad der Besenbinderhausl gwen...«

»Mhm! – Du moanst, dei Geldsack stopft an Leutn 's Mäu zua! – Da werst di aber stimma!«

»Geh, hör jetz auf...«

»Und mi machst aa net staad mit dein Geld ... daß d' es woaßt!«

Er umfaßt sie.

»I bin ja net abgeneigt...«

Sie wehrt leise ab.

»Zu was eppan?«

»Daß i di heirat...«

»Dees sagt a jeder...«

»Wann i dir's für gwiß hoaß!«

»Ja ja. Jetz, – im Kriag, – da is leicht epps versprecha...«

»Auf Ehr und Seligkeit, – Hanni...«

»Dees muaß si erscht weisen.«

»I gib dir's schriftli!«

Er zieht sie ganz ins Dunkel.

»Heunt no kriagst es schriftli...«

»Und de Altn?...«

»Dees is mir gleich. – Die müaßn staad sei ... und du aa...«

Er schließt und verriegelt den Torflügel. – – –

Der Hauser hat die Ochsen gefüttert und getränkt. Jetzt geht er hinauf in die Schlafkammer, zieht den Schlüssel zu der alten, bemalten Truche aus dem Strohsack seines Eheweibs und schließt seufzend auf.

Langsam nimmt er aus einem alten, zinnernen Bierkrug ein etlichs paar Silbertaler, – sucht ganz zuunterst im Eck das Salbentiegerl von den wehen Augen seiner Liesl, nimmt den hölzernen Deckel ab und langt zwei Goldfuchsen daraus.

Dies Gold also tut er in den Zugbeutel, der noch von dem alten Hauser, Gott hab ihn selig, in der Truche liegt, und schiebt's ein für den Simmerl.

Darauf schließt er wieder ab, versteckt den Schlüssel und geht hinunter in die Stube.

Sinnierend setzt er sich auf das lederne Kanapee und schaut seiner Rosina zu, wie sie weinend Schnitten um Schnitten von dem Brotlaib fetzt und in die irdene Suppen- schüssel fallen läßt, Salz und Pfeffer drüberstreut und einen Büschel Schnittlauch dreinschneidet.

Sie sagt nichts, – er sagt nichts. –

Dann trägt die Hauserin ihre Schüssel hinaus in die Kuchel, gießt die Wassersuppe darüber und schmalzt und zwiebelt sie.

Und mit beiden Händen faßt sie die dampfende Schüssel, fährt aus den Holzpantoffeln, damit sie nicht stolpern muß, und trägt also die Suppe barfuß in die Stube.

Der Dreifuß steht schon auf dem gedeckten Tisch; vor- sichtig hängt sie die Schüssel hinein und sagt dazu: »Lenz, geh, schaug, der Bua! – Daß er si net versaamt.«

Dazu weint sie heftig auf und läuft weg. –

Und die alt Kollerin, die Großmutter, steht in der Kuchel vor der Anricht, ordnet die Kaffeeschüsseln und Haferln in eine Reihe und wirft den Zucker darein: drei der Bäuerin, zwei dem Bauern; vier dem Simmerl, vier dem Liesei, zwei sich selber und eins der Magd, der Hanni.

Dann schaut sie einmal ins Bratrohr nach den Schmalz- kücheln, die zum Aufwärmen drin stehen, und gießt dar- nach den Kaffee ein.

Langsam und umsichtig schöpft sie ihn mit einem alten Messinglöffel durch den Seiher in die Schüsseln und Kacherln; und darnach die Milch: dem Bauern wenig, – der Bäuerin aber viel mitsamt der Haut; dem Simmerl nur ein

Tröpferl mit Haut, sich und dem Liesei schier lauter Milch,
– und der Hanni den Rest.

Dazu seufzt sie immer lauter: »O mei Herr! ... an Lenz
... der Rosina ... mei, wia werd's eahm geh ... an Simmerl
... an Liesei ... O mei, der Kriag ... der andern.«

Jetzt ist er eingeschenkt, der Kaffee.

Plötzlich fällt ihr ein, daß sie für den andern Tag zum
Nachähren ihren Rechen noch nicht eingeweicht hat.

»Daß's Gott gsegn!« sagt sie zu sich selber; »dees muaß i
glei toa! – Sinst falln eahm morgn bei dera Hitz alle Zähnt
außa!«

Und sie läuft hinaus zum Brunnengrand vor dem Wurzgarten, den sie selber gepflanzt und mit allerhand Blumen
und Sträuchern geziert hat: mit Windpappeln und Ritter-
sporn, Flugs und Dahlien, Nelken und roten Rosen.

Mittendrin schreit sie laut auf: »Marixn! – Liesei! Male-
fizkarwatschn! – Meine scheena Bleame!«

Sie rennt ans Gartentürl.

»Ja, insa liabe Zeit! – Dees ganz Gartl is hi!«

»Noo!« sagt da die Liesl und tappt mit einer ganzen
Schürze voll Blumen mitten durchs Gurkenbeet; »i wer
wohl no an Simmerl a Bleame ostecka derfa, wo er furt
muaß!«

Und beginnt zu heunen: »Gar nix mehr derf ma! – Aber
wart no! Bal er derschossen is, nachher siechst es scho! –
Nachher konnst eahm koa Bleame nimmer gebn!« –

Worauf die Alte ganz nachgiebig wird und sagt: »Sei
staad, sag i! – Red koane solchern Dummheitn net! – Möcht
oan a so schier an Magn abdrucka vor lauter Kümmernis!«

Damit läßt sie die Liesl laufen und geht jammernd in ihr
Austragstübl.

Dort sucht sie ein alts, wächserns Christkindl in einem
silbernen Büchslein her. Das wickelt sie samt einem Frau-
entaler in ein linnenes Tüchlein, mit dem der Herr Pfarrer
vor Zeiten unserm lieben Herrn seinen Kelch gehalten

hatte, als er den alten Kollervater, seligen Angedenkens damit zum letzten Gang verprofitierte.

Und sie trägt's andächtig hinüber in die Stube und legt's dem Simmerl an seinen Platz.

Der kommt eben pfeifend und zur Reis fertig aus seiner Kammer und setzt sich munter an den Tisch.

Die Hauserin bringt die Schmalznudeln; die Kollerin stellt die Kaffeehaferln an die Plätze, das Liesei steckt den Hut des Bruders voller Nelken und Rosen, – und die Hanni kommt zur hinteren Haustür herein und setzt sich summend mit den andern zum Essen.

Worauf sie aber die Kollerin scharf anläßt: »Obst glei staad bist, du gottvergessens Weibsbild du! – Sie singt und röhrt, wann der oanzig Bua vom Bauern in Kriag furt muaß! – Du waarst no so oane! – Du hättst no so a Herz in Leib, du!«

Aber die Hanni erwidert patzig: »Dees geht di gar nix o, ob i a Herz hab oder koans! – I woaß mei Sach, – und du muaßt erscht ratn!«

Damit gießt sie ihren Kaffee auf einen Zug hinunter, nimmt sich zwei Schmalzküchl und läuft weg.

Die Kollerin greint wie das heilig Donnerwetter und ruft ihr nach: »O du ganz miserabige Karwatschn, du!«

»Daß d' gar so grob bist, damit?« meint der Simmerl so nebenbei und löffelt mit dem Hauser die Brotsuppe aus.

»Grob!« sagt die Kollerin beleidigt; »grob wer i sei! – Weil's wahr aa is! – Weil s' alle Tag no bollischer werd und no ohabischer, – des Weibsbild, dees ausgschaamt!«

»Du machst es scho bollisch mit dein ewign Geknerr!« mischt sich der Hauser ein und rührt seinen Kaffee um.

»Was willst da? – I, sagst! – Mit mein Geknerr, sagst? – Wer knerrt denn?...«

»Koa Mensch, wia du!«

»Aha! – Weilst mi nur scho wieder hast!«

»Da hab i di gar net. Aber weil's wahr is...«

Er brockt sich ein Küchl in den Kaffee.

»Ja, weil's wahr is! – Helfts nur hübsch dazu, zu dem Weibsbild!«

Sie löffelt hitzig ihren Kaffee aus.

Die Hauserin mengt sich ein: »Jetz dahacklns halt ananda scho wieder! – Wia enk nur der Tag net z' heilig is! – Zwegn dem Schlamperl!...«

Der Simmerl fährt in die Höh.

»Hoaßn brauchst es du gar nixn!« sagt er; »werd eahm neamd was Schlechts nachredn kinna, a da Hanni!«

»He, he! – Tua di net gar a so z'reißn dafür!... Für dees herglaaffa...«

Aber der Simmerl fährt dazwischen: »Und i leid's amal net, sag i! – Herglaaffa oder net ... d' Arbat tuat s'...«

»Dessell muaß wahr sei«, bestätigt der Hauser; »da derf scho oane hergeh...«

»Ja, ja. D' Arbat tuat's. – Was's eahm ös zwee oschaffts!« spöttelt die Hauserin.

»Weil s' es halt mit die Mannaleut überhaupts besser konn, als wia mit die Weibertn!« ergänzt die Kollerin.

Und beide, die Alt und die Jung, schauen sich überlegen an und verlassen zusammen die Stube.

Die Lies hat unterdessen schweigend und auflusend ihr Schällein leer getrunken; da sie aber jetzt die Mutter samt der Großmutter hinausgehen sieht, macht sie dem Vater und dem Simmerl ein finsters Gesicht hin, nimmt sich etliche Nudeln aus der Schüssel und läuft gleichfalls davon.

Jetzt sind sie allein, die Mannertn.

Und der Simmerl sagt, ohne von seiner Schüssel aufzusehen: »Vadda!«

Der Hauser wischt seinen Löffel nachdenklich ans Tischtuch und legt ihn in die Schublade.

»Was möchst?«

»I hätt epps z'redn...«

»Mit wem?«

»Mit dir.«

Der Simmerl schiebt die Eßschüssel von sich und steht auf.

Der Alt erhebt sich gleichfalls und will 's Kreuz machen zum Beten nach Tisch; – da sagt der Simmerl grad: »Mit dir.«

»Mit mir? – Zwegn was?«

»Zwegn der Hanni.«

Der Hauser setzt sich wieder.

»Des versteh i net...«

Der Simmerl tritt an eins der Fenster.

»Ja no; – a zwiderne Gschicht is's halt...«

»Da kenn i mi net aus.«

»Es is halt jetz nix mehr dro z'richten.« Er reißt eine volle Geraniumblüte ab und steckt sie ins Knopfloch.

»I woaß gar net ... was d' moanst ...«, sagt der Alt.

»I muaß s' halt heiratn.«

»Wer?! – Wem?! –«

Der Hauser fährt in die Höh.

»Ja no! ... Einlassen hab i mi halt ... mit der Hanni, ... und da ghört's a si, ... daß i s' heirat...«

Der Alt packt ihn wild am Arm.

»Du und dee!? – Heiratn! – Des Weibsbild und du!«

»Ja no...«

»Und einlassen hast di damit! – Vergessen! – Ja, – Himmiherrgott! – An Hallodri gmacht! – Mit ana Dirn! – Du! An Hauserlenzn sei Simmer! – Jessas Jessas naa!...«

»Jetz is's scho, wias is ... jetz hilfts di alleweil nix mehr...«

Der Alt haut mit der Faust auf den Tisch, daß das Geschirr scheppert.

»Dees wern ma scho sehng! – Dees wern mir nachher scho sehng, sag i! – Auf der Stell kimmt s' mir aus'm Haus! – Glei auf der Stell! – Dees waar mir no dees wahre!«

Der Simmerl öffnet seinen Koffer noch einmal und steckt etliche Schmalzschuksen und einen Ranken Brot hinein.

»Zu dem is's jetz scho z'spaat. – Offenbar werds alleweil.
Es is besser, sie bleibt da...«

Der Hauser fährt wild herum.

»In mein Haus? ... a so a Weibsbild? ... Gar nia, sag i!«

»Aber i habs eahm für gwiß ghoaßn...«

»Dees is mir gleich, was d'eahm du ghoaßn hast! – Mir
bleibt amal koa sechane net herinn in mein Sach! – Mit so
epps will i nixn z'toa habn... i, der Hauserlenz! ... Waar ja
glei recht!«

Der Simmerl legt noch das Päcklein von der Großmutter
ins Kofferl, schließt's zu und setzt das Hütl auf.

»Ja no. – Nachher muaß i s' halt wo anderscht unter-
bringa ... derweil ... bis i wieder zruckkimm ... ausn
Feldzug. – Und ... bal i nimmer kimm...«

»Hör ma auf, sag i!«

»Und bal i nimmer kimm, nahher muaß si halt die alt
Rumplwabn drum onehma. – I mags der Hanni net otoa,
daß i mi weglaugn... und i heirat s' aa. – Bal mi net ehvor a
Kugel trifft...«

Der Hauser setzt sich aufs Kanapee und wischt sich mit
dem blaugemusterten Schneuztuch übers Hirn.

»I hätt ja gwiß nixn gsagt ... bals a anderne gwen
waar...«

»Nachher waars aa net anderscht.«

»Sei Voda is der Knittl ... a versuffana, verkemmana
Pfannaflicker...«

Er speizt verächtlich aus.

»Dees kümmert mi nixn...«

»Und sei Muada is a verlotterts Weibsbild! A Zigeunerin!
– Mit an Barasolflicker ziagt s' jetz umanand!«

»Da konn do 's Madl nix dafür!«

»Vo der Straßn ham mir s' aufklaubt...«

Der Simmerl rückt ungeduldig an seinem Hut.

»Dees ghört allsamm net da her! – Balst es du net gern
daghaltst, – nachher geht s' halt. – Und i red mitn Pfar-

rer ... für den Fall ... daß i draußt anorts flagga bleib ...
daß's mi derwischt.«

Der Hauser blickt unsicher nach seinem Buben. Seine
Händ zittern, – und er schnauft wie ein Siecher.

»Und is nixn ... und hat nixn ... als wia hint und vorn d'
Schand ... und i hab denkt ... es kaam amal a richtigs
Weibsbild her...«

Der Simmerl nimmt den Koffer und schaut auf die Uhr.

»I waar halt leichter ganga ... wann i gwißt hätt, daß si
nixn feit ... daß 's Kind a Hoamstatt hätt... wanns waar,
daß eahm i ... koane mehr gebn kunnt.«

Der Alt steht auf und geht mit gebeugtem Rücken auf
und nieder.

»A Saustall is's halt. Zum Gspött von die Leut werd ma.
– Was d' Muada sagn werd, dees konnst dir aa denka. – Und
gar die Alt! – D' Großmuata!«

»Auf dees hör i net...«

»Und was s' bei dera Bande da drent redn wern... bein
Odnhuaber! – Wia si die's Mäu zreißn wern...«

»Dees braucht ins gar nix z' kümmern. – Bal i zruckkimm, na heirat i d' Hanni, ... und bals net is, ... nachher
hör i's nimmer, was s' sagn. – I hab jetz nimmer Derweil,
daß i no länger umananddischbedier; i muaß furt.«

Damit geht er zur Tür.

Aber der Hauser steht breit davor und schreit hitzig: »Du
bleibst mir no da, sag i! – Die Sach muaß gschlicht wern! –
Brauchts durchaus net, daß d' aa no protzi bist bei dera
Schand! – Oder is 's vielleicht koa Schand net?! – Aufhänga
kunnt i mi, wenns net grad Kriag waar! – Aber a so is's mei
oanzige Hoffnung, daß die Bande bei dera ganzen Gaude
net a so Derweil habn werd zum Aufpassen. – Vielleicht is
aa der Kriag bald aus und du kimmst wieder hoam,
...nachher redn mir weiter!...«

Der Simmerl steht ungeduldig vor dem Alten.

»Und was is's bis dorthin?«

»Ja no...«

Der Hauser geht zum Fenster und starrt hinaus. –

»I tuas net gern; – grad, weil i di net a so geh lassen mag; ... muaß i s' halt daghaltn derweil, ... und mit der Muader redn.«

Er dreht sich um und legt die Händ auf den Buckel.

Der Simmerl schnauft erlöst auf.

»Herrvergeltsgood. Jetz geh i gern. – Dank dirs Good, Vadda.«

Der Alt schiebt die Händ in den Sack.

»Ja, gsegn dirs Good, Hallodri! – Muaß i halt redn mit der Muada...«

»Und mit der Hanni, Vadda. – Daß s' woaß, wia s' dro is.«

»Wia i sag: gern tua i's ja net...«

»I muaß jetz, Vadda. – Laß di pfüatn. – Und bleib gsund.«

»Muaßt wirkli scho geh!?«

»Ja, i muaß. – Woaßt scho, – i möcht net gern zsamm-kemma mit der ganzn Blasn. – Bein Ödnhuber drent ham sa si allsamm zsammbstellt. – Aber, ... wo is denn d' Muata?...Muata! – He! – Auf gehts!«

Er pfeift schrill durchs Haus.

Der Alt folgt ihm in den Hausflöz.

»Was i no sagn möcht, Vadda: d' Spreng von den hintern Truchenwagn hab i heunt fruah zum Schmied umi, daß er a paar starke Bänder drüberschlagt; sinst zreißts es gar amal, balst guatding stark auflegst.«

Der Hauser nickt.

»Is scho recht. – Da hat er mi ausgschmirbt, der Wagner-martl, mit der letzten Arbat! D' Loixna taugn aa nixn. – Jessas, ...da, ...i hab no epps für di! – Werst es scho braucha kinna draußt, – oder wost hikimmst.«

Damit gibt er dem Buben den Beutel.

»Dees konn ma freili braucha!«, lacht der Simmerl mit

schiebt ihn ein: »I sag dir dankgood dafür. – Und jetz Pfüagood. – Himmigreizgruzi . . . daß jetz da koane zuawageht vo de narrischn Weibatn. Na muaß i a so geh! . . .«

Er langt noch schnell ins Weichbrunnhaferl drinnerhalb der Stubentür, macht ein gschwinds Kreuz und schreit, indem er aus dem Haus tritt: »Also, pfüat enk! – I geh. – Bis der Krieg gar is, werds nachher scho amal ausbockt habn, ös bollische Weibsbilder überanand!«

In diesem Augenblick blökt das neue Stierkalb.

»Jeß, mei Kaibei! – – Mei Stierzei! – D' Viecher!«

Er rennt noch in den Stall.

»Gell, daß si fei nixn feit bei enk!«

Da stehen sie alle und glotzen ihn an, – und die vordere Schneiderblassin fährt ihm an den Kopf und holt sich eine von den Blumen.

»He, Luada!« schimpft der Simmerl lachend; »friß mi nur net no, bevor mi der Kini kriagt! – Säh, . . . da habts no epps, . . . a Angedenka an mi . . .«

Und er reißt die Blumen von seinem Hütl und wirft jeder Kuh eine hin.

Und dem Kaibl die Geraniumblüh.

Dann wischt er sich schnell mit dem Ärmel über die Augen, räuspert und kriegelt rauh, – streichelt die Ochsen noch einmal und rennt aus dem Haus.

Aber da stehen die Weibertn und das Liesei im Nachtkittl und heunen und jammern: »Jetz is er furt . . . ohne Pfügood und ohne alls . . .«

»I bin scho no da!« sagt er und macht einen gschwinden Abschied; »Laßts enk koa Traurigkeit gspürn! – Und teats net alleweil raaffa! – Dees machan jetz nachher scho mir draußt! – Und vergeßts mi net . . . mitn Schreibn . . . und mitn Schicka . . .«

Er rennt schon dahin – ums Eck. –

Grad will er über die Straße, da hört er hinter der Kirche her Ziehharmonikaspielen, Juchzen, Singen und Lachen.

Die Reservisten und Burschen ziehen noch zum Wirt, zum Ödenhuber, um dem Jackl seinen Leuten noch mit einer letzten Stehmaß Bescheid zu tun.

Dem Simmerl kommt ein Zusammentreffen recht ungelegen; darum schlupft er schnell durch den Stangenzaun und versteckt sich hinter dem Backofen vom Wirt.

Aber – da fährt er zusammen; – grad vor ihm stößt eine Weiberstimm einen unterdrückten Schrei aus, – und jemand lehnt sich in den hintersten Winkel der Türnische.

»Was gibts? – Wer is da?« fragt der Simmerl halblaut; – im selben Augenblick aber fährt ihm auch schon das Erkennen durchs Hirn: Die Wirtsleni! –

Da flüstert sie auch schon: »Nixn is's. – Bins grad i. – D' Leni. –«

»Ah so.«

Der Simmerl sagts verächtlich.

Und es ist ihm zuwider, daß er von ihr auf dem Grund und Boden ihres Vaters angetroffen wird, mit dem er und seine Eltern verfeindet sind; auf dem Grund des Ödenhubers, dessen Alter schon dem einstigen Hauservater, Gott schenk ihm die Ruh, einen Prozeß um den andern angehängt hatte, – ihm einen Schabernack um den andern spielte, bloß aus dem Grund, weil einmal einer von den Ödenhuber-Vorfahren eine Hausertochter hätt zum Weib wollen und sie nicht bekam, weil dem Hauserischen der Guldensack des Ödenhubers nicht feist genug war und er seine Mirl lieber dem sündreichen Höchentalerbuben gab, der sie dann leider schandbarlich behandelte und nach kurzer Ehe in die Grube brachte. –

Und der Simmerl ist unschlüssig, ob er nicht lieber gehen soll, – trotz des Gespötts der Tropfen da drüben.

Da fragt die Leni: »Muaßt aa furt?«

Worauf er erwidern will: »Dees geht do di nixn o!« – aber keine Silbe herausbringt.

Die lärmende Gesellschaft ist derweil von der Kirche her

auf das Wirtshaus zugekommen und zieht nun singend hinein in die Gaststube.

Da sagt die Leni: »I hätt dir no gern an Gruaß gebn, Simmerl. Pfüate Good! – Viel Glück!«

Und legt ihm einen kleinen Büschel Rosen in die Hand und läuft weg.

Der Simmerl starrt ihr nach.

»Jetz woaß i net, ... hats dee dawischt ... oder möcht s' mi grad für an Narrn haltn...«

Er schaut unschlüssig auf die Rosen.

»Was eahm die denkt hat! ... Für koan andern hat s' mi net ghaltn; – Simmerl hat s' gsagt...«

Geringschätzig will er den Büschel wegwerfen. –

Aber – plötzlich schiebt er ihn rasch in den Sack – und rennt dahin. –

Drüben beim Wegkreuz wartet die Hanni auf ihn.

»Simmerl!«

»Ah so ... du.«

»Scho lang wart i.«

»Was is's denn no?«

»Wia stehts?«

»Was?«

»No, – zwegn meiner?«

Der Simmerl schaut sie von der Seite an.

Die Hanni wartet auf seine Antwort.

»Gricht' is's. Der Alt werd dirs scho sagn.«

»Gibt ers zua, daß d' mi heiratst?«

»Gsagt hat ers.«

Die Hanni will sich plötzlich an ihn hängen und ihn halsen.

Aber er hat mittendrin was im Kopf. – Was anders.

Und er schiebt die Hand in den Sack und greift nach was. Nach den Rosen.

Und sagt auf einmal unwirsch: »Es is scho recht, Hanni. – I hab nimmer Derweil zum Scheetoa. I muaß roasn.«

Worauf er rasch ihre Händ von seinem Hals löst und
forteilt, ohne nochmals umzuschauen.

Eine Weile steht die Hanni und starrt ihm nach. –

Dann lacht sie leise und geht langsam die Straße zurück
gegen Öd.

Der Odenhuber zündet gemach die große Hängelampe in
der Gaststube an, so daß ein trüber rötlicher Schein über die
blankgescheuerten Tische und Bänke leuchtet, die braunen
Kacheln des alten Ofens hie und da aufblitzen läßt und sich
in den drei – vier Glastafeln zwischen den Schützenscheiben
und Rehgewichteln an den Wänden matt spiegelt.

Und die Resl läßt vorsorglich einen um den andern von
den grünen Rollvorhängen herab, so daß die Efeustöcke
samt den blühenden Geranien dahinter im Dunkel stehen;
und man sieht statt der leuchtendroten Blüten und der
großgetüpfelten Ginghangvorhänge plötzlich allerhand
Burgen auf grellgemalten Felsen, bunte Schweizeralmhüt-
ten mit Wasserfällen und Sennerinnen, springende Gemsen
und weidende Kühe mit flötenblasenden Hirten.

Aus der Wirtskuchel aber dringt lautes Schelten, lärmen-
des Hantieren mit Tiegeln und Deckeln, mit Herdringen
und Schürhaken und das Klappern von Tellern und Schüsseln.

Und die Ödenhuberin steht am Hacktisch, zerteilt einen
langen Schweinsrücken in gleichmäßige Rippen, schwingt
den Holzschlegel und schlägt aufs Fleischbeil, daß die Brüh
aufspritzt; und dazu grandelt und schimpft sie giftig: »A
saubere Arbat! – Der ganze Bratn is no roh und bluatig! –
Hab i net gsagt, es soll richti eingefeuert werdn! – Hab i net
gsagt, um halbe achte kemman s'! – Aber ös habts ja net
Derweil zum Aufpassen! – Ös müaßts ja an d' Lumperei
denka! – – Eini damit nomal in d' Rain, sag i! – Gwaffa
überanand!«

Die Kucheldirn rennt hastig und beflissen mit der Bratraine an den Hackstock.

»I hab ja a so eingschürt, was i nur grad kinna hab!« sagt
sie weinerlich; » 's Röhrl brat't halt nimmer, wia si's ghört!«

Damit streift sie die Ripperl mit dem langen Tranchier-
messer in die Raine und wischt auch die Brüh mit der Hand
hinein, damit der Saft beim Fleisch bleibe; – indes die
Ödenhuberin wütend mit dem Schüreisen in der Glut
herumfährt, so daß ihr feistes Gesicht mit den kohlschwarzen Augen voller Feuer scheint und die unter einem seidenen Netz aufgesteckten reichen schwarzen Zöpfe rötlich
schillern.

Und sie werkt, daß ihre schweren, traubenartigen Ohrgehänge zitternd hin und her schwingen; danach blickt sie
zornig auf die Magd, trinkt hastig aus einem bemalten
Steinkrügl, wischt sich mit der härwenen Schürze den
Mund und die schier bärtige Oberlippe trocken und
brummt: »Grad daß ma enk für's Fressen zahlt!« –

Worauf sie in die Gaststube geht, indes die Kucheldirn
erlöst ein Kreuz hinter ihrem Rücken schlägt: »Herrvergeltsgott, daß s' geht!« –

Drin nimmt der Ödenhuber eben ein volles Zigarrenkistl
vom Schenkkasten und riecht prüfend am Inhalt.

»Aha. Die san net so rass' wia die andern«; sagt er; »die
schmecken net so hantig.«

Die Ödenhuberin nimmt ihm das Kistl aus der Hand und
geht zum Licht.

»Sand dös die vom Juden?«

»Ja.«

»Wenn hat er denn die gschickt?«

»Die verganga Woch.«

»Hast von die andern koa mehr?«

»Jo, schon. Aber sie taugn nixn.«

»Sand s' wirkli so hantig?«

»Gallhantig san s'!« –

Sie gibt ihm das Kistl wieder zurück.

»Ja no, – wegschmeißen ko ma s' aa net.«

»Freili net!«

»Muaßt es halt billiger herlassen!«

Sie sucht nach der Schachtel mit den bitteren.

Er schneidet das Band eines Bündels von den neuen entzwei und sagt gar nichts.

»Konnst es net herschenka?«

»Ah mei; – a Glump is's halt.«

Er zählt der Resl fünfzig von den Judenzigarren in die Schublade des Gläserkastens.

»Zum Herschenka werdn sie's scho toa«, meint jetzt die Wirtin und mustert etliche von den rassen; »muaßt es halt heunt die Mannsbilder mitgebn – auf d' Roas'.«

»Da kunnt i no so a Ehr aufhebn!«

»Ah, was! – An gschenktn Gaul ... hoaßts ... schaut ma net ins Maul!« –

Sie trägt das Kistl an den Ofentisch und leert es aus.

»Waar net zwider! – Schaugn do ganz schee her!«

Der Wirt folgt ihr brummend.

»Geh, laß do die Giftstengl jetzt in der Ruah!«

Aber sie zählt schon aus: »Drei ... sechs ... nei ... zwülf ... i woaß's gar net, was d' hast? ... fufzecha ... achzecha ... warum soll ma s' denn net hergebn, bals a so nix taugn ... oasazwanzg ... nacha sans glei gar. – Die raachan s' scho, wenn s' sinst nix habn! ...«

Der Ödenhuber geht unwillig auf und ab.

»Laß di do net auslacha!«

»Warum? – Daß s' fei net guat gnua san!« Die Resl schwenkt Krüge und Gläser.

Jetzt mischt sie sich drein: »Du, Ödenhuaberin, daß d' es woaßt: i gib s' eahna fei net, dees Gift! – Da kannst di scho selber damit auslacha lassen!«

Die Wirtin wirft voller Zorn die leere Schachtel auf den Tisch.

»Du haltst dei Schnappen! – Du hast gar nix z' redn! – Was gehts denn di o? – Schaug sie net o . . . d' Schnappen, die vorlaut!«

Sie läßt alles liegen und geht wieder hinaus in ihre Kuchel.

Die Resl lächelt leise. Plötzlich aber verzieht sie das Gesicht zum Trauern und Seufzen und schwenkt wieder weiter, indes der Wirt eilends die ganzen Giftstengel ins Kistl wirft und wegräumt. –

Mittlerweile kommt der Hufschmied in die Gaststube, stellt seinen Maßkrug an den Schenktisch zum Neueinfüllen und setzt sich danach an den Tisch beim Herrgottswinkel.

»I woaß's net«, sagt er, »daß s' denn gar so lang ausbleibn! – Jetz is's scho achte vorbei! – Geh, Ödnhuaber, magst net dei Leni a bißl umanandsuacha lassen, wo s' sand? – I fürcht, sie versaamen si!«

Der Wirt schaut besorgt nach der Uhr: »Dees versteh i selber net«, meint er; »sie werden do net a so davon sei!«

Und er ruft hinaus in die Kuchel: »Leni! – Is d' Leni net da?«

Worauf die Ödenhuberin mürrisch erwidert: »Was woaß i! – Suach dir s'! – Dees is bei uns alleweil scho a so der Brauch gwen, daß koans da is! – Für dees hat ma ja Kinder, – daß ma s' gar nia net hat, bal mir s' braucht!«

Sie nimmt den Bratspieß und zieht die Raine aus der Bratröhre.

»Was is's denn überhaupts anderschts?« fährt sie fort, indem sie prüfend ins Fleisch sticht; »grad für ander Leut ziagst dir s'! – Hängst dro hin – und opferst hin – und ziagst es groß, – und was hast nachher? – Nix. – Gar nix!« –

Sie schiebt die Raine wieder ins Rohr.

»Is's a Madl, – na heirat s', – und is's a Bua . . . Jeß . . . der Bua! – der Jackl! – Er muaß do furt mitn Halbezehnezug!« –

Sie bricht plötzlich in ein hartes Weinen aus.

»Daß aa grad alls über mi kimmt! – Jetz waar er her-
gwachsen ... und jetz kimmt der Kriag...«

Der Ödenhuber geht ans Kuchelfenster und starrt zwischen den Obstbäumen durch hinüber zum Hof des
Hauser.

»Ja no«; murmelt er halb für sich; »geht halt koan'
anderscht. – Dem da drent der seinige muaß aa furt.«

Die Wirtin wischt sich rasch die Augen trocken.

»Warum? – Soll der vielleicht net furtmüassen! – Solls für
den vielleicht epps anderschts gebn? – Is der mehra, wia der
unser? – Der Lackl is groß gnua dazua! – Ja – dem vergunn
i's! Dera Gsellschaft, dera hungrign!« –

Von der Kirche her ertönt plötzlich das Singen und
Lärmen.

Da nimmt die Ödenhuberin eilig einen hohen Stoß von
Tellern aus dem Geschirrschrank, reiht sie klappernd auf
der Kupfereinfassung des Herdes nebeneinander und reißt
die Bratraine heraus.

Und ruft: »Resl! – Zähl glei, wieviel daß kemman! – A
jeder kriagt an Bratn, an Salat und a Maß! – Was oana mehra
hat, zahlt er!« –

Der Ödenhuber wendet sich um.

»Ja, freili! – Was dir net eifallt! – Nix werd zahlt heunt! –
Gar nix; – verstanden! – Den letzten Trunk braucht mir
koana z' zahlen! Gar koana!«

»No, wennst du so viel übrigs Geld hast, ... mir konns ja
recht sei! – Aber – bal jetz a jeder fünf Maß hat? ...«

»Nachher hat ers. – Wer woaß's, obs net die letzten fünfe
san bei dem oan oder andern.«

Die Wirtin hantiert wütend mit dem Geschirr.

»Ah, was! – Du mit dein Getua! – Werd net so gfahrli
werdn! – Die gehngan scho net so nahend zuawe! – Vor mir
aus tuast, was d' magst. – Mit mein Geld konnst ja leicht
umwirtschaften! – Mit dem dein' alloa gangs scho net!«

Sie spießt voll Erregung die Bratenstücke aus der Raine
und wirft sie auf die Teller.

»Meine Leut wanns no inne wordn waarn, wias du mit mein Sach umhaust, ... die kehratn si heunt no im Grab um! −«

»Geh, laß mir do mein Ruah mit dem Gschwatz, − narrischs Weibsbild! − Mit dir is ja net zum redn...«

Der Wirt geht verärgert in die Stube. −

Da steht schon die Resl in der matt erleuchteten Schenke und füllt Krug um Krug, − indes das Juchzen und Singen immer deutlicher ins Haus dringt.

»Herrvergeltsgott, daß s' da sand!« murmelt der Hufschmied.

Da kommen sie auch schon herein mit Ungestüm, − schreiend, lachend, − lärmend, − ihre Hüte schwingend und ihre Koffer und Päcklein.

Und allerhand Maidln und Jungfern begleiten sie, − kichernd und scherzend, − und halten ihre Schürzen voller Blumen, die Burschen damit zum Abschied zu schmücken.

Die Resl rennt und läuft mit den vollen Krügen und trägt ihrer fünf in einer Hand; die Kucheldirn bringt den Braten und stellt jedem einen Teller hin, − der Ödenhuber hilft rasch dazu; allein Eile tut not, − und so packt auch der Jackl, der Wirtssohn, frisch mit an und trägt den Salat auf, indes die Wirtin gellend durchs Haus schreit: »Leni − Lenih!! −«

Da kommt das Maidl auch schon zum hintern Tor herein, − brennrot übers ganze Gesicht; − und sie läuft sogleich in die Gaststube, packt etliche Krüge und bedient die Gäste, ohne der Ödenhuberin zu antworten auf das erboste: »Wo kimmst her? − Wo bist gwen?« −

Nun sitzen sie also alle beieinander, die Burschen samt ihren Weiberten: der Hufschmiedkaspar bei der Schustermirl, der Müllermartl bei der Schneidersusann, der Reiserfranzl bei der Sailerchristl, der Wirtsknecht bei der Bachmaurerlies, − der bei dieser, − und der ander bei der andern.

Und zu oberst an der langen Tischreih sitzt die uralt Rumplwabn, die Großmutter der Rumplhanni.

Eigentlich ist sie ja schon seit Jahr und Tag nimmer in des Ödenhubers Wirtshaus gekommen; denn da gemeiniglich einerseits Dienstboten, wenn sie was taugen sollen, zu der Herrschaft helfen müssen, – also des Hausers Feind auch der Hanni ihr Feind war; – andererseits aber wiederum Feindschaften gewöhnlich sich auch auf die Freundschaft und Sippe der Verfeindeten ausdehnen, – so hatte die Wabn als Ahnl der Hanni nicht grad bsunders große Gastfreundschaft von seiten der Ödenhuberischen vorausgesetzt, also auch dieselbe gar nicht lang auf die Probe gestellt.

Heute aber, da ein ganzes Trumm jugendlichen bodenständigen Lebens durch den Krieg der Heimat entrissen wurde, da wollte sie nicht abseits stehen bleiben; wollte vielmehr als eine, die es gut mit ihnen meinte, noch die letzte Abschiedsstunde mitten unter ihnen verbringen und jedem ein Stümperlein Trost und Hoffnung – und dazu ein Häuflein ehrlicher Segenswünsche mit auf den weiten Weg geben.

Darum schert sie sich heute auch rein gar nichts um Haß und Streit, – tut, als wär sie erst gestern das letztemal hier als Gast gesessen, – und zwar als ein wohlangesehener.

Und da eben die Resl fragt: »Hat jetz a jeds sei Sach?« und dazu prüfend von einem zum andern schaut, da ruft die Wabn: »Was is's denn mit mir, Resl? – Kriag i heunt gar nix? – Mei Stamperl möcht i!«

Die Resl lacht.

»Ach, liabe Zeit! – D' Wabn! – Di hätt' ma jetz bald vergessen, Wabn! – Vor lauter Kriag! – Was magst denn für oan: an Kräuter oder an Zweschben oder an Kronawitta?«

Worauf die Alt aufsteht, ein nachdenklichs Gesicht macht und sagt: »Was für oan welchan fragst; – ja, – wart amal: heunt ham mir Mariä Schnee, – da tuat oan der Kräuter nimmer weh, hoaßts. – Sinst kunnt i ja aa an Zweschben trinka. Vorgestern hat ma Steffanie Auffindung gfeiert, – und mir sagt: Nach der Auffindung von

Sankt Steffanus macht oan der Zweschbn koa Bitternus.«

Die Resl wird ungeduldig.

»Ja, – was willst nachher trinka?«

Da mischt sich der Wirtsjackl drein: »Bring nur glei alle zwee Sorten, Resl! – Oder bring an Kronawitter aa no mit! – Is ja gleich! – Is ja der Abschiedstrunk!«

Die Resl will eilig nach der Schenke.

Doch die Wabn schüttelt den Kopf so heftig, daß ihr die endsgroße schwarze Spitzenhaube mit den Perlenfransen und Bändern daran wackelt und das Augenglas schier von der Nase rutscht.

»Naa, – naa! – Resl! – Um Gottswilln, naa, sag i! – Durchaus gar net! – Der Kranawitt taugt mir net! – In dera Woch scho überhaupts net!«

»Aber, Wabn!« schreit in dem Augenblick der Schmiedkaspar drein; »wiast nur a so redn magst! – Net taugn! – Heunt – an Reservisti Auszug!«

Alles lacht.

Aber die Wabn bleibt tiefernst.

»Naa, sag i, – durchaus gar net! – Vor Laurenzi, hoaßts, – laß den Kranawitt steh, – sinst muaßt an Tiburzi zum Aderlaß geh!«

»Ja no«, meint der Wirtsjackl schmunzelnd; »dees is freili ganz epps anderschts. – Vo dene Bauernregeln verstehngan halt mir junge Leut no z' weni! – Aber, – woaßt, was? – Na, trinkst ganz oafach um a Stamperl Kräuter mehra! – Und laßt dir von der Muata a Braterl gebn oder a Bröckl Gselchts.«

Die Wabn setzt sich und sucht umständlich in ihrem Rocksack nach der Tabakdose; denn sie nimmt nicht ungern hie und da eine kleine Prise. Besonders, wenn sie was zu überdenken hat.

»Balst moanst, Jackl; – i sag net naa zum Kräuter!« meint sie, langsam und mit Überlegung redend; »aber dees Braterl – dees laß ma liaber steh, moan i. – Es kunnt mir net taugn!«

»Net taugn! – Warum denn net?«

Der Jackl winkt der Resl.

»No, – bei dera Liab, die dei Muata zu mir und zu meiner Hanni hat, Jackl, – da is's net gwiß, ob s' mir net eppa an guatn Glückwunsch mit drunter schneidt!«

Die Resl bringt den Kräuter.

»Geh, Resl, bring der Rumplwabn an Bratn!« befiehlt der Jackl.

»Is koana mehr da!« tönt's vom Kuchlschiebfenster her.

»Nachher bringts a Gselchts!«

Die Ödenhuberin läßt das Schiebfenster herab.

Die Resl läuft hinaus in die Kuchel.

Aber sie kommt leer zurück und ist verlegen um die Red; und sie flüstert dem Jackl ins Ohr: »Jackl ... mir ham nixn ... sie gibt nix her ... hat s' gsagt ... für d' Wabn ... sie soll beim Hauser drent schaugn ... hat s' gsagt ... und bei der Hanni.«

Die Wabn lust auf und versteht gar gut, wenn sie's gleich nicht hört.

»Ja, ja«, sagt sie; »i woaß's scho. Aber i bin ja gar net kemma zwegn der Ödnhuaberin ihran Bratn! – Grad zwegn insane Buam! – Gell ja, Buam!«

Und die Burschen nicken ihr zu, schutzen geringschätzig die Achseln gegen die Kuchel und geben ihr Bescheid mit einem Trunk: »Mach dir nix draus, Wabn! – Zum Wohlsein!«

Der Jackl aber springt auf und rennt hinaus zur Wirtin.

»Wo is der Bratn?«

»Im Röhrl drinn!« sagt die Dirn.

Aber die Ödenhuberin fragt: »Für wem?« und stellt sich vor die Bratröhre.

»Frag net lang! – An Bratn will i!«

»I hab koan Bratn für die alt Hex.«

»Du gibst oan her!«

»Naa, sag i!«

»Muata! – Tua mi net ärgern!«

»Soll nur zu dene da drent ume geh!«

»Du gibst eahm an Bratn, sag i!«

»Naa, gar nia net.«

»I wills habn!«

»Dees kümmert mi gar nix.«

Der Jackl wird langsam bleich.

Seine Red ist heiser.

»Du gibst eahm koan?«

»Naa. – Durchaus gar net.«

»Guat. – I geh heunt. – Du tuast mir die letzte Bitt, wo i hätt, net z'liab. – Guat. – Alsdann konn i nimmer einigeh zu meine Kameraden, – konn i mi nimmer sehgn lassen. – Muaß i alloa geh. – Aber … daß d' es woaßt … mit dir … hab i nix mehr zum verhandeln … mi siechst nimmer…«

Draußen ist er in der Schenke, – reißt den Hut vom Nagel, packt das Kofferl und rennt durch die Schenktür davon.

Der Ödenhuber läuft ihm nach.

Die andern haben's nicht bemerkt.

Grad die Wabn hat ihn fortrennen sehen.

Die zieht den zahnlosen Mund zusammen, wirft einen herben Blick hinaus in die Kuchel und tut danach, als wäre nichts gewesen. –

Die Ödenhuberin hat den Jackl reden hören, – greinen, – drohen.

Jetzt ist er weg.

Sie steht starr am Herd, – eine ganze Weile.

Auf einmal hört sie die Schenktür zuschlagen, – sieht den Wirt hinausrennen.

Da murmelt sie: »Mariand … er werd do net am End…«

Und sagt schnell laut zu der Magd: »Richt an Bratn her fürn Jackl!« –

Und eilt hinaus – aus der Kuchel – aus dem Haus.

Da kommt ihr der Wirt entgegen, zürnend und greinend.

»Narrets Weibsbild, narrets! – Net amal an Buam sei letzte Stund dahoam is dir heili gwen … dir … du…«
Sie starrt ihn an.
»Is er furt? …«
»Hast 'hn ja triebn dazua!«
Er geht müd ins Haus.
Sie schaut gradaus…
»Hast 'hn ja triebn dazua…«
»Jess' Maria … er is furt…«
Sie rennt plötzlich dahin.
»Jackl! – Jackl! – Bua!«
Sie horcht.
Da tönt ihr ein spöttisches Lachen in die Ohren.
Und eine Stimme sagt höhnend: »Was plärrst denn a so, Wirtin? – Hast leicht dein Buam verlorn!?«
Die Hanni! – Die Rumplhanni! – Das…!
»Werst 'hn kaam mehr daschrein kinna, dein Jackl! – Der is scho leichtli z' Voglriad! – Und renna tuat er, wia wann der leibhafti Teife hinter eahm her waar! – Aber … der Teife dawischt 'hn nimmer, denk i! – Mitsamt sein Gschroa: Jackl! – Bua!« – – –
Fort ist sie.
Die Ödenhuberin aber schluchzt wild auf, – wird plötzlich ganz still, – wird abermals laut – und beginnt zu jammern, – zu schreien, – zu fluchen; auf die Alt, die Rumpelwabn, – auf die Hanni, – auf die Hauserischen, – auf alles.
Und sie geht zurück ins Haus, – hinauf in die Schlafkammer.
Da riegelt sie sich ein, legt sich zu Bett und zieht die Zudeck fest über die Ohren, daß sie nichts mehr hört von dem Lärmen und Singen. –
Mittlerweil haben die drunten in der Wirtsstube lachend und stänkernd ihr Freimahl gehalten, und einer um den andern fängt gemach an, Trutzgstanzln abzusingen.

Da ist einmal der Müllermartl; der läßt sich zuerst hören:

>Leut, habts nur koa Angst net,
Es hat ja koa Gfahr!
A boarische Watschn
Gspürt ma zworavierzg Jahr!«

Der Reiserfranzl von Biberg überschreit ihn:
»Mei Voda is a Burgamoasta,
Und sei Älterer bin i; –
Aber der Franzos' werd jetz durchghaut,
Und der Engländer werd hi!«

Worauf der Schmiedkaspar dreinsingt:
»Bua, der Russ' bal mi siecht,
Na' roast er wia a Has;
Denn wo a Schmiedpratzn hihaut,
Wachst drei Jahr lang koa Gras!«

Der alte Schmied lacht still in sich hinein. Er betrachtet
seinen Kaspar mit blinzelnden Augen.

Und mittendrin sagt er aufschnaufend für sich hin: »D'
Welt muaß boarisch bleibn, – sinst is's ja nimmer schee!«

Wobei er aber der Welt hübsch enge Grenzpfähl steckt:
so vielleicht von Holzkirchen über Sauerlach und der
Münchnerstadt auf Wasserburg, – und von da etwan über
Rosenheim, den Wendelstein und über Miesbach wieder
Holzkirchen zu; also daß sein Heimatl samt seiner Hütten
hübsch gutding in der Mitten liegt. –

Und die alt Rumplwabn gibt ihm recht. Bloß der Tag des
Auszugs paßt ihr nicht recht.

»Ja ha, Buam!« sagt sie ein übers ander Mal; »daß's jetz
gar grad allsamm heunt roasen müaßts? – Grad auf Mariä
Schnee! – Dees werd enk koa guats Zoacha, füchrt i! – Dees
bedeut enk koa Hoamkemma vor'm Winter!«

Worauf der Reiserfranzl sie beruhigt: »Dees macht nix,
Wabn! – Strickst uns halt derweil hübsch warme Winter-
söckl!«

Das verspricht sie hoch und teuer. Dann trinkt sie ihr
drittes Stamperl leer und schnupft danach eine kleine Gefäl-
ligkeitsprise aus der Dose des Hufschmieds.

Unterdessen hat sich der Ödenhuberknecht, der Sepp,
hübsch nahe an die Alt heran gemacht. Jetzt fragt er sie
halblaut: »He, du, Wabei, – du woaßt do allerhand simpa-
thetische Sachan; – kunntst mir da net vielleicht epps a
Trumm gebn – oder so an Spruch oder a Gweichtl, woaßt,
daß i halt a bißl a Glück hätt da draußt. Du brauchst es ja net
umasinst toa, verstehst, Wabei. – Auf a Markl hi oder zruck
gangs mir net zsamm, bals was helfat.«

Die Alt hört ihm aufmerksam zu. Jetzt sagt sie: »Aha. – I
versteh di scho. – Du bist halt aa oana, der wo moant, er hat
d' Himmelschlüssel mitsamtn Seligkeitsverschrieb in sein
Geldbeutl drinn. – Aber i fürcht alleweil, – du hast falsch
graten! – Den's treffa muaß, den triffts, – da hilft eahm koa
Sanktus und koa Benediktus!«

Der Sepp aber läßt sich nicht so leicht abwehren.

»Naa, dees is net wahr, Wabei! – Dei Sach hat no alleweil
an gwissn Triffauf ghabt! – Du woaßt ganz gwiß a Hilf oder
an Segn!«

Er sagt's so laut, daß es die andern hören können.

Und da tönt's auch schon durcheinander: »Was gibt's da?
– Was hat d' Wabn? – – He, da möcht' ma fei aa epps!«

Sie stehen auf und drängen sich um die Alt.

Aber die jammert: »Marixn! – Ös derdruckts mi ja! – Da
geht oan ja glei der Adam aus, bei enkerm Wildtoa!«

Sie kramt umständlich in ihren Rocktaschen herum.

Die Burschen aber schreien: »Wabn! Mir! He! Mir aa
epps!«

Und die Maidln tun jammerlich und bitten mit Blicken
und Gebärden.

Der Sepp vom Wirt stößt die Wabn in die Seite: »Gell,
Wabei! – Grad an Betbriaf balst hättst! – Oder an Ablaß-
pfenning! . . .«

Aber da sind auch schon die andern; da möcht der Kaspar einen gewissen Segen, daß ihn keine Kugel trifft, – der Reiserfranzl ein starkes Russengift, – der eine dies und der ander das.

Und der Martl vom Müller sagt: »Ein wirksams Marschierpulverl für d' Franzosen wannst hättst, Wabn, – dees waar mir dees allerliaber!«

Darauf aber der Wirtsknecht meint: »Du waarst ja net viel gschlecki! – Kunntst ja d' Oblatn aa glei verlanga und an Löffel zum Eingebn!«

Die Rumplin schmunzelt.

»Teats enk nur net z'keiln, Buam! Laßts enk nur Derweil! Auf oamal haut ma koan Baam net um, hoaßts! – – Da – jetz kimmt ja scho was! a Josephsringl! . . . «

Sie zieht ein gewundenes, rotes Beinringlein aus dem Sack und hält Umschau unter den Burschen.

»Aha! – Franzl, – dees gib i gar dir! – Auf daß d' deiner Christl net untreu wirst unter dem Kriag!«

Sie reicht's dem verlegen Lachenden.

Da ruft der Schmiedkaspar unter dem Spott und Gelächter der Umstehenden: »Auweh! – Jetz is er ausgschmiert, der Reiser! – Jetz is's nix mehr mit der stolzen Pariserin, wo er gmoant hat . . . «

»Teats mi nur recht schlecht macha allsamm!« sagt der Franzl und schaut die Christl lachend an.

Aber die droht ihm ganz ernsthaft mit dem Finger.

»Du! – I moan alleweil . . . gar so unrecht werd'n s' net habn! – Moanst, i woaß's nimmer, wiast beim Sindlhauser seiner Hochzat grad mit der Rumplhanni alloa tanzt hast! – Und an Wein hast ihr zahlt – und hoamgweist hast es aa! . . . «

Der Franzl kommt ins Schwitzen. Und er plärrt der Christl ins Gesicht: »Lüag net a so! – Hoamgweist wer i s' habn! – Nix wahr is's! – Balst es net glaabst, nachher fragst d' Hanni selber!«

»Die werd mirs akrat glei sagn! . . .«

»Ja no, i habs amal net hoamgweist!«

Die Christl muß ihm glauben. –

Und die Wabn bringt was Neues.

Ein wächsernes Wickelkind.

Sie reicht es dem Müllermartl.

»Martl«, sagt sie zu ihm; »jetz hab i epps für di. – A Glückskindl. – I denk, du wirst es scho braucha kinna . . . für di selber . . . und aa für dees ander, . . . du verstehst mi scho . . .«

Der Martl schaut unsicher auf das Wächslein, – auf die Wabn, – auf die Susann vom Schneider, die neben ihm steht.

Und die Susann wird brennrot übers ganze Gesicht, – und ihre Augen werden langsam groß, trüb – und voll Wasser.

Verstohlen schleicht sie in die Kuchel hinaus, indes der Martl stockend sagt: »Net daß i wüßt, Wabn! – I versteh di net ganz . . .«

Aber die Rumplin sagt ernst und nachdrücklich: »Werd scho eppa sein, der dirs auslegt, Martl. – D' Hauptsach is, daß d' wieder heil und gsund hoam kimmst; – und daß d' aa draußt a bißl auf d' Hoamat denkst . . . durch dees Wachsl . . .«

Der Martl riegelt verlegen den Hut und schiebt das Kindl in den Sack.

Die Umstehenden sind verstummt.

Die Seilerchristl aber schüttelt sich.

»Brr! – Aber Wabn! – Dees hört si ja schier o wia a Wahrsagung! Da laaft oan ja a Gänshaut über!«

Worauf die Alte meint: »Ja no, – mir hat halt so seine gwissen Sachen. – Aber – paßts auf, – jetz muaß i an Sepp was gebn!«

Sie zieht ein langes, doppeltes Band aus dem Sack, an dessen Enden zwei kleine Stoffpäcklein hängen, – aus weißen, braunen, blauen und schwarzen Wollflecklein zusammengesetzt, – mit Kreuzlein aus rotem Flanell daraufgenäht.

»Alsdann, Sepp!« sagt sie; »da hast a alts gweichts Schkapulier vo insan heilinga Vater Franziskus. I denk, dees is der beste Kugelschutz. – Geh her, nachher häng i dirs o...«

Sie stellt sich auf die Zehen; und der Sepp, der endslange Loder, beugt sich zu ihr nieder, zieht den Hut ab und neigt den Kopf, daß sie ihm das Band um den Hals legen kann.

Mit andächtiger Feierlichkeit hängt sie ihm das Skapulier um.

Und sagt: »Alle neunhundertneunundneunzig Heerscharen sollen dir abtreiben alle Kugel – Scheiben und Spiaß, – Schuß – Stoß – oder Schlag, – so gwiß wie der Engel mit seinem feurigen Schwert vor dem paradeisischen Garten steht, in alle Ewigkeit, Amen.«

Keiner lacht.

Jeder zieht den Hut.

Die Weiberten sagen mit eintönig und wehleidig singender Stimme nach: »In alle Ewigkeit. Amen.«

Und die Schustermirl sagt bittend: »Wabn, – du hast so guate Segn; – du bist alt und hast epps derlebt; – geh, gib mein Kaschbern aa was! – Du woaßt es ja ... heunt vierzehn Täg hätt' ma d' Hochzat ghabt! ...«

Sie kann nicht weiterreden.

Der Schmiedkaspar tröstet: »Sei gscheit, Mirl! – Es geht halt jetz net anders. – Na heirat' ma halt aufs Jahr ... bal i wiederkimm! ...«

Der Hufschmied wirft den Deckel des Maßkrugs zu, daß es scheppert.

»Ah mei ... I mag net redn...«, würgt er heraus.

Der Ödenhuber sitzt stumpf hinterm Ofen auf der Bank, – hört nicht – und sieht nicht.

Die Resl bringt der Rumplwabn in einem bläulichschimmernden Glas den Zwetschgenschnaps.

Und die Wabn ergreift das Glas.

»Alsdann, Buam, – jetzt muaß i enk no an guatn Trunk-
spruch sagn, – daß's allsamm wieder gsund hoamkemmts:
Tobias ging wandern ... von oan Ort zum andern, ...
begegnet eahm der Teife ... mit seinem krumpen Schwei-
fe; ... sollst nit mehr weiter ziagn, ... i will di jetzund
kriagn! ... Kimmt der Engel Raffael, ... jagt den Teifel
zruck in d' Höll; ... fahrts zua in Gottes Namen ... und des
heiling Geistes. Amen. –«

Sie macht mit dem Glas das Zeichen des Kreuzes über
alle.

Danach blickt sie im Kreis herum.

»So, Buam, jetz habts mein Segn. – Stößts o mit mir und
teats mir Bschoad!«

Da drängen sich alle mit ihren Krügen um sie, und ein
jeder stößt an.

Und der Hufschmied strafft sich zur Höh und ruft dazwischen: »Guat hast es gmacht, Wabn! – Aber ... jetz kimmt
mei Spruch!«

Er erhebt den Krug.

»Auf daß a jeder sei Schneid und sein Hamur ghaltn tuat,
– und auf daß a jeder a so zuahaut, daß die ganz Band samt
und sunders auf der Stell der Teife holt! – Insa Hoamat und
insane Leut solln lebn! – Hoch! Hoch! – Und zum dritten
Male: hoch!«

Und jeder greift wieder nach dem Krug und erhebt ihn,
jeder schreit, so laut er kann, sein Hoch.

So rinnt der letzte Trunk hinab; ein Jauchzen hebt an, –
die Ziehharmonika beginnt einen Landler, – der Franzl reißt
die Christl an sich, dreht sie im Wirbel herum und stampft
und plattelt, daß es die andern gleichfalls mit Gewalt erfaßt;
und auf ja und nein wird ein Tanzen und Schnackeln daraus,
daß man wähnt, es wär am Kirchweihmontag.

Auch die Schneidersusann, die still vor sich hinweinend
bei der Wirtsleni draußen in der Kuchel saß, wird wieder

munter; sie steht auf, schaut erst eine Weile zu, und macht sich danach an den Martl, der nachdenklich beim alten Schmied und der Rumplwabn hockt.

»Martl! Magst net aa oan tanzn?«

Den Martl aber gelüstet's nicht. Er steht vielmehr auf, faßt die Susann bei der Hand und zieht sie mit sich aus der Gaststube und aus dem Haus.

»I bin net aufgelegt zu dem Gschnack«, sagt er; »i geh liaber mit dir no a Stuck Wegs alloa.« –

Unterdessen hat sich der Hufschmiedpauli zur Reise gerichtet, seiner Mutter, der alten Totenpackerin von Helfendorf, einen kurzen Abschiedsbrief geschrieben und tritt jetzt pfeifend aus der Tür, die der Lehrbub schlaftrunken hinter ihm abschließt.

Schon will er die Aßlinger Straße hinabgehen, da hört er den Lärm und das Jauchzen.

»Die san ja no da!« sagt er zu sich selber; und er wendet sich rasch dem Wirtshaus zu.

Da sieht er bei einem der Fenster ein Weibsbild stehen.

Er pfeift ihr.

Sie fährt zusammen und wendet den Kopf.

»Was willst?«

Der Pauli tritt zu ihr.

»Was willst denn du?«

»Werd di nixn ogeh!«

Sie will weglaufen.

»Ah! Dees is ja d' Rumplhanni! – Was rennst denn davon?«

»Jess', der Pauli!«

Die Hanni starrt ihn verwundert an.

»Daß du aa mitn Kuferl daherkimmst?«

»Weil i aa mitgeh.«

»Ja, wia dees?«

»Freiwilli...«

»Ja was! Freili!«

Ein tiefes Bedauern liegt in ihrer Stimme. Und ein großes
Mitleiden, da sie fragt: »Mei, was werd denn da dei Resl
sagn?«

Der Pauli lacht.

»Was werd s' sagn? – Nix! – Um an andern muaß s' eahm
halt schaugn!«

»Du bist aber grob!«

Sie betrachtet ihn lächelnd.

»Wann i d' Resl waar, – i ließ di net furt!«

»Wurdst mi kaam aufhalten kinna!«

Die Hanni schaut ihn an; in ihren Augen lodert's.

»Wett'ma, i kunnt! – I scho!«

Dem Pauli steigt jäh eine Hitze ins Gesicht.

Es klingt unsicher, da er sagt: »Naa. – Net. – Koane.«

Sie lacht.

Er fährt sich über die Augen.

»Daß d' so alloa da heraußden stehst, Hanni?«

»Weil i drinn nix verlorn hab.«

»Geh halt a bißl mit eina!«

»Dees kannst dir denka! – I – zum Ödnhuaba!«

»Warum denn net! – Geh nur mit!«

Er faßt sie am Arm.

»Du bist do a ledigs Leut! – Du kannst do hingeh, wo d'
magst!«

Die Hanni sträubt sich.

»Naa, sag i! – I mag net! – I hätts gar net in Sinn ghabt. – I
hab grad a bißl gschaut, wer daß drinn is. – Moanst, i laß mi
oschaugn!« –

»Geh, sei net fad, Hanni!«

Er zieht sie gegen den Hausgang.

»Balst mit mir einegehst, sagt koa Mensch nixn!«

»Grad d' Resl. – Z'letzt moants gar ... i tat dir was
wolln...«

Sie sieht ihn wieder an, lacht leise und zeigt ihre Zähne.

»Und sie tat dir nachher zwegn meiner d' Liab auf-
kündn...«

»Bal i dafür a anderne kriagat...?«

Der Pauli preßt ihren Arm, daß sie jammert: »Au! Du tuast mir ja weh!«

Jemand tritt unter die Haustür.

Die Hanni sucht ihren Arm freizumachen.

Aber es gelingt ihr nicht.

»Geh! Du tuast mir weh, sag i!«

»Gehst mit eine?«

»Laß mi aus, sag i dir!«

»Obst mit eine gehst, frag i!«

»Naa, i mag net!«

»Hanni! – Geh, tua mir halt die Liab!«

»Du tuast mir aa koane!«

»Alls tua i! – Was d' willst!«

Von der Haustür her dringt ein Laut. Jemand geht hinein. Die Resl ...

Die Hanni fährt zusammen.

»Hast nix ghört grad?«

Der Pauli stellt den Koffer nieder.

»Was soll i gehört habn? – Also gehst net mit? – Nachher geh i aa nimmer eine. – Nachher muaßt aber no auf d' Bahn a Stuck mitgeh!«

Er hält sie mit beiden Händen.

Sie schüttelt den Kopf.

»I kann net. I muaß hoam. I sollt scho lang dahoam sein! Geh, laß mi hoamgeh!«

Aber der Pauli ist unerbittlich.

»Entweder du gehst no mit eine, – oder mit auf d' Bahn!«

Drinnen tobt das Tanzen, – tönt das Spiel.

»Hanni, ... balst liaber mit auf Bahn gehst ... ganz alloa...«

Er sagts mit unterdrückter Stimm.

Aber die Hanni lacht und sagt: »Wia die narret san! – Dees packt oan glei selber o! – Alsdann, – balst magst, – nachher geh i no mit eine. – Aber du muaßt amal mit mir tanzen! –«

Und sie bückt sich um den Koffer, reicht ihn lustig lachend dem Pauli und drängt: »Also, – mach! – Sinst is er aus, bis mir kemman!«

Da reißt er sie an sich, – sie windet sich los, – läuft an die Tür, – und er führt sie hinein, wirft juchzend sein Kofferl auf einen Tisch und zieht sie in den Knäuel der Tanzenden.

In der Schenke aber steht die Resl, weiß wie der Kalk an den Wänden, – starrt die beiden an und lehnt sich todmüd an den Glaskasten.

Die Hanni tanzt und lacht und schmiegt sich fest an den Pauli, der sie wild herumwirbelt und dazu murmelt: »Herrgott ... Madl ... i kunnt di grad umanandreißen ... daß d' Welt z'grundgeht! ... Hanni! ... magst mi? ...«

Aber die Hanni lacht und sagt gar nichts.

Da ist der Tanz zu End, und einer schreit: »Auf gehts! – Geh müaß ma!«

Worauf die Burschen nach den Koffern und Päcklein greifen, – die Maidln ihre Blumenbüschel und Kränze zusammenraffen, – der mit der Ziehharmonika sich an die Tür stellt, und also alles sich zum Gehen schickt.

Da erblickt die Hanni ihre Großmutter, die Rumplwabn.

Was ihr recht ungelegen ist; schon wegen der Feindschaft zwischen dem Hauser und dem Wirt, – wegen des Anschauens auch, daß sie um die Zeit noch außerhalb ihrer Kammer ist, – und – vor allem wegen des Pauli und der Resl.

Sie schaut spähend nach der Schenke.

Da steht die Resl immer noch wie eine, der sie das Blut aus den Adern gezogen haben, – und starrt herüber zum Pauli.

Der aber hat nur Augen für sie selber; er hält sie fest bei der Hand und will mit ihr gehen.

Doch da sehen ihn die andern. Mit ihr, der Rumplhanni.

Und plärren schon: »Jeß', der Pauli! Aus is's! – Der geht aa mit! – Ja, Pauli! – Alter Bazi! – – –«

Und die Weibertn stecken die Köpf zusammen und wispern: »Ja heilig der Pauli! – Mit der Rumplhanni!«

»Die hat's ja do mitn Hausersimmerl ghalten?!«

Die Susann sagts.

»I hab gmoant, mitn Reiserfranzl?«

Die Christl wird brennrot und wirft einen wütenden Blick auf die Hanni – und auf die Schustermirl, die es gesagt hat.

»Ah! – Die hats ja mit an jedn!«, flüstert die Staudenschneiderlies verächtlich. »Aber er – der Pauli! – Der hat do mit der Resl epps ghabt!«

Alle schauen nach der Resl.

Doch die ist eben durch die Schenktür hinaus.

»Naa, dees glaab i net!« meint die Susann; »Sie is ja grad a Kellnerin! – Verkohlt werd er s' halt habn!«

Worauf die Christl geringschätzend sagt: »Und die ander is a Stallmensch! – Und a schlechts Weibsbild!« –

Unterdessen hat die alte Rumplwabn die Hanni erkannt.

Sie steht so gschwind auf, wie es ihre alten Beiner erlauben, und humpelt mit zornfunkelnden Augen auf die Hanni zu.

»Wia kimmst denn du da eina? – Zum Wirt!«

»Ah! D' Groß'...! – 's Eahlei! – Du bist aa da!« –

»Was daß du da herinn z'suacha hast, frag i!«

»Nixn, Groß'! Zwegn deiner bin i eina!«

Die Hanni schaut ganz unschuldig drein.

»Grad, weil i di herinn gsehng hab, Eahlei!«

Aber das Ähnlein, die Großmutter, glaubt ihr nicht recht.

»Daß d' mir auf amal so nachlaafst?! – Du kimmst do sinst aa nia zu mir...«

»Bal i nia Derweil hab!«

»Daß d' nachher heunt Derweil hast? – Jetz – um die nachtschlaffat Zeit!«

»No – wenn s' mi außagsperrt habn!«

»Außagsperrt wern s' di habn!«

»Wenn i dirs sag, Eahlei! I hab an Simmerl no sei Kuferl a Stuck Wegs tragn helfa, – und wia i hoamkimm, is des ganz Haus zua, – hint und vorn. Und allsamm schlaffan s'.«

»Daß d' es na net aufweckst?«

»Moanst, daß i mi oplärrn laß! – Wo s' a so so grob san mit mir!«

Ihre Stimme klingt weinerlich.

Die Wabn horcht auf.

»Grob san s', sagst?!«

»Na, sag i! – Am liabstn jagetn s' mi a so auf der Stell aus, weil i neamd hab zum Schutz!«

Die Alt ist plötzlich auf Hannis Seite.

»Was! – Ausjagn! – Die solln si untersteh! – Dees glaab i! – Dees kinnan s' ja gar neta! – Dees kinnan s' ja überhaupts gar neta!«

Dem Pauli, der inzwischen seinen Freunden erklärt hat, daß er freiwillig mitginge, dauert der Disputat zu lang. Er faßt die Hanni unterm Arm und will sie fortziehen.

»Geh, tratschts morgn, ös zwee! – Jetzt gehn ma!«

Aber die Hanni schaut ihn groß an!

»He, he, Büaberl! – Net so gach! – Nachher gehst halt, balst geh willst!«

Und die Großmutter greint: »Du bist mir aber amal a grober Lackl, a ohabischer! – Glei laßt es steh, mei Hanni! – Moanst, daß dee auf di wart! – Da bist gstimmt, mei Liaber!«

Aber der Pauli packt die Hanni nur fester. Und lacht.

»Geh, Wabei, sei stad! – Du verstehst ja nix! – Du woaßt ja nix! – Bei ins zwee is d' Warterei vorbei!« –

Und damit zieht er auch schon die Hanni aus der Stube und läßt die Alte wie angewurzelt stehen.

»Geh zua, Dirndl!«, sagt er zur Hanni; «druck' ma uns! – Mir wissens gwiß – und die oan müassn erscht ratn!«

Aber die Hanni kann auf einmal nicht mehr länger mit

dem Heimgehen verziehen. Sie muß ihm den Abschied geben.

»Pauli«, sagt sie draußen vor dem Haus; »jetzt müass' ma uns aber pfüatn! I muaß hoam.«

»Hoam! – Du muaßt jetz mitgeh, daß d' es woaßt!«

»Naa, Pauli. I ko net. Ganz gwiß net!«

»Grad no a kloans Wegei, Hanni!«

»I muaß hoam, Pauli! – Ohne Bedingnis!«

»Und mi laßt alloa datschn! – Du bist ausgschaamt!«

»Ja no…«

»Hanni!…«

»Guate Nacht! Und viel Glück!«

Sie läßt sich nicht mehr halten und läuft ihm unter den Fingern weg, – durch den Wirtsgarten, hinüber zum Hauserhof, wo sie auflachend hinterm Wagenschuppen stehen bleibt.

Indes der Pauli Derweil hat, auf einem einsamen Weg nachzudenken über zwei Weibsbilder, – oder trübsinnig auf die andern zu warten.

Davon ihm das eine so lieb ist wie das ander, so daß er giftig ausspeizt, ein paarmal flucht und danach langsam vorausgeht, bis die andern nachkommen.

Was nimmer gar lang dauert; denn drinn in der Wirtsstube sagen sie grad noch dem Wirt und der Leni Pfüagood, verwundern sich plötzlich, daß der Jackl schon fort ist, – und dann ziehen sie lachend und singend dahin, indes der Ödenhuber trübschauend unter der Haustür steht, und die Resl samt der Leni drinn das Geschirr zusammenräumt, ohne Red, ohne Eil.

Der Hufschmied und die Rumplwabn gehen schwatzend heimzu, – der Pauli mischt sich unauffällig unter die lärmende Gesellschaft, und die Wirtin öffnet dem Wirt die Schlafkammertür, worauf sie wieder ins Bett steigt, sich gegen die Wand kehrt und auf den Schlaf wartet, den sie selber verscheuchte.

Drüben aber, beim Hauser von Öd, schleicht die Hanni das Haus entlang und sucht nach einem offenen Fenster.

Und da alles zu ist, macht sie sich hinten beim Stadel eine Leiter los, lehnt sie an eine zerbrochene Fensterluke beim Heuboden und steigt hinauf, worauf sie durch den Kriadaboden in die Dachkammer schlüpft und von da über die Speicherstiege hinabschleicht ins Haus und in ihre Kammer.

Dort legt sie gemächlich ihr Gewand ab, löst die Nadeln aus dem Haar und macht das Fenster auf, so daß die stille Nachtluft das ferne Singen und Spielen wie einen Hauch herüberschickt und ein herber Geruch von Grummet, Scholle und Dung in die Kammer dringt.

Dann zieht sie summend die Schuhe und Strümpfe aus und legt sich zufrieden und lächelnd auf die armselige Lagerstatt, wie einer, der sein Sach wohl gemacht hat.

Und da der harte Strohsack mit der rupfenen Zieche und dem härwenen Linnen sie rauht und drückt, da sagt sie halblaut für sich hin: »Laßts enk nur Zeit; als Hauserin lieg i scho besser!«

Danach freut sie sich noch, daß sie der da drüben, der Resl, ihren Pauli noch so schön ausgespannt hat, – gähnt und schläft ein, gut und fest.

Kikerikih!« – Dem Odenhuber sein Gockel schreit den Tag an, so laut er kann.

Der Hauserbauer, dem in der Nacht bald schwül und ängstig, bald fröstelnd und ungut zumut war, so daß er erst lang nach Mitternacht den Schlaf fand, dreht sich aufschreckend im Bett herum.

»Sakramontsviech, verfluachts! – Dir drah i do no d' Gurgel um! – Plärrats Luada, plärrats!«

Er schaut auf die Uhr. Drei vorbei.

Die Hauserin liegt noch im guten Frühschlaf neben ihm.

Das feiste, rotwangige Gesicht mit der stumpfen Nase fest zwischen die karierten Kissenzipfel vergraben, den Mund etwas geöffnet und unterm Kinn das geblümelte Kopftüchl zu einem lockeren Knoten verschlungen.

Wieder kräht der Nachbarsgockel.

Der Hauser springt fluchend aus dem Bett.

»Wann di nur mitsamt deiner ganzen Sippschaft der Deixel holn tat!«

Die Hauserin schließt den Mund, öffnet die Augen und fährt in die Höhe.

»Was gibts? – Ja so. – Is's eppa scho halbe viere? – Daß d' scho aufstehst, Lenz?«

»Da möcht i scho lang fragn!« grandelt der Alt; »bal di dees Schinderviech, dees miserablige, net schlaffa laßt! – Koan solchern gschroamauletn Gockl mußt ja auf der ganzn Welt nimmer finden!«

»Kikerikihi!«

Der Hausergockl gibt dem ödenhuberischen Antwort.

Und die Hauserin sagt gelassen: »Is eh scho Zeit. Hat a so der insa aa scho gschrian. – Gelobt sei Jes'Christ. – Na stehn ma halt wieder auf in Gotts Nam.«

Sie setzt sich auf und schlieft in den vielfach geflickten wollenen Unterkittel mit dem abgenähten Kattunleib dran, den sie seufzend zuknöpft.

»O mei Herr. – Wo werd jetzt insa Bua sei! – Daß er gar nixn hörn laßt, jetz is er scho glei a Woch furt, und no net hat er geschriebn.«

Sie steht vollends auf und legt das schleißige, pichige Werktagsgewand an.

»Der werd scho net Derweil habn zum Briafschreibn«, sagt er und fährt in die Holzschuhe.

»No, a Postkartn hätt er grad scho schreibn kinna, moanat i!«, erwidert die Hauserin, knöpft das Schlaftüchl ab und fährt mit einem pappigen, pomadigen Kamm über den Scheitel.

Dann bindet sie das schwarze Kopftuch auf und besprengt sich mit dem Weichbrunn, worauf beide die Schlafkammer verlassen und ihr Tagwerk anheben; er mit dem Futtermähen, sie mit dem Kochen der Morgensuppe.

Also nimmt der Alt die Sense von dem Aststumpf des Birnbaums hinter der Holzschupfe, wetzt sie und beginnt, auf dem Anger hinterm Haus das Gras des Obstgartens zu schneiden.

Weit ausholend und scharf anreißend mäht er in großen Strichen.

Aber er ist nicht recht bei der Sache; erst reißt er mitten durch den größten steinigen Scherhaufen durch, – danach schneidet er in die Hollerstauden, daß er langmächtig wetzen und schärfen muß, um die Endsscharten wieder auszuschleifen, – und zuletzt steht er da, vergißt auf die Arbeit und stiert grad vor sich ins Weite.

Die Geschichte mit dem Simmerl und der Hanni geht ihm nicht aus dem Kopf.

»Daß aa der Tropf so was ohebn muaß! ... Der Hannakn, der saudumme! ... Wia ma nur so damisch sei konn! ... Und heiratn! ... Aa no heiratn! Statt daß ma s' außezahlt, a so a Weibsbild ... Waar mir gwiß net auf a paar Hunderter zsammganga! ... Gwiß net! – Aber ... mit dem Buam is ja nix z'richten; ... der ghört ja von Grund aus ins Narrnhaus! – Und jetz sollst aa no drüber reden! ... Mit ihr ... der Hanni, – und mit der Rosina. – Und die Alt hat doch aa mitz'reden, wo s' no dees Geld aufn Haus steh hat...«

Er fängt wieder hitzig zu mähen an.

»Wenn ma wenigstens amal mit der oan gredt hätt! – Aber...«

Ein zorniges Schreien und Schelten läßt ihn aufhorchen.

»Schaug sie net o! – Sie flaggat no im Bett, wenn ander Leut scho lang bei der Arbat san! – Du moanst vielleicht, daß ma di grad zu der Regerazion fuadert!«

Und die Hanni dazwischen: »Plärr net a so! – I steh um halb viere auf, – und koan Augnblick net ehander!«

»Du hast aufz'steh, bal mir aufstehngan, daß d' es woaßt, du fäu's Trumm, du fäu's!«

»Und du brauchst mi gar nix z'hoaßn, daß d' es aa woaßt!«

»Balst moanst, daß ma di faulenzen laßt und herfuadert, bis d' foast bist, – da brennst di!«

»Dees is gar ninderscht der Brauch, daß ma mitten bei der Nacht mit der Arbat ofangt!«

»Dees glaab i! – Aber daß ma d' Deanstboten fürs Faulenzen zahlt!«

»Durchaus net! – Aber so ausnutzerische Leut, wias du oans bist, muaß's ja überhaupts nimmer gebn!«

»Und koa so a ausgschaamte Goschen, wias du hast, aa nimmer!«

»I laß mi ganz oafach net a so hunzen!«

»Wer hunzt di denn?«

»Naa, sag i! – Wia a Stuck Viech werd ma hergnomma!«

In dem Augenblick fährt die kneifende Fistelstimme der alten Kollerin drein: »Was gibts da scho wieder! – Was möchst du scho wieder, du ausgschaamts Weibsbild, du ganz ausgschaamts du!«

Worauf die Hanni patzig auffährt: »Und du nachher? – Was gehts denn di o! – di gehts überhaupts nixn o!«

Der Alten schnappt die Stimm über.

»Was sagst du? – Was möchst du? – 's Mäu möchst aufreißn! – Daß i di net glei nimm und drisch dir oane eine in dei Bappen...«

Sie kann nicht mehr weiter. Die Luft geht ihr aus.

Aber die Hauserin löst sie ab und schimpft weiter.

Freilich umsonst; denn die Hanni läßt sie ganz einfach stehen, packt den Schiebkarren und fährt ihn hinaus auf den Anger hinterm Haus, wo der Alt eben die letzte Mahd schneidet.

Und sie murmelt halblaut einen höchst unrespektierlichen Wunsch, greift nach dem Rechen und dem Korb und

faßt also das Morgenfutter fürs Vieh ein, das bereits zu
brüllen beginnt.

»A Goschen hats a guate!«, denkt sich der Hauser, indes
er die Sense mit einem Grasbüschel reinigt; »Gfalln laßt si
die amal nix! Dees gfallt mir!« –

Die Stallarbeit und das Melken ist geschehen.

Die Hauserischen sitzen schweigend beim Morgenkaf-
fee; der Bauer mit dem gutem Appetit essend, – die Bäuerin
mit hochrotem Kopf hastig trinkend, – die Kollerin gelb
vor Zorn, und nach jedem Löffel voll, den sie ißt, die Hanni
mit giftigem Blick messend, – und die Hanni gelassen und
gleichmütig einbrockend, – und ebenso gelassen Brocken
um Brocken auslöffelnd, grad als wär nie was gewesen.

Was wiederum die Kollerin so aus der Scharnier bringt,
daß sie mittendrinn den Löffel hinwirft, ein Schimpfwort
herausstößt und davonläuft.

Worauf die Hauserin ebenfalls austrinkt, schier blaurot
im Gesicht wird und auch geht.

Indes die Hanni sich ruhig noch einen Keil Brot abschnei-
det und gemächlich zu End ißt. –

Und da sie fertig ist, wischt sie sich mit dem Handrücken
den Mund ab, macht's Kreuz und sagt aufstehend: »Hauser,
was soll ma toa: Haber umdrahn oder Erdäpfel ausgrabn? –
Sie hat gestern gsagt, daß ma amal ofanga kunnt, – mit dee
Rosenkartoffel wenigstens.«

Der Hauser trinkt seine Schüssel leer.

»D' Erdäpfel konn d' Muata aa außatoa«, sagt er; »gar so
viel brauchan s' net. – Du tuast Habern umdrahn, und i
werd drunt bei der Niederloatn ritzen. Mit dem neuen
Pfluagmesser werds scho geh, wenns aa guatding trucka is.«

Die Hanni nickt; dann nimmt sie den langen Haberstek-
ken, schüttelt sich noch einen Rocksack voll Pflaumen von
einem Baum und geht hinaus aufs Feld.

Unterwegs begegnet ihr dem Staudenschneider sein
Girgl

Er ist der einzige Sohn des Hofs drüben hinter der Kirch
und mag dereinst einmal leichtlich seine siebzig- bis achtzigtausend Mark bar zu dem übrigen Sach erhalten.

Der alt Staudenschneider, den im vergangenen Winter
ein Schlag gerührt und zu allem Tagwerk unnütz gemacht
hat, liegt tagaus, tagein auf dem Kanapee hinterm Ofen,
lallt und jammert ein wenig, wenn er nicht seinen leichten
Halbschlaf dahinsäuselt, – wartet aufs Sterben – und aufs
Heiraten vom Girgl.

Aber noch hat er keine glückliche Brautschau gehabt, der
junge Staudenschneider, – trotz den achtzigtausend Mark,
den sechzig Stück Vieh und hundert Tagwerk Wald und
Grund.

Und daran trägt nicht so sehr sein jämmerlichs und
verkrüppeltes Aussehen die Schuld, als vielmehr sein
inwendiges Mannsbild.

Denn man mag zehn Stunden im Umkreis Nachschau
halten, man wird keinen Burschen finden, der sich mit ihm
messen kunnt an anhabigem Stolz und bockstarrigem Ei-
senschädel.

Wie denn auch seine Mutter, die selige Staudenschneiderin, eine Bäuerin gewesen war, daß sie nur die Protzenmirl
und die Millionenschachtel geheißen wurde, worüber sie
sich freilich so erzürnte, daß ihr die Galle ins Blut geriet und
sie daran sterben mußte.

Darauf dann der alt Staudenschneider sich eine Haushalterin nahm und also mit seinem Girgl schlecht und recht
fortwirtschaftete, bis ihn das Schlagerl streifte.

Von da ab mußte der Girgl allein werken mit den drei
Knechten und den vier Weibsleuten.

Aber, wenn auch gleich alles wie am Schnürl ging und
jeder im Haus den Jungen grad so achtete, wie den Alten, –
schon wegen seiner Tüchtigkeit und Grobheit, – so wurde
ihm das Regieren doch immer zuwiderer; besonders in der
letzten Zeit, wo die Knechte gleich seinen Rössern und

Wägen vom Krieg requiriert wurden und er mit lauter
Weibsbildern hantieren mußte.

Und auf den heutigen Tag ist er so weit, daß er sich sagt:
heiraten, – ganz gleich, was für eine. –

Drum hat er auch heut seine Wichs angelegt mit den
ledernen Kniehosen, – und trägt einen leeren Rucksack am
Buckel, daß man seine beinerne Kirm, die ihm unser Herrgott schon mit dem ersten Schulränzel angehängt und
entsprechend seinem Größerwerden alleweil wieder ein
bißl höher aufgepackt hatte, nicht gar zu deutlich sehen
möcht.

Der alt Schneckennazi, der Schmuser, wüßt ihm wieder
eine, eine Hochzeiterin.

Herrgott, ja! Hols der Deixel! Es mag leicht schon die
zehnte oder zwölfte sein!

Und daß die ja sagen sollt als reiche saubere Burgermei-
sterstochter, wo die andern alle nein gesagt hatten, – er
kann's nicht recht glauben.

Aber – er muß halt gehen. Und so geht er jetzt.

Und trifft auf die Hanni.

Die schaut ihn an und mißt ihn spöttisch von unten bis
oben.

Er sagt kurz: »Morgn.«

»Guat Morgn aa«, erwidert die Hanni; »gehst scho wieder zum Heiratn?«

»Kümmerts di leicht was?«

»Naa, gwiß net. I hab grad gmoant.«

Sie betrachtet ihn lachend.

»Sinst hätt i dir halt abgraten davon.«

»Warum?«

Er fragts hastig.

»No, – weilst do wieder umasinst gehst! – Is schad ums
Leder, dees wost abez'reiß'st von de Schuach!«

»Werd dir aber gleich sei kinna!« erwidert der Girgl
gereizt; »bal i net die Nächstbeste ins Haus nimm, so is dees
grad mei Sach! Dees geht neamd was o.«

»Freili net! – Und bal die Weibertn Mannsbilder liaber
san als wia Mühlesel, so gehts ja aa neamd was o.«

Der Girgl ist ganz starr.

Das hat ihm noch keine gesagt.

Er sucht nach Worten. –

Aber die Hanni fährt schon fort: »Daß du überhaupts so
weit umanand rennst um a Bäuerin? – Daß d' net oafach
oane von deine Dienstigen heiratst? – Enka Mittadirn is do
so sauber und so richti! – Und kaam viel billiger, als wia
oane von an Hof außa!«

Sie sagts ganz ernst; aber in ihrem Gesicht zuckts und
wetterleuchtets.

»Wennst dera alle drei Jahr amal a neus Gwand kaafst und
alle Jahr oa Paar Schuach, nachher kimmts di gar net so
teuer! – Fressen werd s' darnach aa net mehra, wia ehvor. –
Und bal s' als Staudenschneiderin wirkli a dickerne Haut
auf der Kaffeesuppen verlangt, wia als Mitterdirn, so macht
s' dir derhalbn dein Stall net laarer und dein Geldsack net
gringer. – Hab i net recht?«

Sie schickt sich zum Gehen an.

»I tat mirs do amal überlegn, Girgl, dees mit der Mitterdirn!«

Lachend entfernt sie sich.

Der Girgl steht da wie der Ochs vorm Berg und schaut,
als ob ihm die Hennen das Brot gestohlen hätten.

»Himmeherrgott! – Da sollst jetz auf Brautschau geh! –
Wann dir oans d' Ohren so vollschwatzt...«

Er schaut ihr grimmig nach.

Aber – wie er sie so dahingehen sieht, – so stämmig,
handlich, so ihren Platz ausfüllend, – da kriecht ihm langsam ein Gedanke durch den Sinn, und je länger er ihm
nachhängt, um so besser deucht er ihm.

So daß er schließlich umkehrt und wieder heimgeht.

Aber es leidet ihn nicht daheim.

Das, was die Hanni gemeint, – mit der Dienstigen, – das
bohrt in ihm herum.

Bloß das mit der Burgl, der Mitterdirn, das paßt ihm nicht.

Es dürft keine vom Hof sein, weil sonst die andern rebellisch würden.

Eine aus der Nachbarschaft vielleicht? –

Oder aus der Umgegend? –

Herrgott, das Maidl wär gar nicht dumm, wenn mans richtig betrachtet!

So ein untertänigs Frauenzimmer könnt man wenigstens richten, wie mans bräucht!

Und sie verstünd was von der Arbeit; der kunnt keine was vormachen.

Trotzdem wär er der alleinige Herr im Haus; denn von so einer laßt man sich die Hosen schon nicht abtun.

Freilich – eine Hörige – ein Dienstbot in den angesehenen Staudenschneiderhof, – die Mutter wenns wüßt, – die tät sich noch in der Truch umkehren! – In ihm kehrt sich ja auch was um; – aber – wo es zum Nutzen und nur zum Vorteil gereicht, da kann man ja schließlich den Stolz auch einmal fahren lassen. –

Und wann er eine erwischte, die zu einer riegelsamen Tüchtigkeit und unbedingter Unterwürfigkeit auch noch eine gute Postur und ein saubers Gesicht mitbrächt, – dann kunnt er wohl auf die oder die ander mockige Bauernmollen verzichten trotz Geldsack und Kuchelwagen.

Nachdenklich streift er durch die Felder, wo seine Weibertn und die gedungenen Mahder arbeiten.

Und mittendrinn steht er an der Haberleiten vom Hauser, wo die Hanni rüstig und mit leichter Hand schafft.

»He, du, Rumpl!«

Die Hanni wendet Büschel um Büschel, ohne aufzuschauen.

»Hanni!«

Jetzt hört sie.

»Du, i hätt epps z' redn mit dir!«

»Dees werd was Gscheidts sei!«

Sie beginnt bei der nächsten Mahd und hört nicht einen Augenblick auf zu werken.

Der Girgl schaut ihr wohlgefällig zu.

»Sakkra; von dera kunntn die mein' was lerna!« denkt er.

Und laut sagt er: »Teats heunt no einführn?«

»Bals Wetter guat bleibt, ko's scho sei.«

»Maht der Hauser?«

»Naa, ritzen tuat er.«

Die nächste Mahd wird umgelegt.

»Hat enka Sixnblassin scho kalbet?«

»Naa, auf d' Woch moanat i.«

»Stellst es auf, 's Kaibe?«

»Bals a Stierkaibe is, scho.«

»Sinst verkaafts es?«

»I denk scho. An Posthalter vo Beiharting werd ers halt wieder gebn.«

»Moanst, daß ers mir net gaab?«

»Muaßt 'hn halt fragn.«

Er verfolgt ihre Bewegungen wie eine Katz den Perpendikel der Stockuhr.

»Guat gstellt!« denkt er; »net gschlampert beinand; – und koa Karfreitaratschn net – dees is was wert. – Und d' Arbat geht ihr von der Hand, – grad guat zum Zuaschaugn! – Und gar net schiachredat; die richt't neamd aus und halt' zum Bauern...«

»Hast ghört, Hanni!«

Er beginnt die Unterredung wieder.

»Was willst?«

»Hat der Simmerl scho epps hörn lassn?«

»Hab no nix redn hörn drüber.«

»Werst aa mehra z' toan habn jetz, wo er furt is.«

»Ja no. Wias halt is.«

»Bist eigentli du gern sell beim Hauser?«

»Warum fragst?«

Die Hanni schaut ihn scharf an.

»I hab halt gmoant.«

Sie schafft wieder weiter.

»Ja no; – is oa Platz wia der ander, wähn i«, sagt sie.

»Dees kimmt grad drauf o!«

»'s deanat Brot schmeckt überall gleich sauer.«

»Muaß ma halt amal a anders verkosten!«

»Was nachher für oans?«

Sie hält inne.

Er schaut sie begehrlich an.

»No – dees eigne halt!« –

Die Hanni lacht –

»Aha!«

Sie langt ein paar Pflaumen aus dem Sack und ißt sie, wobei sie die Kerne weit von sich spuckt.

»Hast no nia ans Heiratn denkt, Hanni?« Er steht wie am Sprung.

Sie schaut nach den schneeweißen Wolkenballen, die sich um die Frühsonne sammeln.

»I glaab net, daß 's Weeda aushalt heunt«, sagt sie und fängt wieder an zu wenden.

»I wüßt dir an Hochzeiter, Hanni!«

»Soo, sooo!«

»Kunntst in a scheens Sach eineheiratn!«

»Was d' net sagst!«

»'s Hoamatl guat beinand, verstehst! – Und lauter foasts Viech und schwaartragate Gründ!...«

Die Hanni schmunzelt.

»Grad der Hochzeiter hat an kloan Fehler, gell!« sagt sie; »in der obern Stubn hat er z'wenig und am Buckel a bißl z' viel!«

Auweh. Sie hat ihn schon.

Aber der Girgl verliert die Schneid nicht.

»Macht ja nix!« sagt er; »was eahm mangelt, dees kunntst ja du leicht guatmacha! – Dumm bist net, – und schiach zum oschaugn bist aa net.«

»Ja no. So dumm waar i und amal gwiß net, daß i di heiratn tat!«

Der Girgl ist sprachlos.

Die wär wahrhaftig gut zu der Feuerwehr zu brauchen; die hätt für jeden Brand ein Wasserschäffel bei der Hand!

»Was sagst du?«

»Nix; daß i di net möcht, sag i.«

»Und warum net?«

»Weil i di kenn!«

»Moanst, daß d' es net guat kriagatst?«

»Gwiß kaam anderscht, wia a Mitterdirn!«

Sie nimmt wieder etliche Pflaumen aus dem Sack.

»Naa, mei Liaber, da bleib i scho liaber beim Hauser d' Oberdirn!«

Der Girgl ist so starr über diese Antwort, daß es ihm schier die Red verschlägt. Nur mühsam bringt er die Frage heraus: »Du sagst also naa?«

Worauf die Hanni ruhig eine Pflaume um die ander ißt und dazu sagt: »Gwiß aa no! – Da muaßt dir scho um a anderne schaugn, daß s' ja sagt! – Hast dir denkt, weil i dir den guatn Gedanka von der Mitterdirn einblasen hab, du mußt di glei erkenntli zoagn! – Naa, Girgl! – I mags gar net so guat habn! – I wüßt gar net, wo i di Truchen hernahm zu dem vielen Gwand, wost mir du schaffetst! – I will di net von dein Geld bringa!«

Der Girgl faßt sich langsam. Und findet nach und nach die Worte zu einer Erwiderung.

»Du schlagst mi also aus?«

»Balst es so hoaßen willst, – ja.«

»Ganz und gar?«

»Durchaus.«

»Und zwegn was für an Grund und Ursach?«

»Weil i di net mag.«

»Ah so. – Abspeisen tuast mi!«

»Wias d' es halt nennst.«

»Nachher gilt dir insa Sach gar nixn?«

»Dei Sach und du is zwoaraloa.«

»Achtzgtausad san mir gwiß. – Kinnan hunderttausad aa werdn!«

»Vo mir aus zwee. – I mag di net, und balst um und um voll Gold ohängst!« –

Jetzt langt er. Jetzt hats ihn troffen.

»Du sagst mir dees! – Du! – Mir!«

»Ja; – i – dir.«

Sie arbeitet ruhig weiter, die letzte Mahd wendend. –

Der Girgl aber bohrt sich langsam in einen Zorn hinein, dessen Grundursach beleidigter Stolz ist.

»Mir sagst du dees! – Mir! An Staudenschneiderbuam von Öd! – Du! – A Barasolflickersbankert! – A windiger Deanstbot, a oaschichtiger! –«

Er kommt gemach in ein richtiges Schelten und Schimpfen.

Aber auf einmal fängt er an zu lachen, – und lacht so laut und unbändig, daß die Hanni vermeint, es wär ihm ihre Absag ins Hirn gestiegen und hätt ihn um den Verstand bracht.

Sie schüttelt den Kopf und fragt ihn schier ängstlich: »Was hast denn jetz, daß d' so dumm lachst?«

Worauf er noch lauter und närrischer werkt, die Händ in die Hosensäck schiebt und schreit: »Was i lach, sagst! – Weil's mi gfreut, daß i di so fein ausgschmirbt hab! – Ha! – Hab di ja grad derbleckn wolln! – Zum Derblecka taugst ja leicht! – Du werst dir no net eibilden, daß i a solchene in Ernst heiratn tat, wias du oane bist! – A so a Herglaaffene! – Moanst eppa, mir graust vor gar nix!«

Die Hanni ist langsam näher an ihn herangekommen; jetzt steht sie dicht vor ihm.

Da sagt er das letzte.

Sie hat die Zähn fest zusammengebissen, – die Lippen öffnen sich, – der Mund verzerrt sich ein wenig; – und – eh der Girgl sichs versieht, hat er eine so derbe Maulschelle im Gesicht, daß ihm das Feuer vor den Augen fliegt. –

Die Hanni wendet sich ohne ein Wort zum Gehen.

Der Hochzeiter murmelt einen Schimpf, – einen Fluch, – und läuft gegen den Wald zu, wo zwei von seinen Mägden Streu arbeiten. Die findet er lachend und schwatzend auf dem Moos hockend; und er hört grad noch die eine sagen: »Ja, moanst eppa, daß 'hn i möcht! – A so a schiachs Mannsbild, – und so bollisch und zwider, – und a so a Gnack – a hungrigs! – Naa, – liaber als harwene Büaßerin umanandlaaffa, – als wia an solchern! – Mariand Josix!...«

Sie springt erschrocken auf und greift nach der Mooshaue...

Aber das Wetter bricht schon los mit Donnern und Blitzen und Schreien und Schelten; und die Aufsag für die nächste Lichtmeß hat auch jede im Ohr.

Er geht fuchsteufelswild heim, der Girgl, – und richtet sich aufs neue zur Brautschau, von der er leider spät in der Nacht immer noch als freier, lediger Jungherr sternhagelvoll heimfährt. –

Indes die Rumplhanni zufrieden ihre Arbeit tut und des dienenden Standes Bitternisse nicht gar zu schwer nimmt in der Erwägung: »Ewig dauert nix – und als Hauserin schmeckt mir amal mei Erdäpfelschmarrn grad so guat, wia der künftigen Staudenschneiderin ihra Bratl! – Denn als Hauserin hab i d' Hosen o, – und als Staudenschneiderin woaß i net amal, obs allezeit zu an Kittel glangt!« –

Der Frauendreißiger, die Spanne zwischen Mariä Himmelfahrt und Mariä Namen, ist für die Landleut eine heilige und gesegnete Zeit.

Kräuter, zu dieser Zeit geweiht, sind ein Abwehrmittel gegen Feuersgefahr und Wetterschaden, eine Arznei gegen Krankheit und Siechtum bei Mensch und Vieh, und eine

sicher wirkende Hilf zur Abtreibung aller Zauberei und
Verhexung in Haus und Stall.

Kälber, unterm Frauendreißiger gezogen, sind gesünder
und fruchtbarer wie andere, und man soll sie aufstellen.

Die Kühe geben um diese Zeit ihre beste Milch, das
Schmalz hat einen besseren Kern wie um Georgi und Jakobi
und läßt sich gut einrühren als Winterschmalz und für die
Kirchweih.

Die Hennen aber legen in diesen Tagen ihre größten und
schönsten Eier, die sogenannten Fraueneier.

Diese gelten der Bäuerin soviel wie geweihte, – ja – schier
noch mehr.

Denn ihnen haftet nicht die Vergänglichkeit alles Irdi-
schen an, – sie sind ohne allen Keim der Fäulnis und halten
sich frisch bis Allerheiligen, – also daß sie mit jedem Tag
rarer und kostbarer werden und in den Geldbeutel der
Bäuerin frei den Segen Gottes tragen zu einer Zeit, wo die
Natur alljährlich aufhört mit dem Geben und Schenken,
und also auch die Hennen, ihr »Gagagagei!... Henn legt ihr
Ei, ga gei« immer seltener rufen und schließlich ganz
damit aufhören bis zur Weihnacht, da sie dann der Hausmutter gemeiniglich die ersten Christkindleier ins Nest
legen.

Darum machen auch die Karrner und Kirmtrager, die
jahraus, jahrein von Hof zu Hof wandern und für die
Städter Schmalz und Eier zusammenkaufen, unterm Frauendreißiger viel Tritt und Weg umsonst und haben oft zu
guter Letzt, wenn sie vom frühen Tag bis in die Nacht bei
Sonnenhitz oder Regenschauer bergauf und talab gewan-
dert sind, Kirm und Karren leer, die Ohren aber voll von
grober, protziger Absag und Antwort. –

So gings auch dem Buschenreiteranderl in diesen
Wochen, und er schnauft erleichtert auf, da er am Samstag,
den dreizehnten September, die Glocken von Schönau und
Tuntenhausen den letzten Tag des Dreißgers einläuten

hört. – Jetzt kommt die Zeit der Bratgickerl, der Enten und der Suppenhennen.

Und er lädt seine Kirm und Körb auf den Schubkarren und beginnt seine Wanderschaft – dahin – dorthin – und auch nach Öd.

Da kehrt er zu allererst einmal beim Odenhuber ein; denn er ist rechtschaffen müd worden und hat Hunger und Durst.

Der Odenhuber ist grad im Schlachthaus; denn da er für den Jackl noch keinen rechten Aushilfsmetzger gefunden hat, muß er selber schlachten und wursteln.

Die Wirtin steht im Gemüsgarten und schneidet Gurken ab für den Sonntagssalat. Dabei schaut sie neugierig und verstohlen hinter den Johannisbeerbüschen am Zaun hinüber zum Hauserhof, wo die Kollerin und die Rumplhanni eben wieder wie ein paar Kampfgockel aufeinander loshacken.

Die Resl sitzt schwermütig am offenen Fenster und strickt neue Fersen in ihre blauen Strümpfe, indes die Kucheldirn am Ofentisch das Voressen für den andern Tag schneidet.

Die Wirtsleni aber hat grad mit großer Hast ein Päcklein verschnürt, eine Adresse mit dem Vermerk »Feldpost« daraufgeklebt und steckt es jetzt rasch unter einen Haufen Flickwäsche hinten im Eck, wo eine taube Störnähterin unermüdlich auf der Maschine werkt und rasselt.

Der Buschenreiter trinkt langsam und schiebt bedächtig Brocken um Brocken zwischen die Zähn; bald einen von der Wurst – bald einen vom Brot, jeden aber erst in das bläuliche Salzfaß tunkend, damit er würziger schmecke.

Die Leni setzt sich zu ihm.

»Wo kimmst her, Anderl?«

»Vo Vogelriad uma.«

»Tuast kaaffa?«

»Bal i was kriag, scho.«

»Gibts scho hübsch Anten und Gickerl?«

»Mei, – no konn ma nixn sagn.«

Er zündet seine Tabakspfeife an.

»Bist z' Öd scho umanandgwesn?«

»Naa.«

»Beim Staudenschneider aa no net und beim Hauser?«

»Naa – warum?«

»I moa halt. – Werst scho was kriagn beim Staudnschneider, denk i.«

»Ja – konn scho sein.«

Die Resl muß in die Schenke.

Die Maschine rasselt; – die Dirn schneidet, ohne aufzuschauen.

Die Leni holt eilends das Paket hervor.

»Anderl – i hätt a Bitt an di.«

»Sags nur!«

»Geh, gib mir z' Schönau dees Packl auf. Es is von der Hauserhanni – und ghört an Simmerl. Sie wills net wissen lassen drent, daß s' eahm aa hi und da was schickt. Jetzt hat sie 's mir gebn. Aber i kimm aa grad net ummi auf Post.«

Der Anderl nimmt das Paket und schiebt es in den Joppensack.

»Soo; von der Hanni, sagst. Und fürn Simmerl. – Is scho recht nachher.«

Er trinkt aus.

»Tuas aber net vergessen, Anderl!«

»Naa, naa.«

»Und jetz trinkst no a Halbe!«

»Naa, dees leidts nimmer.«

»Die geht nachher auf mein Nama!«

»Für was denn?«

»No – für d' Hanni!«

»Dees hätts net braucht, Leni. Aber – balst moanst . . .«

Die Leni trägt das Krügl an die Schenke.

»A Halbe no fürn Anderl, Resl; die kriagst vo mir.«

Der Buschenreiter bedankt sich. Dann fragt er nach Vater und Mutter, nach dem Geschäft, nach Hof und Stall.

»Hat er guat kaaffa kinna, der Vata, beim letzten Markt?«

»Ja, – vier Kaibe und a Kalbn.«

»Was hat er zahlt?«

»Für d' Kaibe a Fuchzgerl, – und für d' Kalbn glaab i siebazg.«

»Wia schwaar?«

»Guate Zentnerkaibe; d' Kalbn vierthalbe.«

»Vo wem hat er s'?«

»I woaß net gnau. Vo Sindlhausen auffa glaab i –«

»Aha. Dees werd d' Moserkalbin sei. Und zwoa Kaiben aa. Dee müassn verkaaffa.«

»Warum dees?«

»Ja no; er is krank, – sie is krank, – der Sepp is in Kriag, d' Urschl alloa konn aa net alles dakraftn.«

»Freili net.«

»Is der Sepp net mit enkan Knecht beinand gwen z' Münga?«

»Freili. Bei dee Leiber.«

»Wo is na enka Jackl?«

»Der is aa bei dee Leiber.«

»Was, der aa! – Jetz hab i gmoant, ... ja so. – ... Ja, du, – is net der Simmer vom Hauser...?«

Er will das Paket aus der Tasche ziehen.

Aber die Leni wehrt ihm hastig ab. Denn eben kommt die Ödenhuberin in die Gaststube.

»Der is aa dabei. Jawoi. Der und insa Jackl sand in oana Kompanie.«

»Was d' net sagst!«

»Ja. In der viertn.«

Die Wirtin mischt sich drein: »Werd eahm zwider gnua sei, insan Buam, – wenn er mit dem beinand sei muaß! –«

»Dees ko ma gar net wissen, Wirtin!«

»Du moanst, daß si die zwoo...«

»Da draußt ganz guat vertragn, moan i. In der Not gibts koa Feindschaft – zwischen guate Charakter!«

»Ah! Da schau her! – Da werst aber falsch gratn habn! Zwischen mein Jackl und dem...«

Die Leni unterbricht sie: »Er hat aber gar net grob gschriebn, drüber, in sein letzten Schrieb! – Da...«

Sie langt einen zerknitterten Brief aus dem Sack und liest: »Der Reiser, der Hauser und ich mir stehen zusammen bei Saarburg, wo wir stark gekämpft haben. Große Schlacht. Es ist grimmig hergangen. Aber mir leben noch. Ist gut, daß mir wenigstens drei Kameraden von einem Ort sind...«

Die Wirtin reißt ihr den Brief aus der Hand.

»I will nix mehr hörn, sag i! – Hoffentli hats bald a End ... die Kameradschaft... I wünsch neamd nix schlechts ... aber...«

Sie geht in die Kuchel.

Der Anderl zieht den Geldbeutel.

»Geh, zahln tua i.«

Die Resl rechnet: »Zwanzg ... dreiadreißg ... sechsadreißg.«

Die Leni legt wortlos dreizehn Pfennig dazu und geht aus der Stube.

»Pfüa Good«, sagt der Anderl.

»Kehr wieder ein!« erwidert die Resl. –

Und die Leni flüstert ihm draußen im Hausflöz zu: »Vergiß fei net, Anderl ... und kimm auf d' Woch wieder!«

»Feit si nix«, sagt der Buschenreiter.

Und er legt sich den Traggurt ums Genick, geschirrt sich an den Schiebkarren und fährt weg – hinunter zum Staudenschneider.

Da ist die Haushalterin, die Susann, grad ganz allein; der Alt tut seinen Schlaf, und die Ehhalten samt dem Girgl sind auf dem Feld.

Also hat sie freie Hand.

Und sie nützt den Augenblick.

»Was möchst denn habn, Anderl?«

»Was d' halt hast: Oar, Butter, Schmalz, – a Henn, an Gockel, a Anten...«

Sie verschwindet in der Speis.

Er folgt ihr mit einem Korb.

»Um fünf Mark gib i dir Oar. Wiaviel gibt ma denn jetz? – Zwölfe?«

»Naa, naa! – Scho no vierzehne!«

»Dreizehne gib i dir.«

»Ja no. Is scho recht nachher.« –

Sie läuft hinauf in eine Kammer.

Und bringt einen großen Weidling voll Schmalz.

»Sechs Pfund gehngan eine«, sagt sie, indem sie unter die Haustür tritt und einen raschen Blick auf die Straße tut; »a Mark fufzge 's Pfund.«

»A Mark dreißge zahlt ma jetz!«

Der Anderl stellt den Weidling auf den Tisch im Haus-flöz, zieht sein Messer und sticht das Schmalz kunstgerecht heraus.

»Nachher gibst mir halt acht Mark dafür.«

»Hast an Butter aa?«

»A Bissl oan scho.«

Sie läuft in den Keller und bringt einen Wecken.

»Fünfe wiegt er.«

»Nachher sans sechs Mark.«

»Naa, sechs Mark fuchzg!«

Der Karrner packt ihn samt dem Schmalz ein.

»Fünf mal zwölf is sechzge. Also macht er sechs Mark. Hast no was?«

»Naa, Anten hab i no koa abto, – und d' Henna legn alleweil no ganz guat.«

»Alsdann: nachher ham mir fünfe, – und acht sands dreizehne, – und sechs sands neunzehne.«

»I hab denkt, zwanzge waarn's?«

»Balst ma no um a Mark Oar gibst, nachher scho.«

Sie legt noch dreizehn in seinen Korb.

»Brauchst aber nixn z' sagn vor eahm, daß i dirs selber gebn hab, gell! Sinst schimpft er. I gib nachher 's Geld dem Alten!«

Er zählt ihr vier Fünfmarkscheine hin.

»Hast es net in Silber da?«

»Warum?«

»No, weil eahm halt 's Papier so zwider is, dem alten Mo. Weil ers so schlecht siecht.«

»Heunt hab i 's net anderscht.«

»Ja no, nachher wechsels eahm halt i aus.«

»Wenn derf i denn wieder kemma?«

»Bis in a vierzeha Tag, denk i.«

»Soo. Aha. Is scho recht nachher. Pfüate Good.«

»Pfüa Good aa. Gehst zum Hauser aa umme?«

»Ja.«

»Aha. Is scho recht. Pfüate.«

Sie schließt die Haustür und riegelt ab.

Dann läuft sie in ihre Kammer, versteckt das Geld hastig in ihrem Koffer und geht darnach ruhig hinab in die Kuchel.

Und da der junge Staudenschneider heimkommt, riegelt sie ihm das Haus auf und sagt: »Hast an Karrner troffa?«

»Naa.«

»Oar hätt er braucht.«

»Hast eahm oa gebn?«

»Naa. Er hätt fufzehne wolln, – und mir gibt grad mehr zwölfe.«

Der Girgl freut sich über den haushalterischen Geist seiner Susann.

»Hast scho recht to«, sagt er.

»I hab mir denkt, der werd scho amal wiederkemma, balst selber da bist.«

»Is mir aa liaber.«

»Dees hab i mir a so denkt. Drum hab i eahm aa gar net lang aufg'riegelt.«

»Is aa gscheiter.«

»Weils es net braucht, bal ma eahm do nixn gebn will.«

»Der kimmt scho amal wieder.« – – –

Unterdessen ist der Buschenreiter zum Hauser gefahren. Die alt Kollerin bürstelt eben ihre Zeugstiefel ab für den Kirchgang.

»Grüaß di Good, Muata.«

»Grüaß di Good.«

»Is die Hauserin da?«

»In Stall is s'.«

Er geht in den Stall.

»He! Hauserin!«

Die Hauserin richtet grad eine Strohschütt her – legt den Kälberstrick und ein Ziehholz zurecht und stellt ein Schaff Wasser hinter den Stand einer kreißenden Kuh.

»Hauserin!«

»Was gibts?«

»Hast nix für mi?«

»Ah, der Anderl! – Naa, gar nix! Jetz, im Fraundreißger kaam er zum Kaaffa!«

»Oar hätt i braucht.«

»Gib koa her, koane Frauaoar.«

»Schmalz – Butter?«

»Ja! – Wo mir koa Milli net habn! – Da, – siechst es ja selber! D' Bleamlin hat vor vierzehn Tag kalbet, – d' Blaß kalbet heunt, – der Bachmoarin sei Kaibe is aa no dro, – und zwee kalben auf d' Nachst. – Im Oktober gibts wieder Milli grad gnua.«

Der Hauser füttert grad die Ochsen.

»Jetz derfst glei dableibn!« sagt er zum Karrner, der die Blaß aufmerksam betrachtet.

»Moanst, daß's so schwaar werd, daß es ös alloa net daziagn kinnts?«

»Konn scho sei! – Hoffan tät mirs!« meint die Hauserin.

»Hats scho daucht?«

»Ja ja. Scho seit drei Stund. Konn nimmer lang osteh.«

»No, nachher wünsch i Glück«, sagt der Buschenreiter und schickt sich zum Gehen an; »und i schaug halt in a vierzehn Täg wieder her.«

Er geht grad in dem Augenblick, da die Kollerin eben mit dem kupfernen Weichbrunnkrügl und einem geweihten Kräuterbüschel in der Hand eintritt, um die kreißende Kuh damit zu segnen und ihr in den Kräutern, auf die sie noch Ostersalz streut und Weichbrunn spritzt, eh sie dieselben in den Barren legt, ein wahrhaftigs Hilfsmittel gegen Unglück, Tod und Hexerei einzugeben. –

Der Anderl spannt sich draußen wieder in seinen Karren.

Die Hanni steht am Brunnen und wäscht das Seihtüchlein für die Milch aus.

Da sagt der Karrner: »Hanni!«

»Was gibts?«

»Hast ghört!«

Er dämpft seine Stimme.

»I machs scho richti! Konnst di verlassen!«

»Mit was?«

»No – mitn Packl!«

Die Hanni schaut ihn groß an.

»Mit was für an Packl?«

»No, – fürn Simmerl!«

Sie schüttelt den Kopf.

»Fürn Simmerl? – A Packl? – I glaab – du bist a Dummerl wordn, Anderl! –«

Der Karrner ist wie vors Hirn geschlagen.

Aber die Hanni sagt: »Moanst, daß i da di brauch, bal i wem was schicka will! – I bsorg mir mei Sach scho selber! – Dees hoaßt, bal i gern was bsorg!«

Dem Anderl geht langsam ein Licht auf.

Aber – der Andreas Buschenreiter ist ein Mann, der weiß, was sich gehört, – auf den man sich verlassen kann.

Und er denkt: aha; – und: Schweigen ist Gold.

Und lacht recht dumm.

So dumm, daß er der Hanni schier erbarmt wegen des verlorenen Verstandes.

Und sie fragt aus reinem Mitleid, um ihn auf was anders zu bringen: »Hast guat einkaaft, z' Öd?«

Er ist froh, daß sie ihn was fragt. Und er gibt ihr willig Auskunft.

»Net schlecht«, sagt er; »beim Staudenschneider hab i um zwanzg Mark Sach kriagt, heunt.«

Die Hanni zweifelt: »Ah! Daß der so viel hergebn sollt, – dees Gnack...?«

»Hat mirs ja d' Halterin gebn.«

»D' Susann?«

»Ja.«

»Hat denn die so viel Recht?«

»Werds scho habn.«

Die Hanni will noch was erwidern, da ruft die Hauserin aus dem Stall: »Hanni! – Her da zum Ziagn!«

Und der Hauser pfeift ihr, – die Kollerin grandelt erregt: »Daß s' denn wieder net zuawa geht!«

Da sagt sie lachend: »Pfüate Good, Anderl«, und läuft eilends hinein, um mitzuwirken bei dem Werk der Erschaffung eines wunderschönen Kälbleins, das dann vom Hauser mit Wasser übergossen, von der Hauserin mit Stroh abgerieben und von der Kollerin benedeit und gesegnet wird, bis es die Augen auftut, blökt und das Aufstehen probiert, und endlich von der Hanni der Blaß zugeführt wird zur völligen Reinigung und mütterlichen Liebkosung.

Worauf die Kollerin der Blaß den Muttertrank einschüttet, und die Hauserin den Melkeimer und das Stühlchen holt, um sie auszumelken, während der Hauser Strick und Ziehholz wäscht, bedächtig die Ärmel herabstreift und zuknöpft und sagt: »Um simme kinnts es ihr's erschtmal ostelln. Daß oane dabeibleibt, – und daß ihrs net z' lang saufen laßts!«

Darnach geht er aus dem Stall.

Die Kollerin folgt ihm.

Die Hauserin trägt die dottergelbe Milch, den Biest, in die Speiskammer und stellt ihn auf, – und die Hanni legt das Kalb auf seine Strohschütt, wischt ihm die Augen mit der Schürze aus und bindet es an den Ring.

Dann breitet sie der Blaß frische Streu unter und geht zum Nachtessen, dabei der Hauser sagt: »A scheens Kaibai is's. I stells aa auf. – Und bal die nachstinga schee werdn, stell i s' aa auf. Daß der Stall schee voll wird, bis der Simmerl wiederkimmt.«

»Und bis i Hauserin werd!« denkt sich die Hanni.

Wenn die Bienen anheben, ihre Waben mit Wachs zu überdecken, dann ist der Honig zeitig zum Schleudern.

Also stellt am Frauentag auch der Hauser die Schleuder samt dem Honigkübel in die heiße Kuchel, verschleiert sich das Gesicht wie eine Engländerin, die eine Weltreise tut, zündet sich eine kurze Pfeife an und sagt: »Alsdann; deckelt ham s' d' Impen, – a guats Wetter is aa, daß s' net gar z' letz hand, – i moan, – i fang o zum Außahebn.«

Und so beginnt der Tag, der von Honig fließt.

Die Hauserin taucht die Honigkelle ins heiße Wasser und löst behutsam das Wachs von den schweren Waben. Und während sie diese gemächlich durch die Schleuder treibt, schaut sie zufrieden auf den klaren Goldstrang, der durch den Seiher rieselt, drunten im Kübel noch wie ein dicker Faden sich windet und kräuselt und endlich in der kostbaren Lacke untergeht.

Die alte Kollerin trinkt unterdessen ihren Kaffee; aber da kriegt sie plötzlich einen Impenstich, – und so ist schon in aller Früh eine Bitternis in die Süßigkeit des Tags geträuft: »Au sakra!« – schreit sie und haut nach dem Imp, dabei sie leider auch die Kaffeeschale samt den Brocken hinab-

schlägt: »Hat mi scho oana g'angelt, a so a Toife! – Luader-
viech miserabigs! – Naa, i sags ja! Daß's jetz grad heunt
schleudern müaßts! – Habts enk jetz koan andern Tag
nimma gwißt, als wia an gottsheilinga Feiertag!«

Die Hauserin will sie beschwichtigen.

Derweil aber übersieht sie, daß an dem Rahmen, den sie
eben abdeckelt, eine Biene surrend und bebend vor Wut
kreist und hin und wieder läuft, plötzlich auf ihre Hand
losfährt und sticht.

»Eia! Hoaß Teife!«

Sie wirft vor Schreck den Rahmen weg, daß er zerbricht.

»Malefizviech!«

Die Kollerin läßt die Scherben ihrer Kaffeeschale fallen
und läuft erregt herzu.

»Ja, wia konn ma si denn so dumm gstelln! – Schmeißts
den scheena Rahma weg! – Geh! – Wia ma nur so ungschickt sei konn!«

Aber damit beleidigt sie ihre Tochter, die Hauserin.

»Ungschickt! – Dees glaab i! – Bal oan a so a Grippe glei
angelt, daß oan's Feuer vor dee Augn brennt!«

Die Kollerin tut verächtlich.

»Ah was! – Zwegn oan oanzign Stich macht ma do net a
so a Gaude und a Aufhebats!«

»Aha!« – sagt die Hauserin gekränkt; »I müaßt staad sei!
Du hast ja aa gschimpft zuvor!«

»Gschimpft! – Wer? – I! – Gschimpft wer i habn!«

»Aber schon hast gschimpft! Und dei Kaffeeschüssei hast
aa weggworfa!«

»Weggworfa! – Wia ma nur grad a so lüagn konn!...
Bals oan aberumpelt!«

»Vor lauter Gift und Gall!«

»Nix wahr is's! – Mir werd wohl no redn derfa!«

Indem reicht der Hauser einen vollen Rahmen zum
Kuchelfenster herein und nimmt etliche leere zum Ein-
setzen.

Da hört er die beiden werken.

»Aha!« sagt er schmunzelnd; »Seids scho wieder bei der schmerzhaften Frühlitanei! – Da, teats liaber enka Arbat und grohnts nachher weiter.«

Die Hauserin wirft ihm einen giftigen Blick zu; die Kollerin aber murmelt verächtlich: »Dees woaß ma scho, daß du a grober Rüappel bist!«, nimmt den Rahmen und deckelt ihn ab.

Und sie hilft ohne weiters sogleich rechtschaffen mit beim Schleudern, ungeachtet der Stiche und Binkel und der Spottreden des Hausers.

Indem kommt das Lisei im Unterröckl mit verschlafenen Augen und wirren Haaren in die Kuchel.

»Mein Kaffee möcht i! – Uih! – Gschleudert werd! – Juhu!«

Sie stellt sich sogleich zur Großmutter und nimmt sich etliche Brocken von dem zerbrochenen Bau, streicht auch die Wachsschüssel sauber aus und nascht und schleckt, daß ihr der Honig an den Haaren hängt, am Gesicht klebt und von den Fingern träuft.

Unterdessen wird die Hauserin allmählich müd und beginnt zu schwitzen, zu seufzen und zu schnaufen.

Da fällt ihr die Hanni ein.

»Ja kreizsakra! – Für was hat ma denn an Deanstbotn! – Wo steckt denn die wieder, daß s' net hergeht, bals a Arbat gibt?«

Die Kollerin schaut sogleich nach.

Im Stall: – aber da liegen die Kühe alle geruhig und wiederkäuend auf dem saubern Stroh, und die Hanni ist nicht mehr dort.

»In der Speis vielleicht!« –

Doch die Frühmilch ist bereits ausgesiehen und in den Weidlingen aufgestellt.

Und auch in der Eßstube ist sie nicht.

Die Kollerin geht in steigendem Zorn hinauf in die Magdkammer.

Da sitzt die Hanni hemdärmelig im Sonntagsunterrock am Fensterbrett, hat das Tintenglas samt dem Federhalter vor sich und steckt eilends einen Brief in den Miederleib.

Die Kollerin fährt sie an: »Wo steckst denn du? – Wo hockst denn du umanand?«

Die Hanni dreht ihr den Rücken zu.

»Wo i mag.«

»Woaßt du net, daß d' a Arbat hast?«

»D' Stallarbat is gschehgn, – sinst werds net viel z' toan gebn am Frauatag.«

»Frauatag hi oder her! – Du hast z' arbatn, bals dir gschafft is!«

»Is mir aber nix gschafft wordn!«

»Soo moanst! – Nachher schaff dir i was!«

Die Hanni lacht spöttisch auf.

»Du schaffst mir guat o! – Dees is dir net z' guat!«

Die Kollerin bebt vor Zorn.

»Was willst? – Du willst mi für an Narrn haltn!«

»Dees sagst grad du!«

»Von dir laß i mi fei net dablecka!«

»Brauchts aa gar net!«

»Moanst, di hat ma grad für d' Herrlichkeit?«

»Siecht net aus darnach!«

»Warum gehst na net abe zum Schleudern?«

»Weil mi dees nixn ogeht. – Und weil i jetzt in d' Kirch geh. – Bal's ös heunt gern schleuderts, kinnts es ja leicht toa! – Da redt enk neamds epps ei. – Aber i geh jetzt in d' Kirch.«

Sie legt ihr Sonntagsgewand an, setzt den Hut auf und nimmt das Gebetbuch, ohne sich weiter um das empörte Wettern und Greinen der Kollerin zu kümmern.

Die aber rennt hinab zu ihrer Rosina.

»Konnst da no redn! – Sie hockt drobn . . . wia a Prinzessin . . . und schreibt Briaf! – Und hängt oan d' Goschn o! – Und weigert si zum Arbatn! –«

Die Hauserin hockt müd auf einem Bänklein und hört der Alten zu.

Jetzt sagt sie langsam: »Soo; – sie weigert si, sagst? – Zu der Arbat?«

Der Hauser gibt grad einen Rahmen herein.

»Soo, dees is der letzt. – Jetz ham mirs.«

Da sagt die Kollerin: »Ja weigern tuat sie si!«

»Wer weigert si?« fragt er zum Fenster herein.

»Da tat i scho lang fragn!« erwidert die Alte gereizt; »Wer anderscht, als wia enka Herzbinkerl, – d' Frailn Hanni!«

Und die Hauserin sagt energisch: »Dees Weibsbild kimmt mir jetz aus'm Haus. – Und dees glei. – Auf der Stell sag i's eahm.«

Sie steht auf und geht hinauf in die Magdkammer.

Und überlegt unterwegs, was sie dem Weibsbild, dem anhabischen, sagen wollt.

Aber – die Hanni ist schon weg – in die Kirche.

Sie trabt schon durch das Gehölz und schaut etliche Male um, ob niemand hinter ihr herkommt.

Und da sie keinen Menschen sieht, langt sie eilends ins Mieder und holt den Brief heraus.

Sie geht zu einer alten, dicken Eiche und zieht einen Bleistiftstummel aus dem Sack.

Und dann schreibt sie; schlecht und recht, wie es eben grad geht an dem rauhen Baumstamm.

Hie und da blickt sie spähend auf den Weg, – dann schreibt sie weiter.

Endlich ist sie fertig damit; und sie überliest halblaut den ganzen Schrieb:

Gelibter Simmerl!

meine Hoffnung daß du mir ein Brifflein schreiben kuntst oder sonst was rigeln zwegen deinen Heuratzverspruch hat sich mir zu schanden geworden. Dein Vater schweigt wie das Grab und du auch wo du mich doch so ungliklich angefihrt hast. Auch ist deine Mutter so vill grob gegen mir und die Kollerin weis schon bald gar nicht mehr wie daß sie mich beser drangsaliren sol. Die Verzweifflung dreibt mich zu der Feder. Ich muß dir auch mitteilen, daß sie mich heute schon so gehunst haben wegen den schleudern. Und von Reden wegen der Heurat zwegen dir und mir ist gar keine Rede nicht. Wens nicht bald was gwisses wird dan sage ich es ihnen selbsten den dan weis ich es gans bestimmt, daß du mich blos verkolt hast. Ich kunnt vile Burschen heuraten und der Staunschneidergirg möcht mich gleich. aber ich gar nicht zamt sein Sach. Weil ich blos dich mag. Den Schmidfranzl hät ich auch haben kinen aber ich wil nicht. Auch teile ich dir mit, daß die Susan vom Girgl so vil falsch ist und ihm untern Fraundreißger gleich um zwanzig Mark Eier und Schmalz verkauft hat in ihren Sack. Wo mir das gar nicht einfalen tät eine solche falschheit.

Ich warte auf dein schreiben und gvißt dich deine unglikliche Hanni.

Sie nickt befriedigt.

»Jawoi. Entweder – oder. Jetz muaß was ausanandgeh, sinst werd mir die alt Hex no Herr. Sicher is sicher...«

Rasch steckt sie den Brief in den Umschlag und macht ihn zu.

Dann läuft sie eilig dahin, – Schönau zu, – wirft ihn dort in den Postkasten und geht darnach aufrechten Haupts in die Kirche, wo sie sich breit in den Betstuhl der Hauserbäuerin setzt, als wär er schon ihr eigner.

Unter der Predigt überdenkt sie ihren weiteren Plan, – und nach der Kirch, unterm Heimgehen, sagt sie – eins mit sich – zu sich selber: »Alsdann, – morgn werd gredt und ghandelt. – Nachher kann s' knerrn und röhrn, die Alt, soviel s' mag. – Und am Irta muaß der Hauser mit mir zum Notar. – Wer woaß's, wia lang daß der Kriag dauert ... und wia er si auswachst. – Und bal er fallt, der Simmerl; – was is's nachher? – Was Schriftlichs is alleweil am besten, so lang i no net Hauserin bin. – Darnach gib i mi mit scheene Wort aa zfriedn!« –

Auf dem Weg nach Öd begegnet ihr die Wirtsleni.

Die läuft schier atemlos durchs Holz und trägt in ihrer Schürze ein Päcklein.

Und da sie die Hanni sieht, will sie eilends ausweichen; doch diese hat sie schon erkannt und ruft ihr zu: »Möchst an Pfarrer no g'schwind 's Meßbuach bringa, bevor ma zwölfe läut't, daß er dir a Extraamt liest? – Da derfst roasen, sinst is er grad bei der Vesper, balst kimmst!«

Die Ödenhubertochter hat nicht viel Antwort bei der Hand.

»Du muaßt alleweil was zum Derblecka habn!« sagt sie verächtlich und trachtet dabei, ihr Päcklein möglichst gut vor den Augen der Rumpelhanni zu verbergen.

Aber die ist schon wieder mit ihrer eigenen Sorg beschäftigt und geht weiter, so daß die Leni erlöst aufschnauft und eilends ihren Weg dahinläuft.

In Schönau geht sie in die Post und schreibt die Adresse auf ihr Paket: »An den Gefreiten Simon Hauser vom Leiberregiment Infanterie, erstes Baion 4te Komponi.«

Dann geht sie nochmals heraus auf die Straße, gibt das Päcklein einem Kind und beschenkt's mit einer Münze dafür, daß es die Liebesgab am Postschalter abgibt.

Worauf sie selber einen Augenblick in die Kirche eintritt, dann zum Grab ihrer Voreltern geht und schließlich sich wieder heimzu wendet, froh und zufrieden, daß auch diesmal das Päcklein den Weg dahin findet, wohin sie es vermeint. –

Unterdessen ist die Hanni nach Öd gekommen und will grad neben dem Backofen des Ödenhubers ums Eck biegen, als sie aus dem Wurzgarten der Hauserin lautes Schelten und Schimpfen hört.

Sie bleibt horchend stehen.

»Ja, was is denn dees!« greint eben die Hauserin; »Die ganzen Salatpflanzl sand hin! Und d' Gurkenstaudn sand ganz zerrupft! – Und meine Astern liegen herraußt! –

Deixelsviecher, verflixte! – Naa, i sags ja! – Solcherne Henna muaßt ja auf der ganzen Welt nimmer finden, als wia dera da drent die ihran! – Akkrat wia sie selber! – Wo s' oan otoa kinnan, da tean sie's! – Aber i derwisch scho amal a paar so gschopfate Luader! – Nachher drah i eahna 's Gnack um, dees woaß i!«

Drüben steht die Wirtin hinter dem Gartenzaun, gut gedeckt von Bohnenstauden und Dahlienstöcken und lust auf. Und jetzt fährt sie auf die Hauserin los: »Aha! – 's Gnack draht s' eahna um, sagt s'! – So, da is also die betreffadt, wo mir meine ganzen Henna umbringt! – Aber jetz geh i zum Wachtmoaster! Glei! Auf der Stell!«

»Ja, geh nur zua!« schreit die Hauserin; »Vo mir aus zum Teife! – Aber daß nachher i aa geh, dees mirkst dir! – Moanst, i woaß's net, wer ins die ganzen Stallhasen wegagfangt hat!«

Die Ödenhuberin reißt eine Bohnenstange aus vor Zorn.

»O du ganz niedertrachtigs, verleumderischs Weibsbild!« ruft sie aus; »mir hätten ihrane Stallhasen! – Sag liaber, wost insane zwölf Anten hinbracht hast! – Und wer insan ganzen Gartenzaun übern Haufen gfahrn hat, die vergangene Woch! –«

Jetzt ist's die Hauserin, die nach Luft schnappt vor Gift und Grimm.

Und sie ist unfähig, der Wirtin noch eine ergiebige Antwort auf diese Beschuldigung zu geben; ein hartes, trockenes Weinen kommt sie an, und sie muß an den Worten würgen, da sie sagt: »Mir?! – Mir hätten dees to...«

Die Ödenhuberin betrachtet triumphierend diese Wirkung; und sie sagt: »Aha! – Gell, jetz hab i di troffa, du alte Speckschwarten! – Jetz kommen dir d' Krokodilzachern! – Bläck nur, daß d' net so z' schwitzen brauchst, wannst drobn hockst, am Amtsgricht!«

Aber da ist plötzlich die Hanni.

»Daß d' di nur net z' früah freust, Wirtin!« sagt sie; »mir

henkt koan, hoaßts, bal man 'hn net zuvor hat! – Wo hast
denn deine Zeugn?«

Die Ödenhuberin fährt zusammen...

»Wer redt denn von dir?« murmelt sie; »was hast di denn
du da einzmischen?«

»Gar net viel!« erwidert die Hanni; »bloß so weit, daß i
der Hauserin an Zeugn abgebn kann! – An gwissen, verstehst! – Moanst, daß uns mir alles gfalln lassen von enk! –
Gwiß net! – Und jetz red i! – Wer hat seine Heißen die ganz
Zeit in unsern Groamat drinn? – Wer hat seine Henna in
unsern Troad drinna ghabt? – Wer hat unserm Dirndl
znachst an Hund oghetzt?... Gell, jetz gehst! – Jetz willst
nix mehr hörn!...«

Die Wirtin hat eilig den Garten verlassen und schlägt laut
schimpfend die Haustür hinter sich zu; die Hauserin aber
steht da wie eine Siegesgöttin, schaut der verschwundenen
Nachbarin noch eine Weile befriedigt nickend nach und
wendet sich darnach um nach der Hanni, um ihr zu sagen:
»Dees hast aber guat gmacht; – i sag dir mein scheen Dank!«

Aber die Hanni ist schon droben in ihrer Kammer, legt
das Kirchengewand ab und geht darnach in den Stall, die
Kälber zu tränken und das Vieh zu füttern.

Erst zum Mittagessen erscheint sie in der Stube. Aber da
ist sie wie immer: wortkarg und, wie die Kollerin zu sagen
pflegt, ein unausstehlichs, anhabischs Weibsbild, das aus
dem Haus gehört.

»Was is's nachher jetz mit dera?« fragt sie nach dem
Essen, als die Hanni mit dem Geschirr in die Kuchel
gegangen ist; »wia lang willst es jetz no fuadern für nix und
wieder nix?«

Aber die Hauserin hört diesmal nicht; sie fragt vielmehr
sehr interessiert ihren Lenz, ob er das Fortgehn im Sinn
hätt.

»Willst no auf Schönau, heunt?«

»Warum?«

Der Hauser liest gedankenlos die Zeitung.

»I moan halt. Weil morgn Viechmarkt is, z' Schönau. Vielleicht woaß oana was zwegn an Ochsen.«

»Ja so«, sagt der Hauser, »freili. Schaugn kann i ja. Dees kost't ja nix.«

Und er legt die Joppe an, bürstet den Plüschhut aus und geht.

Die Hauserin aber sagt zur Alten: »Muata, heunt muaßt du in Rosenkranz geh!« riegelt sich in ihre Schlafkammer ein und legt sich aufs Bett, indes die Liesl zum Staudenschneider in den Heimgarten geht, und also die Hanni Hüterin des Hauses ist und des Hofs, von dem sie im stillen schon jetzt sagt: »Mein Haus, – mein Hof.« –

Beim alten Wirt zu Schönau ist die Gaststube schier übervoll von Gästen, Rauch und Qualm, so daß der Hauser nicht unrecht hat, da er zum Meßmer von Niklasreuth sagt: »Bruader, in der Höll bals amal a so zuageht und dampft, nachher kennt si leicht der Teife selber nimmer aus!«

Kein Platz ist mehr da zum Sitzen; die Bauern haben den Herrgottswinkel und das Ofeneck ausgefüllt, und an den übrigen Tischen hocken die Jüngeren und die Dienstigen.

Man redet vom Krieg.

Und der eine meint: »Ja no; 's Belgien ham mir scho. 's Frankreich ham mir aa scho glei; Paris kriagn ma auf d' Woch und 's Rußland aufn Kirta. Bis Allerheiling ham mir nachher an Engländer umbracht, und z' Weihnachten sauf i mir mein Friedensrausch o.«

»Wenn dir der Italiener net 's Krüagl aus der Hand haut, derweil!« meint der Meßmer von Niklasreuth; »woaßt, den Schlawiner tat i scheucha!«

Aber: »Was!? – Den Katzlmacha!« heißts da; »den Polantifresser! – Den Maronibruada möchst ferchten! – Was willst denn? – Was will denn der macha? – Hat ja grad oa Loch, wo er außikann, der Italiener!«

»Und dees is zuapitschiert!« meint der Hauser; »Dees ham eahm d' Österreicher a so verpappt, daß er a Jahr braucht, bis er si durchefrißt!«

Und so wird weiter disputiert und politisiert, bis jeder voll ist und genug hat und der Wirt sagt: »Feiramd, meine Leutln! – Ins Bett werd gangen.«

Da wünscht einer um den andern allerseits eine »guate Nacht«, der Wirt zündet seine Laterne an, nimmt den Schlüsselbund aus der Schenke und geleitet die letzten noch hinaus bis auf die Straße.

»Alsdann, kemmts guat hoam und kehrts wieder zua!« sagt er noch; dann schlägt er die Haustür zu, indes die Gäste draußen noch eine Weile verhandeln, einen alten Brauch ehren und dann ihren Weg dahintrotten, der Heimstatt zu.

Der Hauser von Öd und der Meßmer von Reuth gehen zusammen. Sie sind so mittendrinn in der Schlacht von Sedan anno siebzig und warten einander mit so viel Erlebnissen und Trümpfen auf, daß an ein Fertigwerden nicht zu denken ist.

Ganz unversehens stehen sie plötzlich vor der Kirche zu Niklasreuth.

»Ja, Herrschaft! Mir san ja scho da!« sagt der Meßmer verwundert; »mir san ja scho dahoam!«

Da reißts den Hauser.

»Dahoam!« ruft er; »dees glaab i! Du bist freili dahoam! – Aber i! – Himmeseitn! – Jetz derf i den ganzen Weg no amal geh! – A so a Viecherei! – Renn i mit auf Reuth und sollt auf Öd!« –

Er hört gar nimmer auf die Trostreden des Meßmers; brummend und mit sich selber hadernd geht er zurück, den Kopf tief zwischen die Schultern gesteckt, die Arme etwas nach rückwärts gestreckt, bald über den einen Fuß stolpernd, bald über den andern.

»Herrschaftseiten!« brummt er für sich selber; »heunt glaab i gar, hab i an kloan Wurf! – Heunt hat er scho glei

wieder a so a guats Gsüff ghabt, daß 's ganz aus is! – Zu an
Grippe kunntst di saufa! – Aber die Alt! – Sakkra, die Alt
werd grohna! – Heunt werd s' scho richti zwider sein, bal s'
mir aufriegeln muaß! – Am liabsten tat i gar nixen sagn
dazu!...«

Unter solchen Betrachtungen und Erwägungen stiefelt
er gemach seinen Weg dahin, braucht die ganze breite
Straße, rumpelt wohl auch einmal an einen Zaun oder
Baum an, und steht doch zu guter Letzt ganz munter vor
seinem Hauserhof.

Da setzt er sich eine Weile auf die Hausbank und überlegt: sollst klopfen, – oder pfeifen, – oder still sein?

Und bedenkt: jetzt schlaft sie, die Rosina, – und du
weckst sie auf; und wegen eines Ochsen hast auch nicht
geschaut und gefragt, – und zu viel aufgelegt hast auch.

Und ist also schließlich so weit, daß er halblaut für sich
hin murmelt: »Naa, klopfa tuast ihr net, der Rosina.
Schaugst liaber, daß di d' Hanni einlaßt.«

Damit hat er auch schon eine Leiter aus der Schupfe
genommen und lehnt sie unters Kammerfenster der Hanni.

Schwitzend steigt er hinauf.

Die eine Scheibe ist nur angelehnt.

Der volle Mondschein wirft seinen Schatten in die Kammer der Dirn.

Die liegt fest schlafend, die Arme überm Kopf verschlungen, auf ihrer Lagerstatt.

Der Hauser öffnet leise die Scheibe und starrt auf das
Maidl.

Und mittendrinn fährt ihm das Wort »Kammerfensterln« durchs Hirn; ganz gähend, daß es ihm die Hitze in
den Kopf treibt.

Ein Gedenken an weit hinten liegende, junge Jahre
kommt über ihn.

Kammerfensterln! –

Die Hanni wird unruhig. Sie wirft den Kopf herum, daß

ihr die kohlschwarzen, wirren Haare ins Gesicht hängen, läßt die Arme auf die Zudeck fallen und kehrt sich darnach aufschnaufend auf die Seite.

Der Hauser steht starr wie ein Wandheiliger; ein ganz seltsames Gefühl überkommt ihn und preßt ihm mittendrinn den heiseren Ruf: »Hanni!« heraus.

»Hanni!« flüstert er wieder.

Das Maidl fährt in die Höhe.

»Was gibt's?«

Der Hauser beugt sich weit hinein in die Kammer.

»Hanni! – I bins, der Hauser! – Der Bauer! – Außagsparrt ham s' mi?! – Magst mi net einlassen?«

Die Hanni sitzt erschrocken und schlaftrunken aufrecht im Bett und reibt sich die Augen.

»Was? Du bist es, Hauser?«

»Ja, i bins. Durchlassen sollst mi, durch dei Kammer!«

Allmählich begreift sie.

»Ja so! – Du hast d' Uhr nimmer kennt!«, sagt sie in ihrer Art, »und jetz muaßt di vor dein' Nachtwachter fürchten! – Mei, wannst moanst, daß d' durch den Türstock leichter aufn Strohsack kimmst, als wia anderscht, – nachher geh nur durch. – Vo mir werd neamd nix inne!«

Der Hauser muß lachen.

»Du bist es ja scho gwohnt, 's Staadsein!« sagt er, indem er sich mühsam durch den Fensterstock zwängt; »Is a der ander aa leicht öfters auf dem Weg hoamganga, – der Bua!«

Die Hanni ist um die Antwort verlegen.

Aber es fährt ihr durch den Sinn, daß sie ja mit dem Alten reden wollte, wegen des Simmerls.

Ob nicht jetzt eine glückhafte Stund wär zu dem Anheben?

Sie tut geschämig.

»Ja no ... I hab 'hn aa net aufhaltn kinna!« sagt sie. »I konn ja di aa net aufhalten...«

Dem Bauern schlägelt das Blut bis zum Hals hinauf.

»Glaabs scho«, meint er, »daß eahm der Weg net schiach vürkemma is! –«

Er betrachtet blinzelnd das Weibsbild.

»Gar net übel!« sagt er sich; »guat gstellt und do net übermaßi gformt, – sauber beinand und frisch in der Art, – und dazua a Mundwerk wia a Spinnradl; Herrgott, wann i net der Alt waar … aber … wer woaß's … vielleicht schatzt s' mi gar net so alt …«

»Schiach zum Oschaugn bist scho net!« sagt er halblaut zu ihr; »gaab scho mehra Leut, dene wost gfalln tatst! –«

Die Hanni lacht.

Ein ganz leises Lachen, dabei sie die Zähne weist und die Augen ein wenigs zudrückt, um sie nachher ganz groß und unschuldig aufzuschlagen.

»Werd net so gfahrli sei!« sagt sie leise.

Beim Hauser beginnt ein inwendigs Feuer zu brennen.

Die Hanni meint verlegen: »Und net amal an Nachtkittel hab i o, gell! – Weilst mi a so derschreckt hast!«

Der Alt stiert sie begehrlich an.

»I schaug dir nix weg!« sagt er heiser: »Aber mir wer i mein Verstand jetzt bald weggschaugt habn! – Geh, laß mi a weng niederhocken!«

»Aber, Hauser! – Was fallt dir denn ei!«

Sie hält verschämt die Hände über der Brust gekreuzt.

»Werst do in deiner Schlafkammer aa no an Sitz finden!«

»Aber koan so an kommoden!« flüstert er, setzt sich an den Bettrand und sucht ihre Hand zu fassen.

Die Hanni weicht zurück an die Wand.

»Geh, sei do gscheidt, Bauer! – Werst do deiner künftigen Schwiegertochter net heunt no d' Liab erklärn wolln! – Laß mei Hand aus! – Geh, laß aus, sag i!«

Er läßt nicht aus. In ihm brennts lichterloh.

»Hanni! – Deixelsdirndl! – Konnst ma gar net a bißl schee toa?«

Sie will ihm ihre Hand entziehen.

»Also sei doch gscheidt!« flüstert sie wieder; »denk do an sie! – Wenn sie's jetzt hört!«

»Ah was, die schlaft do! – Geh, sag mirs, obst mi guat leiden konnst!«

Der Hanni wird ungut zu Mut.

»Ja«, sagt sie, »freili konn i di leidn! – I wer do gegen mein künftigen Vatern net grob sei! – Aber jetz muaßt geh! – Moanst, was der Simmerl sagn tat, wann er dees wüßt!«

Sie zieht sich allmählich bis ans Fußende zurück und springt schließlich aus dem Bett.

»Bist denn jetz ganz vom Verstand kemma!« ruft sie aus. »Wiast jetz net augenblickli gscheit bist, nachher schrei i der Hauserin! – Oder der Alten!«

Sie schlüpft in den Unterrock und stellt sich an die Tür.

Der Hauser tappt verlangend nach.

»Dees werst aber bleibn lassen«, sagt er; »denn wannst mir du übel willst, nachher will i dir aa net guat! – Auf mi kimmts o, obst amal Hauserin wirst!«

Aha! Da hat er einen Trumpf. Einen, der was gilt.

»I sag ja net, daß i dir übel will! – Aber i konn do net an Simmerl mit sein eignen Vatern oführn! – Dees hat er do net verdeant, dei Bua! – Und wann i amal Hauserin bin, nachher zoag i dir's scho, daß i di aa gern hab ... als mein Vatern ...«

»Ah was, Vatern! ... Is scho recht, balst mi darnach aa no magst – als mei Tochta. – Aber jetz ... heunt ...«

»Heunt sagst mirs, ob i an Simmerl heiratn derf, gell!«

Sie wird nachgiebiger.

»Freili derfst 'hn ... alles derfst ...«

»Und du gehst morgn mit mir zum Notar?«

»Zwegn was?«

»No, zwegn der Heirat. Woaßt, daß i halt eppas Gwiß's in Händen hab!«

»Ja so. – Ja no. – Vo mir aus. – Balst mir a bißl schee tuast ... nachher konnst verlanga ... was d' magst ...«

»Gell, und du laßt di net aufhalten, morgn! – Und i geh mit!«

»Freili gehst mit ... du ...«

»Und laßt es schreibn, daß der Simmerl nach dem Kriag an Hof kriagt ... Und i damit ... Gell!«

Er verspricht alles; ja, er gibt ihr den ganzen Geldbeutel zum Pfand dafür, daß ers morgen richtig macht.

Bloß um ein bißl Schöntun...

Die Hanni zieht sich langsam gegen ihren Kommodkasten zurück.

Da steht die Kaffeetasse, welche ihr der Simmerl einmal von der Münchner Dult mitbrachte, – und eine gipserne Statue der Lourdes-Madonna, – und das Weichbrunnkrüglein.

Der Hauser hat sie bei beiden Armen ergriffen und sucht, sie in die Höhe zu heben.

In diesem Augenblick erhascht ihre Hand die Fransen der Kommodendecke.

Und sie zieht an.

Er will sie zur Lagerstatt tragen...

Rratsch...

»In Gottsnam! Hauser! – Dees hat sie ghört!«

Der Alt hat sie gählings losgelassen.

»Gfehlt is's! – Hauser! – Dees bal der Simmerl inne werd...«

Sie beginnt zu weinen.

Der Hauser steht lauschend, mit wildklopfendem Herzen, an der Tür.

»Sei do staad!« flüstert er; »laß mi do lusen! – Noch hör i nixen!«

»Schaug nur grad, daß d' aus der Kammer kimmst! Mei Herrgott, – sehgn bal s' di tuat, d' Hauserin ... oder gar d' Kollerin ... auf der Stell muaß i geh!« –

Der Hauser horcht immer noch. Alle Augenblick vermeint er, was zu hören.

Da ... wars jetzt im Stall? – Oder bei der Kollerin?

»Schaug, bal mir morgn zum Notar gehn, ... nachher ... is sie net dabei ... und die Alt net ... geh zua jetzt! – Gell, jetz gehst! – Ganz staad! – Und tuast ganz unschuldi! – I nimms scho auf mi, dees Scheppern. I sag, daß oaner einsteign hätt wolln – und du hast 'hn vertriebn.«

Ja, das ist ihm recht.

Und er sagt zu allem Ja. Und schleicht rasch aus ihrer Kammer, zieht draußen ganz still die Stiefel aus und öffnet die Tür zur Schlafkammer.

Aber da liegt seine Hauserin schnarchend und blasend, – und fährt erst in die Höhe, als er sich fluchend auf die Kissen fallen läßt ...

»Ja so, du bist es!« sagt sie beruhigt; und sie kehrt sich auf die Seite und schnarcht weiter.

Indes er über seine Dummheit flucht, daß er so ängstlich war, – über das Unglück mit der Decke nachgrübelt und sich auf keine Weite einbilden kann, wie es möglich war.

»Die muaß i rein mit weggrissen habn wia i 's Madl umetragn hätt, i Rindviech!« denkt er; »Herrgottseiten, – scho so nahend dro ... aber ... morgn is aa no a Tag! – Jawoi. Bis auf Eberschberg is a scheener Weg. – Und sie muaß mit. – Zwegn an Ödnhuaber, sag i. – Ah was! – Jetz schlaf i gar! – Werd si scho was finden!«

Und so halb und halb zufrieden, müd und mit schwerem Kopf dreht er sich um, zieht die Zudeck über die Achsel und schläft ein.

Die Hanni aber klaubt die Scherben der Lourdes-Madonna zusammen, indem sie sagt: »Gholfa hast mir do, wannst aa gipsern bist! – Aber, halt di net auf: bal i erst Bäuerin bin, nachher stell i di stoanern auf mit aner feinen Grotten!«

Der Hauser hat in der Nacht allerhand närrischs Zeug zusammengeträumt und ist erst beim Tagwerden in jenen traumlosen, tiefen Schlaf gesunken, den er sonst gewohnt ist.

Daher kommt es, daß seine Hauserin ums Gebetläuten ganz erschreckt aus den Kissen fährt, aufhorcht, ihren Lenz noch tief schlafend neben sich sieht und also ganz und gar irr wird an der Zeit.

Sie schüttelt den Bauern fest an der Schulter: »Lenz! He, du! Was läut' ma denn jetz? – Brennt's leicht wo?«

Da schlägt's fünf Uhr.

»Was?! Fünfe! – Ja, was is denn dees heunt mit dem Mannsbild! – Um fünfe schlaft er no! – Auf, du! – He! Lenz! – Aufsteh sollst! – Ja, Herrschaft! Daß denn der net aufsteht! –«

Sie erhebt sich eilends und zieht sich erregt an.

»Der muaß ja net schlecht gsuffa habn, gestern! –«

Wieder versucht sie, ihn zu wecken; doch wieder antwortet ihr nur ein tiefes Grohnen.

Sie schüttelt ratlos den Kopf.

»Dees is mir aa no nia passiert, daß i den Tropf net aus'm Schlaf bring!« sagt sie; »bal der a so ofangt, nachher wern mir bald von die Federn aufs Stroh kemma. Der muaß ja an ganzen Banzen ausgsuffa habn!«

Ihr Blick fällt auf seine Sonntagshose.

»Da muaß i do scho in sein Geldbeutl nachschaugn, ob er no drei Kreuzer drin hat, der Schwammerling!«

Sie sucht in den Hosentaschen herum!

»Wo hat denn der sei Geld? – Der hat ja sein Zugbeutel net drinn! – Is der ohne Geld furt, gestern?«

Eilig sucht sie seine Werktagshose durch.

»Naa, do hat er 'hn aa net drinn! – Jetz, da hört si do scho allerhand auf! – Hat denn der dees ganze Geld mitsamt 'n Beutl versuffa?!«

Eine plötzliche Wut überkommt sie.

Sie reißt ihm die Zudeck weg und plärrt ihn an: »Außa,
sag i, du Lackl, du verlumpter! – Is dees aa no a Wirtschaft
mit so an Mannsbild! – Wo hast denn du dein Geldbeutl? –
Wo hast denn du dei ganz Geld hinbracht! – Wo bist denn
du gestern gwen, daß d' koa Geld nimmer hast?«

Der Hauser sucht erschreckt nach der Zudeck.

»Noo! – Konnst oan net schlaffa lassen! – Mitten in der
Nacht reißt s' oan außa...«

»So! – Um fünfe in der Früah! – Jetz woaß i's do gwiß,
daß d' glumpt hast, gestern!«

»Glumpt wer i habn...« brummt der Alt und steht
unlustig auf.

»Naa, sag i! – Wo hast nachher 's ganz Geld hinbracht?!«

»'s Geld hinbracht! ... A so a dumms G'red!«

Er schlupft in die Werktagshose.

»Im Geldbeutl wer i 's halt habn!«

»Aha! – Im Geldbeutl! – Wo hast nachher dein Geldbeutl?«

»Geh, Herrschaft! – Wo wer i 'hn denn habn! – In der
Hosen halt!«

»So, – in der Hosen! – O du Lugenschüppel, du ganz
schlechter, du!«

Der Hauser ist ganz starr.

»Ja, – was hat denn jetz heunt der Hausdrach, – mit dem
ewigen Gefrag!« denkt er.

Aber, – da greift er selber in die Sonntagshose, – in die
Joppe, – und findet den Beutel nicht.

»Ja, – Himmekreizkruzi...!«

Vor Schreck muß er sich aufs Bett setzen.

»Wo hab denn i...«

Seine Rosina will ihm daraufhelfen.

»Wia i sag: verlumpt werst es halt habn ... werst scho
anorts wo oane aufgabelt habn...«

Sie packt das Sonntagsgewand und bürstet etlichemal
darüber.

Der Hauser aber hockt da, – reißt mittendrinn die Augen weitmächtig auf, und es fällt ihm was ein, – eine Todsünd. Herrgott! – Wenn sie ihm draufkommt ... gfehlt ist's ...

»Den muaß i rein daneben gschobn habn, – beim Wirt...«, sagt er unsicher; »da muaß i nachher glei ofragn lassen ... durch d' Hanni...«

Die Hauserin fährt auf: »Sunst nix mehr! – Möchst es net die Deanstboten aa no einistreicha, was d' für oaner bist, – für a Hallodri!«

Der Alt zieht sich gedrückt vollends an; da hat er sich ja eine saubere Suppen eingebrockt! – Wenn ihn nur das Weibsbild wenigstens nicht aufbringt! – Das wär erst noch was! – Herrgott, – die Schand, – vor ihr, der Rosina, der Alten, – dem Simmerl! – Sein Lebtag könnt er dem Buben nimmer grad ins Auge schauen, wenn er's inne würd, was ihm da sein Alter mit dem Weibsbild angetan hatt, oder doch wollte. – Wenn er nur mit ihr zu reden käm, mit der Hanni! –

»Wia? – Lus auf! – Hörst nix? – Was hat denn d' Muatter scho, heunt?«

Die Hauserin fragt's im selben Augenblick und macht die Tür auf.

Da hört sie die Kollerin plärren: »Is dees aa no a Art! – Is dees no menschli! – D' Loater loahnt um sechse in der Fruah no am Fenster dro! – Und sie hat gar nimmer Derweil, daß s' an d' Arbat gang! – Sie steht einfach gar nimmer auf, vor lauter Gloria!«

Dem Hauser ist so ungut, daß er sich auf sein Bett hocken muß.

»Herrgott, jetz ham s' mi scho!« denkt er voller Ängsten.

Und die Kollerin schimpft weiter: »Du ganz miserabige Stanz du! – Moanst du, mir ham di dunga zu der Lumperei! – Dei Herrlichkeit waar a bißl gar z' groß wordn bei ins da! – Aber jetz hats a End, daß d' es woaßt! – Insa Haus is a ordentlichs Haus, – dees mirkst dir! – Da muaßt scho wo

anderscht suacha, daß dir dei Schand geduld't werd, du
Schuri, du gstroachte! – So, und jetz packst dei Sach zsamm
und druckst di! – Glei, auf der Stell!«

Die Hauserin horcht ganz starr auf.

»Was hat die?! – Daghabt hat s' oan?! – Beim Fensterln
hat s' oan ghabt!? – Ja, wo is denn der Schlampen, daß i 'hn
nimm und außeschmeiß, – daß s' nimmer einafind't, die
Strohgeign, die schlechte!«

Sie rennt voller Wut an die Kammer der Hanni.

Aber die Dirn schlägt ihr die Tür vor der Nase zu und
riegelt ab.

»Willst du aufmacha!« brüllt die Bäuerin und reißt im
höchsten Zorn an der Klinke, indes die Kollerin mit dem
Kehrbesen an die Tür schlägt, daß es durchs Haus scheppert.

»Obst guatwilli aufmachst, frag i di!«

»Fallt mir gar net ei!« sagt drinn die Hanni.

»I hau d' Tür ei!«

»Vo mir aus zwee!«

Die Hauserin läuft in die Schlafkammer.

»Treib mir dees Weibsbild außa! – So weit is 's jetz
kemma, daß mi i außasparrn lassen muaß von so an Polster!
— Geh nur zua und jag s' außa! – Und auf der Stell wirfst
mir s' aus 'n Haus! – Auf der Stell!«

Der Hauser sitzt immer noch auf seinem Bett.

Er soll die Dirn jetzt ausjagen! Er soll ihr Grobheiten
machen, – wegen des Fensterlns! – Er!

Eine Hitz um die ander steigt ihm auf.

Aber er sagt doch mit großer Ruhe und Gleichgültigkeit:
»Was geht denn mi dees Weibsbild o! – Machts do enka
Sach selber aus miteinand! – I misch mi do in koane
Weiberleut net ei!«

»So! – Im Stich lassen willst mi! – Gegen so a Schlamperl!
Mi, – d' Hauserin vo Öd!«

»Ös werds do selber aa firti werdn damit! – Seids do sunst
net a so aufs Maul gfalln, du und dei Alte!«

Er wundert sich selber über seine Ruhe.

Aber, – es muß doch nicht gar so schlecht stehen um ihn; die Kollerin hat ihn noch nicht in der Nase als den Hallodri.

»Da waar ja i dappig, wann i mi einmischen wollt und die ander gegen mi aufhetzen!« denkt er.

Und er sagt nochmal zu seiner Hauserin: »Dees muaßt do selber sagn, daß dees koa Mannsbilderarbeit is! – Balst moanst, na schmeißt es außi, – aber, – was d' darnach einakriagst, dees woaßt halt aa no net!«

»So oane kaaf i mir heunt no am Markt!« sagt sie verächtlich; »und überhaupts hab i 's gar net im Sinn, no amal a so a Schloapfa z'dinga. Deswegn gschieht mei Arbat grad so guat, – ob i jetzt a so a Weibsbild da hab oder net!«

»Ja no«, meint der Hauser, indem er sich zum Gehen anschickt; »dees muaßt selber wissen. Zwegn meiner konnst oane habn oder koane. Mei Arbat tuat mir alleweil neamd. – Und jetz geh i zum Gras maahn. D' Küah plärrn.«

Und indem er innerlich von Herzen froh ist, daß er sich so gut aus der Geschichte herausgewunden hat, tritt er aus der Kammer und sagt im Hinabgehen sehr laut zurück: »Is der Stall scho gräumt? – San d' Küah scho gmolcha? – Is 's Viech scho gfuatert? – A Gsott muaß aa gschnittn werdn! – Und Runkeirüabn müaßts ausxian, – und Erdäpfel klaubn!«

Die Hauserin läßt ihn reden.

Sie ist noch nicht eins mit sich: soll sie das Weibsbild ohne ein weiteres Wort hinauswerfen, – oder soll sie ihr noch ordentlich die Meinung hinsagen? –

Die Kollerin indessen hat kaum die Befehle ihres Tochtermannes gehört, als sie auch schon knerrt: »Ja, schaff nur schee o! – Dees konnst! – Aber so an Besen richti ranschiern, dees konnst net! – Da laafst davo! – Werst scho wissen, warum! – Werst scho aa net ganz sauber sein! – Bist ja so a ganz a guater! – Um sechse fangt er's Arbatn o! – Um sechse! – Wann andere scho lang müad san!«

Ihre Tochter, die Hauserin, hat gut gehört, was ihre

Mutter eben sagte; und mittendrinn fällt ihr der Geldbeutel ihres Lenz ein.

Daher fragt sie ganz unvermittelt: »Muata, woaßt du aa eahm sein Geldbeutl net? – Sein Geldbeutl hat er nimmer!«

Die Kollerin vergißt über dieser Frage einen Augenblick die arme Sünderin in der Kammer drinn.

Was die Hanni, welche alles mit angehört hat, dazu benutzt, ganz leise den Türriegel zurückzuschieben, den Geldbeutel des Hausers ins Mieder zu stecken und eilends durchs Fenster hinaus auf die Leiter zu steigen.

Im selben Augenblick tritt unten der Bauer aus der hinteren Haustür, sieht die Leiter und darauf die Hanni.

Er läßt vor Schreck schier die Sense fallen.

»Hanni!« fährt's ihm halblaut heraus.

Aber die Dirn winkt ihm zu, still zu sein, steigt lautlos zu ihm hinab und flüstert: »Schnell weg damit! – Dein Geldbeutl leg i dir in d' Schupfn, daß d' net Schläg kriagst von der Alten! – Die hat so grad gsagt, daß d' a ganz a guater bist, und daß 's net sauber is, – no ja, – woaßt scho, was!«

Sie lacht leise.

»Mei, vo mir werd s' nix Neus inne!« sagt sie schmunzelnd; »dafür möcht i bald von dir was inne werdn! – Woaßt aa scho, zwegn was, gell?«

Dem Hauser wird auf einmal wieder leicht und wohl. »Siechst!« sagt er, »du gfreust mi! – Du bist a richtigs Leut! – Aber, laß dir nur Zeit: i mach mei Sach scho recht.«

Damit trägt er die Leiter hinter den Stadl, indes die Hanni in die Holzschupfe läuft, den Geldbeutel des Hausers neben den Hackstock auf die Erde wirft und danach ruhig in den Stall geht zum Melken. –

Unterdessen hat droben die Junge der Alten lang und breit erzählt, wie ihr Lenz den Geldbeutel samt der Münz nicht mehr heimbrachte, wie er nicht zum erwecken war und was sie über ihn dächte.

Und die Kollerin steht dabei wie ein alter Lämmergeier,

streckt den Hals, dämpft die Stimm und flüstert: »Daß 's net sein kunnt! – Daß s'hn net verhext habn kunnt, an Lenzen – Mei Liabe, die macht dir no allerhand z' schaffa, balst es net aus 'm Haus tuast.«

Wohl mag's die Hauserin nicht recht glauben, das von ihrem Lenz; aber die Alte macht's so wichtig und überzeugend, daß schließlich auch der Glaube ihrer Tochter wankend wird und der Zweifel an der treuen Ehelieb ihres Lenz in die Höh kommt.

»Ja ja; – mei, daß 's net sein kunnt!« sagt sie nachdenklich. Und sie seufzt.

Aber dann wird ihre Stimme entschlossen und fest, als sie sagt: »Drum muaß s' aus 'm Haus. Glei. Auf der Stell.«

Damit hat sie auch schon mit der Faust an die Tür geschlagen und ruft nun hinein: »Ja, willst jetz du aufmacha oder net, du Herrgottsakramonter! – Willst ins guatwilli einelassen, moanst, he!«

Und sie packt die Klinke; – die Kollerin lehnt mit ihrem Kehrbesen fest an der Tür und pumpert mit Füßen und Fäusten; – die Hauserin reißt in aufflackernder Wut wild an dem Türgriff, und dann liegen sie beide, sich überkugelnd, in der leeren Kammer.

Die Hauserin ist die erste, welche sich faßt und erhebt.

»Die is ja gar net da!« – ruft sie aus; »die hat ins ja grad für an Narrn ghalten!«

Die Kollerin rafft sich mühsam an ihrem Besen zur Höhe.

Und auch sie muß sehen, daß die Hanni dahin ist samt der Leiter.

Bei dieser Erkenntnis steigt ihr Zorn schier ins Ungemessene.

»Was?! – Furt is di Karnalje!« kreischt sie; »beim Fenster is s' auße, das Gfriß! – Ja, di soll doch glei...«

»Auf der Stell der Teife holn!« ergänzt die Hauserin und geht voller Gift und Galle hinab, die Dirn zu suchen und ihr den Laufpaß zu geben, indes die Kollerin droben knerrend am Fenster steht und nach der Leiter schaut, dabei sie den Bauern sieht.

»I wett, daß der Tropf im Gspiel is!« murmelt sie und beobachtet ihn lauernd, wie er langsam in die Holzschupfe geht, eine Weile herumsucht und plötzlich etwas vom Boden aufhebt.

»Is jetz dees net...«

Sein Geldbeutel ist's, ja. Er zieht ihn auf und zählt flüchtig den Inhalt; dann schiebt er ihn rasch in den Sack, nickt etliche Male vor sich hin und geht danach ins Haus.

»Jetz hat er 'hn ja!« sagt die Alte für sich und geht hinab. »Also hat er 'hn gwiß und sicherli verlorn, wie er d' Loater gholt hat. – Also is er am Fenster gwen. – Drum muaß a End gmacht werdn, – a gschwinds! –«

Sie läuft sogleich in den Stall.

Da steht schon die Hauserin, reißt der Hanni den Melkkübel aus der Hand und plärrt sie an: »Du melchst mir nimmer, sag i! – Du schaugst, daß d' mir aus mein Haus außekimmst! – Du waarst no so oane, du...«

»Aha!« sagt die Hanni protzig; »du bist nachher mehra wia oane!«

»Ha! Hoaßen möchst mi du was!«

Die Hauserin erhebt drohend die Faust.

Da mischt sich die Alte ein.

»Was will die? – Aufmandeln will sie sich no mit ihra Schlechtigkeit! Des Laster!«

»Und du nachher erscht, du alter Bachofa! Du werst nachher besser gwen sei! – Di werdn s' scho in die Kindswindln heilig gsprocha habn! – Da balst mir net ganz staad bist! ...«

Die Kollerin muß krampfhaft nach Luft und Worten schnappen.

Die Hauserin aber packt die Dirn rauh bei der Schulter und stößt sie zurück.

»Jetz glangts aber!« schreit sie; »jetz is 's gnua! – Jetz gehst, du Flitschen, du z'ammzepfte, oder i mach dir Füaß!«

Die Hanni hält sich gerade noch am Barren fest, um nicht rückwärts zu fallen von dem Stoß.

Sie wird jäh bleich, ballt die Faust und macht einen Schritt gegen die Hauserin.

Plötzlich aber lacht sie verächtlich kurz auf: »Ha! Werd i mi do net vergreifa ... an so ana gwamperten Bauernsau! – An so an Scherbn ...«

Damit läßt sie beide stehen und rennt davon, – aus dem Haus, – zu ihrer Großmutter, der alten Rumplwabn.

Und auf dem Weg dahin sagt sie sich: »Habts mi guat außegworfa! – I kimm scho wieder eine! – Aber nimmer als Dirn! – Nur als Hochzeiterin, dees mirkts enk! – Nachher knerrts mir guat und plärrts mir guat, ös zwoo Michelidrachan!«

Bei dieser Erwägung wird sie wieder ruhig und heiter und summt, als sie die Tür bei ihrem Ähnl öffnet:

»Der Franzos streit't ums Elsaß, – der Ruß streit't
                                          ums Geld;
I streit um an Bauernhof – und pfeif auf die ganz
                                          Welt!«

Im Hauserhof geht's bös her.

Die Hanni ist nun drei Tage bei ihrer Wabn. Und die Hauserin merkt allmählich, daß ohne Ehehalten schwerer arbeiten ist.

Aber – nachdem sie schon einmal mit Händen und Füßen gewerkt hat, bis das Weibsbild aus dem Haus war ...

Das heißt: hat sie denn das?

Sie steht müd und schwitzend vor dem Herd und sinniert.

Und mittendrinn sagt sie grandig zur Kollerin, die neben dem Ofen sitzt und Butter ausrührt: »Herrschaft, aber heunt hockst wieder lang da bei dein Rührfaßl! – Dalebn konn ma di aber jetz scho nimmer!«

Die Alte läßt den Rührschwengel fallen.

»Jetz da schaug her! – Fuchzg Jahr rühr i jetz scho aus, – und no nia hat sich eppas gfehlt! – Jetz auf amal waar i z' langsam! – Nachher rührst dir ganz oafach selm aus, wennst moanst, daß 's bei dir schneller geht!«

Sie steht auf und geht zornig aus der Kuchel.

Die Hauserin ruft ihr gereizt nach: »Jetz rennt s' davo! Vo mir aus! – I rühr net aus! – I glang a so mit meiner Arbat! – I durft mi a so z'reißen! Die ganz Stallarbat hab i, – die ganz Hausarbat, – 's Kocha, – d' Feldarbat, 's Dreschen ... Jetz müaßt i gar no ausrührn aa! – Gern habn kinnts mi allsamm mitanand!« –

In diesem Augenblick kommt der Hauser mit den Ochsen heim, spannt aus und geht in die Kuchel.

»Is 's Essen firti? – D' Ochsen müaßn glei gfuatert und tränkt werdn! – Ham d' Küah eahna Sach! – Habts d' Kaibe scho hiebei ghabt bei die Küah? – Nach'm Essen richts zum Dreschn o, – und oa Fuada Erdäpfel muaß aa hoambracht werdn!«

»Und du konnst mi gern habn mit deiner Oschafferei!« schreit ihn seine Rosina an. »I bin doch koa Herrgott net, daß i überall z'gleich sein kunnt! – Und 's Hexen hab i aa no net glernt bis jetz! – Wennst so guat oschaffa konnst, – nachher probier nur 's Arbatn aa!«

Der Alt läßt sie ruhig greinen.

Er setzt sich in der Stube an den Eßtisch, macht das Kreuz und betet laut seinen Bittgarschön an den himmlischen Vater ums tägliche Brot.

Und da ihm seine Bäuerin zu lange verzieht mit dem Essenbringen, ruft er hinaus in die Kuchel: »Muaß i no lang wartn auf enka Gfraß? – Nachher geh i zum Ödnhuaber ume und kaaf mir mein Mittagsmahl!«

Worauf die Hauserin in lautes Weinen ausbricht, vom zu

Tode schinden und Zerteilen jammert und sich das Sterben wünscht.

»Habts es ja net anders habn wolln!« sagt der Lenz.

Die Hauserin hört ihn scheinbar nicht.

»Hätt's es ganz schee aushalten kinna; – du und die Alt!« bohrt er weiter.

»Ja no! – Grad alles laßt ma si aa net gfalln! – Die braucht mi koan Scherbn net z'hoaßen und koa gwamperte Sau aa net!«

»Mei, – recht mager bist aa net! –«

»Und zum Kammerfensterln hat ma s' aa net dunga!« sagt sie und wischt sich die Tränen mit der rupfernen Schürze ab.

»Dees glaab i gar net, daß s' oan da ghabt hat!« erwidert ihr der Bauer.

»Soo! – Du glaabst es net?«

»Hast du oan gsehng?« fragt er ruhig.

»Nnaa, gsehng hab i eigentli neamd...«

»Hast du d' Loater gsehng?« fragt er wieder.

»D' Loater!? – Naa, i hab s' net gsehng. Aber d' Muata hat s' do gsehng!«

Der Hauser lacht kurz auf.

»Ah was! – D' Muata! – Dei Muata siecht gar oft was! – I wett, sie hat's grad gsagt, daß sie s' weiterbracht hat, d' Hanni!«

Die Bäuerin ist starr. Sie muß sich niedersetzen.

»Du moanst, daß gar koana dagwen is?« murmelt sie; »aber d' Muata hat doch sogar gmoant, daß du...«

»Die konn moana, was s' mag, sagst!« erwidert ihr der Lenz sehr laut. »Und balst du so eppas vo mir glaabst, nachher bist aa trauri dro...«

»I glaabs ja a so net!« sagt sie schnell; »aber d' Muata konns oan a so vürmacha, daß ma ganz zweiflat werd!«

Sie trägt das Essen auf.

»Aber dees konn i do net vergessen, was s' mi ghoaßn hat!« fängt sie von neuem an.

»Ja no! – Da konn i dir aa net helfa. – Werst es scho aa was ghoaßn habn! – I muaß jetz essen, daß i wieder zu meiner Arbat kimm.«

Während des Essens wird nichts mehr geredet. Der Hauser aber ist zufrieden mit seinem Werk.

»D' Weiber muaß ma bloß richti behandeln«, denkt er: »die san akrat wia d' Roß: je schwaarer daß s' ziagn müassen, um so leichter daß s' zum zügeln san.« –

Die Kollerin rührt wirklich nicht mehr aus; ja, sie läßt sich auch für den Tag nicht mehr im Haus blicken, sondern riegelt sich in ihre Austragkammer ein und verschmäht sogar das Essen.

Die Hauserin aber schafft und werkt, schwitzt und seufzt, – und hockt endlich abends ums Gebetläuten wie tot auf der Hausbank, kaum mehr fähig, sich zum Schlafengehen aufzuraffen.

Da kommt plötzlich, – wie hergeschneit, – die Hanni.

Sie geht quer durch den Obstgarten, kommt aufs Haus zu, geht ohne ein Wort an der Hauserin vorbei und hinein, läuft die Stiege hinauf in ihre Kammer und riegelt hinter sich ab.

Die Hauserin ist völlig starr.

Langsam wendet sie den Kopf, schaut der Dirn nach und sagt halblaut: »Ja – was is denn jetz dees!? – Ja – die is guat!« –

Erst nach und nach erfaßt sie die Dinge; und sie steht auf und geht in die Schlafkammer, wo ihr Lenz bereits in den Federn liegt und schnarcht.

Sie schüttelt ihn. –

»He! Du! – Lenz!«

Der Alt brummt etwas und dreht den Kopf.

»Du! Hörst mi? – Sie is da ... d' Hanni!«

»No – laß s' da sein!« sagt er verschlafen.

»Was die do no verlorn hat? – Net amal an Gruaß hat s' ghabt für mi!«

Der Hauser schnarcht schon wieder.

Da kommt sie abermals ein Weinen an.

»Er schlaft halt scho wieder! – Und mit mir kann die ganz Welt toa, was s' mag! – I bin der Depp – hint und vorn! Und derf mi aa no alles hoaßn lassn! ...«

Sie horcht hinaus.

»Ja – bleibt denn die über Nacht da!?«

Ganz leise schleicht sie sich an die Tür.

Spähend schaut sie durchs Schlüsselloch.

Da steht die Hanni beim Licht ihres Wachsstocks und packt langsam ihre Sachen in den armseligen Koffer.

Darnach zieht sie das Bettzeug ab, legt es mit der andern Schmutzwäsche auf ein Häuflein zusammen und wirft ein Stück Seife dazu.

Und am End zieht sie sich ruhig aus und legt sich in das grobe, unüberzogene Bett, löscht das Licht ab und reckt sich auf dem knarrenden Lager.

Die Hauserin geht gedankenvoll in ihre Kammer zurück.

Also, sie will noch ihre Fähnlein waschen. Und das Bettgewand. Eigentlich ist es ja schön von ihr, daß sie an das Bettzeug denkt, – daß sie ihren Dreck hinausputzt! – Überhaupt denkt sie an die Arbeit, die Hanni! – Da darf schon eine hergehen! – Aber – die Unverschämtheit, – die Goschen...

Sie kann kaum einschlafen, die Hauserin, vor lauter Denken und Sinnieren.

»Ja ja, das Maulwerk! – Direkt eine Sau hat sie einen geheißen! – Einen Scherben! – Nein – das kann man nicht angehen lassen! – Da gibts keine Gnade mehr!«

Sie gähnt müd.

»Nein – die Arbeit in den letzten Tagen! – Wenn das so weiterging? – Freilich gehts so weiter, wenn nicht eine Dirn ... die Hanni...«

Die Hauserin schläft.

Mitten unterm Grübeln und Bohren sind ihr die Augen zugefallen. –

»Rosina! – He! – Außa! – Zeit is's zum Aufsteh!«

Der Hauser weckt seine Bäuerin.

»Is ja no Nacht!« sagt diese müd und verschlafen.

Aber es hilft nichts; sie muß aus den Federn.

Wenn man kein Dienstvolk hat, muß man selber werken; und wenn man mit einem kurzen Tag Arbeit nicht zurecht kommt, muß man anstückeln.

Geschehen muß das Tagwerk, so oder so.

Freilich, wenn halt die Dirn noch da wär...

»Jessas, d' Hanni! – Du, Lenz, woaßt es, daß d' Hanni da is?«

Der Hauser brummt bloß: »Vo mir aus gnua!« schlüpft in die Haferlschuhe und geht hinab, um das Gras fürs Vieh zu mähen.

Die Hauserin schaut ihm wild nach.

»O, du Erzlackl, du grober!« murmelt sie. »Naa, den bekümmert dees Weibsbild nix, dees kenn i. Da hat d' Muata scho irr gsehng.«

Aber – die muß doch schließlich heraus! – Die hat ja eigentlich gar nichts zu suchen da! – Herrgott, jetzt geht halt die verflixte Schinderei wieder von vorn an! – Und es kunnt doch alles ganz anders sein, wenn das lausig Ding da nicht so unverschämt gewesen wär.

Ob sie nicht doch schon Reue hat, die Hanni? – Man sollte sie doch aufwecken, – heraustreiben! –

Drunten brüllen schon die Kühe, plärren die Kälber.

Und der Kaffee soll gekocht werden, – und das Holz soll erst hereingetragen werden, – und Wasser gepumpt, – und Gras eingefahren, – und Mist breiten soll man ... ah was!

Sie steht plötzlich an der Kammertür der Hanni.

Und klopft hart an.

»Hast du da einigheirat?!«

Die Dirn rührt sich nicht.

Da reißt die Hauserin an der Klinke.

»Was hast denn du überhaupts no do z'suacha bei ins?«

Diesmal antwortet ein undeutliches Gemurmel.

»Woaßt du net, daß d' ausgjagt bist?«

Die Hanni ist längst auf und wollte eben mit ihrem Päcklein Wäsche fortschleichen, als die Hauserin klopfte.

Jetzt sitzt sie unschlüssig auf dem Bett und überlegt, was sie entgegnen soll.

»Obst net woaßt, daß i di ausgjagt hab?« tönt nochmals die Frage der Bäuerin hinein.

»I wer wohl mei Sach zsammpacka derfa!« erwidert jetzt die Dirn.

Und im Stillen denkt sie: »Am End is's doch besser, i kehr mi auf die feine Seiten; mit der groben werd nix z' richten sein.«

»Hat dees so lang dauert, daß d' über Nacht dazu braucht hast?« fragt die Bäuerin.

»Ja no, auf der Straß konn i aa net schlafa.«

»Wo hast nachher bis jetz gschlafa?«

»Bei der Ähnl. Aber sie hat gsagt, unterm Jahr derf i net geh.«

Sie horcht gespannt hinaus. Was wohl die Hauserin jetzt für ein Gesicht macht? – Vielleicht lenkt sie doch wieder ein? – Wär ihr schon recht, wenn sie um den Bauern herumsein könnt! Der Alt ist ein Hallodri – den muß man am Schnürl haben!

»D' Ähnl hat mi recht gschimpft, weil i nimmer bei enk bin!« sagt sie mit kleinlauter Stimme hinaus und horcht wieder.

»Da hat s' scho recht ghabt!« meint die Hauserin und denkt: »Z' kriegen wär s' scho wieder; braucha kunnt i s' aa wieder; – und mögen? – No ... mei...«

»Kunntst ja leicht no da sein bei uns, wennst net a so a ausgschaamte Goschen hättst!«

»Ja no...«

»Für was brauchst mi denn du an alten Scherbn z' hoaßn?«

»Ja no…«

»Und a gwamperte Sau hast mi ghoaßn!«

»Ja no…«

»Also! – Gell, jetz siechst es ein, daß d' a ganz a ausgschaamts Weibsbild bist? –«

Die Hanni steht schmunzelnd an der Tür.

»Freili siech i's ein!« sagt sie mit weinerlicher Stimm.

»No, wennst es nur einsiechst. – Und jetz schaugst, daß d' abe kimmst zu deiner Arbat! – Und hoaßn tuast mi nix mehr, daß d' es woaßt!«

Sie muß eine Rührung niederkämpfen, die Hauserin; denn sie denkt mittendrinn an das Evangeli vom verlorenen Sohn, – von der Magdalena, – von andern Sündern.

Die Hanni aber riegelt eilends die Tür auf, trägt beschämt den Kopf tief gesenkt und geht an ihre Arbeit.

Der Hauser geschirrt eben die Ochsen ein, als sie in den Stall geht zum Melken.

Sie schaut ihm herausfordernd ins Gesicht.

Da blinzelt er sie an, sagt: »So so! – Na, alsdann!« – und schlägt ihr das Leitseil um die Schultern.

»Auweh!« sagt die Dirn mit einem leisen Lachen.

Und sie geht zufrieden an ihr Tagwerk, indem sie denkt: ein Riß in der Freundschaft schadet nicht, wenn der recht Schneider bei der Hand ist zum Flicken.

Der Sommer geht ummi, – fallt's Laab von die
                                            Baam;
Der Bua is in Kriag draußt, – kimmt nimmermehr
                                            hoam! –
Der Bua is Soldat wordn und werd Kriagsgeneral;
Ja, wer liabt na dees schwarzauget Dirndl derweil?«

Hell singend, verrichtet die Hanni ihr Tagwerk. Die Zeit geht hin, die Tage werden gemach kürzer und voll Nebel,

und auch im Hauserhof richtet man sich für den Winter mit
Daxenhacken, Torffahren und Holzklieben.

Die Hauserin staubt die Spinnräder ab und legt die
silberigen Flachszöpfe dazu, und der Hauser richtet die
letzte Feldarbeit, bevor sich die große weiße Zudeck dar-
überbreitet und die werdende neue Saat vor Reif, Frost und
Erfrieren schützt.

Es ist ein geruhigs Arbeiten und Schaffen bei den Hauserischen; denn der Bauer und seine Rosina sind zufrieden mit
dem, was die Hanni zuweg bringt, – die Dirn wiederum hat
keine Ursach zur Klag über ihre Dienstherrschaft, – und die
alte Kollerin ist schon seit Wochen krank und serbend und
liegt in dem alten ledernen Lehnstuhl droben in ihrer Austragkammer, jammernd, seufzend und ächzend. Dazu hat
sie die kleine Lies bei sich und läßt sich von ihr fleißig
berichten, was im Haus und Ort vorgeht.

Dann und wann kommt auch der Buschenreiter Anderl,
der Karrner, zum Hof, erhandelt bald dies und bald das,
weiß viel zu erzählen vom Krieg, von den Soldaten drinn in
der Stadt, von den Verwundeten und Gefallenen des Gaues,
und hat auch daneben allerhand gute Ratschläge für die alte
Kollermutter und ihr Gebresten, welches er als den stillste-
henden Gichtfluß erkennt, von dem aber die Hanni sagt:
»Ah was! – D' Gall is ihr halt in d' Boaner kemma, weil s' mi
net ausn Haus bringa kann!« –

Der Buschenreiter Anderl trägt übrigens noch dienstbe-
flissen die Päcklein für den Hausersimmerl auf die Post in
Schönau; jene Päcklein, von denen die Hanni nichts weiß,
und die dennoch nach den Worten der Ödenhuberleni »die
Rumplhanni bitten läßt, sie auf die Post zu bringen für den
Simmerl«.

Hie und da kommt auch ein Brief vom Simmerl: an die
Hauserischen, – an die Hanni, – und an die Leni, die er ganz
zufällig einmal als die Absenderin seiner Liebesgabe ent-
deckte. Sein Kamerad, der Ödenhuberjackl, hatte eines

Tages von der Leni ein Päcklein mit Kuchen erhalten, in den ein Zettel eingebacken war mit dem Verslein:

»A Büscherl zum Abschied und an kurzen Pfüagood;
Ob wohl meine Rosen scho welk san und tot?
Obst wohl no ans Dirndl beim Bachofa denkst?
Und obst eahm wohl oamal an Grüaßdigood schenkst?«

Mit der nämlichen Post war auch für den Simmerl ein Päcklein angekommen; es lag gleichfalls ein Kuchen drinn und dabei eine Karte: »Lieber Bruder, nimm einen Gruß von deiner Schwester Leni.«

Da hatte der Simmerl den Jackl angelacht – und der Jackl den Simmerl, – und in der nämlichen Stund legte sich eine hundertjährige Feindschaft nieder zum Sterben. –

Nun ists um die Zeit, da der Sturm die Wolken peitscht, die Bäume schüttelt und Mensch und Vieh erschauern läßt im ersten Frost.

Auf dem Gottesacker hängen die Fetzen der Allerheiligenkränze, und in den Kachelöfen der Bauernstuben kracht und knistert das Feuer.

An den Fensterläden klappert der Klaubauf, dem heiligen Nikolaus sein wilder Ziehbruder, und in den Spinnstuben erzählt man sich jene alten Geschichten, bei denen es schon unsern Vorfahren, da sie noch jung waren, eiskalt über den Rücken lief und das Gruseln sie beutelte.

So kommt die Weihnacht und mit ihr die Sorge um die, welche da draußen in ihren Schützengräben wachen und frieren.

Und die Hauserin stellt den Backtrog in die Kuchel, die Hanni schneidet die Kletzen, gedörrte Birnen und Äpfel, klein, die Lies schlägt Nüsse auf, und der Hauser heizt den Backofen gut aus, damit dem Simmerl auch draußen im Krieg das süße Brot der Weihnacht nicht mangle.

So geht das Jahr hinüber, und das neue nimmt das

Regiment in die Hand, bringt allerhand Leid und Trübsal und trägt in den Hauserhof die Totentruh für die alte Kollerin.

Die ist mittendrinn ganz still hinübergegangen in die ander Welt; beklagt von der kleinen Lies, betrauert von der Hauserin, gesegnet und in alle Himmel gewunschen von der Hanni, die ein übers andere Mal murmelt: »Der Herr gib ihr die ewig Ruah! – Weil nur grad der alte Predigtstuhl nimmer da is! – Die wär imstand gwen und hätt mi no um alles bracht: um mein Platz, um mei Hoffnung und um an Simmerl! – Der Herr gib ihr an guaten Platz in der Ewigkeit!« –

Nun liegt sie aufgebahrt in der Wohnstube, die Alte; umgeben von blühenden Stöcken, umspielt von dem flakkernden Schein der Kerzen.

Ernste Männer trinken den Totenschnaps, jammernde Basen knien in der Stube, schnaufen hart in dem süßlichen Geruch, der die qualmende Luft erfüllt, und beten für die arme Seel der Heimgegangenen.

Dann trägt man sie aus dem Haus, hinunter zur ewigen Ruhstatt im Freithof zu Schönau. –

Der Hauser hat seinem Simmerl den Tod der Großmutter gemeldet und ihn ums Kommen gebeten; allein das Regiment ist nicht mehr in der alten Stellung, und also dem Sohn die Heimreise nicht möglich.

Doch kommt nach geraumer Zeit ein Schreiben von ihm an den Vater, darinn er den Heimgang der Großmutter betrauert und gleichzeitig bittet: »Nachdem also jetzt unser Ähnl nicht mehr lebt, mußt du jetzt bald mit der Mutter reden wegen der Hanni. Richtet alles gut zu für das Kind, gebts der Hanni ein Geld in die Händ und bringts sie gut unter, vielleicht bei ihrer alten Wabn. Laßts ihr nichts fehlen und es grüßt euch euer treuer Sohn Simon Hauser.« –

Der Hauser kratzt sich hinterm Ohr.

»Herrschaftseiten! – Jetz gang alles so schee und ruhi

dahin, – und jetzt soll i der Rosina die zwiderne Gschicht ausdeutschen! – Naa, i tuas net! – Dees konn i mit der Hanni alloa aa richten.«

So denkt er und sucht nach einer Gelegenheit, mit der Dirn über die Geschicht reden zu können.

Diese Stunde schickt sich auch eine Woche vor Lichtmeß, da die Hauserin aufs Amtsgericht fährt wegen eines Prozesses mit der Ödenhuberin, und also der Hauser mit der Hanni allein ist.

Grad sitzt er beim Tisch und wartet aufs Essen. Die Lies ist in der Schule, von der sie vor dem späten Nachmittag nicht heimkommt.

Da tritt die Hanni ein, die Schmarrenschüssel in der einen Hand, den Apfeltauch in der andern, – das Gesicht vom Kochen heiß und gerötet, die Ärmel des Wollspenzers weit über die runden Ellbogen aufgestülpt.

»Wartst scho auf d' Mahlzeit, gell!« sagt sie, indem sie ihm die Schüssel hinreicht. »Aber, woaßt, es braucht halt do hübsch beißen, daß ma firti werd mit der ganzen Arbat, alloanig.«

Der Alt betrachtet sie wohlgefällig.

»Ah was! Du werst ja alleweil firti! Du hast es halt los!«

Die Hanni lacht geschmeichelt.

»Mei, is net so gfahrli!« sagt sie. »Aber an Bauernhof wia den dein trau i mir scho z' regiern! Da wer i scho firti! – Da fürcht i mi net, bal i amal Hauserin bin!«

Er zuckt doch zusammen, der Alt, bei diesem Wort.

Aber ihre Augen blicken ihn fest an, ihr ganzes Gesicht lacht und läßt eine Fröhlichkeit von sich ausgehen, die ihm auf ja und nein den Ernst nimmt.

»Ja ja. Der kann lacha, der Simmerl!« sagt er und erfaßt ihren Arm; »der kriagt amal die Recht an dir! – Sakkra, waar mir gar net zwider, wenn i mei Bua waar!«

Die Hanni rückt mit ihrem Stuhl ganz nahe an seine Knie.

»Du scho! – Du bist scho so a Schlankl!«

Der Hauser tut verwegen.

»Mei, grad a Heiliger bin i gar nia gwen!« meint er. »Da is do nix dabei, wenn ma a saubers Dirndl guat leidn konn!«

»Is mir scho recht«; erwidert die Dirn; »nachher kriag i koa schlechte Zeit bei dir. Dees is was wert, wenn der Schwieger guat is!«

Sie ißt mit gutem Appetit, indes der Hauser sie begehrlich betrachtet.

»Geh, iß! – Sinst werd dir der Magn kalt!« mahnt sie ihn.

Er läßt seine Augen über ihre ganze Gestalt hingehen; über die dunklen Haarzöpfe, über das Gesicht, den Nacken, die Brust, den Rücken...

»Daß d' du net breater bist da umma?« fragt er plötzlich und mißt mit dem Blick ihre Hüften.

Und tappt mit der Linken darüber.

Da schlägt sie ihn auf die Hand.

»Obst dei Pratzn wegtuast!« sagt sie lachend; »mit die Händ schaugt ma nixn o, hoaßts!«

Der Hauser wird nüchtern; und kommt ins Betrachten, wie er gewohnt ist, sein Vieh zu betrachten.

»Daß d' du überhaupts net feaster bist? – Wia viel Zeit hast jetz?«

Die Hanni wehrt sich: »Geh, Herrgott, frag do net an so an Mist! – I konn do net anderscht sei, wia i bin! – I bin do koa Krautbrentn!«

Sie steht gekränkt auf.

»Bist firti mitn Essen?« fragt sie bockisch. »Nachher geh i. Dei Gschwatz werd mir z' fad.«

Der Hauser wendet keinen Blick von ihr.

Und er frägt wieder: »Is net bald d' Zeit bei dir? – I frag grad, weil der Simmerl gschriebn hat, i soll di guat versorgn...«

Die Dirn ist wie mit Blut übergossen.

»Naa, dei Gfrag is mir scho so zwider...«

»Jetz muaß amal drüber gredt werdn!«

»Dees waar aa ohne viel Grederts gangen!«

Sie will hinaus.

Der Bauer lehnt an der Stubentür.

»Jetz redst, sag i! – Wia lang hast no?«

»A vier – fünf Wocha. – Aber jetz laß mi außi!«

»Daß d' gar so gschaami bist?«

»Du sollst von der Tür weggeh!«

Der Hauser hört nicht. Er schaut die Dirn um und um an, schaut, mißt, denkt und rechnet.

Und schüttelt mittendrinn den Kopf.

Indes die Hanni immer erregter wird, schimpft, schreit, droht, mit den Füßen stampft und seltsam absticht von dem starr dastehenden Alten.

»Daß d' di denn gar so gstellst?« meint dieser. »Du bist do sunst net so gschaami gwen? – Da hast di do nix z' fürchten, wenn i di oschaug! I wundert mi ja nur...«

»Vo mir aus!« schreit sie ihn an. »I laß mir do net d' Seel vom Leib außerschaugn!«

Da geht er langsam weg von der Tür.

Sie läuft hinaus.

Er blickt ihr nach.

Und schüttelt den Kopf.

Etwas steigt in ihm auf ... ein Verdacht ...

Die Hauserin kommt am Nachmittag heim und berichtet freudig, daß die Ödenhuberin den Prozeß verloren hat.

Sie ist überaus gut aufgelegt und lobt die Hanni für ihr gutes Haushüten.

Diese meint bescheiden: »Hats scho tan, Hauserin!« und fügt dann bei: »A Bitt hätt i. Ob i net heunt no zu meiner Eahl ummeschaugn derf. Sie is net guat beinand.«

»Da brauchst do net fragn!« sagt die Bäuerin, »dees is do gwiß, daß d' zu deiner Großmuater geh konnst, bal ihr epps feit.« –

Also läuft die Hanni gleich nach der Stallarbeit hinüber zur alten Rumplwabn.

Die sitzt hinterm Ofen und strickt.

Und der alt Hufschmied hockt neben ihr und redet vom Krieg und von seinen beiden Buben, die er bereits gefressen hat, dieser blutige Maahder, der nimmer Derweil hat, die Sense zu wetzen vor lauter Mähen und Morden.

Da die Hanni kommt, steht er auf.

»Jetz kimmt d' Jugend«, meint er müd; »jetz verziag i mi. I paß net zu dee junga Leut mit mein Gewinsel. Und winseln muaß i...«

Er geht ohne Gruß.

Die Alte nickt ihm nach.

Dann wendet sie sich an die Hanni.

»Daß d' du heunt kimmst? – Bist scho wieder ausgjagt wordn?«

»Naa«, sagt die Hanni.

»Bist selber davon?«

»Naa.«

»Was möchst nachher, heunt am hellichten Werktag?«

Die Hanni hockt sich auf einen niederen Schemel.

»Eahl, i brauch a Kind! – I muaß a Kind habn! – Glei, – auf der Stell!«

Der Alten fällt das Strickzeug aus der Hand.

»Was muaßt?...«

»A Kind muaß i habn. Du muaßt mir oans verschaffa! Bringst es her, wo derwillt, – her muaß oans!«

Das Ähnl muß sich mit beiden Händen an der Ofenbank festhalten.

»Ja... in Gottes Himmis Christi Willn... Hanni! – Bist denn narrisch! – A Kind! – A kloans Kind!?«

»Ja, a kloans Kind. Oans, dees wo grad auf d' Welt kemma is.«

»Ja, zu was denn? Ums Christi zu was denn?«

Die Hanni wird zornig.

»Also, gstell di do net so dumm! Verstehst mi denn net? –
Der ganz Hauserhof steht aufn Gspiel für mi!«

Die Alte steht zitternd auf.

»Naa, i versteh di net...«

Die Dirn springt in die Höh und rennt die Stube auf und
ab.

»Geh, wia konn ma denn. Dees is doch ganz einfach! I
muaß Hauserin werdn! – Gehts wies mag. – Und dazu
brauch i a Kind. – Vom Simmerl. – Verstehst es jetz?«

Die Rumplwabn bleibt starr stehen.

»Ja, hast di denn du mitn Simmerl...?«

Die Hanni fährt ihr dazwischen: »Dees is do mei Sach!
Dees geht do neamd was o! – Um dees handelt sa si jetz aa
net. I und der Simmerl sand oans. I und der Hauser sand aa
oans. Und für dees weitere muaß i a Kind habn.«

Sie beginnt dem Ähnl zu schmeicheln.

»Geh, Eahl, sei do net so gspaßi! – Du bist do so gscheit –
und woaßt allerhand Zauberei – und hast so viel solchene
Büacher, wo dees alles drinn steht, – geh, hilf mir halt! –
Oder schaug anorts, daß d' oane findst, die grad in d'
Wochen kimmt! – Gaab oft oane ihra Schand gern her,
wenn do nixn zahlt wird dafür, – und i brauch 'hn so nöti,
so an Schrazn. – Geh, Eahl! Sei do barmherzi! – Möchst mi
denn net aa gern als Bäuerin sehng? – Hättst du koa Freid,
wenns mir guat gang?«

Sie bettelt, bittet, bestürmt die Alte.

Aber die hockt wieder auf der Bank, starrt ihre Enkelin
an wie ein Gespenst und murmelt: »Also ... so schlecht bist
du. – So gottverlassen. – An Schwindel hast gmacht ... um
an Bauernhof ... und an Schwindel ... um an Menschen ...
der da draußen ehrli sein Kopf hinhalt vor d' Kugeln!«

Der Hanni wird ungut zu Mut.

»Es hilft di nix, Eahl!« sagt sie hart; »du muaßt mir
helfa!«

Die Alte schüttelt den Kopf und wehrt mit beiden Händen ab.

»Du richst mi z'grund, Eahl!«

»Und i misch mi net ei in so epps!«

»Eahl! Staudnschneiderin hätt i werdn kinna! – Reiserin – Burgamoasterin hätt i werdn kinna! – Der Reiserfranzl is ganz narrisch gwen in mi! – Der Staudnschneidergirgl hätt mi vom Fleck weg gnomma! – Net hab i mögn! – In Hauserhof bin i eingwohnt, – der Simmerl is a guater Lapp, – der Alt hat an Affen gfressen an mir, – sie is froh, wenn s' nix arbatn muaß – und die Alt is tot. D' Liesl ghalt i zu der Arbat. Oder zum Kindsen. – Also, Eahl! – Gell, du hilfst mir!«

Die alte Wabn sitzt so seltsam starr am Ofen, ihre Augen suchen in weiter Ferne etwas, ihre Hände haben sich ineinander verschlungen.

Und mittendrinn kommt's tonlos von ihren Lippen: »Hundert Jahr is's her. Da hat mei Muata dees nämliche gmoant. Und hat aa denkt, es brauchet net mehra, als wia sagn: Haferl! – Nachher waar d' Wurst aa scho drinn. Insa Muata is Kindsdirn gwen beim Stoamüller von Kreiz. Dees warn zwee Bauernhöf, a Mahlmühl, a Schneidsäg und a Sandmühl. Er hat 's zwoate Wei ghabt und Zwilling von ihr. Von der ersten Mühlnerin hat er grad oan Buam ghabt; der hat scho an Mühlburschen gmacht. Auf den is dees halbert Sach scho von der Muata aus gschriebn gwen. Ja, – da hat insa Muata aa gmoant: Mühlnerin sein is besser wie kindsen, – und hat den Burschen richtig ogankerlt und eingfadelt. – Derweil is der groß Napoleon mit seine Solda- ten daherkemma, d' Österreicher ham von der andern Seiten eahna Armee daherbracht, – und in unserm Landl hats gräusli ausgschaut. – Da hat si mei Muata denkt: jetz is's an der Zeit, daß d' Mühlnerin werst. Überall hats schlechte Mentscha gebn, die gmoant habn, a napolischer oder a österreichischer waar besser als wia a boarischer Bursch; und a solches Weibsbild – sie is Stallmentsch gwen beim Stoamüller – hat meiner Muata gholfa zu ihran

Werk. – Der Hochzeiter hat alles glaabt, hat scho eingebn zum Heiratn, hat si schon von der Kanzel her verkünden lassen, – da hats gschnackelt.

Dees is a so ganga: er is a rothaareter gwen und sie a strohgelbe. – Und das Kindl is schwarz wordn, – kohlschwarz, wia a Zigeunerbalg. Is ja aa oana gwen. I selber bins. Die ander, mei rechte Muata, is drei Tag nach mein Kemma gstorbn. Weil sie si nix omirka lassen hat derfa. Und die oa is im Bett glegn, hat si gstellt wia a Wochnerin, – und is dennoch die Bschissene gwen. Denn er hat mi net okennt als sein Kind. Und hat s' ausgjagt. – Siebn Monat darnach hat s' a rothaarets Büaberl ghabt, – aber es is halt scho z' spaat gwen. Der Stoamüllerbua is unter d' Soldaten ganga – und hoamkemma is er nimmer. – Jetz woaßt es. – Und drum misch i mi net ein.«

Die Hanni hockt am Tisch.

Und sieht vor sich ein großes Loch – eine Grube, in die sie jetzt fallen soll.

Und sie stöhnt auf.

Aber – nicht lang sitzt sie so.

Plötzlich strafft sie sich zur Höh.

»Macht aa nix. – Gehts a so net, nachher gehts anderscht. Aber geh muaß's. – Nachher brauch i koa Kind. – Na wern mirs scho sehng, wias geht...«

Sie läßt die Wabn sitzen und geht.

Ihr Plan ist fertig.

Am Lichtmeßtag in der Früh sagt sie zur Hauserin: »Bäuerin, wenn i di bitten durft: stell dir a anderne ei. I bin net guat beinand. I muaß mi a Zeitl legn. Vielleicht konn i bald wieder. Nachher bleib i gern wieder da bei enk. Aber jetz muaßt mi geh lassen.«

Die Hauserin will nichts davon wissen.

»Geh! – Schaugst aus, wia 's Lebn! – Wia werst denn du krank sei! – Bei mir hättst di ja aa haltn kinna!«

Aber die Hanni deutet an, daß sie was angestellt hätt und daß sie fürchte, es möchte an der Zeit sein.

Da muß sie freilich nachgeben, die Hauserin.

Aber sie ist gar nicht erzürnt über die Hanni; es mangelt die Kollerin zum Schüren.

»Ja, mei Herrgott!« sagt sie; »a so a Unglück! – Is 's do a Richtiger?«

»Ja. A Bauernssohn.«

Sie sagts dreist, die Dirn.

Die Hauserin wär gern neugierig. Aber die Hanni läßt nichts verlauten.

Und so wundert sich die Bäuerin bloß, daß sie es so geheim halten konnte, die Hanni.

Und freut sich drüber; denn dann kommt es doch nicht so unter die Leut.

»Aber darnach kimmst wieder!« sagt sie zur Dirn beim Abschied; »der Bauer werd schaugn! – Der is in aller Fruah scho auf Tuntenhausen zum Markt. Ja no. Werdn mir scho firti werdn, derweil, bis d' wieder kimmst. I wünsch dir Glück! –«

Das ist ein anderer Ton gegen früher!

Die Hanni geht schmunzelnd dem Häusl ihrer Wabn zu.

Dort legt sie ihren Sonntagsstaat an, sagt ihrer Großmutter, daß sie einen freien Tag hätt und geht summend fort, – nach Tuntenhausen.

Dort kauft sie einen Bogen Schreibpapier und geht auf die Post, wo sie lange herumdrückt, die Feder immer wieder eintaucht und endlich anfängt zu schreiben:

»Ich, Lorenz Hauser von Öd bestättige hiermiet, daß mein Sohn Simon Hauser und die lödige Johanna Rumpl von Öd als ein effentliches, hochzeitlich versprochenes Prautbaar von mir angekent sind und daß ich bei Heimkommen meines Sohnes sogleich in die Hohzeit wihligen und den Hauserhof dem jungen Ehepaar übergeben wihl mit alles was dazu gehört an lebendigem und toten Infenthar. Öd, am Liechmeßtag 1915…«

Langsam vollendet und überliest sie das Schriftstück. Vorsichtig steckt sie es in die Taschen des Unterrockes.

Darnach mischt sie sich fröhlich und zufrieden unter die Besucher des Jahrmarkts, besieht sich dies und jenes und geht zu guter Letzt am Abend hinein zum alten Postwirt, wo schon männiglich beeinanderhockt, ißt und trinkt und politisiert.

Sie setzt sich ins Nebenzimmer; doch sucht sie den Platz so aus, daß sie die Tür der Gaststube im Auge hat und keinen übersieht, der durch sie aus- oder eingeht.

Da bleibt sie, läßt sich eine Suppe geben, ein Stück Braten, – trinkt auch ein Krüglein Bier dazu, – und hat mittendrin einen ersehen, auf den sie schon lang wartet, – den Hauser.

Er ist schon gutding voll, wie es bei einem Bauern am Abend des Markttags halt so Brauch ist.

»Alsdann, guate Nacht beinand!« hört sie ihn sagen.

»Guate Nacht, Hauser! Guat Nacht!« tönt's zurück, – hell oder brummend, wie es die Freundschaft grad erleidet.

Die Hanni steht eilends auf und geht in die Kuchel, wo sie der Kellnerin ihre Schuldigkeit bezahlt.

Dann läuft sie durch die Hintertür hinaus auf die Gasse und dahin, dem Hauser nach.

Der stapft tiefsinnig durch den Schnee.

Ein beißender Sturm fegt über die Felder, jagt große Flocken in wildem Wirbel durcheinander und pfeift hohl herüber vom Wald.

Die Hanni zieht erschauernd den Rock über den Kopf, versteckt den feinen schwarzen Seidenfilz mit den goldenen Borten und Quasten unter der Schürze und trabt hastig aus dem Ort.

Immer dichter fallen die Flocken, immer undurchdringlicher wird das Gestöber.

Die Hanni hört den Hauser brummen und murmeln.

Sie blickt um sich; aber weit und breit ist nichts zu erkennen als dies graue Tanzen und Wirbeln; kein Horcher ist zu fürchten.

Da eilt sie entschlossen dem Bauern nach, tritt neben ihn und hält mit ihm Schritt: »Grüaß di Good, Hauser!«

Der Alt fährt schier erschrocken herum.

»Du!? – Hab glei gmoant, dei Gspenst waars! – Grad hab i an di denkt.«

»Und bal ma an' Esel denkt, kimmt er grennt, hoaßts, gell?«

»Ja, bal man 'hn nennt, hoaßts. Daß du da bist?«

»Weil i heunt ausgstanden bin.«

»Was!? – Ausgstanden?!«

»Ja, auf a Wocha a zwee.«

»Zwegn was denn?«

»No ... mei, ... weil i net recht guat beinand bin.«

»Net guat beinand bist?«

Der Hauser schaut sie trotz der Dunkelheit forschend an. Sie hält ihr Gesicht ganz nahe an das seine.

»Gell, schlecht schaug i aus!« lacht sie lustig.

»I siechs net«, meint er ehrlich.

Aber die Dirn faßt seine Hand.

»Muaßt halt greifa, balst net siechst!« sagt sie lachend und führt seine Hand an ihre eiskalte Wange.

»Gell, i bin scho ganz kalt!« scherzt sie; »i brauchet 's Aufwarma!«

Der Hauser tappt tastend über ihr Gesicht.

»Konn scho sei!« meint er; »a bißl a Bettwarmer kunnt net schadn.«

Sie stapfen durchs Holz.

»I bin froh, daß d' bei mir bist«; sagt die Hanni; »im Holz fürcht i mi scho recht bei der Nacht!«

Sie läßt seine Hand nicht mehr los.

»Woaßt, mir hört do oft, daß oana a Madl opackt hat oder umbracht!«

Ganz dicht schmiegt sie sich an den Alten.

»Ah, bal i dabei bin, nachher brauchst di do net z' fürchtn, Dirndl!« erwidert er.

»Tatst mir du nix toa lassen?«

»Gwiß net!«

»Obst mir aber du selber nix tuast?«

Sie drückt seine Hand und zieht seinen Arm um ihre Hüfte.

Da lacht der Alte kurz und heiser.

Herrgott, das Weibsbild hat eine Art und Weis, den Wildling im bravsten Menschen aufzuwecken...

Er drückt sie einen Augenblick heftig an sich.

»Ob dir i nixn tua, moanst? ... No ... balst es grad selm gern habn tatst ... kunnts scho sei...«

»Bist du so gfahrli?«

Sie leidet es willig, daß seine Hand der aufsteigenden Hitze gehorcht; eng schmiegt sie sich an ihn an, lacht, scherzt, schwatzt und peitscht seine Begierde auf dem ganzen Weg, bis sie endlich vor dem Häusl der alten Rumplwabn stehen.

»Is schad, daß der Weg scho gar is«, flüstert die Hanni; »heunt waar i no gern mit dir weiterganga!«

»Brauchst mi ja no net weiterz'jagn!« meint der Hauser.

»Aber z' gfahrli is 's da am Weg...«

»Nachher gehn ma halt hinei!«

»Moanst, daß 's Eahl schlaft? ...«

»Die hört mi net! – I ziag d' Schuach ab!«

Die Dirn lacht leise.

Und sperrt vorsichtig das Haus auf und schleicht hinein.

Ihre Kammer ist gleich linker Hand, indes die Alte ober der Stiege schläft.

»Schleich di nur eina!« flüstert sie ihm zu und schlingt den Arm um ihn; »'s Bett is scho aufbett' und 's Stüberl schee kehrt, – drum leg di nur eina; es wird dir net gwehrt!«

Ganz leise summt sie 's ihm ins Ohr.

Da packt er sie wild um die Mitte, hebt sie in die Höhe und trägt sie in die Kammer.

»Mach d' Haustür staad zua!« flüstert sie.

Er riegelt lautlos ab.

Sie legt das Schriftstück und einen Tintenstift auf das Tischlein.

Fiebernd schleicht der Bauer in die Kammer zurück und riegelt ab.

»Soll i d' Latern ozünden?« fragt die Hanni, indem sie hemdärmelig vor ihn hinsteht.

Er tappt nach ihren entblößten Armen.

»Zünd 's halt o, – oder aa net, ... wiast halt moanst ... Madl...«

Die Hanni macht sich mühsam frei und zündet eine kleine Weglaterne an.

»Jetz siech i di guat! – Jetz gfallst mir ... Dirndl...«

Er zieht die Dirn auf den Truhensitz nieder.

»Konnst mir a weng schee toa?«

»Tua i dir net a so schee? – Tua i net a so alles für di?«

»Braucht di aa net z' reun!« flüstert der Tropf; »was i dir Guats toa konn ... dees tua i dir...«

»No ... ganz glaab i dirs no net! – Woaßt, dees ander Mal hast mirs aa versprocha...«

Der Alt hört kaum, was sie sagt.

»Du hast aa gsagt, daß d' mit mir zum Notar gehst. Und daß d' es schriftli machst zwegn mir und an Buam! – Aber – gell – du Schlankl, gangen bist nia!«

»I hab ja nia Derweil ghabt!« entschuldigt sich der Bauer und versucht, immer zärtlicher zu werden.

»Dees woaß i scho«, sagt die Dirn. »So viel verlang i aa gar net. – I bin scho zfriedn, balst mirs unterschreibst, daß d' fürs Kloane sorgst, wenn i grad Unglück hätt im Wochabett. – Gell, Lenz! – Gell, dees unterschreibst mir?«

»Freili! – Glei morgn! – Aber jetz ... geh ... mach...«

Die Hanni zieht ihn zum Bett.

»Lenzl ... balst mirs jetz glei unterschreibst ... nachher ghör i dein ... als a ganzer...«

»Geh, Herrgott ... laß mir do mein Ruah heunt ... morgn schreib i dir ... was d' magst...«

»Naa, Lenzl, heunt muaßt! – Schau . . . brauchst ja grad dein Nam hisetzen!« –

Sie langt ihm den Schrieb her und liest ihm vor:

»Also, mirk auf: ›I, der Hauserbauer von Öd verpflichte mich, daß ich für das Kind vom Simmerl und von der Hanni sorgen will, auch für den Fall, daß die Hanni unterm Kindbett stirbt.‹ Also. Da schreibst jetz dein Nam drunter; siechst, – grad da . . .«

Sie weist ihm mit dem Zeigefinger die Stelle und gibt ihm den Stift in die Hand.

Der Hauser flucht, schimpft, ärgert sich über das närrisch Weibsbild, das ihm die schönste Stund verdirbt mit seinem dummen Getue, – und setzt doch an zum Schreiben: Loenz Hau . . . Himmelherrgott . . .

Da steht ja – ganz was anderes!

Das heißt ja: übergeben! – Sich verkaufen! – Sich verhandeln um eine Lumperstund!

Als ein rechter mißtrauischer Bauer, der seinen Namen unter nichts setzt, was er nicht kennt, hat er mitten unterm Buchstabieren angefangen zu lesen, grad so drunter hinein in das Geschreibsel, – und hat den Satz gefunden: ». . . und den Hauserhof dem jungen Ehepaar übergeben will mit allem was dazugehört . . .«

In einem Augenblick ist er nüchtern.

So stark nüchtern, daß er plötzlich weiß, wer er ist, er, der Hauser von Öd.

»Hast gmoant, du konnst mi fanga! Hast dir denkt: der Depp unterschreibt scho! Gell! – Aber, oha. An Hauser fangt ma net wia d' Singvögel und d' Goldfisch! – Der is net so dumm wia er herschaugt! – Daß i fürs Kind sorg! – Für was für oans denn?! – Hast dir denkt: is der Jung so dumm und kriacht auf den Leim, nachher geht dir der Alt erscht recht drauf! – Derweil bist du die Pitschierte – mitsamt deiner Gscheitheit – und Schlechtigkeit, – du Schlamperl du! – Schaam di! –«

Er nimmt das Schriftstück und steckt's ein, trotz ihrer verzweifelten Anstrengung, es ihm zu entreißen.

»Naa, den Fetzen kriagst mir du nimmer in d' Händ!« sagt er; »der werd aufgspart für mein Buam – zu der Erinnerung an dei Lumperei, – du ganz schlechts Weibsbild, du schlechts! – So, und da is dei Jahrgeld...«

Er zieht den Geldbeutel und entnimmt ihm zwei Hunderter.

»Daß d' net sagn konnst, der Hauser is a hungriger Tropf; aber sehng will i di in mein Haus nimmer, verstanden!«

Er schiebt den Zugbeutel wieder ein.

Jetzt ist's doch gut, daß er keinen Stier erriet zum Kauf; kann er wenigstens das Weibsbild gleich hinauszahlen – und still machen!

»Dei Sach laßt dir holn, – selber kemma tuast mir net! – Sinst kunnt sei ... daß...«

Er vollendet nicht.

Die Dirn steht vor ihm – hemdärmelig, in dem hochroten Wollunterrock, – die Zöpfe lang herabhängend, – weiß wie der Kalk bis in die Lippen, die sie fest aufeinanderpreßt.

Ihre Augen sehen ihn an mit einem seltsamen Gemisch von Wut, Haß, Verzweiflung und trotzigem Stolz.

Sie sagt kein Wort mehr.

Über den Hauser aber kommt jetzt der ganze Bauernstolz; seine Verachtung für »das Mentsch« steigt mit jedem Augenblick, – und schließlich gibt er diesem Gefühl Ausdruck, indem er noch einmal vor die Dirn hintritt, sie von oben bis unten betrachtet, wie der Schinder eine nichtsnutzige Kuh, vor ihr ausspuckt und mit den Worten: »Pfui Teife vor dir!« aufriegelt und geht.

Hart schlägt hinter ihm die Haustür ins Schloß.

Die Hanni fährt zusammen und löscht eilends das Licht ab. –

Droben erwacht die alte Wabn von dem Lärm, kriecht

aus dem Bett und ruft hinunter: »Hanni, hast nix ghört? –
D' Haustür hat gscheppert!«

»Des is der Wind«, sagt die Hanni kurz, riegelt das Haus
ab und legt sich zur Ruh, die sie aber nicht finden kann.

»Verspielt. Alles verspielt!«

Hundertmal fährt ihr dies Wort durch den Kopf, immer
wieder, – immer wieder.

Herrgott, der verfluchte Ehrgeiz!

Wie hatte sie getüpfelt, – bedacht, – überlegt, – gehan-
delt!

Immer wieder wollte das Schicksal trumpfen, – sie hatte
gestochen; – und nun, – da alles auf der letzten Karte stand,
– da Herz Trumpf war, – da kam sie mit Schellen. – Mit
Habgier und Hitze. – Ohne Überlegung stieß sie den Krug
um, ehe sie trank ...

»O i Rindviech!«

Ein trockenes Weinen kommt über die Dirn.

Wie schön war alles gegangen bisher!

Wie sie den Simmerl damals eingefädelt hatte, daß er in
sie verschossen war wie ein junger Geißbock! –

Wie sie das gut herausgebracht hatte, daß er sie angesetzt
und unglücklich gemacht hätt und sie heiraten müßt!

Und den Alten schon einmal so weit haben, ohne ihn zu
fassen! –

Und heut wieder!

»O i Rindviech!«

Noch oft sagt sie so; aber nach und nach wird der Grimm
und die Verzweiflung doch milder; ihr Geist ermüdet, und
das Weiterbohren und Sinnieren fällt ihr schwer und
schwerer.

Und endlich fallen ihr die Augen zu, und sie schläft einen
schweren, bleiernen Schlaf. –

Es ist ums Morgenläuten.

Der Ödenhuber fährt mit seinem Braunen ins Gäu, ein Kalb zu kaufen.

Vor dem Häusl der alten Rumplwabn knallt er ein paarmal fest mit der Geißel, zieht den Zügel, wühst und läßt den Gaul frisch dahintraben, die Straße nach Berganger zu.

Die Rumplhanni schreckt aus dem Schlaf auf.

»Jess' wo bin i denn, ... was is's denn, ... hab i jetz net traamt ... daß ... alles aus is? ...«

Sie setzt sich mit einem Ruck auf.

»Was is denn jetz dees? ... Is denn net der Hauser...«

Ihr Blick fällt auf den Stift am Tisch, – auf ihr Kirchengewand.

»Marixn! – Naa, – es is koa Traam gwen! – Es is wirkli und wahrhafti a so, daß i verspielt hab!«

Mit einem Satz ist sie aus dem Bett.

Hastig legt sie sich an, geht sie hinüber in die Kuchel.

»Eahl!«

Das Ähnl kommt eben aus dem Geißenstall, den vollen Milchhafen in der Hand.

»Daß d' scho aufstehst, wennst krank bist?« fragt sie.

»Weil i zum Doktor muaß«, erwidert die Hanni.

»Daß d' überhaupts zu mir kemma bist und net ins Krankahaus gehst?«

»Weil i denk, daß 's bald wieder geht, wenn i in an andern Platz kimm.«

»Ja, bist denn weg vom Hauser!?«

»Da möcht i scho fragn! – Hast es ja net anderscht habn wolln! – Hättst mirs ja net vergunnt, daß 's mir aa amal a bissl besser gangen wär!«

»Koan krummen Weg geh i net«, sagt die Alte fest. »Balst aufn graden net Hauserin werst, – die Winkelweg führn do danebn, – oder gar eini ins Loch...«

Die Hanni erwidert gar nichts.

Sie hockt sich neben den Herd, schaut der Großmutter

gedankenlos beim Feuermachen zu, starrt in die flackern-
den Flammen des Reisigs, – in den Rauch, der aufwirbelt
und wie ein feines, bläuliches Netz an der Weißdecke hängt,
und schlingt die Hände um die hochgezogenen Kniee.

Und langsam kommt Gedanke um Gedanke, zieht das
Erlebte an ihr vorbei, formt sich ein Plan für die Zukunft.

Das Ähnl kocht den Kaffee, – brummend über die nichtsnutzige Dirn, die einem in den alten Tagen noch lauter
Verdruß und keine Freud macht, – und gießt doch die
schönste Schale für das »Blasl« voll, gibt der »gottvergesse-
nen Schuri« die ganze fette Rahmhaut und setzt sich darnach seufzend mit ihrem Kaffee auf das Spülbänklein.

Die Hanni lacht plötzlich leise.

»Eahl, du muaßt mir nachher mein Sach beim Hauser
holn!«

»Willst wirkli nimmer weiterarbatn dort?«

»I konn do net!«

»Wann i bitten tät für di? . . .«

»Untersteh di! – Liaber auf der Stell tot sein, als nomal in
dees Haus geh!«

»Wo willst nachher aus?«

»Dees werd si scho finden.«

Auf ein weiteres Fragen gibt sie der Alten keine Antwort
mehr, trinkt hastig ihre Schale leer und geht fort, hinüber
zum Ödenhuber.

Und lacht wieder leise.

»Is's der net, – nachher is's vielleicht der ander«, sagt sie
zu sich selber; »und wer i net Hauserin, so wer i vielleicht
Ödnhuaberin.«

Sie tritt frisch in die Gaststube.

Die Resl stellt eben die Salzgefäße auf die Tische.

»Guat Morgn!«, will sie sagen; da erkennt sie die Rumplhanni.

Und denkt an ihren Pauli und an jenen Abend des
Abschieds, wo ihn dieses Weibsbild so stocknärrisch
gemacht hatte, daß er frei allen Verstand verlor.

»Was möchst denn du da?«, fragt sie daher die Eintretende unwirsch.

»Di net!«, erwidert ihr die Hanni und freut sich im stillen aufs neue darüber, daß sie damals die beiden so schön zum Narren haben konnte.

Sie geht hinaus in die Kuchel.

Da steht die Leni am Herd und rührt ein Einbrenn zum Voressen.

Sie fährt erschreckt zusammen, als sie die Hanni sieht.

Eine heiße Röte steigt ihr ins Gesicht, eine plötzliche Angst läßt ihr das Blut im Hals schlägeln.

»Mariand . . . sie werd do net . . . was wissen!« fährt's ihr durchs Hirn.

Und mit unsicherer Stimm fragt sie: »Rumplhanni, was möchst denn?«

Die Dirn tut freundlich: »Dei Muata möcht i; grüaß di Good, Leni! Bist scho fleißi?«

Gottlob! . . .

»Tuats scho, Hanni! – Grad, was sei muaß. – D' Muata werd glei kemma. – Magst di net niederhocka derweil?«

Sie schiebt ihr einen Hocker hin.

Die Hanni setzt sich: »I bin so frei, bals verlaubt is, Leni. – Was is's mitn Kriag? – Habts vom Jackl scho Nachricht? – Geht's eahm guat?«

»Ja. Geht eahm alleweil no guat...«, sagt die Leni.

Da kommt die Ödenhuberin.

Die Hanni steht sogleich auf.

»Grüaß di Good, Wirtin.«

Die Ödenhuberin blinzelt erstaunt: »Was will denn die da?«

Sie schaut mit einem Gemisch von Hochmut und Mißtrauen an der Hanni herunter.

»Ganga bin i drenten«, sagt diese.

»Na – und?«

Eiskalt ist der Ton dieser Frage.

»Und jetz möcht i zu dir. Grad mit Fleiß. Grad, daß i s' tratzen konn, dee da drent.«

Die Leni fährt herum.

Die Ödenhuberin verzieht die Mundwinkel ein wenig. Ihre Ohrgehänge zittern leise.

»So, zu mir möchst. Aha!«

Wie das durchgeht! – Wie eine Messerspitz durchs Fleisch!

Der Hanni ist nicht wohl zumut dabei.

Aber sie lacht doch ihr helles, freundliches Lachen und sagt: »Ja, grad extra. Daß er sie recht gift', der Hauser.«

Die Wirtin wischt mit der flachen Hand etliche Brosamen von der Anricht.

»Und du moanst, daß i di glei mag?«

»Ja no ... Zfriedn waarst mit mir.«

»Dees kaam drauf o. Aber i probiers gar net mit dir.«

Der Hanni fährt die Röte ins Gesicht.

»Weil i di gar net möcht«, sagt die Wirtin; »weil i di kenn. – Und weil i a bessers Gedenka hab, als wia zum Beispiel du.«

»I? – I versteh di net ...«

»Werst mi glei versteh, wenn i dir draufhilf. Oder bsinnst di leicht selm no auf den Tag, wo mei Jackl furt is ... und grennt, als wia wenn der leibhafti Teife ... hinter eahm gwen waar! ... Aha. Fallt dir scho ei, gell. – Und sell am Gartl draußt, – gell, dees fallt dir aa no ei. – Und überhaupts und a so. – Und es is mir liaber, du gehst. Glei. – Da is d' Tür.«

Auweh. Das ist schier eine Roßschwemm. Mit der Hoffnung ist's auch vorbei.

Die Hanni rennt wie begossen aus dem Haus, – dahin. Läuft auf ein Haar dem Staudenschneidergirgl unter die Rosse, als er grad mit dem Fuhrwerk ums Eck biegt.

»He, he, Jungfer Gschnappi! – Mach mir meine Gaul net scheuch!« spöttelt der Girgl; »bist jetz du grad vom Hauser außagflogn oder vom Wirt?«

Der Hanni liegt eine grobe Antwort schon auf der Zunge; da fährt ihr was durch den Sinn.

Darum erwidert sie fröhlich: »Naa, direkt vom Himme aba. Und zu dir fliag i eine.«

Sie blickt scharf nach seiner Miene.

Aber die bleibt unbewegt, als er sagt: »Hab koan Platz für so an Erzengel.«

»Brauchts aa net, daß d' mi als an Erzengel einstellst! – I bin scho mit was Gringern aa zfrieden! – Zum Beispiel als Mitterdirn...«

Der Girgl horcht auf.

»Du möchst mi derblecka...«

»Aber ganz gwiß net! – Ganz im Gegenteil! – Abbitten tat i gern eppas...«

Sie schaut ihn heiß an.

»Weils mir koan Ruah net laßt, daß i so grob gwen bin gega di...«

»Da bist aber spaat dro damit.«

»Ja no. Weil ma halt übermüati is.«

Ihre Augen blitzen – ihr ganzes Gesicht zeigt ihm ihren lachenden Übermut.

»Geh, sei mir wieder guat, Girgl!« sagt sie; »woaßt, wenn i aa a diam narrisch bin, – guat leidn konn i di do.«

»Daß die gar so zuckersüaß tuat!« denkt sich der Girgl; und laut sagt er: »I glaab dirs scho, Hanni. Dir glaab i überhaupts alls. –«

»Dees derfst aa! – Aber – jetz Gspaß beiseitn: i frag di, obst koa Dirn brauchst. I bin ganga beim Hauser.«

»Ah so! – Ja jetz!«

Also deswegen die Freundlichkeit!

Der junge Staudenschneider ist ein Bauer. Ein richtiger. Und nicht aufs Hirn gefallen. Und mißtrauisch und argwöhnisch, wie sichs gehört.

Und die Hanni ist für ihn nicht mehr die Hochzeiterin, die ihn verschmäht hat, sondern eine Dirn – ein Dienstmentsch, wie jedes andere auch.

Und beim Einstellen von Dienstboten geht's wie beim Viehkauf: wenn man nicht angeschmiert sein will, schaut man gut und überlegt gut.

Und wenn schon zuvor was fehlt, dann sagt man lieber gleich ein Nein; denn beim Vieh gilt nur der gesetzliche Fehler, während die andern den Handel nicht aufheben und doch den Stall verschandeln und den Geldbeutel unnütz leer machen.

Will einer sagen, daß es beim Dienstvolk anders ist?

Drum frag erst. – Der Girgl fragt.

»Daß d' du zu mir möchst? – Daß d' du wegbist beim Hauser?«

»Weils mi nimmer gfreut hat bei dem alten Sponzierer.«

»Aha. – Und beim Ödnhuaber ham s' di net mögn. – Jetz versteh i 's scho. – Hüa! – Hüa hott! – Naa – i mag di aa net! – A so net – und a so net. – I möcht di nimmer als Hochzeiterin – und aa net als Dirn. – I mag di net amal für a Nacht aufs Stroh. – Daß d' es woaßt. – Hüa, sag i! Fahrts zua, ös Luader!« –

Oho!

»Ja, was is denn dees! – Strohschüppel, buckelter! – Nachher laßt es steh, balst net magst!« –

Die Hanni rennt heim zu ihrer alten Wabn.

Die ist grad zum Hauser gegangen.

Und muß sich dort allerhand sagen lassen von ihr, der Hauserin.

Denn so was ist doch himmelschreiend! – Hat man das Weibsbild angenommen als ein Betteldirndl von der Straße weg, – hat es hergezogen rechtschaffen und mit dem besten Beispiel, – und jetzt hat man den Dank.

»Kunnt ma s' so guat braucha!« jammert sie; »hätt ma 's so guat gmoant damit! – Derweil taat sie nachn Simmerl greifa! – Und taat eahm a Kind vürmacha! – A so a liaderlichs Weibsbild!« –

Er hat gut gepfiffen, der Hauser. Aber von seinem

Zusammentreffen mit der Hanni hat er wohl geschwiegen! – Denn die alte Rumplwabn legt der Hanni um Mittag hundert und achtzig Mark auf den Tisch: »Da, dei Jahrlohn von der Hauserin. Dees von die andern Jahr, sagt s', hast. – Und da hast dei Sach. – Du hättst aa nimmer dümmer sein könna, als wia d' gwen bist.«

»Es is scho recht, sag i!« erwidert die Hanni grob.

Im stillen aber sagt sie selber ein ums andere Mal: »O i Rindviech!« –

Am Nachmittag, da das Ähnl seinen gewohnten Schlaf tut, hockt die Hanni in ihrer Kammer, hat die Tür verriegelt und überzählt ihr Geld.

»Fünf Jahr Hausergeld . . . hundert Mark von der Muatta, . . . zwoahundert von dem alten Tropf . . .«

Zufrieden betrachtet sie die Gold- und Silberstücke, die Scheine.

»Hätts enk gar net schiach ausgnomma bei die Geldsäck von an Ödhof!« murmelt sie; »waarts guat zuaweg'standen zu die Hausertaler, – zu die Staudnschneiderfuchsen – und zu die Ödnhuaberkrandln. – Aber . . . was net sein konn, konn net sein. – Wo der Pfenning gschlagn is, da gilt er nix. – Da is's besser, er wandert aus.«

Sie räumt ihren Schatz wieder sorgsam zusammen, wickelt alles in ein Taschentuch, steckt es in einen Strumpf, den sie gut zubindet, und verwahrt so ihr Gut in einem großen, alten Samtzegerer, einem Reisesack, den sie mit etlichen Wäschestücken und einem Werktagsfähnlein vollstopft wie einen Koffer.

Ihre übrige Habe sperrt sie in die Truhe, auf die sie einen Zettel klebt mit der Aufschrift: Eigentum der Jungfrau Johanna Rumpl von Öd bei Schönau in Bayern.

Gewissenhaft muß alles geschehen; denn – wer weiß, wo der Wind einen hinreißt!

»Jetz probier i's amal z' Münka«, sagt sie; »und is 's z' Münka nix, nachha geh i auf Berlin, – und wenns da aa nix is, nachher roas' i ganz furt. Auf Amerika.«

Sie nimmt den Spiegel von der Mauer und den Kamm
aus der Zigarrenschachtel, in der auch die Seife, das Haaröl
und der Schuhlöffel liegt; dann setzt sie sich ans Fenster und
beginnt, sich das Haar modisch zu richten und zu stecken.

Darauf zieht sie ihr blaues Festtagsgewand an, steckt die
schweren, langen Seidenbänder an den Hut, daß sie ihr
hinabhängen bis zu den Fersen, wickelt sich in einen dicken
roten Wollschal und macht sich also fertig zur Reise.

In der einen Hand den Zegerer, in der andern die Kamm-
schachtel, in die sie noch schnell Gebetbuch und Rosenkranz wirft, so steht sie endlich an der Tür und blickt
forschend herum.

»Vergessen hab i nix. – Mein Geldbeutel hab i, – mei
Schneuztüachl aa; – 's Eahl schlaft, – und sinst hab i nix
mehr z' toan. – Alsdann. Nachher geh i.«

Ganz leise schleicht sie aus dem Haus.

An der Stelle beim Wegkreuz, wo sie selbiges Mal dem
Simmerl noch den letzten Pfüagood bot, bleibt sie noch
einmal stehen, schaut zurück zu den drei Bauernhöfen,
zieht die Lippen verächtlich herab und geht dann rasch und
entschlossen ihren Weg dahin, der Bahn zu.

Rüstig schreitet sie fürbaß auf der tiefverschneiten
Straße.

Grau und trüb hängt der Himmel über den Hügeln und
Tälern des Gaues; aber die Hanni schaut fest hinein in den
Nebel und ins Gewölk, indem sie denkt: »Du bist mir guat
trüab und grob! Bis i auf Münka kimm, werd d' Sunn scho
wieder scheina! – Und 's Glück aa!« –

Der Bahnhof zu Ostermünchen steht öd und verlassen, da
die Hanni dort ankommt.

Etliche Lichter scheinen trüb durch den dichten Nebel,
der ringsum schwer über dem Boden hängt, und ein alter
Griesgram macht scheltend und brummend seinen Dienst.

Die Uhr zeigt auf sieben.

Die Dirn tritt in die Halle und zum Schalter.

Mit festem Knöchel klopft sie an die Scheibe.

»He da! Eisenboh! – I muaß auf Münka!«

Ein Ruck, das Fenster wird scheppernd in die Höhe gerissen. Der Kopf des Herrn Bahnvorstands erscheint einen Augenblick in dem Guckloch.

»Jetzt geht kein Zug!«

»Rratsch. Der Kopf ist verschwunden, – das Guckloch fällt zu.

»Nachher wart i halt, bis oana fahrt, Rüappel!« sagt die Hanni gelassen und geht langsam und betrachtend in dem Raume auf und ab.

Nach geraumer Zeit kommt noch einer, der mit möchte, – ein Soldat.

Den fragt sie: »Wann fahrt er denn scho, der Zug?«

»In ana halben Stund«, sagt der Bursch; »i kaaf mir derweil no gschwind a Halbe, drent, beim Wirt.«

Damit läßt er sie wieder allein mit ihren Gedanken, Plänen und Wünschen.

Und sie überdenkt kurz ihre Zeit im Hauserhof, spürt noch einmal die Röte und Hitze einer zornigen Scham, die ihr jäh ins Gesicht fährt, da sie überlegt, wie sie den Karren hätt heimgebracht, wenn sie nicht so narret hätt am Zügel gerissen.

Nun heißt's, wieder von vorn anfangen.

Aber: »Fang ma halt nomal an!« denkt sie; »glei frisch drauf los und mitten eine ins Glück! – Wer woaß 's: hat mir koa Bauernhof ghört, – werd mir scho a Stadtpalast ghörn – oder gar a Gschloß.«

Ein leises Lachen kommt sie an.

»Is mir net angst! – Wenns aa 's erschtemal is, daß i in d' Stadt kimm! – Da werds scho aa ein Orts a Platzl gebn, wo i hinpaß.« –

Etliche Reisende kommen an und bringen die Dirn aus ihren Betrachtungen. Sie löst ihre Karte für die Fahrt.

Der Zug fährt ein.

»Herrgott!« – Ein Riß geht der Hanni durch die Brust!

Aber sie steigt frisch ein und setzt sich breit neben etliche Soldaten, die gleich ihr nach München fahren.

Einer von ihnen, ein langer, schwarzäugiger Bursch, schielt sogleich begehrlich zu ihr herüber.

»Wo fahrst aus, scheens Kind?«

»Mit der Postscheesn in Himmi!« sagt die Hanni lachend.

Die andern schmunzeln.

Der Lange aber meint: »Dees muaß aber a abscheulige Himmelfahrt sein, – so alloanig! – I moan, wennst mi als Schutzengel mitnahmst...«

»Nachher kaam i ganz sicher in d' Höll! Dees glaab i gwiß! Naa, i fahr liaber oaspanni, nachher werd mir doch mei Gaul net scheuch!«

»Aha, die kennt di, Brüaderl!« sagt dem Langen sein Nachbar; »die bandelt net gern o mit an sechsfachen Raubmörder!«

»Aber mit so an Schinderhansl, wias du oana bist!« erwidert der andere grimmig; »mit so an boarischn Hias laßt sie si ein! – Naa, Frailein, da bleibns scho liaber ledig und wern s' a Klosterfrau! – Dees hoaßt: wanns vielleicht doch a bisserl a Liab hätten zu an ordentlichen Menschen?...«

Die Hanni lacht vergnügt.

»Dees müaßt i mir wohl erscht no a Zeitl überlegn!« sagt sie; »und bis dahin kunnt i dir leicht z' alt sein.» –

Der Zug hält.

Allerhand Leute steigen aus und ein, und die Hanni betrachtet neugierig das Getriebe.

Da hört sie hinter sich einen rufen: »Ja, was is denn dees! Der Knittl! – Ja, grüaß di Good, Knittl! – Wo fahrst zua, alter Pfannaflicker?«

Sie fährt erschrocken zusammen.

Der Knittl! – Der Pfannenflicker! – Ihr Vater!

Herrgott, das ging ihr jetzt gerad ab, daß der Alte sie sieht.

Ängstlich duckt sie sich zusammen.

Hinter ihr sagt der, den sie von Rechts wegen Vater nennen soll, eben: »Ja, grüaß die Good aa, alter Spezl! Fahrst aa Münka zua? –«

Er fährt also auch nach der Münchner-Stadt!

Der Hanni steigt's schwül auf, und sie sucht mit den Blicken die Wagentür.

Indes ihre Nachbarn scherzend fragen. »Alsdann, was is 's, scheens Kind? Wer derf mittoa bei dera Himmelfahrt?«

Sie antwortet nicht; ihre Lippen pressen sich fest aufeinander, ihre Finger rupfen und zerren an den Fransen des Wolltuchs.

Und jetzt steht er auch schon da, der alte, vollbärtige Krauterer mit dem verpichten Gewand, dem der Schnupftabak in den Barthaaren hängt und das Wasser stetig aus den Augen tropft vom vielen Saufen.

»Gibt's da aa koan Platz mehr für an oaschichtigen Handwerksburschen?«

Die Hanni steckt den Kopf tief zwischen die Schultern; ihre Hände wischen im Gesicht herum.

Aber: – »Jessas … was siech i … is dees net … bist du net … mei Hanni?« – tönt's wie eine Posaun vom letzten Elend an ihr Ohr; »bist du net mei Hanni? … Von der Rumplkathl a Tochta?«

Ach, daß kein Spältlein in der Erden – kein Mausloch Erbarmen hat mit ihr!

Gibt's denn keine Mauer, die sich herabsenkt vor ihr und sie unsichtbar macht vor ihm – dem alten Tropfen!

Schaut nicht schon alles auf sie, – auf ihr festliches Gewand – und betrachtet dann ihn – und seine Haderlumpen!

Ja, man schaut und horcht freilich! Sie spürts deutlich.

Und denkt daran, daß sie, die Rumplhanni, zwar wohl

das Kind dieser beiden Menschen ist, – aber dennoch ein
Waisl, das sein Lebtag jede Suppe allein auslöffeln mußte, –
und jeden Strumpf selber flicken, wenn er ein Loch hatte!

»Wer hat mir gholfa, wia i als arms Haderlumpadirndl
auf Gemeindekosten von ana alten Bißgurrn schlecht gfut-
tert und schlecht ghalten wordn bin? – Neamd. I selber bin
davon. Und daß mi d' Hauserin gnomma hat, is aa koa
Werk von dene gwen, die heunt gern Kind zu mir sageten!«

So denkt die Dirn. Und da der Alte abermals fragt: »He,
du, Dirndl! – Di moan i! – Bist du net d' Rumplhanni von
Öd?«, da richtet sie sich straff auf und sagt eisigkalt: »Naa,
da bist irr. So hoaß i net.«

»Bist du net beim Hauser von Öd Dirn gwen?«

»I kenn koan Hauser. I bin vo Rosenhoam.«

Der Alte schaut sie immer noch an, – forschend, fragend,
wehmütig enttäuscht.

»Vo Rosenhoam. Ja, – nachher hab i falsch gsehgn.
Nachher sag i halt: nix für unguat.«

Er kann sich nur schwer abwenden.

Und da ers tut, rinnen ihm die Tränen dick über seine
blauroten Backen, und er sagt: »Mei, wenn sie's aa waar,
... mit mir kunnt s' alleweil koan Staat macha, – mit mir
alten Hallodri...«

Damit zieht er ein Schnapsglas aus dem Sack und trinkt,
indes die Hanni bleich und rot wird und sich wie von
tausend Hunden gehetzt vorkommt.

Er setzt sich nun zu seinem Kameraden, der Pfannenflicker.

Mit zitternder Hand bietet er ihm die Schnupfdose, – das
Schnapsglas.

»Da, alter Spezl, – schnupf amal. – Und trink amal. – Is a
guater Enzian. – Weils gleich is. Weil i heunt amal wieder
woaß, daß i a alter Lump bin – und a Lump war meiner
Lebtag. – Bist no alleweil billiger Jackl?«

Der Freund bejaht. Und schnupft und trinkt.

Da hält der Zug in Grafing.

Allerhand Reisende, Bauern, Bäuerinnen, Soldaten und junge Weiberleut steigen ein, so daß der Wagen gedrückt voll wird.

Der alte Knittl lacht.

»Da schau her, Jackl! Da gehts zua, wia wenn Kirtamarkt wär – oder d' Jakobidult!«

Der billige Jakob nickt. Und trinkt wieder von dem Enzian des Freundes.

Da steigt einer ein, der hat kaum den billigen Kaufmann erblickt, als er auch schon schreit: »Ei, ei! – Wen siech i da! – An Jackl, den Spitzbuam! – Was hast gsagt, wiast mir die selbig Bettdeckn aufghängt hast? – ›Da legst di eine mit deiner Bäuerin‹, hast gsagt, ›und raus gehst nimmer, bis daß der Kriag gar is!‹ – Und jetz muaß i einrucka!«

Der Jackl schmunzelt.

»Jetz der is guat!«, meint er; »der denkt, wann er bei mir Kundschaft is, nachher werd er für unabkömmlich erklärt! – Mei Liaber, du gfallst mir! – Du hast dir dein Orden scho verdeant! – Für die waars schad, wann s' di amal derwischetn, d' Franzosen oder d' Russen!«

Er gibt dem alten Knittl die leere Flasche wieder zurück.

»Da, alter Schwed. Guat is er gwen. Der macht an Toten lebendig.«

Bald ist eine gute Unterhaltung zwischen den dreien im Gang, der Kaufmann macht seine trockenen Witze, und der alte Pfannenflicker vergißt vor lauter Lachen, daß er vor kaum einer halben Stunde erinnert wurde an seine Jugend, – an eine bewegte Zeit – und an ein Maidl, das da zu ihm sagen müßt: Vater.

Die Hanni aber ist verschwunden.

In Grafing ist sie ausgestiegen, hat sich einen andern Wagen ausgesucht und sitzt nun mit ihren Gedanken und Plänen einsam in einem Abteil für Frauen.

Und der Zug eilt dahin und bringt sie der Stadt immer

näher, – immer näher ihrem ferneren Geschick, Glück oder Unglück.

Nachdenklich lehnt sie am Fenster und blickt hinaus in die schweigende Nacht, sieht die Lichter der Wohnstätten an sich vorübergleiten und gewahrt weit hinten im Nebel die leuchtende Helle der Großstadt mit ihren ungezählten Lichtern.

Und plötzlich beginnt ihr das Blut laut und stürmisch in den Adern zu schlägeln, – eine große Angst vor der weiten, fremden Stadt kriecht in ihr herauf.

Doch tapfer wehrt sie dem Gefühl und würgt es hinab.

Und da der Zug immer näher dem rötlichen Schein des Lichtmeers kommt, – da der Schattenriß der Münchner- stadt sich immer weiter vor ihren Augen ausbreitet, da wird ihr Blick wieder klar, ihr Gesicht hart und entschlossen.

Sie richtet sich zum Aussteigen und erwartet stehend das Ende der Fahrt.

Und als endlich der Ruf: »Ostbahnhof! – München Ost- bahnhof!« an ihr Ohr dringt, da reißt sie ungeduldig an der Tür, springt frisch aus dem Wagen und trabt wohlgemut den andern Reisenden nach, die hastend aus dem Bahnhof und über den Platz zur Straßenbahn eilen.

Schreiend und scheltend drängt sich die Menge in die Wagen; die Hanni aber spürt keine Lust, ins Ungewisse hineinzufahren, hebt vielmehr vorsorglich den Rock hoch, damit der Straßenkot ihn nicht bespritze, und stapft den Schienen entlang die Straßen dahin bis zur Isarbrücke.

Da bleibt sie staunend stehen.

Glitzernd und schillernd eilen die Wasser des Isarflusses dahin; Türme, Giebel und hohe Paläste ragen in die neblige Nacht, indes Hunderte von Lampen und Lichtern die Straße taghell machen und das Auge blenden.

Hastend und unruhig wogt der Strom von Menschen an ihr vorüber, Karossen und Wagen eilen hin und wider, und mit viel Lärm bringt die Straßenbahn ihre Fahrgäste dahin, – dorthin, – irgendwohin.

Lange steht sie da, die Dirn, und schaut.

Und kommt sich klein und immer kleiner vor in diesem endlosen Gewurle und Getriebe.

Wieder steigt die Angst in ihr auf.

Aber – wieder drückt sie das Gefühl nieder und geht frisch weiter, dem Isartor zu.

Und denkt: »Groß is s', d' Stadt, – und weit is s' aa; nachher wird si scho für mi aa ein Orts a Hoamatl finden und a Kuah zum melken!« –

Grasgrea is die Hollerstaudn,
Schneeweiß is die Blüah,
Dirnderl, i hätt di gern,
Wia is denn dir?

D' Kerschbaam blüahn aa wia Schnee,
's Liabn braucht an Fleiß,
Dirn, trau dem Büaberl net,
Er führt di aufs Eis!

Die Hanni steht zaghaft vor dem alten Gasthof, drunten im Tal.

Schreien und Lachen dringt daraus, Gäste kommen und gehen, eine laute Musik übertönt zeitweise den Lärm.

Ein altes Weib mit pergamentenen Zügen und langen Ohrgehängen kniet in der Toreinfahrt vor einem Ofen, fächelt mit einem rußigen Flederwisch in die schlafende Glut, daß sie zur bläulichen Flamme auflebt, und sagt dazu, so oft jemand vorbeigeht: »Heiße Maroni, Herr! – Gute, heiße!«

An diese Alte wendet sich die Hanni.

»Muada, woaßt nix, ob i da drinn über Nacht bleibn konn?«

»Da drinn? – O ja! – Freilich wohl! – Ganz gut!«

Sie steht auf und schüttelt die Kastanien auf dem Röstblech durcheinander.

Die Hanni schaut ihr unschlüssig noch eine Weile zu, dann tritt sie ein in die Gaststube.

Herrgott! Gehts da zu!

Ein Lärm! Ein Rauch und Qualm! Und ein Duft!

An schmierigen Tischen sitzen allerhand verwegene Burschen, verlotterte Mannsbilder und freche, plärrende Weiber. Dazwischen gehen und stehen ärmliche Händler und Hausiererinnen herum, bieten ihre elendigen Waren an und unterhalten sich mit dem und jenem.

Bald steht hier, bald dort ein Streit auf, erlischt wieder und wird aufs neue angefacht, – dazu rattert, bläst, pfeift und scheppert in einem hohen Kasten die überlaute Musik, und über dem ganzen Trubel hängt der dicke, beißende Tabaksqualm, der dem Neuankommenden für den Augenblick jede Einsicht hindert, jedes Suchen nach Bekannten unmöglich macht.

Die Luft ist erfüllt von diesem Rauch, vom Dunst der Speisen, vom Geruch abgestandenen Bieres, vom Lärm der Menschen und der Musik.

Betäubt steht die Hanni am Eingang, wird bald von einem gestoßen, von dem andern geschoben und gerät auf Ja und Nein mitten in einen Knäuel streitender, schimpfender Burschen und Mädchen.

Vergebens sucht sie daraus zu entkommen und den Ausgang zu gewinnen; der Streit wird zum Geräufe, – Stühle, Krüge, Körbe fliegen, Schläge fallen dumpf auf die Köpfe etlicher Angegriffener, Weiber kreischen auf, – und dann fährt gewichtig die Faust eines Hausknechts dazwischen, der die ganze Gesellschaft in wenig Augenblicken auseinander treibt und an die Luft setzt.

Die Hanni steht eingezwängt zwischen Tischen und umgeworfenen Stühlen, unfähig, sich zu rühren.

Die Bänder ihres Hutes sind abgerissen, ihr Gewand ist voll verschütteten Bieres.

Und in ihrem Gesicht steht der Schrecken des Augenblicks.

Da sagt eine bekannte Stimme: »Hanni! – Rumplhanni!«
Sie schaut um sich.

Einer von Vogelried? Ein Landsmann!

»Gell, du bist vom Ropfer z' Vogelried?« fragt sie ihn.

»Freili bin i's! – Und du bist d' Rumplhanni vo Öd, gell?«

»Ja.«

Gott seis gedankt! Ein Bekannter! – Ein Schulkamerad!

Die Hanni besinnt sich noch gut auf den Ropferflorian von Vogelried.

»Gell, du bist selbigsmal davon … durchbrennt … wia s' di wegn dera Gschicht … bei der Kramerin ozoagt habn?« fragt die Hanni weiter.

Und sie erinnert sich wieder des Tages, da man die alte Haschermutter in ihrem Laden schier ohne Besinnung aufgefunden hatte. Das abergläubische Weiblein zitterte vor Angst und berichtete, der Teufel wär eben leibhaftig bei ihr im Laden gewesen und hätt ihr gedroht: »Entweder du gibst mir zwanzg Mark, – oder i pack di auf der Stell z'samm und nimm di mit in d' Höll!«

Der Florian lacht.

»Mei, i habs ihr ja net gschafft, daß sie's glaabn soll!«, sagt er; »Aber braucha hab i 's Geld scho könna. Sie hat mirs ja freiwillig gebn!«

Und damit ist die Geschichte für ihn wieder tot.

»Wo kimmst her und wo gehst aus? Wia kimmst da rei' in d' Stadt und in die Boazn?«

Das ist seine weitere Frage.

Die Hanni seufzt.

»Mei, an Platz suach i in der Stadt herin. Und a Wirtshaus zum Übernachten. «

Der Florian ist hocherfreut.

»Du hast 's Dableibn im Sinn? – An Platz möchst? – Ah, da woaß i dir glei Rat! – Ja, da schau her! – Und übernachten kannst glei in der Näh. Glei in dem Haus, wo i wohn. –

Und jetz gehst mit mir um a Häusl weiter, nachher lad i di ei zum Essen. Und zu an Kaffee. Is 's dir recht?«

Obs ihr recht ist! – Freilich! – So allein in der endsgroßen, fremden Stadt, – in dieser Roßschwemm!

Zwar ist er nicht viel Gescheites, der Ropferflori; es ist auch etwas in seinem Wesen, was ihr nicht recht gefällt, – aber – er ist halt doch ihr Landsmann, – das einzige bekannte Gesicht unter viel hundert fremden.

Und so geht sie gern mit ihm in eine andere Wirtschaft, ißt und trinkt, lacht und erzählt – und erschrickt ganz, als die Zeit der Polizeistunde da ist.

Nun heißt's heimgehen.

Heim! – Wo mag heut ihr Heimatl sein? – Wo morgen? – Ein leiser Seufzer entfährt ihren Lippen.

»Moanst, daß i z' Münka an richtign Platz kriag, Flori?«

»Freili! Grad gnua! – Oan besser wia den andern!«

»Gott sei Dank! – Is mir scho schier loade worn beim Drodenka! – Aber wennst du a so sagst, – nachher werds scho a so sein.«

Sie überläßt ihm willig ihren Reisesack, den er ritterlich trägt.

So schreiten sie frisch dahin durch den leise fallenden Schnee, die Hanni immer ein paar Schritte hinter ihrem Begleiter, der ihr den Weg weist.

Grad biegt er hinten beim Kloster am Anger ums Eck, indem er sagt: »Jetz wern mir glei da sein. Muaßt aber a bissl warten da herunten, bis i mit der Hausfrau gredt hab!«, da geschieht etwas ganz Unerwartetes.

Der Florian stößt plötzlich einen kurzen Fluch aus, dreht sich blitzschnell um und rennt an ihr vorbei, zurück, – um die Ecke, – davon.

Mit ihrem Zegerer – ihrer ganzen Habe!

Und vor ihr stehen zwei in Uniform, die ihr den Weg versperren – vor und zurück.

Und fragen: ob sie den Burschen gesehen hätt? –

»Freili hab i 'hn gsehgn!«

Wo er hin wär?

»Da hint ums Eck! Was woaß i!«

Ob sie vielleicht zu ihm gehöre?

»Mei . . . ja und naa. – Wias d'es nimmst!«

Aber: »Was? – Sie wolln uns derblecka, scheints! – Sie
habn eine ordentliche Antwort zu gebn, daß Sies wissen! –
Wie heißens?«

Die Hanni will weiter, – dem Tropfen nach, der ihren
Reisesack mitnahm.

»Dees geht koan Menschen nix o, wia i hoaß! – Und
überhaupts hab i mit enk gar nix z' toan! – I will zruck, –
dem oan nach, der mei Sach hat!«

Aha! – Sie gehört also zu ihm!

»Sie bleibn jetz amal bei uns da, Frailein! Verstanden! Sie
wissen guat, wo S' Eahna Sach darnach suacha müassen! –
Und jetz sagns, wie Sie heißen!«

»Naa, ganz gwiß net! – Da kunnt a jeder kemma und
fragn, wia i hoaß! – Gar, wo ma mi so saudumm oredt! –
Als wia wenn i wissen tat, wo der oa mit mein Zegerer hin
is!«

Sie gerät in die Hitze.

»Mein Ruah will i habn, sag i! – Suachts enk a anderne aus
zum Füranarrnhalten! –«

Und da die beiden immer noch nicht gehen, kommt sie
immer mehr in Zorn und Wut und beginnt zu schimpfen
und zu schreien.

»Mein Fried sollts mir lassen! – Schaugts liaber, daß's
hoam kemmts, anstatt daß's d' Weibsbilder drangsaliert! –
Oes ghörts überhaupts net da her! Oes ghörts scho lang in
Schützengrabn auße! Seids groß und stark gnua! Und bals
mi jetz net glei guatwilli steh laßts, nachher zoag i's enk,
wer i bin! – Aber richti!«

Sie ballt die Fäuste, – stampft, – wütet.

Und da die beiden gar verlangen, sie solle mitgehen auf

die Wache, als sie vom Verhaften reden und von grober
Widersetzlichkeit, da ist es aus mit ihrer Fassung.

»Grob! – Wer is denn grob? Koa Mensch wia ös! Des
waarts mir no so Soldaten! – Schaama derfts enk! Da
waar insa Kini sauber aufgricht, wenn er lauter solchene
hätt! . . .«

Und schließlich bricht sie in Tränen aus, weint um ihr
Sach, – um ihre Ruh, um ihr Öd.

Es ist nichts mehr mit ihr zu machen, und da schließlich
den beiden Polizisten etliche Kameraden in den Weg kommen, packen sie die Hanni, heben sie in einen herbeigehol-
ten Wagen und bringen sie trotz ihres Sträubens zur Polizei
als ein »aufgegriffenes Frauenzimmer, welches sich nicht
ausweisen konnte und Widerstand gegen die Staatsgewalt
verübte«. –

So sitzt also die lautweinende Hanni im Polizeiarrest bei
noch etlichen anderen, die gleich ihr im Verlauf der Nacht
aufgegriffen und eingeliefert wurden.

Neben ihr hockt eine alte, betrunkene Hadernsammlerin
aus Giesing auf der Bank und schimpft über den sozialen
Tiefstand des Wirtschaftsbetriebes, über die ungleiche Verteilung von Geld und Bier – und über die ungalante Schutz-
mannschaft Deutschlands.

Daneben unterhalten sich ein paar auffällig gekleidete
Mädchen mit einer dicken Wäscherin, die sich ihnen als
Hauswirtin anbietet.

Indes in einer Ecke eine Hausiererin steht und mit viel
Tränen einem Mädchen der Gasse ihr elendigs Schicksal
und ihre Not schildert.

Und da sie dies getan, geht sie auf die Hanni zu und sagt:
»Gehngan S' zua, Frailein, woanan S' do net a so! – Deswegn werds do net anders! – Sie müassn Eahna akkrat a so
denka wia i: der Arme is ein Opfer des Kapitulierns. Mit
den Arma tuat a jeder, was er mag. Bsonders wann oana
koan Pfenning Geld hat – und an schlechtn Leumund. –

Daß er sei Straf net zahln konn; – daß er s' absitzen muaß, wia i. – Ja, wenn i net so a Rindviech waar! Aber a so hab i halt wieder um a Glasl z'viel ghabt, – a Wort hin und oans her – und der Widerstand is fertig gwen. Und der Alt hockt dahoam und huast, d' Kinder plärrn um was z' essen, und d' Hund winseln ums Fuatta. Und i hock da und wart auf morgn früah, wenn s' mi heunt nimmer auslassen! – Wo kommen S' denn her? Warum sand S' denn da?«

Die Hanni hört allmählich zu weinen auf.

Das Weib da vor ihr hat eine größere Kirm zu tragen. Die ist nimmer frei und ledig.

Und dennoch überkommt die Dirn nochmal ein heftiges Schluchzen, als sie der andern erzählt von ihrer Reise, von ihrem Zusammentreffen mit dem Ropferflori, – von ihrem Unglück.

»Hättst es halt die Schutzleut gsagt, wiast hoaßt!« meint ihre Genossin.

Aber: – »Wenn i gmoant hab, Soldaten sand s'! – Was woaß i von dee Schutzleut! Bei uns hat ma halt Greane, – Schandarm hoaßt man s'«, erwidert die Hanni.

Und es währt nicht lang, da sind die beiden Weiberleut gut Freund geworden.

So daß die Hanni wieder ganz munter ist und ruhig den Morgen und das Verhör erwartet.

Da redet sie frei und ehrlich, sagt auch, wer sie ist und was sie vorhätt, – und empfängt mit viel Freude ihren Reisesack, den der Flori wohl in der Eile von sich geworfen und ein Straßenkehrer gefunden hatte.

Freilich, die Strafe für ihre Widerspenstigkeit gegen die Staatsgewalt muß sie wohl bald erleiden!

Doch tröstet sie ihre Leidensgenossin, die Hausiererin.

»Was wolln s' dir viel macha!« sagt sie, »wennst viel kriagst, nachher kriagst a Woch. Dees hast schnell abgsessen! – Mei, was sollt denn da i sagn: i muaß jeden Winter meine sechs – acht Wocha macha. Weil i d' Straf net zahln

konn. Weil i a arma Teife bin. – Und 's Gschäft geht halt
amal in dene Straßen am besten, wos Hausieren verboten
is.«

Ja ja.

Aber es ist halt doch eine Woche – wenn's auch bloß eine
Woche wird.

Und sie muß mit den vier Mauern bekannt werden, die
sie mehr scheut als ein langs Siechenbett!

Herrgott! Die in Öd wenns wüßten!

Der Staudnschneider, – die Hauserischen, – der Simmerl!
Oder die Leni!

Die Schand! Das Gerede! –

Es ist gut, daß die Hausiererin ihr Sinnieren und Bohren
unterbricht, indem sie sagt: »Übrigens, was i dir sagn will:
du kunntst leicht bei mir a paar Wocha bleibn als Kinds-
magd! – Oder aa zum Obstverkaaffa! – I gib dir 's Essen
dafür und 's Schlaffa. Wennst willst, kannst jederzeit
komma. I wohn in der Au, – beim Lilienberg. Wennst nach
mir fragst, a jeds Kind zoagt dir dees Häusl von der
Weinzierlfranzi!« –

Die Weinzierlfranzi. Vom Lilienberg. In der Au.

Ein Heimatl.

Die Hanni sagt zu. –

Draußen bei der Kirche Maria Hilf in der Au sind die
Herbergen vieler alter Bürger unserer Münchnerstadt.

Und entlang dem Lilienberg lehnen noch allerhand Hütten und Häuslein, in denen schon die Urväter mancher
nobelen Palastbesitzer und Wagerlprotzen ihre ärmlichen
Hosen zerrissen und die Wänd bekritzelt haben.

Ein winziger Geißenstall, ein morscher Holzschupfen,
ein alter Röhrlbrunnen oder eine mürbe Holzaltane und ein
wilder Holunderstrauch in dem armseligen Wurzgärtlein
weist noch dem Beschauer die Genügsamkeit der Bewoh-
ner dieser Herbergen mit ihren zwei – drei Kammern und
dem Küchenloch.

Da hinaus führt nun die Weinzierlfranzi ihren Schützling, – die Hanni.

Es ist um die Zeit am Morgen, da die Fabriken ihre Signale zum Beginn der Arbeit heulen und die Bäckerburschen mit den Milchmädchen an Straßenecken schwatzen.

Durch die Gassen hinkt ein alter Lichtanzünder und verlöscht das Morgenlicht in den Laternen, und fröstelnd trippeln fünf – sechs Mädchen in dünnen Fähnlein ihrer Arbeitsstätte zu.

Aus den Fenstern der Häuser blinkt da und dort ein mageres Öllicht, und aus den rußigen Kaminen steigt leicht und bläulich dünner Rauch in die beißend kalte, klare Morgenluft.

Auf den hohen Giebeldächern liegt der festgefrorene Schnee, und von den Dachrinnen, die so nieder sind, daß man den Hausschlüssel darin verwahren kann, ohne einen Schemel zu brauchen, hängen dicke Eiszapfen schier bis zum Boden.

Vor einer dieser Hütten macht die Franzi halt; sie späht erst durch eins der vereisten Fenster, dann drückt sie leise auf die Klinke.

Das Haus ist offen, und sie treten ein in den winzigen Hausflöz.

Da liegen und stehen Körbe, Kisten, Häfen und Holzscheite herum, auf den ausgetretenen Stufen der geländerlosen Stiege liegt Wäsche und Spielzeug, und vor der Tür, die in die eine Kammer führt, steht das eiserne Zylinderhütlein ihrer Kinder.

In der Kammer liegen drei der Hascher in einer mageren Betthaut, einer sitzt hemdärmelig auf dem kalten Stubenboden, hat die Kaffeemühle und etliche Erdäpfel als Spielzeug neben sich und jammert um die Morgensuppe.

Ein aufgeschossenes Maidl hockt vor dem alten Sesselofen und bläst aus vollen Backen in die schwelenden, rauchenden Reiser, während ein etwa sechsjähriger Bub auf dem zusammengesessenen, pichigen Kanapee steht und die Herdringe zur Melodie des Münchner Schäfflertanzes schwingt.

Die Hanni bleibt beklommen draußen vor der Stubentür stehen; doch ihre Gastgeberin sagt freundlich: »Trau di nur rei', Hanni! Gschiecht dir nix! – Höchstens, daß di d' Arbat opackt. – Geh, ziag mir die Gsellschaft o; – die derfriern ja! – Und koch eahna an Kaffee! – Muaßt aber z'erscht d' Goaß melcha!«

Die Dirn ist froh um die Arbeit.

Sie zieht die schreienden, zappelnden Würmer an, wäscht sie und striegelt ihnen das Haar, – hilft der Großen ein Feuer anmachen, daß es knistert und kracht, und stellt den Hafen mit dem Kaffeesatz darauf.

»Wo hast dein Stall und a Melchgschirr?« fragt sie darnach.

Die Weinzierlin wird verlegen.

»Mei«, sagt sie, »so nobel wia bei den Bauern gehts bei mir net zua. Da hätt ja i an Platz net dazua. Mir habn halt drei Stuben, und da hab i oane vergebn an an Zimmerherrn. Sand halt doch alle Monat sechs Mark. – Und hintn, wo der Stall hinghört, hab i mei Gmüas und mei War. – Mir muaß si halt nach der Deckn strecka. – Da hint steht a blecherna Eimer, – schau, – den nimmst zum Melchen. Und da drinn...«

Sie öffnet eine niedere Tür ... »Da drinn is d' Goaß.«

Die Hanni nimmt den Blecheimer, auf dem noch ein Zettel klebt: »Feinste Aprikosenmarmelade«, und will hinein in die Geißenkammer.

Aber erschrocken fährt sie zurück.

Da liegt auf einem elendigen Lager ein bleicher Mann mit eingefallenen Wangen und fiebernden Augen, der flüstert heiser etwas Unverständliches und winkt mit matter Hand seiner Franzi, wobei ihn ein dürrer Husten peinigt. –

Neben diesem Siechenbett steht ein alter Waschkorb;

und darin kriechts und wurlts, und es winselt ein Häuflein junger Hunde und krabbelt und sucht an der knurrenden Alten herum.

Drunten am Fußende der Bettstatt aber ist ein Haufen Laubstreu aufgeschüttet, und darauf liegt, an den Bettfuß gebunden, meckernd eine grobbeinige Geiß, die sogleich aufspringt und nach ihrem Futter schaut.

Die Weinzierlin geht an die Liegerstatt ihres Mannes, streicht ihm das Kopfkissen glatt und horcht auf sein Geflüster.

»Wo bist denn gwen?« fragt er.

»Da brauchst do net z' fragn!« erwidert sie bitter.

»Daß d' di denn alleweil wieder erwischn laßt!«

»Ja no. – I hab halt wieder 's Maul net halten könna. Und a Widerstand is schnell beinand. – Aber dees is jetz gleich. – Dees ghört zum Gschäft. – I hab mir wem mitbracht als Aushilf – derweil – bis i wiederkimm – von der Straf. Deesmal muaß i sechs Wocha macha.«

Ihr Alter seufzt und fragt um den Kaffee.

»Glei kriagst 'hn«, sagt seine Franzi und schaut zufrieden auf die Hanni, die sich frisch auf die Streu gekniet hat und nun in flinken Strichen die gelbliche Milch in den Eimer melkt.

Darnach kocht sie eilig den Kaffee fertig, füttert die Kinder und den Kranken und geht dann hinter in den winzigen Schupfen um Heu für die Geiß.

So beginnt sie ihr Tagwerk in der Münchnerstadt, in dem neuen Hoamatl, von dem sie dachte: es würde sich schon eine Kuh drinn finden zum melchen.

»Macht nix«, denkt sie; »wenns aa koa Kuah is; na is 's halt derweil a Goaß!«

Und sie tut singend ihre Arbeit.

Kinder warten, Hunde füttern, den Kranken pflegen und der Geiß einstreuen, das Haus versorgen und die Mahlzeit richten, – das ist der Hanni ihr Tagwerk, – ein paar Stunden

Schlaf auf dem hinabgeschelchten Kanapee, das ist ihre Nachtruh.

Und eines Morgens sagt die Weinzierlin: »Hanni, heunt muaßt mit zum Handeln. Daß d' dich auskennen lernst in der Stadt, und daß d' mir 's Gschäft weiterführn kannst, wenn i net da bin.«

Also holt sie ihren Handkarren aus dem Schupfen, ordnet das Gemüse, die Orangen und die Nüsse darauf und schreibt mit großen Buchstaben die Preise auf die Tafel, die sie auffällig an den Karren hängt.

»Franzi, wennst von der Schul hoamkommst, nachher wärmst die Suppen in dem blauen Hafen dort auf!« sagt sie noch zu der Großen; »und a Brot gibst an jeden, und an Vatan a weichs Ei. An Hund net vergessen und d' Goaß! – Pfüat enk der Himme!«

Sie schließt das Haus und macht sich auf den Weg.

Und so trabt auch die Hanni mit der Händlerin durch die Straßen dahin wie das Kalb am Strick, betrachtet die Stadt mit ihren Häusern und Läden, die Gassen, Plätze und Winkel, schaut auf die Schilder, welche ihr deren Namen weisen, und horcht auf die Rufe der Franzi, die ihre Waren mit beredten Worten anzubieten versteht.

»Madam! Schöne goldgelbe Zitrona, viere a Zehnerl! – Geht nix ab? – Zuckersüaße Oranschen, Herr Nachbar! – Nehman S' Eahna a paar mit! Fünfe um a Zwanzgerl, Herr! – Neue Nuß! Nix gfällig?« –

Freilich geht das Geschäft nicht reißend; aber sie kommen auf ihrer Reise doch auch an Plätzen vorbei, wo sie binnen weniger Minuten mehr verkaufen, als anderswo in einer Stunde.

»Dees muaß i mir merka«, meint die Hanni; »daß i die Plätz no woaß, wann i amal verkaaf. Überhaupts sollt ma glei bloß dahin fahrn, wo si was rührt!«

Aber im selben Augenblick kommt einer, den die Dirn noch gut erkennt als einen Wächter der Gesetze; und sie begreift es schnell, warum ihre Wirtin so geschwind den Karren um die Ecke schiebt und im Trab die nächsten Straßen durcheilt.

Ja ja. Breit ist die Straße – zum Verderben; – aber es wohnen halt die reichen Leute dort!

Und die Franzi meint: »Ja no! Allemal, wenn i mei Straf wieder abgsessen hab, gib i a Zeitlang Obacht auf die Vorschrift. Aber wenn i siech, wia meine Kinder hungri sand und d' Apotheka oa Markl um dees ander frißt für mein Kaschban seine Trankerl, – mei, da wird oan alles wurscht. Da hoaßts halt: hast a Geld? Und balst koans hast, bist verratzt und verkaaft vom Anfang bis zum End. – Is 's vielleicht anders? – Bringst an Schratzn auf d' Welt, – dees erschte is, daß d' Hebamm fragt: hast a Geld? – Wenn s' aa net mit Worten fragt; mir gspürts scho, wann s' siecht, daß ma koans hat. – Nachher laßt a so a Grischberl taafa; mei – 's Wasser kost't freili nix. Aber – der Pfarrer möcht lebn, – und der Meßmer möcht lebn, – und der Magischtrat und d' Gmeinde aa. 's Heiratn ham s' oan aa net umasonst erlaubt, – und balst amal einefallst in d' Gruabn – und brauchst an Nasendetscher und an Ewigkeitsfiaker, – nachher tat not, du hättst als a Toter no an Geldbeutl in der Hand. – Ja ja. – Is mir heunt scho angst, wenn mei Kaschba amal dro glaabn muaß. – Bis i dees beinand hab, derf i mi no oft einsperrn lassen! – Denn i möcht 'hn doch scho dritter Klass' eingrabn lassen, wenns a bißl geht. – – – Gnä Frau, was geht ab? Der Karfiol? Sechzig, gnä Frau. – Sonst noch was gfällig? – I dank schön, gnä Frau. A andersmal wieder d' Ehr!« –

Einmal kehrt die Franzi mit der Hanni auch ein während ihrer Handelsfahrt.

Drunten beim Markt und Dultplatz, im blauen Bock.

Da sitzen sie beieinander, die Karrenschieber, essen ihren Brocken Wurst oder Käs, trinken ihre Maß und schwatzen sich die Galle weg, die ihnen so oft im Tag übergeht, – wegen der War, wegen der Kundschaft – und wegen des Wortes: Verboten.

Und die Hanni lernt das Geschäft kennen; den Groß-
händler, die Reißer und Schlager unter der Ware, die Kundschaft – und das Gesetz mit seinen Vertretern.

Sie horcht genau auf die Rede des alten, dicken Kartoffel-
tobias, verfolgt die Ausführungen der rothaarigen Blumen-
händlerin und überlegt, was man für die nächsten Tage
ankaufen könnt, um wenig zu setzen und viel zu gewinnen. –

So lebt sie sich gemach ein in den Beruf ihrer Hauswirtin,
der Weinzierlfranzi, und wird schließlich deren Vertraute
und rechte Hand.

Und das Häusl draußen an dem Berghang wird allmählich hell und freundlich, – die Kinder hängen an ihr, dem
Baserl, – die Hunde springen ihr entgegen, die Geiß kennt
sie – und der dahinserbende Weinzierl macht zufrieden die
eingebrochenen Augen zu, wenn ihm die Hanni die Kissen
aufschüttelt und die Kammer hinausfegt. –

Die Weinzierlin aber geht dahin, wo sie als tote Nummer
einer Zelle den grauen Kittel der Verbrecher trägt, Socken
strickt und Düten klebt, Böden schrubbt und Wäsche reibt
gegen einen Taglohn von vielleicht zwölf Pfennigen, bis sie
den letzten Heller ihrer Strafmandate abgesessen hat.

Josefi! Der Tag aller Sepperl und Pepperl!

»Heut geh i mit Bleame«, sagt sich die Hanni am Tag vor
Josefi; »denn heut bring i sicherli mehr Veigerl und Schnee-
glöckerl o als wia Blaukraut und gelbe Rüabn.«

Und sie legt ihr gutes Gewand an, nimmt den weiten
Armkorb statt des Karrens und läuft zur großen Markt-
halle, wo sie bald das rechte findet: Anemonen, Schneeglöcklein, Nelken und Veilchen.

Auf einer Bank nahe der Isar bindet sie geschwind eine
Menge kleiner Sträußlein und dann eilt sie mit dem Korb
stadteinwärts, belebten Straßen zu und großen Häusern.

»Herr, ein Sträußerl gfällig? – Schöne Veigerl, Frau, was

geht denn ab? A Namenstagbuketterl net vergessen, gnädigs Fräulein!« –

Ach, sie kommen hart über ihre Lippen, diese Lockrufe und Anpreisungen! Und die Frauen, die vorüberhasten, sehen sie an mit Augen, die ganz unverhohlen sagen: Betteldirn! Tagdiebin!

Und die Männer? – Ja ja. Die schauen nicht bloß ihre Blumen an und ihren Korb; – die gaffen ihr gar oft ins Gesicht, daß sie wähnt, es würde ihr bei solchem Gaffen alles abgezogen – jede Hülle – und sogar die Haut.

»Herzerl! – Schatzerl! – Schöns Kind!« –

Aber das Geschäft geht gut.

Und gegen Abend, da die Straßen und die Läden, die Gaststätten und die Wohnungen hell erleuchtet werden, da hat sie alle ihre Veilchen und die Schneeglöcklein verkauft, und auch von ihren Nelken und Anemonen sind nur noch wenig Büschel übrig.

Da kommt ein alter Herr des Wegs, im Pelzrock und Zylinderhut.

Der hat kaum die Hanni erblickt, als er sogleich zu ihr in die Toreinfahrt tritt, auf den Rest in ihrem Korb deutet und fragt: »Was kosten sie?«

Und dabei gleitet sein Blick über ihre schwarzen Zöpfe, ihren Körper, – und bleibt betrachtend still stehen in ihrem von der kalten Luft gerötetem Gesicht – und in den Augen, indes sie leise sagt: »Drei Mark, Herr.«

Er zieht die Börse und fragt, während er darin herum sucht: »Wie heißt du denn? – Bist du Münchnerin? Bist du schon Frau?«

Die Hanni bindet mit unsicherer Hand den Strauß zusammen.

Was der alles wissen möcht! – Das wär wieder so einer! – Aber ein feiner, ein vornehmer Herr ist er doch! – Und sicher reich – sehr reich! – Seine Börse ist gefüllt mit Silbergeld und Scheinen, – und sein Anzug, sein Benehmen

sagt ihr, daß er etwas andres ist als alle, die ihr bisher in die
Augen sahen, – so begehrlich ...

»I bin koa Münchnerin, naa, Herr. I bin aa net d' Frau
selber. I bin bloß d' Hanni.«

»Die Hanni. – Hast du zu Haus noch Blumen?«

»Naa, Herr. Aber i kann Eahna leicht morgn no oa
bsorgn, – so viel S' mögn!«

Der Herr besinnt sich ein wenig. Dann reicht er ihr eine
Banknote hin.

»Hier. Laß nur gut sein. Und bring mir morgn noch so
einen Strauß. Wart, – hier hast du meine Adresse. Um zwei
Uhr bin ich zu Haus.«

Er gibt ihr eine feine Visitenkarte in die Hand.

»Auf Wiedersehen – Fräulein Hanni!«

Noch ein kurzer Gruß, – ein Lüften des Zylinders, – dann
ist er in dem Strom von Straßenbummlern verschwunden.

Die Hanni blickt ihm betäubt nach. Dann betrachtet sie
abwechselnd die Karte und das Geld.

»Zwanzg Mark! – Für die paar Bleame! – Und a Baron is
er, der Herr! – Und reich, – ganz narrisch reich...«

Sie fährt mit der Trambahn heim.

»Heut laaf i nimmer z' Fuaß bis in d' Au! – Heut hab i
scho mein Wochenlohn verdeant!« sagt sie sich.

Und immer wieder betrachtet sie die Karte mit dem
vornehmen Namen und der vornehmen Adresse.

Und da sie draußen bei der Weinzierlhütten steht und
aufschließt, summt sie leise:

> »Lusti is auf der Welt,
> Zwanzg Gulden in Silbergeld,
> Dreißge in Schein, –
> Bua, mei Herzerl ghört dein!«

Die Hanni wirft den Korb unter die Stiege im Hausflöz,
zündet eine Kerze an und geht hinein in die Stube.

Aber die ist leer.

Und aus der Kammer daneben dringt ein matter Lichtschein.

Sie läuft durch die Stube – und bleibt erschrocken an der Kammertür stehen.

Da liegt der Weinzierl wachsgelb und starr in den Kissen; neben der Lagerstatt brennt in einer steinernen Flasche eine Wachskerze, und auf dem Nachttischchen liegen allerhand bunte Heiligenbilder ausgebreitet.

Und auf der Zudeck des Bettes liegen und krabbeln die jungen Hunde, indes die Alte drunten bei den Füßen des Toten sich unters Deckbett verkrochen hat und schläft.

Die Kleinen aber hocken auf der Geißenstreu und machen halblaut Musik mit Papiertrompeten, indes der Bub leise weinend unter der herausgezogenen Kommodenschublade liegt und ängstlich nach dem eingebrochenen Gesicht des Toten schielt.

Und die Geiß steht meckernd dabei, wühlt mit den Hörnern in der Wäsche und zerrt an ihrem Strick, der sich in ihre Füße verwickelt hat.

Starr steht die Hanni eine Weile vor dem Bild; endlich rafft sie sich zusammen, trägt die Kinder hinaus, kocht, versorgt das Haus und eilt danach zur Totenpackerin und zum Schreiner, zum Doktor und zum Pfarrer, bei dem sie auch das große Weinzierlmaidl findet, bleich und mit großen, fremden Augen.

»Sie hat ihn sterben sehen«, sagt der Pfarrer mit einem Blick auf das Kind; »nun wollt sie nimmer heim, allein.«

»Aber mit der Hanni geh i scho hoam«, sagt das Dirndl.

Und sie faßt die Hanni bei der Hand und zieht sie mit sich fort. –

Nun liegt also der Tote da, und man muß warten bis zum Morgen, bis er in die gelblackierte Truhe mit dem Hobelspanbett und den steifgestärkten Spitzen kommt, und der Deckel mit dem blechernen Herrgott drauf den starren

Leichnam einschließt in die Kammer, die leicht Platz hat in der stillen Grube draußen im Gottesacker.

»Mei, is guat, daß 'hn unser Herrgott hoamgholt hat!« meint die Leichenfrau am Morgen, da sie den Abgeschiedenen wäscht und für die letzte Reise kleidet; »Für die arma Leut is der Tod allemal a Glück. Und fürn Weinzierl scho ganz gwiß. Sitzt sie scho wieder?« –

Die Hanni gibt ihr keine Antwort und geht hinaus.

Indes die Leichenträger und die Geistlichkeit erscheinen, der Friedhofswagen mit den beiden Rappen vorfährt, und also der ehrbare Kaspar Weinzierl für immer seine Herberg in der Au verläßt.

Dabei dann einer von den Trägern zu den andern halblaut sagt: »Da werds mitn Trinkgeld mager ausschaugn!« und ihnen seufzend eine Prise aus der großen Dose anbietet. –

Da nun die Kammer leer und ausgefegt und das Bett des Heimgegangenen in die Holzlege hinausgehängt ist zum Lüften, auch die Kinder versorgt und die Stube durchwärmt ist, da muß die Hanni daran denken, den Tod des Hausvaters seiner Wittib draußen mitzuteilen.

Und so macht sie sich am Vormittag noch auf den Weg.

»Und wenn grad amal was wär, Hanni, mit eahm – oder mit die Kinder, – nachher bringst mir die Botschaft 'naus; fahrst bis in d' Tegernseerlandstraß und gehst die Alleebaam nach. Wenn d' Häuser ausgehn, siechst es a so vor dir steh.«

So sagte die Weinzierlin noch vor ihrem Gehen.

Also fährt die Hanni mit trübem Sinn und müdem Kopf dahin und geht nachdenklich durch die alte Straße, indes der Föhn durch die Bäume pfeift, die Wolken jagt und drüben im Forst heulend über die Wipfel fegt, daß es weithin ächzt und kracht.

Fröstelnd zieht sie ihr Wolltuch fester um die Schultern und blickt mit großen, starren Augen hinüber zu dem düsteren Häusergeviert mit der kleinen Kirche und den hohen Mauern, welche alles, was dahinter ist, abschließen von der Außenwelt.

»Wann wirst du selber drinn sein hinter dene Fenstergitter?« fragt sie sich; »wie mag dir wohl die Suppen schmekken drinn in so einer Keuchen?«

Und ein Zorn packt sie – über ihr hitziges Blut, über ihre Reise nach München, über alles, was Schuld trägt an ihrem Dasein überhaupt.

Unter solchem Denken und Sinnieren kommt sie unversehens an das hohe Gittertor, das sich eben hinter einem alten, dürren Weiblein schließt.

Sie überlegt, ob sie nicht dem Pförtner noch rasch rufen sollt; aber sie tuts nicht.

»Dann geh ich zu Maxim ... da bin ich sehr intim...«

Die Hanni blickt erschrocken um sich.

Da trippelt auf zierlichen Stöckelschuhen eine modisch aufgeputzte Dame hinter ihr zum Tor, trällert und singt und wiegt den Kopf mit dem Federnhut dazu im Takt, schlenkert das Täschchen und den Schirm in der Hand und tut, als ging sie zu einem Reichsgrafen auf Besuch.

Vor dem Eingang bleibt sie stehen, schaut von oben herab zur Hanni hin und fragt: »Ham Sie schon gläut't?«

»Naa.«

Die Hanni betrachtet in starrem Staunen das noble Frauenzimmer und überhört schier, daß der Pförtner mit dem rasselnden Schlüsselbund das Tor aufschließt und einem die Freiheit gibt, einem bleichen, hageren Burschen im hellen Sommeranzug und Strohhut. Der zieht frierend die Schultern hoch, steckt die Hände tief in die Hosentaschen und sagt: »Joldene Freiheit, wie blickste mir an! Nee, Justav, so wat machste nich wieder!« –

Und damit stutzt er mit langen Schritten stadteinwärts.

Der Schließer aber begrüßt die Dame mit den Worten: »So, bist scho wieder da, Kathi! – Nur 'reingspaziert!«, und sagt dann zur Hanni: »Wolln Sie auch 'rein?«

Die fährt erschrocken zusammen.

»Ja ... dees hoaßt ... i muaß zum Herrn von dem Haus. I hab eppas zum ausrichten.«

»Aha. Also, dann gehn S' nur aa glei mit.«

Drinnen in der Wachstube des Pförtners wird das feine Fräulein sogleich als alte Bekannte begrüßt und einer Aufseherin überwiesen.

Die Hanni aber weist den Totenschein des seligen Weinzierl vor und sagt: »Ich muaß mit der Weinzierlfranzi redn. Ihr Mann is gestorbn – gestern.«

Man stellt sie dem Inspektor der Anstalt vor; dann wird sie in eine Kammer geführt, die durch ein hohes Gitter in zwei Hälften getrennt ist.

Sie setzt sich fiebernd und zerschlagen auf einen Stuhl. Ein Schaudern erfaßt sie wieder, da sie daran denkt, daß sie vielleicht schon in wenig Tagen auch hier sein muß – als eine Bestrafte, eine Büßerin.

Aber dazwischen kommt ein trotziger Grimm über sie.

»Für was eigentli? – Wegen was sperrn s' di ein? – Was hast denn gar to? – A paar fremde Mannsbilder hast a bißl scharf anlassen, weilst es net kennt hast, daß s' gwappelte gwen sand! – Ah was! ...«

Eine Tür wird aufgeschlossen, – eine robuste Wärterin mit harten Zügen und stahlgrauen Augen tritt mit der Gefangenen ein.

Die Franzi wird bleich und rot; Angst wechselt mit dem Gefühl der Scham, hier hinter Schloß und Riegel, – hinter Gitterstäben und im Beisein eines Dritten weiß Gott was hören – reden zu müssen.

Aber die Hanni spürt, wie es der Franzi ist; sie würgt an ihrem Mitleid, Zorn und Schmerz, drückt die notpeinliche Verlegenheit nieder, die sie beim Anblick ihrer Hausmutter befällt, dabei sie an die Legend vom lieben Christusherrn denken muß, wie er vor dem Herodes stund; und sie sagt: »Franzi, du hast gsagt, wenn amal was is, ... i muaß dir sagn ... daß dei Mo ... der Kaschba ... gestern ... ruhi ...

und guat ... hoamganga is. – Am Sunnta werd er ein-grabn.« –

Es ist aus mit ihrer Fassung.

Da drüben hinter diesem Beichtstuhlgatter, da steht die Wittib, – wie eine schmerzhafte Mutter unterm Kreuz, – schlägt die Händ vors Gesicht, – läßt sie wieder sinken – und sagt endlich mit einer fremden, toten Stimm: »Der Vater. – Mei Kaschba. – Nachher san ma jetz alloa. –«

Die Aufseherin unterbricht sie mit einem Wort des Bei-leids. Und meint darnach: »Mei, grad recht leicht wird er kaum gstorbn sein, Eahna Mann! – Wenn man bedenkt, – die arma Kinder – und d' Frau da herinn...«

»O du...«

Beinahe wäre der Hanni ein Wort entfahren, das ihr gewißlich eine Woche Aufenthalt in diesen Mauern einge-bracht hätte; aber sie schluckt 's hinab.

»Wennst was Bsonders hättst, Franzi: an Wunsch oder was; sag mirs. Was i toa kann, tua i.«

Die Weinzierlin schüttelt den Kopf.

»Naa, Hanni. Werst scho alles recht macha. A Sträußerl Rosen kaafst eahm – für mi – und a Meß laßt eahm lesen. – Ja, – wenn i's Geld hätt! – Aber mei. Unseroana is und bleibt der Depp. Im Lebn und im Sterbn. – Aber dees macht nix. – Dafür gehts die reichen Leut besser. – Geh, Hanni, gehn ma wieder. I mag net grob sein. Wenn oana an Geldsack scho in d' Wiagn nei kriagt, kann er so weni was dafür, als wia oana der an Buckel mit auf d' Welt bringt – oder an Kopf ohne Verstand. – Mach dei Sach guat. – Am Samstag acht Tag bin i wieder frei. – Frailn Maier, führn S' mi wieder auffe, bitt schön. – Pfüate Good, Hanni. Schaug auf meine Kinder...«

Ein hartes Weinen schüttelt sie, da sie geht. –

Die Hanni macht sich still auf den Heimweg. –

Der Weinzierl ist zur Erden bestattet mit dem Gepräng
und den Ehren, die ihm gemäß der Klasse, für die bezahlt
wurde, zukamen.

Und die Hanni begleicht die Totenrechnungen, bindet
den Kindern schwarze Halstüchlein um, fegt das Haus von
unten bis oben – und geht darnach wieder zum Handeln wie
zuvor.

Bis endlich die Weinzierlin kommt und ihr die Geldtasche samt dem Karren abnimmt, indem sie sagt: »Is mir
lieber, wannst du dahoam bleibst bei die Kloana. Du konnst
mit der Hausarbeit besser umgehn – und i mitn Handeln.«

So hätte denn die Hanni ihr Heimatl, ihre Erdäpfel mit
der Brennsuppen – und ihre Arbeit.

Aber wie es halt so ist im Leben: hat einer den Strick, so
möcht er den Esel dazu, – und hat er den Esel, so möcht er
ein Roß. Und da die Hanni das Häflein hat, möcht sie auch
eine Wurst darein.

Oft steht sie an dem Guckloch des hochgiebeligen Schin-
deldaches oder droben auf der Höhe des Fischerberges,
schaut mit brennenden Augen über die großmächtige
Münchnerstadt hin und seufzt: »Ja, ja. Wer da drinn an Orts
so an Palast hätt! – A rare Hoamat – und a Geld – und a
Ansehng bei die Leut...«

Wohl ist sie ihrer Hauswirtin dankbar für die Aufnahm,
für das Vertrauen: wohl kommt sie sich da draußen in der
altmodischen Vorstadt mit ihren gemütlichen Häuslein und
Hütten, mit ihren Gassen und Winkeln und dem grünen
Wasser, das sich mitten durch schlängelt, schier wie daheim
vor; aber in ihr bohrt der Ehrgeiz, das Verlangen nach
Wohlstand und Ansehen.

Und sie überlegt schon, wie sie einen Vorwand fände,
der Weinzierlin den Pfüagott zu geben.

Da schickt sichs, daß sie eines Tags in ihrem blauen
Festgewand eine Karte findet, die ihr das Blut gählings in
die Schläfen treibt: jene vornehme Visitenkarte mit dem

Namen des Barons im Pelzrock, der ihr die Blumen alle
abnahm und so freigebig bezahlte.

Sie starrt auf die Adresse. Wenn nun der Weg zu ihrem
Glück durch diese Straße führte? ... Vielleicht sollte man
einmal hingehen? ... Blumen bringen und sagen ... ja –
was sollt man sagen? ... Man hat sich nicht getraut ...

Ein leises Lachen überkommt sie bei diesem Gedanken.

»I – mir net traun! – I trau mir scho! – I geh zum
Sparrigankerl selber, wenns sein muaß, – wenn mei Glück
davon abhängt!«

Aber da ist eine Stimm, die warnt und ratet ab davon:
»Geh nit hin! – Tus nit!« –

Und die Hanni geht zwiespältig mit sich selber herum
und kommt zu keinem rechten Fürnehmen.

Derweil aber rollt der Stein, den sie in derselbigen Nacht
so grob und hitzig gegen jene Männer vom Gesetz hinwarf,
seinen Weg dahin, und liegt ganz unversehens mitten in
ihrer Bahn als Urteilsspruch, – der sie für dreimal vier-
undzwanzig Stunden hinausschickt in eine jener Zellen,
darin heute eine ihr Unglück beweint, morgen sich eine
ihrer Bosheit freut – und übermorgen vielleicht eine fragt:
»Warum? – Was hab ich getan?« –

Und auch die Hanni steht eines Tages in jenem Raum, in
dem die Kleider und das Eigentum aller eingeschlossenen
Frauen und Mädchen verwahrt sind; – und wie zuvor zu
der, die hierherkam, weil sie ihr Kind zu einem Krüppel
schlug, – wie zu der Dirne, die einem Gimpel seine goldnen
Federn ausrupfte, – wie zu der verwegenen Landstreiche-
rin, die mit ihrem Genossen und Geliebten in Gehöfte
einbrach und von Betrug und Diebstahl lebte, – so sagt die
Aufseherin nun auch zu ihr: »Ihren Namen! – Wie lange
habn S'? – D' Stiefel runter! – D' Strümpf ausziehn! – D'
Haar aufmachen! – Auskleiden!«

Hoch bäumt sich etwas auf in ihr; es mag wohl Stolz sein,
– Scham- und ein verletztes Ehrgefühl. Doch: »Du bist ein

Sträfling wie jene andern!« sagt sie sich; »jetzt hat Gottes
Mühl auch dich zwischen die Mahlsteine genommen! Jetzt
kommt die Straf für deinen Hochmut in Öd!«

Die Aufseherin durchsucht ihr die Kleider, die Wäsche,
die Strümpfe, das Haar.

Darnach heißts: »Wieder ankleiden!«

Ein Paar Pantoffeln, ein Handtuch und ein deckelloser
Steinkrug ist ihre ganze Habe, die sie mitnimmt in die
einsame Zelle mit dem hochgeschnallten Strohsack, dem
Tischbrett und der Bank.

Schlüssel rasseln, Riegel schlagen, das hohe Gitter auf der
Treppe scheppert: die Hanni ist Gefangene, – eine Zellen-
nummer, wie die andern, – neben ihr, – über ihr, – unter
ihr.

Nach einer Zeit tönt abermals der Lärm des Schlüssel-
bundes, das Stoßen der Türriegel.

»Kübel raus! – Krüg raus!«

Bleiche Gesichter, – freche, trotzige Mienen, – vom
Weinen verschwollene Augen, – graue Büßerkittel, feine
Schlafröcke: – für einen Augenblick huschen bunt zusam-
mengewürfelt die Bewohnerinnen des Stockwerks aus
ihren Zellentüren; mit scheuer Neugierde wandern schnelle
Blicke den Gang hinauf – hinunter, und flüchtig werden
hier und dort mit Augen und Händen Zeichen geheimen
Einverständnisses gewechselt, indes zwei grobgewandete
Mädchen Wasser in die Krüge füllen und das Brot verteilen
und eine finster schauende Aufseherin alles bewacht, beobachtet, hier eine Erkrankte für die Sprechstunde beim Arzt
vormerkt, dort ein Versehen rügt, eine Gefangene scharf
anläßt – und schließlich klappernd und rasselnd eine Zellentür um die andere zuschlägt und verriegelt.

Die Hanni hockt stumpf auf ihrem Bänklein; wie ein
harter Traum kommt ihr das Ganze vor.

Aber – wieder und wieder schreckt sie das Geklirr der
Schlüssel, – das Schlagen der Riegel und Türen auf; und da

plötzlich eine Klappe in ihrer Tür laut schallend geöffnet wird, springt sie mit einem dumpfen Schrei in die Höhe und fährt sich an den Hals. Doch ist's bloß abermals eine Aufseherin und zwei Gefangene, die das Essen verteilen, eine dicke Erbsenbrüh mit einem schwarzen Brotknödel.

Die Hanni berührt es kaum. Sie stützt die Arme auf den Tisch und schaut durch den kleinen Spalt des halb geöffneten Fensters hinauf in das Stücklein Himmel, in die jagenden Wolken, die durch die dicken, schwarzen Gitterstäbe noch blendender, weißer erscheinen.

Rrumm!

»Gschirr raus!«

Mit müden Schritten trägt die Hanni ihre Schüssel hin zur Türklappe.

Eine Hand nimmt sie weg, und eine derbe Stimme sagt: »Nummer achtundzwanzig hat auch nix g'gessen!«

»Nummer achtundzwanzig, – bin dees net i?« denkt die Hanni; da erscheint auch schon der Kopf der Wärterin in der Türklappe.

»Warum essen Sie nicht?«

»Weil i net kann.«

»Warum nicht?«

»Weil i koan Appetit net hab.«

»Aha! Koan Appetit hat s' net! – Da kann man abhelfen; heut nachmittag tun S' Böden abreiben, dann wird's Ihnen morgen schon besser schmecken!«

Rratsch. Die Klappe ist zu.

Eine Weile ist es still auf dem Gang. Nur von ferne hört man Klappern, Bürsten, Wasser schütten.

Dann werden wieder Tritte laut. Und jemand rollt leise summend Fässer oder Blechtonnen vor die Zellentüren.

Irgendwo schwatzen und lachen Frauen, – vielleicht Aufseherinnen.

Und dann ist wieder Stille; – eine schwere, beengende Stille, die durch nichts unterbrochen wird als durch das klagende Läuten der Mittagsglocke drüben in der Kirche, – durch den dumpfen Laut einer zugeschlagenen Tür in einem andern Stockwerk, – durch einen schrillen Schrei, – ein lautes Weinen. –

Endlich klirren wieder die Schlüssel, knarrt das Gitter, kommt Leben in das Haus.

Die Zellen werden geöffnet.

»Kübel 'nei! – Anstellen in den Hof!«

Da kriechen sie aus ihren Zellen wie die Schnecken aus den Häuslein!

Hier humpelt eine dürre, bucklige Alte mit einem winzigen schneeweißen Haarschwänzlein, durch das eine große Beinnadel gesteckt ist, die wohl gewohnt war, einen schweren Zopf oder ein Gesteck aus Roßhaaren zu halten. Die große Hakennase macht das faltige Gesicht schier hexenhaft, und die Augen blicken giftig von der Aufseherin zum Gitter.

Daneben tritt eine große, stattliche Dame in Trauerkleidung aus einer Tür, und sie schaut scheu von einem Gesicht zum andern, ob nicht jemand da ist, der sie erkennen möcht.

Ihr gegenüber lehnt eine einäugige Bauerndirn mit pichigem, rotblondem Haarschüppel in ihrer grauen Sträflingskutte und schmutzigweißen Strümpfen an der Mauer, bohrt in den Zähnen und betrachtet gelangweilt das Getriebe um sich her.

Die Hanni geht gedrückt zu dem Häuflein, das am Gitter steht, und sie schielt verstohlen hin zu den andern Gefangenen; – zu der kleinen schwarzen Frau im roten Schlafrock mit ihren lebhaften Augen und dem hochfahrenden Wesen; – zu der alten gebeugten Mutter mit dem bunten Kopftuch und der tröpfelnden Nase; zu den beiden jungen Mädchen mit den frischgekräuselten Locken und den herausfordernden Gesichtern, – zur Aufseherin, die mit kalter, strenger Miene vor dem Gitter steht, mit den Schlüsseln klirrt und ungeduldig mit dem spitzen Schuh den Boden tritt.

»Wird's bald?! – Wollt ihr euch ordentlich anstellen da vorn! – Marsch, vorwärts jetzt!«

Das Gitter öffnet sich, und stumm gehen die Paare hinaus ins Freie, – in ein kleines Viereck mit hohen Mauern, etlichen knospenden Sträuchern und einem jungen Grasfleck in der Mitte.

Und die Paare lösen sich auf; immer eine hinter der andern, jede durch einen Zwischenraum von ihrer Vordnerin getrennt, so beginnt der Umgang.

»Abstand halten! – Was haben denn Sie zu gaffen! – Wer schwätzt da! – Sie, da hinten! – Wissen Sie nicht, daß Winken und Zeichengeben verboten ist! – Nachgehen da drüben! – Abstand da herüben!«

Die Hanni tappt stumpf und gleichgültig hinter der zwerghaften, verkrüppelten Gestalt mit dem großen, knochigen Schädel und dem faltigen, leberfleckigen Gesicht drein; und sie sieht gar nicht, daß diese schon eine Weile scheinbar den härwenen Rock rückwärts hochhebt, um ihn nicht zu beschmutzen, wenn sie in die vielen Wasserlachen patscht, in Wirklichkeit aber mit großer Behendigkeit mit den Fingern Zeichen macht, die nur ein Eingeweihter kennt.

Da tönt's plötzlich an ihr Ohr: »He da! – Sie von Nummer achtundzwanzig! – Was haben Sie da für eine Unterhaltung mit Ihrer Vordnerin?«

Die Hanni fährt erschrocken zusammen; ihre Gedanken waren weit weg – in einer armen Hütten zu Öd – bei ihrer alten Wabn ...

Da kommt abermals die barsche Frage: »Was haben Sie eben verhandelt mit Nummer sechzehn?«

»I? – Gar nix! – I kenn ja gar neamd da herinn...«

»Aha! – Gar nix! – Sie kennt niemand! – Raus da, alle zwei! Sie da! – Was haben Sie eben der Gefangenen da für Zeichen gemacht?«

Die Leberfleckige schaut dreist von der Aufseherin zur Hanni, – und von der Hanni hin zu einer rothaarigen Dirn mit frechem Wesen.

»I? – Mit dera? – Dees taat i scheucha! – I hab grad meiner Freundin an Servus zuagwunken!«

Worauf die Rothaarige sofort ungefragt dazwischenfährt: »Teats enk fei nix! – Daß ma si fei nimmer grüaßen derf, da herinn! – Da kannts weiter net zuageh!«

Die Hanni schnauft erlöst auf.

Die Aufseherin aber läßt die beiden bös an und übersieht darüber ganz, daß unterdessen die Abstände zwischen verschiedenen immer kleiner werden, daß da und dort die Hände und die Augen reden, – ja, daß sogar geflüstert wird!

»Wia lang hast? . . . Wo bist? . . . Numero? . . . Wann wirst frei? . . . Wennst mein Altn siechst, sagst eahm, i laß 'hn grüaßn . . .«

Unterdessen kann die Hanni wieder eintreten; die beiden andern aber werden immer frecher, immer schnippischer in ihren Antworten, bis die Aufseherin plötzlich zur Tür geht und scharf läutet.

Es erscheint eine andere Wärterin, und die Weiber werden augenblicklich abgeführt.

Und die in der Reihe flüstern: »Jetzt gibts ›Dunkel‹ und Kostabzug!« –, blicken scheu den beiden schreienden und schimpfenden Mädchen nach und schlürfen gedankenvoll ihren Weg weiter, bis es heißt: »Anstellen!«

Da kehren sie zu Paaren wieder zurück in ihre Zellen und machen andern Platz zur Promenade.

Nun beginnt die Arbeit, – das Bödenreiben.

Die Hanni wird mit noch vier anderen von einer Wärterin zurückgeführt in einen Raum, wo Putzzeug aller Art vorhanden ist.

»So, Maidli! – Nehment nur eir Sach! – 's isch alles da, was d' ihr brauchet! – Allens! Allens! – Machent e bissele rascher, ihr säumige Schlämpli! – Bis ich wiederkomm, will ich epps Gschafftes sehe! – Und daß d' ihr mir ja grindlich schrubbe wellet! – Sonsch laß ich eich das ganze Werk nochmal beginne! – Allens! Allens! – Nit so säumselig! – Die Arm e bissele brauche, ihr Gschößli! –«

Sie steht noch eine Weile und sieht der Arbeit zu, geht dann leise von Tür zu Tür und schaut durch das kleine Guckloch, sperrt unvermutet eine Zelle auf und ruft zornig: »Nix wird gschlafe! Uf der Bode flakke am helle Tag, sell könnt 'ne passe! – Her da zum Schrubbe! – Zum Schlafe braucht mer die Nacht! – Bei Tag mueß mer schaffe!«

Damit läßt sie die Gefangene gleichfalls einen Wuschel Stahlspäne nehmen und heißt sie fleißig mitarbeiten.

Dann geht sie langsam zum Gitter, schließt hinter sich ab und ist verschwunden.

»Alleluja Löffelstiel – alte Weiber schwätzet viel...«, murmelt eine der Putzerinnen; »Jetz ham mir unsern Grüabigen für a halbe Stund! – Herrgott, meine sechs Wochen wenn amal um sand...«

»Nachher zahlst an Rausch, gell!« ergänzt ihre Nachbarin, die Einäugige.

Aber: »Da wirst di schneiden! Den sauf i mir scho selber an!«, erwidert die erste, eine dicke Person von vielleicht dreißig Jahren; »Du bist aa net so nobel, daß d'amal an Taler springa ließest!«

»Was? – I! – Auf an Taler gehts mir gar nia net zsamm! – Da kann mi a jeds beim Wort nehma!«

Eine robuste Alte mischt sich ein.

»Dir schneibts gwiß 's Geld, – oder findst es auf der Straßen?«

Die Einäugige schmunzelt.

»Kanntst gar net so unrecht habn! – I hab scho hie und da oans gfunden.«

»Auf der Straßen?!«

»Ja, auf der Straßen.«

»Du?!«

»Ja, i.«

»Mit dem Kopf!«

»Warum?«

Die Einäugige fährt in die Höhe.

Die Alte betrachtet sie eine Weile aufmerksam und meint dann mit großer Geringschätzung: »Naa. Mi drahst net o! – So farbenblind san nachher d' Mannsbilder do no net!«

»Di schaugt freili koana mehr o!«

»Brauchts aa net. I hab mei Sach.«

Eine Jüngere mischt sich ein: »Aber ihr habts amal an damischn Dischkurs! – Dees Mannsbild möcht i kenna, dees wo sein Madl 's Geld glei häufaweis nachschmeißt, der mei is net so dumm!«

»Aber du bist, scheints, no ganz dumm!«, meint die Einäugige. »Warum hängst di denn hi an oan, der nix hat? – Muaß's denn grad der sein? – Als ob net a andere Muatta aa wieder a liabs Kind hätt! – Naa, mei Liabe: zwegn oan Mannsbild traurig sein, – dees fallt mir gar net ein! – Allweil überecks, überecks, – alleweil fünf – sechs!«

»Wia machst nachher du dees, daß si so viel ohängen?«

Die Einäugige lacht belustigt.

»Wia i dees mach? – Ja, gibts denn dees aa, daß oans no so dumm is! – Paß auf, i zoag dirs amal, wenn i wieder in Freiheit bin!«

Die Dicke aber meint: »Zoags uns nur jetz glei! Mir möchten aa was profitiern davo!«

»Dees könnts enk denka! – Wenn nachher grad 's Auge Gottes daher kommt, nachher hoaßts: drei Tag Dunkel!«

Aber die andern hören nicht auf zu betteln.

Und die Alte deutet auf die Hanni.

»Da is oane, die soll derweil luren, ob wer kommt. Die soll si derweil ans Gitter stelln!«

Die Hanni schüttelt den Kopf.

»Naa, so was mach i net. Zwegn dene drei Tag, die ich hab, is 's net der Müh wert, daß i mir an Dunkelarrest hol. So an Schlüsselbund hört man von da aus aa scheppern.«

Ein höhnisches Lachen ist die Antwort darauf.

»Aha! A Greane! – Die hat ihre ersten drei Tag Eiskasten! – Na, bals amal öfter da war, vergehts ihr scho besser, 's Zwirma!«

Die Einäugige wirft ihren Wuschel weg und steht auf.

»Also, paßts auf, nachher zoag i 's enk, wia ma Gimpel fangt!«

Sie bewegt kokett ihren Kopf, zwinkert mit dem einen Auge, reckt sich, macht sich elegant in der Erscheinung, indem sie aus den Pantoffeln schlüpft, sich auf die Zehen stellt, die Büste zur Geltung bringt und sich in den Hüften wiegt.

»Das is doch furchtbar einfach!« sagt sie. »Da geht ma fesch austapeziert mit Federnhuat und Lackschuah durch d' Neuhauserstraß, stellt si beim Oberpollinger an a Straßenlatern, schwingt 's Handtascherl und hebt 'n Rock, daß ma d' Spitzerl siecht. Kommt nachher so a Stieglitz daher, nachher brauchst bloß recht freundlich schaugn, mit die Augndeckl z' winkn – und – – –«

»Vorsicht! Strohhalm! – Der Schlüsselbund!« flüstert im selben Augenblick eine der Putzerinnen; und alles schrubbt und reibt, daß der Staub fliegt.

Aber es ist nichts Gefährliches. Die Aufseherin eines andern Stockwerks stellt außerhalb des Gitters einen Arbeitskorb nieder und geht wieder.

Also kann die Unterhaltung gut noch fortgesetzt werden.

Und die Alte meint: »Du bist gwiß deswegn da, – zwegn die Augndeckl?«

Die Einäugige erwidert sehr von oben herab: »Da werst di aber täuscht habn! – Dumm wer i sein! – Naa, i bin bloß da, weil i an Geldbeutl gfunden hab!«

»Ah so!«

Alle schmunzeln. Nur die Dicke bleibt ernst und meint: »Ja ja. Wias halt geht. Bin i jetz fünf Jahr Kellnerin beim Mathäser und muaß mi rein zwegn nix und wieder nix zwoa Monat da 'reihocka! – Bloß weil i an den Kerl a bißl mitn Maßkrug hinkomma bin ... wo er behauptet hat, i hätt 'hn bschissen um a Markl! – Körperverletzung! – Dem hats gar net gschadt, daß er a bißl was verlorn hat von seim boshaftn Bluat! – Und überhaupts, – i bin ja net amal richti dro hinkomma, – an sein Wasserkopf! –«

»Mei, es gibt halt überall a Ungerechtigkeit auf der Welt«, sagt da die Alte; »geht mir aa net anders. Drei Scheitl Holz hab i weg von an Lagerplatz; sechs Wocha habn s' mir auffeghaut. – Und der ander, der scheene Herr Baumoasta, hat mir aa no dees ganze Holz wieder gnomma! – Trotz 'm Einsperrn! – Und hätt ma den ganzen Winter so schee brenna könna dro!«

»An dene drei Scheitl.«

Die eine sagts, die zuvor beim Schlafen erwischt wurde.

Die Alte wirft ihr einen giftigen Blick zu.

»Di wern s' aa net zwegn an Rosenkranzbetn da 'rei habn!«

»I woaß's net. – Wenn a Widerstand dees nämliche is, nachher scho.«

Ein Widerstand! Die Hanni horcht auf. Und sie getraut sich zu fragen: »Habts ees aa an Schandarm beleidigt?«

»I? Naa. Aber a paar Schutzleut.«

Und dann erzählt sie, daß sie an Dienstboten Stellen vermittelt, daß sie grad jetzt das beste Geschäft gehabt hätte und die schönsten Plätze.

»Was moanst denn, was mir dees für a Schadn is!«, sagt sie; »Jetz sollt i fürn Mohrenwirt zwoa Kellnerinnen suacha – und fürn Martlbräu a Küchenmadl, fürn Schlickerwirt a Zimmermadl . . .«

Die Schlüssel klirren, – die Aufseherin kommt.

»Ei, ischts nur meeglich! Die Frauenzimmer hent no nit gar! – Wie lang wellet ihr denn da no rumknocke, ihr lahme Flitschli! – Allens jetzt, oder es geit e Dunnerwetter!« –

»Wenn mir a so tean, was mir können!«, murmeln ein paar der Putzerinnen; die Hanni aber schrubbt und werkt und hat etwas im Kopf, das geht herum, wie ein Mühlrad: . . . fürn Martlbräu a Küchenmadl . . . fürn Schlickerwirt a Zimmermadl . . .«

Daß doch die drei Tag scho um wären!

Aber da ist eine lange Nacht auf hartem Lager – und ein langer Tag und noch zwei Ewigkeiten schier, bis endlich der Riegel für sie zum letzenmal zurückgestoßen und die Zellentür geöffnet wird; bis die Aufseherin da drunten in der Kleiderkammer wieder sagt: »Ausziehen! – Wieder ankleiden!«

Bis sie den Zettel in Händen hat gleich einer Quittung, daß sie ihre Schuld gebüßt – gezahlt hat.

Bis sie endlich wieder außerhalb des hohen Gittertores auf der Straße steht, – tief Atem schöpft und schließlich wie erlöst von dannen geht, ihrem Heimatl zu, – drunten in der Au.

He juche, is der Graf Zirrbach gstorbn,
He juche, mitsamt seine Knecht;
He juche, jetz kunnt i Graf Zirrbach werdn,
He juche, wann mi d' Frau möcht!«

Die Hanni geht singend durch die Gassen, hinauf zum Martlbräuwirt.

Leise summend tritt sie ins Haus, betrachtet im Hof die vielen Bauernfuhrwerke, schaut dem Hausknecht zu, wie er ein Roß eingeschirrt und sucht darnach die Küche.

Da steht die feiste Wirtin eben an dem großmächtigen Herd und kostet die Speisen, wobei sie sagt: »Salz her! Essig her! Da ist ja koa Saft und koa Gschmach drinn in dem Bifflamod! – Dees schmeckt akkrat so fad, wias du bist, du zwiders Frauenzimmer! – Du waarst no so a Köchin! – Da kann amal oana a Freud habn, wenn er di kriagt, du fade Nockn, du fade! – Geh, mach, daß d' mir aus der Küch kommst! 's Blaukraut is net gsalzen, – die Gröst'en habn koane Rammerl, der Salat is lauter Gnatsch . . . geh zu dein

Schepperkasten nauf, is mir liaber! – Lern dein Walzer, daß
d' was konnst, wenn amal der Kriag gar is!«

Das Mädchen, ein blasses, hochaufgeschossenes Ding
von vielleicht sechzehn Jahren, zieht der Wirtin den schweren silbernen Schlüsselhaken aus dem Schürzenbund.

»I brauch d' Schlüssel! – Bei dir kann man überhaupt nix
recht macha! – Oamal is dir z' süaß kocht – und oamal z'
sauer. Da bin i scho liaber beim Vater in der Schenk drinn.
Oder in der Stund. Übrigens, was i sagn möcht, Mutter: a
neue Operette is wieder gspielt wordn! Die schau i mir an,
und wenns was is fürs Klavier, nachher kaaf i mirs, gell!«

Die Wirtin rührt heftig in der Grießsuppe herum. Jetzt
schielt sie ein wenig hin zu ihrer Tochter.

»Soo, a neue Operettn, sagst? – Die schaugn mir uns an,
jawohl. – Kathi, richten S' d' Teller und d' Plattl her, – und
schneiden S' an Schnittlauch für d' Suppen! – Fanny, läuten
S' der Kellnerin, daß i ihr's Essen ansag! – Fräulein, was
möchten S' denn?«

Sie schaut forschend nach der Hanni, die schüchtern an
der Tür steht und einen Grüaß Good herauswürgt.

»D' Verdingerin hat gsagt, Sie brauchen wem zu der
Arbat – da in der Kuchl…«

»Naa, sag i! – Seit drei Tag wart i scho drauf, daß s' mir
oane schickt! – Heut hätt i mir um a andere Verdingerin
gschaut!«

Sie betrachtet die Hanni mit scharfem Auge.

»San Sie scho lang in der Stadt?«

»Naa – i komm vom Land«, erwidert diese und befolgt
damit einen Rat der Weinzierlin, die noch vor ihrem Weg-
gang sagte: »Wenn s' di ums Dienstbüacherl fragn, nachher
sagst, du hast no koans – und du bist vom Land. Dees hört
jede gern.«

Damit hatte sie nicht unrecht, denn die Wirtin mustert
ziemlich wohlwollend das ganze Äußere der Hanni und
sagt dann: »Aha. Vom Land. Wo sand S' denn her? – Soo,

von Öd bei Aibling. – Wie alt? – Vierazwanzg. Aha. – Was verlangen S' denn Lohn? – Fünfazwanzg Mark! – Dees is a bißl viel! – I zahl eigentli koana mehra wia zwanzg. – Aber da kann ma ja no redn drüber. – Sagn mir halt jetz amal: zwanzg Mark, kassenfrei und an Liter Bier am Tag. – Und d' Arbeit: 's Gmüas putzen, 's Fleisch herrichten, der Köchin flink in d' Händ arbatn, – der Hausmagd helfen und an Metzger helfen. – Können S' glei dableibn?«

Die Hanni meint: »Mei Sach hätt i halt no holn müassn.«

Aber die Wirtin sagt schnell: »Dees soll eahna nachher der Hausl holn. Is's weit? – Am Fischerbergl? – Bei der Quellngassen drübn? – Ja, ja dees geht scho. – An Schurz kann eahna ja d' Frieda gebn. Wie hoaßen S' denn? – Hanni. – Soo. Also. – Frieda, an Schurz für d' Hanni! – Nachher zoagn S' ihr glei die Keller, 's Schlachthaus, 's Fleisch, d' Speis und euer Zimmer. – Und dann kann S' glei die Ranna hobeln und Kartoffel schäln.«

Die Tochter der Wirtin steht immer noch mit dem Schlüsselbund an der protzigen Silberkette da, betrachtet die Hanni neugierig und läuft dann eilends hinein in die Gaststube zum Wirt: »Vata, jetz ham mir schon a Küchenmädl. Hanni heißts. A ganz a netts Madel. I glaub, die kann i guat leidn.« –

Also tritt die Hanni ihren neuen Platz an und denkt: wird schon gehen mit Glück und Geschick – und vielleicht hängt's jetzt doch auch einmal wieder auf die gute Seiten.

Die Karwoche ist vorbei mit ihren Trauermetten und Bußpredigten, mit ihren Fasttagen und Fischgerichten; man läutet die Auferstehung unsers Herrn mit allen Glocken ein zu Sankt Ludwig und Sankt Kajetan, im Damenstift und vom Dom unserer lieben Frau. Und es folgt das eherne Geläute von Sankt Peter und von Paul, von Matthäus und Sankt Markus, von Lukas und Johannes.

In den Läden stehen die Osterhasen und die Zuckerläm-

mer mit ihren Fähnlein, und in den Wirtshäusern hocken
die Arbeiter, schimpfen auf die Feiertage, auf den Krieg, auf
alles, was nach ihrer Meinung Ursache ist zum Klassenun-
terschied, zur Armut und zur Notwendigkeit der Arbeit;
schimpfen, brummen und trinken, – und gehen zum Metzger, wo sie sich so ein – drei – vier Pfund Schweinernes oder
Kälbernes kaufen als Osterbraterl: weil's gleich is, – weil
der Arbeiter alleweil der Hanswurscht is!

Auf den Bahnhöfen wurlt's und wimmelt's von Soldaten, fortziehenden und heimkehrenden, von lachenden
Frauen, – weinenden Müttern; – und über dem ganzen
österlichen Getriebe der Münchnerstadt schwebt der laue
Hauch des Frühlings und eine stille Sehnsucht nach einer
friedlichen, glückhaften Zeit.

Droben beim Martlbräu platzen die Knospen der Kastanien, treibt der Flieder seine Dolden, gurren die Tauben auf
dem Dach der Stallungen.

Und die Hanni steht mit heißem Gesicht und geröteten
Armen am Herd, wendet den Braten, rührt die Brüh,
klappert mit den Deckeln und wischt an den Tellern, indes
die Wirtin den goldenen Zwicker auf die dicke Stumpfnase
setzt, die Zeitung durchblättert und nebenbei zufrieden
nach der Hanni schaut, wie sie schafft und werkt, ein
heiteres Gesicht macht und doch alles unter ihre Fuchtel
zwingt, sogar die Köchin, die Frieda.

Eben kommt der Metzger aus dem Schlachthaus in die
Küche, trägt eine große Mulde mit Nieren, Lebern, Fleisch
und Milzwürsten zur Anricht und sagt: »Jetz bin i fertig. Da
sand no zwoa Schweinslebern zu der Suppen auf morgn.
Wer hilft mir 's Schlachthaus z'sammräuma?«

Die Frieda fährt ihn ungnädig an: »Dees können S' Eahna
denka, daß mir heut für Eahna Zeit habn! D' Marie muaß
draußen im Garten d' Tisch und d' Stühl putzen und
aufstelln, – und d' Hanni muaß mir d' Leber wiegn zu der
Suppen! – Werden S' Eahna scho alloa a net z' weh toa, denk
i!«

Die Wirtin schielt über den Zwicker weg zu den beiden hin. Und zwischen den Brauen graben sich ein paar unmutige Falten ein.

»Weils nur scho wieder streiten müaßts!«

Da sagt die Hanni: »I werd leicht fertig mit meiner Leber! – Wenns Eahna recht is, Frau, nachher hilf i an Hans schnell zsammputzen.«

Die Falten sind verschwunden, die Wirtin nickt bejahend und befriedigt.

»Ja, Hanni, helfen S'. Was gschehgn is, is gschehgn. Nachher kommt er in d' Schenk, der Hans. Mei Mann sitzt si aa gern a bißl nieder.«

Der Frieda fährt die Röte des beleidigten Stolzes übers Gesicht.

»Vo mir aus konn s' ja helfa, d' Hanni! Vo mir aus tuat s' überhaupt glei alles! Mei Arbat aa! Mi gfreuts a so nimmer! – Wann i Eahna nimmer paß, nachher derfan S' es grad sagn, Frau! – I kann ja geh aa!«

Die Wirtin wirft die Zeitung weg und reißt den Zwicker von der Nase: »Jetz is halt scho wieder Feuer am Dach! – Nachher gehn S' halt! – Vo mir aus zum Teife! – So a fade Bries krieg i alleweil wieder, wia Sie sand!«

Aber die Hanni meint: »Dees brauchts do net, Frau! D' Frieda moants do gar net a so! Sie siecht si halt mit der Arbeit net recht naus! – Aber mir werdn scho ferti! – Vorwärts, Hans, schnell a Wasser in den Kübel! Bis mir lang schwatzen, ham mirs!«

Der Metzger schmunzelt.

»Herrschaft, die verstehts! Das ist ein Leut! So eine als Frau kriegen – in so ein Gschäftl, wie der Martlbräu! – Da gäb der Alt daheim gern seinen Segen und die notwendigen Pfandbriefe dazu! Dann bräucht man als reicher Bauernssohn nimmer andern Leuten in den Sack hausen! Man hätt selber sein Sach – und seine Familie!«

Er schleppt das heiße Wasser hinunter ins Schlachthaus.

Die Hanni folgt mit Seife und Bürste, Sand und Putzhadern.

»Hanni!«

»Was is's?«

»Du gfallst mir.«

»Soo. Dees is freundli von Eahna.«

»A so a Weiberl kannt i glei braucha.«

»Aber i no koan Mo.«

Sie beginnen zu wischen, zu putzen und zu fegen, zu kratzen und zu kehren.

Und der Bursch beginnt wieder: »Hanni!«

»Ja, was is's?«

»Gell, dees gfallt dir gar net, daß i a gläsernes Aug hab?«

Die Hanni erschrickt. Denn schon etliche Male hatte sie den sauberen, nicht unebenen Burschen still betrachtet und gedacht: »Wenn er net grad a Metzgerbursch wär – und wenn er net a Glasaug hätt ... nachher wär er gar net so übel, – der Hans.«

»Warum? – Dees konn doch mir ganz wurscht sein, was Sie für Augn habn!«

Sie werkt und schrubbt, daß alles schäumt und spritzt.

»Is dei Schatz aa in Kriag, Hanni?«

»Was is's? – I hab koan Schatz!«

»So sagt jede!«

»Dees kann scho sei vo mir aus! – Aber i hab koan! – I kunnt gar koan braucha. – Weil i den do net kriag, den i möcht.«

Der Bursch horcht auf.

»Was möchst nachher du für oan?«

Die Hanni lacht.

Ihr helles, lustiges Lachen.

»Mei, dees is glei gsagt: der mei muaß amal sauber sein, richtig fein, a Geld habn, – und a Schneid, daß ma zu was kommt. Denn i brauch a Haus – und a Kuah – und a guats Millisupperl in der Fruah ...«

Der Metzger schaut ihr begehrlich ins Gesicht.

»Du verlangst freili viel. – Aber – wenn jetz i dees alles hätt, – was du verlangst ...«

»Sie! – Was i verlang! – Mei Liaber, Sie hätten dees gar nia, was i verlang! – Sie gwiß net!«

»Warum net?«

»Fragn tuat er aa no! Der oaschichtige Metzgerbursch – der Deanstbot! – Mei Liaber! A Deanstbot bin i ja selber! – Also brauch i oan, der mi draus erlöst! Der mi zu ana Frau macht! – Naa, Freunderl, dees schlagn S' Eahna nur glei wieder ausm Kopf! – Mit uns zwoa is's nix; ganz gwiß nix.«

So sieht eine Absag aus. Eine richtige Absag.

Und doch ist der Hans nicht zornig, – nicht gekränkt.

Er schweigt, räumt seine Messer auf und pfeift darnach einen Landler.

Und denkt bei sich: »A so und net anders muaß amal die meinige sein«. –

D̃er Wirtin Töchterlein
Die trägt ein himmelblaues Kleid,
Sie schwärmt fürs Blaue
Zum Zeitvertreib.«

Eine Kompagnie Soldaten zieht durch die Straße.

»Ei darum, Maderl, Maderl, wink, wink, wink!
Unter einer grünen Lialind
Sitzt ein kleiner Fink, Fink, Fink,
Ruft nur immer: Maderl, wink!«

Vor der Tür des Martlbräustüberls stehen vier Mädchen und winken: die Tochter der Wirtin, die Kellnerin, die Frieda und die Hanni.

Und es winkt die Tochter dem jungen Leutnant mit den spiegelnden Ledergamaschen, die Kellnerin der ganzen

Kompagnie, die Frieda dem gestrengen Feldwebel, – und die Hanni dem Offizier, der auf seinem Fuchsen hinter der Mannschaft dreinreitet, eine Zigarre in der behandschuhten Linken hält und die Rechte mit der eleganten Reitpeitsche grüßend an die Mütze führt, indes ein leises Lächeln über sein Gesicht huscht.

Die Hanni schaut mit großen brennenden Augen dem tänzelnden Pferd mit seinem Reiter nach.

Und sie hört kaum, daß der Briefträger vor sie hintritt und sagt: »Hat euch des zwoafarbige Tuch wieder ganz und gar vom Verstand bracht! – He da! – Frailn Johanna Rumpl! Für Eahna hab i heut allerhand: amal was Amtlichs, und was Grichtlichs – und an Briaf vom Schatz. – Und für d' Frau Martl hab i heut aa was. – Hier, Frailn Berta. – Es is vom Herr Bruader. – Soo. Und jetz is's gar. – Jetz habe die Ehre, meine Damen!« –

Das Fräulein Berta reißt hastig den Brief aus dem Umschlag, überliest den Inhalt und läuft mit dem Ruf: »Der Ferdl kommt!« lachend ins Haus zur Mutter.

Die Hanni aber starrt auf die drei Schreiben und kann sich auf keine Weite einbilden, was sie enthalten.

Und so öffnet sie zuerst den Brief, der zu Schönau gestempelt wurde.

»Von dahoam«, murmelt sie mit einem seltsamen Gefühl; »wer denkt denn da no an mi?...«

»...Geschrieben zu Öd in Baiern den Irtag vor Pfingsten. Liebe Rumplhanni ich mache dir kunt und zu wissen, daß mir die Wabn wo deine Grosmuter ist heute eingraben ham. Ist recht guet gstarbm und hat es dir vermacht ales mitsamt den Hauß. Ich habe es den Herr Bezirksamt gesagt und du wirst es schon erfahren. Jetz ist auch meine libe Wabm wo ich mich so guet unterhalten kann gegangen. Wan wird entlich auch mir meine Stunt schlagen. ich bin ein fünftes Rat am Wagen. Der Pauli hatz Gschäft von mir kauft und er heurat osent in ein sechs Wochen die Enhue-

berkellnerin wos du wol kenst die Res. Sie habm ihm z'
Frankreich ein Hax abgschossen. Lebe gesunt und klüglich
und sei gegrißt von deinen Nachpar Schmied. Das meine
zwo Bubm gefalen sind wirst du wol wissen. wan wird er
auch mich holen, der boanerne Gfater. ich bin bereit, Grus
Huffschmied.«

Die Hanni steht stumm und bleich; und ihr Gedenken eilt
hin in das Häuslein zu Öd, – hin in die niedere, armselige
Kammer, darinn ihr Ähnlein in den letzten tiefen Schlaf
gesunken ist. Sie steht vor der Heimgegangenen, – begleitet
sie auf dem letzten weiten Weg, hin zum Freithof in Schönau; – und sie steht vor dem schwarzen Hügel mit dem
verrosteten Kreuz – betrachtet im Geist die düstere Kammer, – hört das Rieseln und Kollern der Erdschollen, das
Beten des Pfarrers, das Singen des Lehrers; – sie schaut auf
das Häuflein Menschen, die da um die Grube stehen, gaffen
und lusen, – und gedankenlos ihr Vaterunser um eine
friedliche Ruhe für die Entschlafene herunterleiern; – indes
abseits einer ist, der alt Hufschmied von Öd, – dem das
Wasser in den Augen steht und der seufzt: »Wann kommt
endlich auch deine Stund?« –

Und langsam füllen sich auch ihre Augen mit Wasser, –
rollt eine Zähre auf das Papier.

Mittendrinn aber schüttelt sie etwas von sich ab, strafft
sich zur Höhe und wischt sich rasch über die Augen.

Dann öffnet sie die beiden andern Schreiben, ersieht
daraus, daß ihre Mutter, die sie eigentlich nie recht kannte,
irgendwo in einem Krankenhaus verstarb, – und daß sie,
die Johanna Rumpl von Öd bei Schönau in Bayern, die
alleinige Erbin des Besitzes und der Habe ihrer Großmutter
ist. – – –

Also mehrt sich das Gut der Hanni um ein gerechtes
Häuflein Geld und Sach; davon besonders zu benennen ist
das Kästlein in der alten Gewandtruhe mit siebzehnhundert
alten Silbergulden und einem vergilbten Schrieb desselbi-

gen rothaareten Steinmüllersohnes von Kreuz, den das
Urahnl der Hanni beinah als seinen Eheherrn hätt um die
Finger wickeln können, wenn das schwarzhaarete Kindl
nicht gewesen wär. In dem Schrieb aber bekannte er sich
noch: als den in Lip demütigen und getreien Knecht und
Buhl Andreas, wünschte seinem Waberl eine gute Zeit und
glückhafte Genesung von einem liplichen Kindtlein. –
    Die Hanni hält das rauhe, modrige Papier lang in ihren
Händen, und ihr Blick betrachtet die ungelenken Schrift-
züge des Toten.
    Und es kriecht langsam in ihr eine verlegene, ungute
Scham herauf, darüber, daß auch sie einen Burschen ein-
handeln wollt um eine Spitzbubentat.
    Aber da blinken und gleißen die Guldenstücke lockend
aus dem Kästlein und ziehen den Blick hinweg vom
Betrachten und Erkennen, vom Bereuen und Fürnehmen.
    So daß die Dirn darauf vergißt und lieber mit den Fingern
in den hellklingenden Münzen wühlt und dabei summt:
»Wanns Kronataler regnen tuat – und Guldnstückl
schneibn, – nachher bitt i unsern Herrgott, – es möcht's
Wetter a so bleibn!« –

Im Hause des Martlbräu herrscht Lust und Freud. Der
einzige Sohn, der Ferdl, ist auf Urlaub heimgekommen und
wurde empfangen mit Blumen und Girlanden, mit Will-
kommengrüßen auf Transparenten und einer Jubelhymne
auf dem Klavier.
    Und die Mutter preist ihr Glück, daß sie ihren Buben
wiedersieht, freut sich über seine goldenen Borten und die
Knöpfe auf seiner grauen Uniform, die ihn als Vizewachtmeister der Feldartillerie kennzeichnen, und läßt Freund
und Nachbarn teilnehmen an Glück und Freud; indes der
Vater zufrieden und wohlwollend den Erzählungen des
Sohnes lauscht und das schlichte schwarze Kreuz in der
Hand hält, betrachtet und es darnach den Stammgästen
zeigt.

Die Schwester des Herrn Vizewachtmeisters aber prangt in Festgewändern, hüpft und tänzelt um den feschen Bruder herum, hat hundert Pläne im Kopf und eine Menge Vorschläge im Mund, wie der Ferdl am besten seine zehn Tag Urlaub in Saus und Braus und in ihrer Gesellschaft hinbringen könnt, und weint schließlich vor heller Enttäuschung und Verzweiflung darüber, daß der »fade Mensch« am liebsten bei der Mutter in der Küche oder beim Vater in der Stube hockt, raucht und sich darüber freut, daß er endlich ein bißl ausruhen und zu sich selber kommen kann.

Eine aber ist, die dies Heimhocken des Herrn Ferdinand Martl nicht bedauert, – die Hanni.

Für sie ist die Ankunft des Sohns vom Haus ein Ereignis, wie die Erscheinung eines neuen Kometen für den Sterngucker.

Und ein Gedanke steigt in ihr auf, wächst riesengroß und beherrscht am End das ganze Denken, Sinnen und Trachten der Dirn: der Gedanke, eine Brücke zu bauen hin zu den Besitztümern des Martlbräu.

Also beginnt sie sogleich ihr Werk; sie kleidet sich nach dem Vorbild etlicher feiner Herrschaftsmädchen, die abends immer das Bier holen, nur mehr in himmelblaue, getüpfelte Waschkleider, trägt weiße Schürzen mit gestickten Spitzenträgern und zwängt die Füße in schmale, braune Spangenschuhe.

Auch versucht sie, ihr dichtes, schwarzes Haar modisch zu richten, wellt und brennt und steht abends lang vor dem Spiegel, frisiert und probiert, flicht sich Zöpfe und löst sie wieder, macht sich Schnecken und Locken, Scheitel und Tuffen, bis sie endlich eine Haartracht findet, die ihr vorteilhaft genug erscheint, um sich in den Augen des Herrn Ferdinand ins rechte Licht zu setzen.

Dazu ist sie von einer frischen, kindlichen Heiterkeit, schafft und werkt mit einer riegelsamen Emsigkeit und macht sich also schier unentbehrlich bei der Wirtin, die, des

Lobes voll über die Hanni, wiederholt zu ihrem Sohn sagt: »So oane, wie d' Hanni, so tüchtig und so nett, Ferdl, – und dazua aus an guatn Haus, – so oane möcht i glei als Schwiegertochter. Der tät i's Gschäft schon anvertraun.«

Und der Herr Ferdl schmunzelt, sagt gar nichts und ist gegen die Hanni von einer gleichmäßigen höflichen Freundlichkeit, läßt sich von ihr die Uniform ausbürsten, die Ledergamaschen polieren und sagt zu seinem »Danke« stets auch noch: »liebs Hannerl« oder »liebs Kind«, kneift sie in die Wange oder tätschelt sie schier väterlich zärtlich.

Dabei dann die Hanni alle Register ihrer galanten Kunst gezogen hat, lacht, scherzt, mit Blicken betört und mit allerhand Reizen lockt, die Zähne zeigt und die frischen roten Lippen spitzt, – und doch wieder sich scheu und schier unnahbar macht, wenn ihr der gesunde, heißblütige Mensch gefährlich erscheint.

So treibt sie dies Spiel eine ganze Woche und bringt damit ihren unentwegten Verehrer, den Metzgerhans, in nicht geringe Wut und Verzweiflung, also daß er in groben Worten seine Meinung sagt: »Laß dir nur Zeit! Es is scho oana, der wo sorgt, daß d' Baam net in Himmel wachsen! – Dei Hochmuat tuat scho aa no an Kniafall, wart nur!«

Doch die Hanni lacht und denkt: »Du brummst mir guat! – Du hast glei ausbrummt, wann amal i da herin was z' redn hab! – Du wirst dein Strohsack schnell vor der Tür habn!« –

Inzwischen geht die Zeit des Urlaubs rasch dahin, und der letzte Sonntag, an dem der Herr Ferdl noch zu Haus bei den Eltern weilt, bricht an.

Und der Herr Vizewachtmeister sagt am Vormittag zu seiner Mutter: »Heut nachmittag möcht i no gern an Kameraden aufsuchen. Wenn i abends net heimkomm zum Essen, bin i dort eingladen; daß d' es weißt.«

Die Hanni hört's. Und sie sagt sich: »Heut oder nie. Heut hab i mein Ausgang. Der Kamerad wart't schon.«

Also steht sie gleich nach der Mittagszeit droben in

ihrer Kammer, wäscht und schrubbt an sich herum, kleidet sich vom Fuß bis zum Kopf nagelneu und betrachtet endlich befriedigt ihr Spiegelbild.

In dem einfachen schwarzen Lüstergewand mit dem feinen, weißen Spitzenkragen, dem soliden Hut und dem sauberen Schuhwerk sieht sie besser aus wie manche Bürgerstochter, die in Modefähnchen und auf überspannten Stöckelschuhen einhertrippelt.

Ihre Finger schlüpfen in die schwarzen Lederhandschuhe, sie nimmt den neuen Schirm aus dem Koffer und geht hinab in die Küche, wo sie von der Frieda und dem Fräulein Berta sogleich wegen ihres »feschen« Aussehens bewundert wird.

Da aber in dem Augenblick draußen in der Schenke der Herr Ferdinand seinem Vater grad zum Abschied die Hand gibt, so hört die Hanni nicht mehr auf das Gerede, sagt kurz: »Pfüagood« und geht durch die große Toreinfahrt aus dem Haus.

Der Herr Vizewachtmeister geht langsam, seine Handschuhe zuknöpfend, mit rasselndem Säbel, der Straßenbahn zu.

Die Hanni folgt ihm in kurzem Abstand.

Er zündet sich eine Zigarette an und besteigt einen Wagen, der stadteinwärts fährt.

Die Hanni springt geschwind in den Anhängwagen, verlangt: »So weit's geht!« und läßt ihren Vogel nicht aus den Augen.

Der steht rauchend und sinnierend in einer Ecke, bis der Schaffner ruft: »Maximilian-Lenbachplatz die nächste!«

Da wird er unruhig, zündet sich an der abgebrannten Zigarette eine neue an, schaut suchend aus dem Wagen, faßt den Säbel und steigt aus.

Und die Hanni verläßt den Wagen und folgt dem rasch Dahineilenden, wie der Jäger einer Wildspur.

Jetzt biegt er in die schattige Anlage ein, grüßt einen

Offizier – dankt etlichen Soldaten – und verlangsamt seine
Schritte.

Elegante, aufgeputzte Menschen gehen an ihm vorüber,
folgen ihm, überholen ihn.

Und die Hanni denkt: »Jetz is der rechte Augenblick da.
Jetz kann er net aus!«

Sie überlegt, wie sie ihn begrüßen – anreden soll; – da läßt
ihr etwas das Blut schier gefrieren...

Eine hochgewachsene Dame in duftigen Gewändern eilt
plötzlich auf den Herrn Ferdl zu, – er streckt ihr beide
Hände hin, – sie begrüßen sich mit einer großen Zärtlich-
keit und Freude – und schlingen ihre Arme ineinander,
indem sie lachend und scherzend zu einem Wagen gehen,
dem Kutscher etwas zurufen und davonfahren. –

Und also die Hanni, schier zur Salzsäule erstarrt, stehen
lassen.

Es währt eine gute Weile, bis die starre Bewegungslosig-
keit von ihr weicht, die Augen sich langsam grünlich
färben, die Zähne sich knirschend aufeinanderpressen und
die Brust wild arbeitet vor Wut und Enttäuschung.

Mit einem Ruck macht sie kehrt und geht planlos dahin,
bis sie sich doch zu guter Letzt daheim in ihrer Magdkammer wiederfindet.

Am Abend dieses Tages sagt die Hanni das erstemal zum
Metzgerburschen: »Lieber Hansl!« –

Beim Martlbräu geht's heiß her; denn drüben in der Au ist
Jakobidult, und der erste Sonntag bringt schon eine Menge
Gäste zum Mittag, so daß die Wirtsstuben dicht besetzt
sind.

Da geht's in der Küche an ein Kochen und Braten,
Werken und Plärren, Klopfen und Hacken; die Wirtin
befiehlt, die Frieda grandelt, die Hanni läuft und schwitzt,
und die Hausmagd klappert und rasselt mit dem Geschirr,

daß man kaum das Rufen und Schreien der Kellnerinnen und der Tochter vom Büfett her versteht.

»Drei Leber-, eine Nockerlsupp! – Zwei Fleisch mit Koirabi, ein Niern-, ein Brust-, ein Schloßbratn, Gröst'te, – Kartoffel- und Gurkensalat!«

Das Fräulein Berta wiederholt diese Bestellungen; die Frieda gibt sie an die Wirtin weiter und diese ruft: »Hanni, a Nockerl- und drei Lebersuppn kriagt d' Aushilfmarie! – An Gschloß-, an Niern- und an Brustbratn herrichten! Zwoa Ochsenfleisch hat s' aa bstellt! – San die Gröst'tn hergricht? Zwoa Koirabi, an Gurken- und an Kartoffelsalat hin!«

»Und i kriag an Rindsbratn mit Ganze, zwei Schweinskarree mit Gmischten und ein Hackbratn mit Andivi, Frau Martl!« ruft die Lina; »und fürn Herr Amtsrichter an Schweinsbratn aufhebn! Der Herr Rat is aa no net da! Seine gfüllte Brust fei net hergebn! – An Andivi, hab i gsagt, zum Hackbratn! – Habts an Herrn Kommissär sei brat'ne Haxn reserviert?«

»Ja, ja!« sagt die Frieda grandig; »der werd s' scho kriagn, sei ewige Haxn!«

Und sie wendet sich an die Wirtin: »Frau Martl, schreibn S' auf, bittschön: an Kommissär sei Haxn, an Rat sei Brust und an Amtsrichter sein Schweinsbratn.«

»Und an Statzionsmoasta sein Kopf bis um oans bacha!« erinnert die Tochter in dem Augenblick; »wenn der sein Kopf net kriagt, macht er an Krach, und was für oan!«

»Is scho wahr!« sagt die Wirtin erschrocken; »Herrschaft, den hätt ich jetzt bald vergessen! – Hanni! Gschwind an Statzionsmoasta sein Kalbskopf auslösen! – Und an Kommissär sei Haxn in a Degerl nei! Können S' an Rat sei gfüllte Brust aa gleich dazutoa und den Schweinern vom Amtsrichter! –«

Derweil bestellen die Kellnerinnen schon wieder aufs neue eine Menge Fleisch, Salat, Suppen und Gemüse, und die in der Küche wissen schier nimmer, wo sie zuerst anpacken sollen.

Aber es geht dennoch alles seinen Gang; – eins ums andre wird fertiggemacht, – und schließlich ist auch dieser Sturm vorüber, die Küche wird still und leer, und auf das Getriebe folgt die Ruhe des Nachmittags für alle, – auch für die Hanni.

Die Wirtin aber ist voller Anerkennung und sagt: »Hanni, i bin recht zfrieden mit Eahna. I wollt, mei zukünftige Schwiegertochter wär amal so tüchtig wie Sie! – Aber – wer weiß, was mei Ferdl für eine heirat . . .«

Aha. Die Hanni wüßts schon ein wenig, wie sie ausschaut – und daß die keiner Martlbräuin gleichsieht!

Aber – Schweigen.

Und die Hanni lächelt nur zufrieden und tut weiter ihre Pflicht.

Indes der Metzgerhansl immer mehr den Narren an ihr frißt und sich fest und steif in den Kopf setzt: »D' Hanni oder gar koane!«

Etliche Tage später tritt ein Soldat zum Martlwirt in die Stube.

»Herr Martl, morgn geht's dahin, – ins Feld. – Heut auf d' Nacht derfan S' uns no an kloan Abschiedsschmaus und a guate Maß herrichten. Fünfasiebazg Mann san ma.«

Der Martlbräuwirt reibt sich diensteifrig die Hände und meint: »An Abschiedsschmaus sagst. Ja – is scho recht. – Gfreut mi, wanns kemmts. Werd scho richtig auftragn. Da – magst vielleicht schnell a Wetschinia? A guate Zigarrn raucht man alleweil gern. Und a Maß trinkst schnell. Die ghört nachher für 's Ansagn.«

Und dann geht er hinaus in die Küche, wo der Metzgerhans eben allerhand Fleischbrocken aus dem Sudhafen nimmt und zur Hanni sagt: »Geh, Hannerl, sperrn S' mir 's Schlachthaus auf!«

»Hans! – Hast ghört! – Unsere Landwehrleut von der sechsten ham eahnan Abschied heunt auf d' Nacht. Machst mehra Milzwürst, gell. Und richst a paar gspaltene Haxen her und etliche Kalbsschäuferl. D' Hanni kann dir ja helfa, daß d' fertig wirst bis um fünfe.«

Also gibt der Wirt seine Befehle, und alles richtet sich darnach: die Wirtin stellt die Speiskarte zusammen, – das Fräulein Berta zählt die Bierzeichen und die Zahlmarken, – die Frieda stellt eine Menge Häfen und Tiegel auf den Herd, – die Küchenmagd putzt Salat ein und wäscht Kartoffel, – und die Hanni geht mit dem Hans hinab ins Schlachthaus, um ihm zu helfen bei seiner Arbeit.

Da heißt's Fleisch wiegen, Zwiebeln schneiden, Gewürze richten, Netze waschen, Milz und Bries in Stücklein hacken und das Wurstbrat rühren.

Und der Hans sagt: »Hannerl, a Zitrona reibn! Hannerl, an Petersil fein schneiden! – Hannerl, hast jetz du no gar koan Hochzeiter im Sinn?«

»I? – O mei! – An so was denk i gar net! – Wo ham S' denn an Pfeffer, Hans?«

»Da is er drinn. Wie wärs denn, wannst jetz amal a bißl an oan denkn tätst, Hannerl?«

Er schneidet etliche Zwiebeln und wischt sich das Wasser aus den Augen.

»I wüßt dir an recht an braven Hochzeiter, Hannerl. An recht an ordentlichen.«

»Jetzt fangt er halt scho wieder mit dem Gschwatz an!« sagt die Hanni; aber sie fragt doch nach einer Weile, während er anfängt, die Kalbsnetze zu waschen: »Kann er a Frau ordentli ernährn?«

Der Hansl wirft sich in die Brust.

»Ah mei! – Ernährn! – Was willst denn! – Heut no kaaf i dir an Martlbräu, wannst es habn willst! Heut no!«

Die Hanni schmunzelt. Aber sie sagt scheinbar verwundert: »Ah so! – Also bist du der Hochzeiter! –«

»Ja, allerdings. – Weil i moan, daß 's dir am End do net gar so ernst gwesn sein kunnt, – 's letztemal ... Mit der Absag...«

»Aha.«

Sie arbeiten eine Weile schweigend dahin.

Bis die Hanni fragt: »Lebt dei Vata no, Hans?«

»Ja, Warum?«

»Und dei Muatta?«

»Naa; scho lang nimmer. A Schwiegermuatta hättst net z' fürchten..«

»Die fürchtet i a so net. – Wia, hast 's Brat gsalzen? – Naa! – Also, schaugt oana nur den gedankenlosen Tropf an!«

»Dees macht d' Liab, Hannerl.«

»Oder dei Dummheit. Für dees da is net zum helfa, – und für dees ander aa net.«

»Dees wollt i aber bezweifeln. Denn wennst mi aa gern hättst, – nachher bräucht i ja nimmer dumm z' sein!«

Die Hanni lacht voll Spott. Aber sie schaut ihn doch so an mit ihren Augen, daß er sich wie verhext vorkommt und schwer schnauft.

Doch sie hält ihn am Schnürl.

»Wo hast dein Spagatt? – Sand die Netzln sauber? Tua fein net wieder so viel nei, wie 's letztemal! Net daß 's wieder oane zreißt!«

Doch nach einer Zeit fängt sie abermals an zu fragen: »Is dei Vater no aufn Gschäft?«

Der Hans erwidert: »Ja. Aber dees schadt ja nix. I nimms gar nia, dees sein'. I bleib alleweil in München herobn.«

»Aha. – Was moanst jetz, daß der Martlbräu kosten tät? – I moan bloß ...«

»Ja mei ... a so a zwoamalhunderttausad scho; – und alleweil seine fufzg – sechzg Anzahlung.«

»Mhm. –«

Aha. So viel hat er also mindestens zu kriegen als Heiratsgut. Das ist nicht schlecht. Gar nicht schlecht.

»Mei, da brauchetst halt aa wieder oane mit an Geld«, sagt sie lauernd; »mit ana armen Kucheldirn kunntst da alleweil net anfanga!«

Sie spaltet mit festem Hieb eine Kalbshaxe. Der Hans lacht; denn er kennt das Kapital, das in ihr steckt.

»Moanst!«, sagt er scheinheilig. »Moanst, daß alleweil der Geldsack wieder nur zum Geldsack taugt? – Naa, mei Liabe! – Die, wo mir i einbild, die braucht gar nix z' habn als a bißl a Liab zu an braven Hochzeiter. Und an guaten Humor.«

»Ja no. Aber oane, die net amal a richtige Hoamat hat – und net amal gscheite Eltern, – die möchst halt aa net ...«

»Für dees kunnst ja du nix, wenns bei dir a so der Fall waar ...«

»Aa scho. Recht hättst scho. – Wieviel Haxn soll i denn spalten?«

»Viere. Und nachher hilfst mir no a bißl beim Z'samm-putzen. – Und am Sonntag gehst mit mir ins Apollo, Hanni. – Und wenn's dir recht is, nachher schreib i's mein Vater ...«

»Hm ... Was schreibst eahm denn?«

Sie lachte leise in sich hinein. Und schaut ihn doch wohlgefällig von der Seite an.

»No ... daß i jetzt a Hochzeiterin hab ... Hannerl ... Dees hoaßt ... wennst mi magst mit mein Glasaug ...«

Ob sie ihn mag? – Sie blinzelt schmunzelnd zu ihm hin und sagt langsam: »Wenn i di mag, – sagst. – – Ja, Hansl, i mag di ganz gern. – I kann di ganz guat leidn. – Aber – i bin halt grad a Pfannaflickersdirndl. – Und mehra wie fünftau-send Mark Bargeld hab i aa net ...«

Der Hansl fährt herum. Und nimmt sie lachend um den Hals.

»O du liabs Schaf!« sagt er und küßt sie frisch auf den Mund; »du bist mei Hanni – und damit Punktum! – Und auf Kirchweih heiratn mir.«

Also ist die Rumplhanni Hochzeiterin und hat, was sie gewollt: »A Haus – und a Kuah – und a Millisupperl in der Fruah. «

Die Martlwirtin und ihre Tochter gehen zusammen auf den Markt, und die Frieda folgt mit dem großen Armkorb hintendrein.

Es ist nicht mehr lange hin auf Martini, – auf die Zeit, wo die Gänse am besten schmecken und am leichtesten zu haben sind.

Und also kauft die Wirtin fünf Stück, indem sie meint: »Heut glangens. Aber wenn unser Hanni Hochzeit hat, derf ma keck zehn bsorgn. Denn der Hans hat viele Bekannte. – Mi gfreuts, daß die zwoa zsammkommen. « – – –

Unterdessen sitzt der Wirt daheim in seinem Bräustüberl und liest fröstelnd die Zeitung. Doch ist er nicht so recht dabei, denn er starrt alle Augenblick nachdenklich vor sich hin und seufzt hie und da tief auf.

Wo mag jetzt der Ferdl sein, – der Bub? ...

Seit vier Wochen ist keine Karte – keine Nachricht mehr von ihm gekommen. –

Da tritt ein Telegrammbote ein.

»Herr Martl ... « –

Er ist schon wieder dahin.

Und der Alte dreht das Papier unschlüssig zwischen den zitternden Fingern ...

»Was werd dees ... no ... so geh halt auf ... es werd do net der Bua ... Herr–gott ... der Ferdl .. mei Bua ... is tot ... «

Wie ein Baum fällt der Wirt in einen Stuhl.

»Mei Bua ... Mei Ferdl ... « – – –

»Hans, geh, bleib mir heut in der Schenk. Mir is net guat. «

Der Martlbräu legt sich todmüd hin auf sein Bett und hält das Telegramm in Händen.

Und bohrt und sinniert, – und bringt doch keinen andern Gedanken zuweg, als: »Mei Bua is nimmer da ...«

Ob er's seiner Frau sagt? –

»Naa. I kann net. – I kann's net. – O mei, Muatta. Jetz ham mir halt den aa umsonst aufzogn. I kann dir's net sagn, – daß mir 'hn nimmer ham.«

Er schiebt das Telegramm ein.

Und schließt die Augen.

Wie das hämmert – und zuckt – und werkt ...

Die Martlbräuin kommt müd heim.

»Vata! ... Wo ist denn mei Mann, Hans?«

»Der Herr is net guat beinand, Frau Martl; er hat si niederglegt.«

»Unser liabe Zeit! – Es wird do nix Ernstlichs sein! – I will glei schaugn ...«

Sie läuft hinauf in die Wohnung.

Und hinein ins Schlafzimmer.

»Vater! – Vater! – Is dir net guat?«

Nichts rührt sich.

»Schlaft er? – Dees wär recht. – Der Schlaf richt 'hn am ehesten wieder zsamm ...«

Sie beugt sich über ihn. –

Aber –

»Allmächtiger!«

»Vater! – Ums Christi, Vaterl! – Naa ... heiliger Himmel – naa! Es kann ja net sein ...«

Bleich und stumm liegt der Wirt vor ihr.

Und hat die Augen für immer zu. – – –

»Frau Martl, in der Joppen vom Herrn, Gott hab 'hn seli, is no allerhand Sach drinn.«

Die Küchenmagd sagt's.

Und die Wirtin holt leise weinend die Dinge heraus: die Tabakdose, das Schnupftuch, den Fleischstempel, das Einschreibbuch, – ein Telegramm ...

Sie faltet's befremdet auseinander. –

Und tut einen tiefen Seufzer.

»Unser Bua ... mei Ferdl .. « – – –

Tage schwerer Krankheit, heftigen Fiebers kommen über sie, so daß die Hanni mit der Frieda ganz allein die Küche versorgen muß, indes der Hans die Schenke und das Schlachthaus unter sich hat.

Und so wird die Hochzeit noch hinausgeschoben auf eine bessere Zeit.

»Auf Mariä Verkündigung
Kehren d' Schwaiberl wieder um!«

Der Frühling kommt gemach über die Münchnerstadt, und der Metzgerhans bestellt das Aufgebot.

Also verkündet drunten in der Pfarrkirche zu Maria Hilf der Priester am Sonntag, der genannt ist Lätare, von der Kanzel herab: »In den heiligen Stand der Ehe haben sich versprochen der ehrenhafte Jüngling Johann Niederhuber, Metzger von Rottalmünster, mit der Jungfrau Johanna Rumpl, Köchin von Öd.«

Und die Hanni läuft von Laden zu Laden, besorgt dies und das, hat den Kopf voller Pläne und die Hände voller Arbeit und ist so zufrieden und gut aufgelegt, wie noch nie im Leben.

Der Hans aber verhandelt mit der Martlbräuin, die von Tag zu Tag müder und verdrossener im Geschäft wird, wegen des Verkaufs.

»Also, was is's, Frau Martl! – Jetzt wär i halt da und saget: gebn S' mir die ganz Putschari! – Nachher habn S' Eahnan Ruah!«

Und die Martlin sagt nicht nein.

»Dees stimmt«, meint sie. »Und a bessere Wirtin wüßt i mir eigentli gar net, als wie d' Frailn Hanni. – Ja – i bin recht müad. – Recht froh, wenn i mein Ruah kriag.«

Also wird die Sache richtig gemacht, und am zweiten Sonntag im Mai laufen etliche Kinder draußen in der Au und droben beim Martlbräu treppauf und -ab und werfen in die Briefkästen der Leute Karten, auf denen zu lesen ist: »Zu ihrer Hochzeit am Samstag, den zwanzigsten Mai 1916, im Martlbräukeller, laden ergebenst ein Johann Niederhuber und Johanna Rumpl. Zugleich geben wir bekannt, daß wir die Martlbrauerei käuflich erworben haben...«

>> Musikanten, laßts Landler erschallen,
Spielts auf in die Martlbräuhallen!
Teats blasen und pfeifen,
In d' Soatn frisch greifen,
Teats trommeln und zithern und harpfan
Und hockts net grad da wia die Karpfan!«

Der alte Niederhuber, ein beleibter, weißhaariger Bauernwirt, steht vor den Musikanten, schnalzt mit den Fingern, schnackelt und singt und zahlt für sein Lieblingsstücklein einen blanken Taler.

Dann geht er lachend an die lange, dichtbesetzte Tafel, wo die Basen und Tanten des Hochzeiters als Ehren- und Kranzljungfern in ihrer bäuerlichen Pracht und ihrer verlegenen Schweigsamkeit wie Krippenheilige dahocken und kaum einmal laut lachen oder den Mund auftun zu einer Red.

Ringsum ist der Saal gedrückt voll von Gästen und Geladenen, Alten und Jungen, Frauen und Männern, Burschen und Mädchen.

Alles unterhält sich, lacht, schwatzt und scherzt, und die Jungen wagen trotz der Kriegszeit hie und da ein kurzes Tänzlein auf dem winzigen Fleck vor dem Musikpodium.

Aber der Hochzeiter? – Und die Hochzeiterin? Ei ja!

Da steht der Hans in der Schenke, – im Bratenrock und weißer Binde, den Rosmarinstrauß im Knopfloch, – füllt

die Krüge, entkorkt Flaschen, rollt Banzen und schafft und
werkt, daß ihm der helle Schweiß auf der Stirne steht!

Und draußen in der Küche hantiert die Hochzeiterin im
silbergrauen Brautgewand mit Myrtenkranz und Schleier,
rührt in den Tiegeln, riegelt die Pfannen, schneidet den
Braten und klappert mit Tellern und Platten, indem sie
befiehlt, fragt, und bald dem einen, bald dem andern
Hochzeitsgast aus dem frischgefüllten Krug oder Glas
lachend Bescheid tut.

Und sie regiert mit fester Hand und lauter Stimm, indes
die alte Martlbräuin still und betrachtend auf einem Polster-
sessel in einer Ecke sitzt und denkt: »Ja, ja. So hab i mirs
alleweil vorgstellt ... meim Buam sei Hochzeiterin ... die
junge Martlin ...« –

Also beginnt der Ehestand der Frau Johanna Niederhu-
ber, geborene Rumpl, mit viel Arbeit und fröhlichem
Schaffen, und da sie endlich spät in der Nacht das grüne
Kränzlein und den Schleier vom Haar löst, sagt sie zu sich
selber: »Alsdann. In Gottesnam hab i angfangt. In Gotts-
nam tean ma weiter. – Guate Nacht, Himmelvater, guate
Nacht, Himmelmuatta, – guate Nacht, Schutzengel.
Amen.«

Und dann läßt sie sich willig von ihrem Eheherrn hinein-
geleiten in die Schlafkammer als seine liebe Hausfrau und
Martlbräuin. –

Ein schwüler Sommertag.

Die Sonne brennt nieder auf die Straßen der Münchnerstadt und läßt die Menschen seufzen und nach einem
frischen Trunke lechzen.

Und einer um den andern: der Ratsherr wie der Kauf-
herr, der Richter wie der Arbeitsmann, – sie alle tun ein
festes Gelöbnis: »Heut geh i aber nach'm Feierabend auf an
Keller und trink a Maß!«

Ja ja.

Die Brauherrn haben ihre Sach nicht schlecht gemacht, da sie ihre Lagerkeller außerhalb der Altstadt auf grünende, luftige Anhöhen bauten, mit schattigen Baumgärten umgaben und also nicht nur für den dürstenden Leib sorgten, sondern auch dem müden und ermatteten Geist eine wohltuende Erfrischung boten.

Da breiten mächtige Kastanien ihre Kronen aus, – da ruht das Auge zufrieden auf saftiggrünen Wiesenflecken, auf gemütlichen, hohen Hausdächern, – auf den glitzernden, grünen Wassern unseres Isarflusses und auf dem großmächtigen Schattenbild der Münchnerstadt mit ihren Giebeln und Türmen, die ruhig und erhaben in die leichtgetrübte laue Abendluft hineinragen.

Hier sitzt der Reiche bei dem Armen, der Hohe neben dem Niederen; – und alle Standesunterschiede verschwinden bei der beschaulichen Ruhe, die über allem liegt und jeden überkommt, der da zufrieden seinen Rettich oder Käs verzehrt und dazu sein Häflein trinkt; und kein anderer Wunsch wird laut, als nur der eine: »Wenn's doch draußen auch einmal wieder still und ruhig würde! Wenn halt mein Sohn – mein Freund einmal wieder hiersitzen möcht bei mir – und mir Bescheid tun auf die Losung: ›Auf eine friedsame, glückhafte Zeit!‹« – – –

Droben im Martlbräukeller gibt's an heißen Tagen viel zu tun.

Da klappern in der Schenke die Krüge, – rollen die Banzen, hallen die Schläge des Schenkkellners, der den Schlegel schwingt und frisch anzapft, – bald ein Faß Dunkel – bald ein Faß Hell ...

Und der junge Wirt geht zufrieden durch den Garten, begrüßt seine Gäste und plaudert mit Bekannten, indes seine Wirtin, die Hanni, an dem großen Schiebefenster steht und werkt und schafft.

Da tritt einer zu ihr – ein alter, schneeweißer Griesgram,

der mit einem bitteren Lächeln sagt: »So so. Da is s' ja, d'
Rumplhanni von Öd. – Na, Hanni, du hast es, scheints
besser derraten wie d' Ödenhuberleni!«

Es ist der Hufschmied von Öd, den die Hanni mit
fröhlicher Lebhaftigkeit begrüßt und dann fragt: »Warum
wie d' Leni, Schmied?«

Der erwidert: »Weilst an gsunden Mo hast, der no seine
gradn Glieder hat. Der Hausersimmerl hat s' nimmer. Dees
hoaßt: grad wärn s' scho; aber fehln tean halt a paar ... a
Hand ... a Hax ... Aber sonst geht's eahm net schlecht...«

Und dann geht er hinein zur Martlbräuin, die ihn nicht
gehen lassen will und ihn mit Speis und Trank bewirtet.
Und erzählt ihr von der Heimat, von den Hauserischen,
von allen.

»Und der Staudnschneidergirg hat sei Susann gheirat;«
sagt er; »aber sie hausen net guat mitanand. «

Die Martlbräuin lächelt. Und denkt an jene Fraueneier, –
an das Schmalz und an den Buschenreiteranderl, den
Karrner.

»Und d' Hauserin und die alt Odnhuaberin san jetz die
besten Freund«; fährt der Schmied fohrt; »und d' Mannetn
natürli aa. – Und i – leb halt so oaschichti im Austrag beim
Pauli – und denk an meine Buam – und wia lang als's no
dauert ...«

Die Hanni will ihn trösten, aber er sagt: »Naa, Hanni, sag
mir nix. – Wia s' mir mei Wei auße ham in Gottsacker, – da
ham s' mir aa mei Hoamat furt. Und die mir wieder oane
macha hättn könna, – san aa furt ... Und a so geh i halt
umanand wia oana, dem d' Henna 's Brot gnommen habn,
und schaug oamal ums andermal auf d' Uhr, ob 's no net
bald Zeit wird, – zum Hoamgeh für alleweil. –«

Ja ja. So redet das Alter.

Die Hanni aber ist jung und denkt: »Dees hat no Zeit.
Mir gfallts in dera Hoamat no recht guat, und i hab koa
Verlanga nach was andern. Und wenn amal dees Kloane ...

vielleicht a Bua ... 's Martlbräu hat ... nachher hat 's erscht recht no Zeit ...«

Ihr ehrlicher Hausherr bringt sie aus ihrem Sinnieren, indem er zu ihr tritt und sagt: »Hanni, der Herr Postrat hat seine Fleischmarken vergessen. Geh schick d' Marie nüber zu seiner Frau und laß s' holn. Dann kriegt er a abbräunte Milzwurst mit Gurken und Gröst'te. – Und i mag oane in der Brotsuppen, Hannerl, gell ...«

Und die Hanni gibt ihre Befehle und richtet darnach ihrem Hans die Brotsuppe mit der Milzwurst.

Indes draußen im Garten die Gäste still sitzen und auf die Töne der Musik lauschen, die der Abendwind vom Petersturm herüberträgt zum Martlbräu. –

Anhang

ZU WERKGESCHICHTE UND BIOGRAPHIE:
DIE DICHTUNG IM WELTKRIEG

»Wie die Herzen der Dichter sogleich in Flammen standen, als jetzt Krieg
wurde.« In seinen *Gedanken im Kriege* versuchte Thomas Mann aus den
ersten Kriegswochen 1914 eine ästhetisch-sittliche Bilanz zu ziehen; durch
den Krieg werde die Stagnation, das Scheinleben des ›faulen Friedens‹
endlich gebrochen: »Erinnern wir uns des Anfangs – jener nie zu verges-
senden ersten Tage, als das Große, das nicht mehr für möglich Gehaltene
hereinbrach! Wir hatten an den Krieg nicht geglaubt, unsere politische
Einsicht hatte nicht ausgereicht, die Notwendigkeit der europäischen
Katastrophe zu erkennen. Als sittliche Wesen aber – ja, als solche hatten
wir die Heimsuchung kommen sehen, mehr noch: auf irgendeine Weise
ersehnt; hatten im tiefsten Herzen gefühlt, daß es so mit der Welt, mit
unserer Welt nicht mehr weitergehe.« (S. 530ff.) Der »kollektive Traum
vom Krieg« (Walter Falk) schien mit dem Ausbruch des Ersten Weltkrie-
ges im August 1914 Wirklichkeit zu werden. Doch war sich die Öffent-
lichkeit über die Realität dieses Krieges keineswegs im klaren. Das Kriegserlebnis wurde zunächst von politisch-ideologischen und literarischen
Mythen geprägt; nicht die ›realpolitische Erörterung‹, sondern die Sehnsucht der Zeitgenossen nach einer Erlösung vom »Unbehagen in der Zeit«
(Keller, S. 23) prägte die literarisch-publizistischen Reaktionen auf den
Kriegsausbruch. »Der Gott des Krieges war als der große Reiniger erschienen, an den man neue Hoffnungen glaubte knüpfen zu können« (ebd.,
S. 35).

Am 28. Juni 1914 war der österreichische Thronfolger Franz Ferdinand
in Sarajewo einem Mordanschlag serbischer Separatisten zum Opfer
gefallen. Die Mächtekonstellation des Ersten Weltkriegs zeichnete sich
schon während der ›Julikrise‹ ab – mit dem österreichischen Ultimatum an
Serbien, das auf Rußlands Unterstützung baute, und mit der deutschen
Zusicherung der Bündnistreue an Österreich, die ausdrücklich auch im
Falle eines Vergeltungskrieges gegen Serbien gelten sollte. Am 26. Juli
lautete die Schlagzeile der *Münchner Neuesten Nachrichten* (Nr. 379): »Serbien wählt Krieg«; am 1. August erging der Mobilmachungsbefehl für die
deutschen Streitkräfte, und in den kommenden Wochen entfaltete sich der
lokale Konflikt in einer Serie von Kriegserklärungen zum Weltkrieg (vgl.
die Erläuterung zu: *Das große Haberfeldtreiben...*, unten S. 360ff.), so daß
schon am 5. August in der Presse (*MNN,* Nr. 396) eine »Verschwörung
gegen Deutschland« konstatiert werden konnte. Dieser einmütigen Feindschaft der Welt sollte eine deutsche Eintracht in der Gefahr Widerpart
halten. »In Wahrheit ist«, wie Thomas Mann im November 1918 insistiert,
»das deutsche Volk mit Begeisterung in diesen Krieg gegangen, als es

glaubte, daß er ihm aufgezwungen sei, und hat geglaubt, daß es siegen und Europa im deutschen Zeichen organisieren werde« (Tagebücher, S. 73).

So stimmten am 4. August auch die Sozialdemokraten im Reichstag für die geforderten Kriegskredite; in dem »brüderlichen Zusammenarbeiten von Sozialdemokratie und Militärbehörde« erblickte Thomas Mann eines der »Wunder«, die man diesem Krieg verdanke (S. 531). Kaiser Wilhelm II. hatte seine entscheidende Reichstagsrede, die den Krieg als einen Akt der Notwehr gegen eine ›Welt von Feinden‹ deutete, in der Sentenz gipfeln lassen: »Ich kenne keine Parteien mehr, ich kenne nur noch Deutsche.« (Gebhardt, S. 101) Dieses Kaiserwort überzeugte auch die früheren Kritiker des ›Wilhelminismus‹; so schrieb Ludwig Thoma am 7. August (S. 266f.) an seinen noch immer skeptischen Freund, den Mitherausgeber der liberalen Zeitschrift *März,* Conrad Haussmann:

Mein Herz hat immer dem Volke gehört. Je älter ich wurde, desto mehr verwuchs ich mit ihm, und neben dieser zärtlichen Liebe fand kaum mehr ein anderes Interesse Platz. Und jetzt ist alles so tausendfach größer und edler, als wir ahnen konnten, und aus jeder Hütte heraus treten schlichte Helden, deren Größe mir über jede geschichtliche Tradition hinauszuragen scheint.

Peter Benedix (S. 90) zeichnet aus der Erinnerung sein und Lena Christs Erlebnis des Kriegsbeginns nach:

Das ganze Land schien wie von einem Festtaumel ergriffen und sah die Tränen nicht, die Frauen, Mütter und Mädchen in dunkler Nacht in ihre Kissen weinten oder am hellen Tag hinunterwürgten und verbissen auf den Straßen und vor Bahnhöfen und Kasernen, aus denen Männer und Söhne, Väter, Brüder und Verlobte fortzogen, viele auf Nimmerwiederkehr. [...] Der Jugend aber, die unter Musik und Gesang dahineilte, ins Feld, dem Schnitter entgegen, schien es kein Abschied [...].

Bei der bayerischen Bevölkerung traten insgesamt beim Kriegsausbruch die Vorbehalte gegen die Einheit der Deutschen in einem preußisch dominierten Reich zurück. Über die Kreise des von jeher reichstreuen liberalen Bildungs- und Wirtschaftsbürgertums hinaus konnte die Reichspolitik jetzt auf die Loyalität, ja sogar auf die begeisterte Zustimmung der ›kleinen Leute‹, der Bauern, Kleinbürger und Arbeiter, zählen, die sonst – aus unterschiedlichen Motiven – für Preußen wenig Sympathie empfanden. Stimmungsbilder aus diesem Milieu in München wie aus den ländlichen Bezirken gab Lena Christ in *Unsere Bayern.* Nicht von ungefähr pries also gerade der Rezensent der *Preußischen Jahrbücher* diese Skizzen als »einen Bayernspiegel, wie er besser nicht gedacht werden kann und der Sache halber gerade auch in Norddeutschland gelesen werden sollte.« (Schacht, zu *Unsere Bayern II*)

Mit der Mobilmachung am 1. August war der Oberbefehl über die mobilen bayerischen Truppen auf Kaiser Wilhelm II. übergegangen. Neben den Aktiven und der Reserve, die sieben Jahre lang ihrer Dienstpflicht zu genügen hatten, davon mindestens die ersten zwei im »Dienst an der Fahne«, wurde auch der Landsturm aufgeboten; er bestand aus allen Wehrpflichtigen, vom vollendeten 17. bis zum vollendeten 45. Lebensjahr, auch den ungedienten. Die neu aufgebotenen Truppen wurden sogleich kaserniert – oft in öffentlichen Gebäuden wie Schulen u. ä., die zu diesem Zweck beschlagnahmt wurden. Der Dienst bestand in täglichem Drill. Die tatsächliche Kriegsstärke der bayerischen Armee betrug – einschließlich des in der Heimat verbleibenden Besatzungsheeres – etwa 500000 Mann; sie gliederte sich in die drei Armeekorps aus Friedenszeiten mit je zwei Divisionen sowie eine Anzahl neugeschaffener Formationen – von der 1. bayerischen Kavallerie-Division (der »Hottolerie« in Lena Christs Texten) bis zu Landwehr- und Versorgungsverbänden.

Die Feldtruppen marschierten als 6. Armee unter dem Oberbefehlshaber Kronprinz Rupprecht von Bayern (1869–1955) in Lothringen auf. Unter Grenzgefechten wurde die Versammlung der 6. Armee bis zum 14. August abgeschlossen; am 20. August begann die *Schlacht um Lothringen*. Obschon die französischen Streitkräfte Niederlagen erlitten, wurde das strategische Ziel nicht erreicht, und die Wiederaufnahme der Schlacht scheiterte am 8. September vollends. Die Kämpfe in Lothringen 1914 hatten die bayerische Armee das letzte Mal in ihrer Geschichte geschlossen unter einem bayerischen Oberbefehlshaber bestanden. Seither wurde – unter den Bedingungen des modernen Krieges – »das bayerische Heer mit den übrigen deutschen Kontingenten [...] vermischt, gleichzeitig wurden bayerische Verbände über sämtliche Kriegsschauplätze verteilt.« (Spindler, S. 366)

Vor allem im ersten Band von *Unsere Bayern* versuchte Lena Christ, auch Eindrücke vom lothringischen Kriegsschauplatz zu vermitteln. In den späteren Bänden konzentrierte sie sich auf Selbsterlebtes; einer Einladung des Kronprinzen Rupprecht, die kämpfende Truppe zu besuchen (vgl. unten), folgte sie nicht.

Bei Kriegsausbruch teilte Lena Christ die naive Kriegsbegeisterung und den Glauben der Bevölkerung an einen ›gerechten Krieg‹ der Deutschen. In der Parole aus *Unsere Bayern:* »es geht um d' Hoamat« (S. 151) überlagern sich offiziöse Propaganda (vgl. unten S. 356) und die existentielle Heimatsehnsucht der »Überflüssigen«. So weiß sie sich in den ersten Monaten des Krieges endlich einig mit der ›Heimat‹ – ein Gefühl, wie es Thomas Brief (vgl. oben S. 346) ja ähnlich bezeugt. Auch skeptische Intellektuelle – wie Thomas Mann, der sich »zur Landsturmrolle [...] promptest« meldete (Mann, *Briefe,* S. 116) – wollten sich in diese Volksgemeinschaft einreihen. Der mit Thoma befreundete Ludwig Ganghofer, der von Kaiser Wilhelm II. hochgeschätzte bayerische Heimatdichter, ging gar als Kriegsberichterstatter an die Front; Thoma meldete sich »zu jeglichem Sanitätsdienst« (Lemp, S. 144) und kam Mitte Oktober 1914 an die Vogesenfront; er sei, so gestand er am 7. Juni 1915 nach der Auszeichnung mit dem Eisernen Kreuz, zum »Preußen geworden« (S. 278).

Lion Feuchtwanger, der sich in der Münchner Literaturszene bereits einen Namen gemacht hatte, gab hingegen am 19. November 1914 in der Berliner *Schaubühne* (Nr. 46) ein Momentbild *München und der Krieg,* das den überhitzten Patriotismus der ersten Kriegsmonate festhält und vorsichtig kritisiert. Zum 21. Juli 1914 hatten die *Münchner Neuesten Nachrichten* (Nr. 368) bereits den Leitartikel des Vorabendblattes der grassierenden Spionenfurcht gewidmet; am 4. August 1914 wies das Blatt nochmals auf »Spione im Reich« hin (vgl. S. 46 ff. dieses Bandes). Feuchtwanger berichtete nun: Die »ersten Tage der Mobilmachung«, die er nicht in München erlebt habe, seien – laut »Freunden von Urteil« – »groß und schön« gewesen; inzwischen aber habe

jedenfalls ein großer Teil der Bevölkerung den Schritt vom Erhabenen zum Lächerlichen bereits getan. Wer nicht gut münchnerisch sprach, durfte nicht wagen, ohne mancherlei Legitimationen über die Straße zu gehen, wenn er nicht als Spion verdächtigt werden wollte. Wer keine Uniform trug, mußte immer darauf gefaßt sein, verhaftet zu werden. An allen Ecken und Enden hörte man mehrmals des Tags das Feldgeschrei: ›An Russ'n hamms!‹ oder: ›An Belg hamms!‹ und sah irgendeinen harmlosen Passanten inmitten einer drohenden Menge [...].

Es seien vor allem für die Schwabinger ›Schlawiner‹ »kritische Tage« gewesen; Erich Mühsam, der stadtbekannte Anarchist und Bohèmien, entging nur durch die tatkräftige Intervention einer Kellnerin der Volkswut. Besonders der Damen Schicksal war beklagenswert: trugen sie weite Röcke, so galten sie als verkleidete männliche Spione; trugen sie enge Röcke, so waren sie Anhängerinnen der französischen Mode. In jedem Fall wurden sie, und oft tätlich, verunglimpft. Es zeigte sich, daß der vielgerühmte Kunstsinn der Münchener etwas Legendäres ist. [...] München ist der Herd jener Bewegung, die gegen die Kunstschöpfungen fremder Nationen den heiligen Krieg predigt. In München zuerst erschien jener Aufruf, den zu werten unserer Sprache das Adjektiv fehlt, jener Aufruf an die deutschen Kritiker, fürderhin kein französisches, russisches oder englisches Werk mehr zu besprechen. In München zuerst traten jene Leute auf, die behaupteten, eigentlich hätten sie's schon längst gewußt, aber jetzt erst dürfe man es sagen: daß Shaw und Maeterlinck und Hodler nämlich Bluffer seien, und jetzt zeige es sich, daß es halt doch schließlich auf den Charakter ankomme, und Anton von Werner und Josef von Lauff [– der repräsentative Maler und der repräsentative Dichter des Hohenzollernreiches –], das seien eben die wahren Meister. Und in München schrieb Ludwig Thoma jenen unseligen Aufsatz ›Hodlerei‹ und verquickte seinen ehrlichen und großen Patriotismus mit einem noch größeren Mangel an Kritik [vgl. unten S. 362]. Es wird wohl so kommen, wie es ein gescheiter Italiener prophezeit hat: ein Vierteljahr nach Friedensschluß werden sich die meisten dessen schämen, was sie während des Krieges geschrieben haben. Aber sei dem wie immer: man sieht, daß wir hier unten in Wort und Schrift und Tat der Kriegsgreuel genug haben. Wobei ich [...] der Verse Ernst von Possarts und Ludwig Ganghofers noch gar nicht gedacht habe. (S. 393 ff.)

Das Spektrum der Münchner Autoren, die öffentlich ihre Treue zum deutschen Volk in seinem Kampf bekannten, reichte von dem Schauspieler und Generalintendanten Possart, von Ganghofer und Ludwig Thoma über Thomas Mann bis zu Frank Wedekind und dem bislang anarchistisch-revolutionär gestimmten Klabund. In den *Münchner Neuesten Nachrichten* erschienen alsbald Kriegsgedichte von Detlev von Liliencron und Richard Dehmel; die sozialdemokratische *Münchener Post* wurde vorerst reichstreu; die *Jugend* wie – auf Drängen Thomas – der liberale *März*, wie der *Simplicissimus,* der sich immer um die Verständigung mit Frankreich bemüht hatte, gaben sich patriotisch-kämpferisch. – Ein *Kriegs-Heft der Kritischen Rundschau* (vgl. Abb. 1) konnte Hans Ludwig Held, der seine eigene *Kriegshymne* auch »in einem 12seitigen Sonderdruck zum Preis von 30 Pf.« erscheinen ließ, mit einem *Aufruf zur Würde* eröffnen, den Michael Georg Conrad, der Nestor der ›Münchner Modernen‹, verfaßt hatte; Conrad verwahrte sich gegen die »fremdländischen Denker und Dichter«, die sich nicht entblödeten, in der »feindlichen Presse« den »heiligen Kampf der deutschen Waffen gegen den Überfall der verbündeten Russen, Engländer, Franzosen und Japanesen um Recht und Würde« zu bringen. Angesichts der Partisanenangriffe der französischen Bevölkerung gegen reguläre deutsche Truppen kommentiert denn auch die Erzählerin von *Unsere Bayern* empört: »Kulturnation Frankreich! Wo bleibt hier deine Kultur?« (I, S. 110) – Neben Lena Christ finden sich unter den Unterzeichnern jenes Aufrufs in der *Kritischen Rundschau* Peter Altenberg – wie sie ein Autor des Heftes –, Waldemar Bonsels, Max Brod, Ricarda Huch, Eduard Graf Keyserling, Korfiz Holm, Gustav Meyrink, Carl Muth, Peter Rosegger, Jakob Wassermann, Franz Werfel und weitere Vertreter des kulturellen Lebens; Thomas Mann begrüßte in einem offenen Brief (S. 59) die Tendenz des Aufrufs, zweifelte freilich an der Wirkung.

Korfiz Holm eröffnete in Lena Christs Hausverlag Albert Langen die Reihe *Langens Kriegsbücher. Geschichten aus Deutschlands Kämpfen* mit dem

Das *Kriegs-Heft* der *Kritischen Rundschau* mit der Titelzeichnung
von Adolf Schinnerer (1876–1949) (Abb. 1).

ersten Bändchen *Unsere Bayern;* es folgten noch im selben Jahr: Eberhard
Buchner, *Kriegshumor,* Arnold Zweigs Erzählungen *Die Bestie,* die
»Kriegsnovellen« *Der Tod in Flandern* von Adolf Körter und die beiden
Einakter von Ludwig Thoma *Der erste August* und *Christnacht 1914.* Bis
1916 erschienen siebzehn Bändchen. Erfreut bemerkten die Zeitgenossen,
»wie der Krieg alte gute Publikationsformen zu neuer Geltung gebracht
hat« (Schacht, zu *Unsere Bayern II*); so wurden *Kriegsbilderbogen Münchner
Künstler* – unter anderen von Ganghofer und Conrad – sowie eine Fülle von
›Bilderbüchern‹ und ›Volksbüchern‹ vorgelegt, die das publizistische
Umfeld für Lena Christs volkstümliche Erzählungen bilden. Doch auch in
die journalistischen Sparten wurde das große Ereignis alsbald eingeordnet.
Schon am 29. Juli 1914 ließen die *Münchner Neueste Nachrichten* (Nr. 384)
im »Bunten Feuilleton« eine Skizze *Mobilmachung in den Bergen* erscheinen;
bald folgten »Zeitbilder aus dem Oberland« – wie das am 5. August, das
wahrscheinlich Georg Queri, Thomas Mitherausgeber beim *Bayernbuch*
von 1913, beigesteuert hatte. Noch die Eingangskapitel der *Rumplhanni*
schließen sich diesem Genre an. Aktuelle Themen griff die Kriegsdichtung
nicht nur in Tageszeitungen, sondern ebenso in den Sammlungen auf, die
in Buchform publiziert wurden; so geht Ludwig Ganghofer (S. 85 f.) das
heikle Thema *Die Kriegsanleihe* keck an:

> Ihr Goldfinken, ihr Silberhühnchen, heraus!
> Heraus! Heraus!
> Schon klingt die Trommel, es geht zum Streit!
> Heraus mit den Gröschlein, ihr kleinen Leut!
> Heraus mit dem Golde, du reicher Mann!

Ludwig Thoma warb seit 1915, als sein Gedicht *Die neun Milliarden* als »25.
Kriegsflugblatt des ›Simplicissimus‹« erschien, für die mannigfachen
Anleihen und Spenden, und auch die Kriegsschriftstellerin Lena Christ
ermahnte vor allem die Bauern immer wieder, nicht ihr Gold zu horten
und wenigstens das staatlich garantierte Papiergeld dafür einzutauschen
(vgl. *Unsere Bayern II,* S. 93–99).
    Bezeichnend für die erwünschte ›Volksstimmung‹ ist ein anonymes
Kriegslied, das die *Münchner Neueste Nachrichten* (Nr. 398) am 6. August
druckten. Es bezeugt den allgemein verbreiteten Mythos vom ›Kampf
gegen eine Welt von Feinden‹: Auch in Lena Christs *Haberfeldtreiben* wird
vorausgesetzt, daß mit dem Krieg eine boshafte Weltverschwörung gegen
deutsche Redlichkeit zutage getreten sei; verkürzt um seine politische
Dimension, wird der Krieg zur ethischen Bewährungsprobe für den
einzelnen:

Nun platzen die Granaten!
Drei Mächte auf einmal.
Das fordert Heldentaten
Und Opfer ohne Zahl.
Der Russ' und der Franzos, –
Auch gegen England geht es los.
Nun bleibe stark, mein deutsches Vaterland.

Und bist du auch umgeben
Vom hinterlist'gen Feind!
Wir steh'n für deutsches Leben
Im Felde treu vereint.
Ob Russe, ob Franzos,
Ob England auch, jetzt geht es los.
Nun halte aus, mein deutsches Vaterland!

Wir kämpfen frei und offen,
Wie deutscher Männer Sinn.
Das läßt uns alles hoffen
Und streckt die Feinde hin,
Den Russ' und den Franzos, –
Wir hauen auch auf England los.
Sieg oder Tod mein deutsches Vaterland.

Solch unreflektierter Chauvinismus wurde von begabten und erfahrenen Dichtern nach dem Muster der Kriegsdichtung von 1812/13 und 1870/71 literarisiert; denn diese literarische Gattung hatte seit dem Beginn des 19. Jahrhunderts, als zur Mobilmachung des ›deutschen Volkes‹ im ›heiligen Krieg‹ gegen Napoleon erstmals die Konzepte des deutschen Patriotismus literarisch formuliert und publizistisch-propagandistisch verwertet wurden, eine erstaunliche Beharrungskraft gezeigt: Die religiös getönte Sprache, die Schemata des Selbst- wie die des Weltbildes blieben fast unverändert. So pries Ludwig Ganghofer in den »Kriegsliedern« *Eiserne Zither* die *Erneuerung* (S. 21 f.) und variierte damit den Gedanken einer ›Wiedergeburt‹, wie ihn die Kriegsdichtung einst dem Christentum entwendet hatte; seine Verse sind auf den 3. August datiert:

O heiliger Krieg! Du schöpferische Macht!
Was hast du aus unserm Volk gemacht!
[...]
Parteienhader und Stundenraub
Ist fortgewirbelt wie Märzenstaub,
[...].

Es wirken Ordnung und Zeitverstand,
Gleich einem Uhrwerk aus Gottes Hand,
[...].
Und Kaiser und Bauer und arm und reich,
Ist jeder an Treue dem anderen gleich.
Und jeder fühlt es in ahnender Weihe:
Wir retten die Heimat, erzwingen den Sieg!
Du Tat des Rechts, ohne Schuld und Reue,
Sei heiß gesegnet, du heiliger Krieg!

Verknüpft wird dieser personale Mythos der ›Wiedergeburt‹ mit dem
romantischen Mythos vom ›Volk‹ als organisch-naturhafter Individualität
und Einheit, den sich ja auch die offizielle Propaganda geschickt zunutze
machte (vgl. oben). In dem Gedicht *Am ersten August,* das Ludwig Thoma
zum 3. August in den *Münchner Neuesten Nachrichten* erscheinen ließ,
werden diese literarischen Strategien virtuos ausgeführt:

Es wurde still,
Ein ganzes Volk, es hielt mit einem
Den Atem an. Doch stockte keinem
Darum des Herzens Schlag.
So ging der Tag.
Dann senkt sich feierlich und milde
Der Abend über die Gefilde
Und heiter blinkt und fern
Ein heller Stern,
Als wenn er's heut' wie immer fände:
In allen Hütten müde Hände,
Und gute Rast
Nach heißer Arbeit Last.
Horcht!
War's nicht, als hätt' ein Ruf geklungen,
Ein Ton, als wie aus Erz gedrungen?
Da – wieder! Auf!
Auf zu den Waffen! Auf!
Nun geht es brausend durch die Wälder,
Nun dröhnt es über stille Felder:
Die Wehr zur Hand!
Und schützt das Vaterland!
Auf springt das Volk, es reckt die Glieder,
Und keine Sorge drückt uns nieder.
Komm, was es sei!
Von Ungewißheit frei

Wir wollen es gern einsam tragen
Und heute schon als Bestes sagen,
Daß man uns Hand in Hand
Als Brüder fand.
Dem Kaiser, der dies Wort gegeben,
Wird Dank in jedem Herzen leben
Und jetzt – hurra!
Du Mutter uns – Germania!

Die Personifikation des Kollektivs ›Volk‹ als Einzelwesen erlaubt schon in
den ersten Zeilen den Übergang zu einem ländlich geprägten Naturbild;
das Gedicht läßt die allegorische Person ›Volk‹ in einem scheinbar realistischen Rahmen die Kriegsbotschaft empfangen. So ist durch die literarischen Mittel bereits vorbereitet, was dann als Botschaft triumphierend
verkündet wird: Gegenüber dem Krieg waren alle Deutschen ›Brüder‹ und
stellten sich ›wie ein Mann‹ – ganz wie es der Kaiser im Reichstag
beschworen hatte. Diese politische Allegorie fügt Thoma nun freilich in
den Muttermythos ein, der zentral in seinem Gesamtwerk ist; denn die
›Mutter‹ verkörperte ihm das verlorene Paradies der Kindheit, der Poesie,
der Heimat im Volk. Wenn in der Schlußzeile die allegorische Germania
als ›Mutter‹ gepriesen wird, so wird damit die Erfüllung dieser poetischen
Sehnsucht im Kriegserlebnis gefeiert. Der Krieg bedeutete für Thoma die
Vereinigung von Poesie und Wirklichkeit im Heimaterlebnis.

Zwischen solch raffinierter Literarisierung der Kriegsdichtung als Hei-
matdichtung und einem naiven Gefühlspatriotismus hielt Lena Christ in
ihren Beiträgen zu diesem literarischen Genre die Mitte. Der Spott über die
»neuen Kriegslieder« (S. 72) und die »Herren Dichter für besondere Feste
und Gelegenheiten« (*Unsere Bayern II,* S. 76), deren patriotische Phrasen
von ihrem Verhalten komisch abstechen, bezeugt ihr Selbstgefühl als
Autorin wirklichkeitsnaher Prosa; ebenfalls wird dies in den erhaltenen
Briefen betont – mit einem Nachdruck, der von Lena Christs sonstigem
Verzicht auf Reflexion ihres Schaffens auffällig absticht. Und so wird auch
in der Kritik anerkannt, was sie selbst sich als Verdienst anrechnete – daß
der Leser aus diesen Skizzen erfahre: »So war's in Bayerns Hauptstadt«
(S. 40; vgl. Bd. III, S. 351). Als Beleg ihrer realistischen Absicht wie ihrer
Arbeitsweise ist ein Aufruf zu betrachten, der den ersten Band beschloß
und im zweiten Band wiederholt wurde:

An unsere bayerischen Soldaten!
Verlag und Verfasserin haben gemeinsam hundert Exemplare dieses
Büchleins der Verwundeten-Bücherei zu München überwiesen.
Wer nun für den zweiten Band, beginnend mit den Kämpfen um

Saarburg, die Verfasserin durch mündliche oder schriftliche Mitteilung von Tatsachen unterstützen möchte, dem wäre sie zu herzlichem Dank verpflichtet.

Adresse:

Frau Lena Christ, Verlag Albert Langen,

München, Hubertusstraße 27.

Wenn in der Skizze *Im Dorfwirtshaus* (S. 88 dieses Bandes) festgestellt wird, daß eben zu ›erzählen‹ wisse, wer etwas ›erlebt‹ habe, so ist dies die althergebrachte Maxime des volkstümlichen Realismus. Dennoch verzichtet Lena Christ keineswegs auf bewährte Formmuster – etwa bei der aktualisierten Weihnachtsszene (S. 109–114 dieses Bandes), die in einen Himmel mit der Naivität barocker Volksfrömmigkeit versetzt ist (vgl. oben S. 351); und ebenso überformt sie die Inhalte einer bloßen Reportage zur Mahnung und zum ethischen Appell. Wenngleich sie mit ihren Aufrufen an die Opferwilligkeit der Bevölkerung – wie in *Der tote Schatz* (vgl. Band III, S. 180 und S. 432) – den Zielen der Kriegspropaganda verhaftet bleibt (vgl. unten), so zeigt sie gelegentlich doch auch den Unterschied zwischen dem offiziellen Krieg und dem Erleben der ›kleinen Leute‹ in Stadt und Land – etwa in der Erzählung von der *Siegesfahne der Totenpackerlies;* und die allgemeine Gleichheit in einem ›Volk von Brüdern‹ wird bei ihr gelegentlich zur ausgleichenden Gerechtigkeit für die bisher Benachteiligten zugespitzt (vgl. S. 96 dieses Bandes). Doch erst mit dem Roman von der *Rumplhanni* gelingt es Lena Christ, fast ohne ideologische Retuschen und Harmonisierungen das Kriegsgeschehen aus der ›Perspektive von unten‹ darzustellen.

Insgesamt war im zweiten Kriegswinter in Politik und öffentlicher Meinung allmählich die Einigkeit über die Berechtigung und die Ziele des Krieges geschwunden. Während der bayerische König Ludwig III. bis Kriegsende auf der Annexion von Elsaß-Lothringen für Bayern beharrte, wandelte sich Kronprinz Rupprecht seit der Jahreswende 1915/16 »zum strikten Verfechter eines Verständigungsfriedens sowohl nach Osten wie Westen«. Die starken annexionistischen Strömungen waren in Bayern »vor allem in Intellektuellenkreisen« zu finden (Spindler, S. 369); ihr Sprachrohr waren die *Süddeutschen Monatshefte,* die Paul Nikolaus Cossmann (1869–1942) herausgab; Josef Hofmiller zählte zu ihren wichtigsten Mitarbeitern, Ludwig Thoma stand diesem Kreis nahe.

»Die vielfachen Anforderungen und Belastungen durch den Krieg« – die sich häufenden Todesnachrichten von der Front, die schwierige Versorgungslage, die ungleiche Verteilung mancher Lasten auf Stadt und Land – »haben mit zunehmender Kriegsdauer und zunehmender Ver-

schlechterung der Situation an den Fronten und in der Heimat die [...]
Bevölkerungsstimmung rasch verschlechtert.« (Spindler, S. 378) So hieß
es am 1. Februar 1916 in einem vertraulichen Lagebericht des bayerischen
Kriegsministeriums:

> Unsere Truppen sind voll Begeisterung in den Kampf gezogen und
> haben die schwersten Anstrengungen heldenhaft ertragen; wußten sie
> doch, daß es galt, nicht nur ihr Vaterland, sondern auch ihr eigenes Hab
> und Gut, ihre Angehörigen zu schützen. Ihre Stimmung wurde von
> dem Bewußtsein getragen, daß ihre Familien von Not und Entbehrun-
> gen verschont blieben, daß die Daheimgebliebenen einmütig und mit
> ihren ganzen Kräften zur Erreichung des großen Zieles, der endgültigen
> Niederringung des Feindes mithelfen würden.

Nun aber bestehe die Gefahr, daß die »schlechte Stimmung in der Heimat
auch auf unser Feldheer immer mehr übergreifen [...] könnte« (Deist I,
S. 295 f.); daher sei die »Mobilmachung der gesamten geistigen und mora-
lischen Heimatkräfte« (S. 299) dringlich. »Gegenmaßregeln« seien mit
Hilfe der Pfarrer und Lehrer zu ergreifen; außer dem persönlichen
Gespräch seien auch Vorträge und Broschüren wünschenswert. Aller-
dings blieben »die zahlreichen Versuche der staatlichen [...] Stellen, durch
Aufklärungsaktionen [...] die Beschränkung der Lebensbedingungen
plausibel zu machen [...], ohne größere Wirkungen« (Spindler, S. 378).
Im Sommer 1917 resümiert eine große Denkschrift des Kriegsministers:

> Wenn also der Stimmung der Heimat eine ausschlaggebende Bedeu-
> tung für den Ausgang des Krieges beizumessen ... ist, so muß auch
> offen ausgesprochen werden, daß die Widerstandskraft und Opferwil-
> ligkeit des Volkes von Monat zu Monat immer bedenklichere Einbuße
> erleidet. Dies gilt nicht nur für die Stadt, sondern – nach einwandfreien
> Beweisen – ganz besonders für das Land (zit. nach Ay, S. 19).

Die Büchlein der ›Volksschriftstellerin‹ Lena Christ und vor allem auch
der – anscheinend auch als Flugblatt verbreitete – *Dischkurs* müssen in
diesem Kontext gewürdigt werden und fanden ja auch offizielle Zustimmung.

Lena Christs patriotische Begeisterung wurde wohl erst durch die Erfah-
rung eines Prozesses gedämpft, in den sie Anfang 1916 verwickelt wurde.
Peter Benedix beschränkt sich in seinem Erinnerungsbuch auf einige
Genrebilder seines Soldatenlebens, das am 2. September 1915 im »Rekru-
tendepot« in der bisherigen »höheren Töchterschule in der Luisenstraße«
begann; seine Vorbehalte gegen den Zwang zum Töten freilich ver-
schweigt Benedix (S. 110 f.) keineswegs: »Also war ich kein richtiger
Soldat.«

Aber was war da zu tun? Die Uniform, in die man uns gesteckt hatte, konnte man doch nicht ohne weiteres wieder ausziehen. Also: »Halbrechts ein kleines Gehölz, vom Feinde besetzt. – Rechte Rotte Anschluß ... Schwärmen! – Stellung! – Visier 400! – Schützenfeuer ... Stopfen! Durchladen! – Feuerpause! – Sprung! Auf, marrsch, marrsch!«

So hallte es übers Oberwiesenfeld, dem Übungsgelände der Infanterie, und wir schwärmten, warfen uns hin, zielten, sprangen auf und stürzten vor, so schnell es jeder vermochte mit seinen sieben- oder achtunddreißig ungedienten Jahren. Ganz ausgepumpt marschierten wir dann mittags in unsere Mädchenschule zurück, wo wir mitunter uns am Stiegengeländer in die Höhe ziehen mußten, hinauf in den dritten Stock, wir traurigen Schreibtisch-, Kontor-, Lehr- oder Richterstuhlgesellen, die wir den Federhalter mit dem Schießprügel vertauscht hatten. Waren wir doch lauter ungediente Einjährige ohne Rhythmus und Gymnastik.

Kamen wir abends von einer Übung zurück, standen oft die verwaisten Gattinnen da vor dem Tor, das Herz voller Mitleid und die Tasche voller Schokolade, Hartwurst oder Zigaretten. Doch die Natur ist unbarmherzig und Feldwebel bisweilen auch. Gesang verkündete unser Nahen, und in drei Zügen rückten wir an mit »Haltet aus im Sturmgebraus!« oder den »Drei Lilien, drei Lilien auf Liebchens Grab.« Kurz vor dem Tor aber, wo Hände sich schon bereit machten zur Hingabe und zum Empfang der guten Dinge, klang plötzlich der Befehl: »Tritt gefaßt! – Achtung! – Augen rechts!« und mit angezogenem Gewehr marschierten wir in den Hof, den Blick auf das gestrenge Antlitz des Vorgesetzten gerichtet, neben und hinter uns aber die vielen enttäuschten Gesichter, die wir freilich nicht sahen, noch weniger die Hände mit den guten Dingen darin, was im Augenblick das Betrüblichste war.

Wahrscheinlich hat Benedix hier tatsächliche Erlebnisse berichtet, die den Stoff zu Skizzen wie *Im Schulhaus* (*Unsere Bayern I*, S. 21–29) oder *Auf dem O. W.* (*Unsere Bayern III*, 18–21; 96–101) abgaben. Eine beiläufige Bemerkung nur bleibt dabei für eine Notlage, gegen die Lena Christ doch heftig – allerdings gegen den Willen ihres Mannes – angekämpft hatte:

Auch ich konnte ihr genügend Stoff, heiterer und ernster Art, mitbringen, manches freilich war damals nicht zur Veröffentlichung geeignet. Dazu gehörten Dinge, die ebensowenig der Ausbildung als der Vaterlandsliebe förderlich waren. Ihre Ursache hatten sie in einer bemerkenswerten Kurzsichtigkeit der bayerischen Heeresleitung, die mit Kriegsbeginn Offiziere wieder als Abrichter einstellte, die früher wegen Soldatenmißhandlung verabschiedet worden waren. (S. 111)

Der Zusammenhang mit den früher vorgestellten Kasernierungsbedingungen wird bei Benedix sorgfältig verwischt. Auch Lena Christs Erzählung *Um Feierabend vorm Quartier* (S. 137–141 dieses Bandes) läßt nicht ahnen, daß die Autorin am 3. November 1915 an den Redakteur der *Münchener Post* und sozialdemokratischen Landtagsabgeordneten Adolf Müller einen Beschwerdebrief wegen der »grausamen Willkür« von Benedix' Kompaniechef, Rittmeister Trombetta, gerichtet hatte (sämtliche Unterlagen in der Prozeßakte, die das Staatsarchiv München verwahrt; vgl. die Briefe in Band III). Benedix war am 2. November zur IV. Kompanie in der Elisabethenschule verlegt worden. Der befehlshabende Offizier, Rittmeister Josef Trombetta, galt bei seinen Vorgesetzten als »ein überaus gewissenhafter, ehrgeiziger Offizier«, der »sehr bestimmt und energisch [...] dieselben hohen Anforderungen wie an sich auch an seine Untergebenen« stelle (aus einer Beurteilung vom 20. 10. 1912; Personalakte im Bayerischen Hauptstaatsarchiv, Abt. IV: Kriegsarchiv). Wegen der strengen Ausgangsregelungen dort versuchte Lena Christ alsbald, seine Verlegung zur III. Kompanie zu erwirken; als Grund hatte sie – laut dem Vernehmungsprotokoll vom 17. März 1916 – »Beihilfe des Mannes bei meiner Schriftstellerei« angegeben. Ihr Schreiben an den Abgeordneten gelangte ins Kriegsministerium und wurde dort am 26. Dezember 1915 an den Betroffenen weitergeleitet. Obgleich Lena Christ – offenbar auf Drängen von Benedix, dessen tadellose soldatische Haltung sie auch in den Vernehmungen unterstreicht – am 5. Januar 1916 einen rechtfertigenden Brief an Trombetta gerichtet hatte, erbat dieser am 6. Januar doch eine amtliche Klageerhebung wegen Verleumdung und Beleidigung gegen Lena Christ. Bereits am 10. Januar beantragte der Bataillonskommandeur die »strafgerichtliche Verfolgung, für die ein wesentliches öffentliches Interesse besteht, nachdem es endlich gelungen ist, unter einer Flut von anonymen Beschuldigungen und unberechtigten Anklagen endlich einmal eine Namensfeststellung zu ermöglichen«; ebenso bestehe »ein wesentliches dienstliches Interesse, daß die ohnehin durch den aufreibenden Dienst voll in Anspruch genommenen Dienstgrade sich nicht wehrlos fühlen gegenüber solchen, das Maß jeder berechtigten Kritik überschreitenden, beleidigenden Beschuldigungen«. In der Voruntersuchung verteidigte sich Lena Christ geschickt und versuchte auch, sich hinter der Gunst des Hofes zu verschanzen. Bei ihrer Vernehmung behauptete sie, die Königin von der Sache unterrichtet zu haben; diese habe eine Hofdame beauftragt, bei Generalmajor Pöppel, dem Vorgesetzten Trombettas, einen Gesprächstermin für Lena Christ zu erwirken. Der hingegen bestritt – in einem Schreiben vom 14. April –, daß sich der Hof mit ihm in Verbindung gesetzt habe; vielmehr habe sich Lena Christ »ungerufen« bei ihm zu einer Unterredung eingestellt. Schließlich, am 21. November 1916, erhob der Staatsanwalt beim Landgericht München I die Beleidigungsklage. Am 11. Dezember stellte daraufhin Lena Christ einen Antrag, das Hauptverfahren auszusetzen, bis sie die für den »Wahrheitsbeweis der mitgeteilten

Tatsachen« nötigen Zeugen, die zur Zeit im Felde stünden, beibringen könne. Die beiden Zeugen, deren Aussagen sich (in der Personalakte Trombettas) erhalten haben, bestätigten allerdings Lena Christs Version nicht; er habe, so versicherte der eine, keinerlei »Veranlassung« gefunden, »mich einer Dame gegenüber über Mißstände zu beklagen«. – Das Verfahren wurde endlich am 4. November 1918, nach einem formellen Entschuldigungsbrief Lena Christs an Trombetta, eingestellt.

DRUCKNACHWEISE UND KOMMENTARE

Das große Haberfeldtreiben vom Jahre 1914/15 vor dem
Gasthaus »zum europäischen Hof« dahier

Druckvorlage: Typoskript im Nachlaß.
Der Text ist wohl im Sommer 1915 – vor der Ablösung des russischen
Oberbefehlshabers, des Großfürsten Nikolaj Nikolejewitsch, am 8. September – entstanden.

Sittliche und vom Strafgesetz nicht erfaßte Vergehen wurden in Oberbayern durch das Haberfeldtreiben geahndet; in einem nächtlichen
Umzug, verbunden mit Katzenmusik und Rügeversen, hielten maskierte
Burschen und Männer dem Beschuldigten sein Verschulden vor und
setzten ihn öffentlicher Verachtung aus; in den *Erinnerungen einer Überflüssigen* berichtet Lena Christ von einer solchen Strafaktion (Bd. I, S. 641).
Der – historisch seit etwa 1700 greifbare – Geheimbund der ›Haberer‹ (ein
›Haberermeister‹, etwa zwanzig Führer, bis zweitausend ›Haberer‹) leitete
seine Autorität von dem sagenumwobenen Kaiser Karl im Untersberg ab;
die Haberer vertraten ein volkstümliches Recht, das in der Zerfallsgeschichte des Deutschen Reiches verdrängt und unterdrückt worden war.
Die Obrigkeit ging gegen Ende des 19. Jahrhunderts massiv gegen die
Haberer vor; nach dem »großen Miesbacher Treiben vom 7. Oktober
1893« mit etwa tausend Teilnehmern (vgl. das unten angegebene Werk
von Queri, S. 133–140) wurde der Bund zerschlagen und konnte seine
frühere Bedeutung nie mehr zurückgewinnen. Die Autoren der Münchner
Moderne – Oskar Panizza etwa und Josef Ruederer – erkannten im
›Haberertreiben‹ das Modell ihrer eigenen Attacken gegen die Gesellschaft
ihrer Zeit; der ›Haberermeister‹ wurde zur Allegorie des modernen
Autors, der als Sprecher des Volkes gesellschaftliche Übelstände anprangert und richtet. Eine umfangreiche Monographie Georg Queris über
Bauernerotik und Bauernfehme in Oberbayern (1911) verschmolz die Leitmotive der Moderne in München – die satirische Aggressivität und die
erotische Befreiung – völlig mit dem Bekenntnis der Heimatkunst zum
›Volk‹.
Die Volksschriftstellerin Lena Christ mußte sich berechtigt fühlen,
diese Allegorie des Haberfeldtreibens nun ins Weltpolitische zu wenden;
eine oberbayerische Dorfszenerie wird zur allegorischen Abbildung Europas, und das deutsche Volk tritt in die Rolle der Haberer, da es sich nur mit
einer gewaltsamen, scheinbar ungesetzlichen Aktion in einer Welt von
hinterlistigen Feinden noch Recht verschaffen kann. Vorbilder konnte
Lena Christ in den politischen Puppenspielen des Kabaretts der Münchner

Moderne finden; so hatte Willy Rath 1901 bei den *Elf Scharfrichtern* in der Posse *Eine feine Familie* bereits die Völkerfamilie auf eine volkstümliche Bühne gebracht und eine satirische Version des Burenkrieges geliefert. Lena Christ läßt den ›deutschen Michel‹, unterstützt von Kaiser Franz Joseph I. (1830–1916) von Österreich, die gesamte gegen die ›Mittelmächte‹ verbündete Allianz von 1914 abfertigen: Den mit England verbündeten Japanern wird die Besetzung der deutschen Kolonialgebiete in China vorgehalten, und der amerikanische Präsident Thomas Woodrow Wilson (1856–1924) wird – ganz im Sinn der deutschen Kriegspropaganda und nicht völlig zu Unrecht – gewarnt, die Neutralität seines Landes allzu einseitig zugunsten der Alliierten auszulegen. Aufgeboten werden vor allem: Der französische Präsident Raymond Poincaré (1860–1934) und sein Generalstabschef Joseph Joffre (1852–1931), der russische Zar Nikolaus II. (1868–1918) und der russische Oberbefehlshaber Großfürst Nikolaj Nikolajewitsch (1856–1929) ebenso wie der englische Außenminister Edward Viscount Grey (1862–1933).

Den Engländern wird die Kriegsführung mit »Dum-Dum-Geschossen« vorgeworfen, Stahlmantelgeschossen mit einem an der Spitze freiliegenden Bleikern, die besonders schwere Verletzungen hervorrufen. Das Urteil über den englischen Imperialismus hatte sich am Beispiel des Burenkrieges geformt; am 28. April 1900 hatte etwa Ludwig Thoma, der im selben Jahr bei Langen einen Band *Der Burenkrieg* herausgab, in einem Brief (S. 43 f.) bekannt: »Der Krieg an sich gefällt mir. Jawohl! Ich wäre glücklich, könnte ich dabei sein. [...] Ehrliche Feindschaft auf Tod und Leben, und treue Kameradschaft, ich glaube nicht, daß es etwas Schöneres gibt. Also bemitleiden tue ich die Buren nicht; ich beneide sie. Jeder von diesen prächtigen Bauernkerls hat schöner gelebt wie wir alle. [...] ich zürne den Engländern nicht, weil sie *Krieg* führen, aber ich hasse sie, weil sie es wegen Geldes tun, weil sie es tun 20 gegen einen, weil sie lügen und zuallererst, weil sie gegen die *Buren* Krieg führen« – denn diese seien »niederdeutsche Bauern«. Der »Simplicissimus«-Band *Gott strafe England* knüpfte 1915 ausdrücklich an diese Tradition an.

Auch die übrigen Nationen werden für das *Haberfeldtreiben* gemäß eingängiger völkerpsychologischer Stereotype personifiziert. Besonders Italien wird vorgeworfen, daß es – obgleich es zu den deutschen Verbündeten zählte – doch ›feige‹ seine Neutralität erklärt hatte; es reihte sich erst am 28. August 1916 in die Front der Gegner des Deutschen Reichs ein. Ähnlicher Tadel trifft Rumänien; repräsentiert wird es hier nicht durch König Karl I. (1839–1923; reg. 1881–1914), sondern durch die Königin Elisabeth (1843–1916), eine geborene Prinzessin zu Wied, die unter dem Pseudonym »Carmen Sylva« vielgelesene Unterhaltungsromane veröffentlicht hatte. Während Rumänien am 27. August Österreich-Ungarn den Krieg erklärte, steuerte »Vetter Konstantin«, der mit einer preußischen Prinzessin verheiratete König Konstantin I. von Griechenland, einen deutschfreundlichen Kurs; erst nach seiner erzwungenen Abdankung am 27. Juni 1917 schloß sich Griechenland den Alliierten an.

Wie argwöhnisch freilich in Deutschland sogar die öffentliche Meinung in den auf Neutralität verpflichteten Ländern beobachtet wurde, hatten die von München ausgehenden Angriffe gegen den Schweizer Nobelpreisträger Carl Spitteler (1845–1924) gezeigt. Im *Simplicissimus* (1914/15, S. 399) und in den *Münchner Neuesten Nachrichten* (Nr. 519 v. 10. 10. 1914) hatte Ludwig Thoma scharf den Schweizer Maler Ferdinand Hodler (1853–1918) attackiert, weil dieser öffentlich gegen die Beschießung der Kathedrale von Reims durch deutsche Truppen protestiert hatte. Spitteler verteidigte Hodler (am 17. 10. im *Luzerner Tagblatt*) und unterschied in einer am 14. Dezember gehaltenen Rede, *Unser Schweizer Standpunkt,* streng zwischen politischer und kultureller Verbundenheit; er warnte daher die Deutschschweizer vor allzu großen Sympathien mit Deutschland und würdigte den alliierten Standpunkt. An die folgende Pressekampagne knüpft Lena Christ noch an.

An Verbündeten der Mittelmächte weiß sie nur die Türkei zu loben. Dort hatte der preußische General Colmar von der Goltz (1843–1916) von 1883 bis 1896 eine Armeereform durchgeführt und war auf Bitten der Türkei im Weltkrieg von seinem belgischen Kommando abberufen und als Armeekommandeur an den Bosporus, dann nach Mesopotamien entsandt worden; dort errang er im Frühjahr 1916 einen nachhaltigen Erfolg gegen die alliierten Truppen.

Ein Dischkurs

Druckvorlage: Sonderdruck im Nachlaß; Herkunft nicht ermittelt. Entstanden wohl 1914.

Unsere Bayern

Der Langen Verlag eröffnete »kurz vor Weihnachten 1914« (Goepfert, S. 100) seine Kriegsbücher-Reihe (vgl. oben S. 349, 351) mit einem Titel von Lena Christ, dem sich zwei Fortsetzungen anschlossen:
Unsere Bayern. Langens Kriegsbücher. Geschichten aus Deutschlands Kämpfen 1914. Erstes Bändchen. 1914 [im Folgenden: *Unsere Bayern I*];
Unsere Bayern anno 14. Zweiter Teil. Langens Kriegsbücher. Geschichten

Unsere Bayern anno 14, Titelbild von Eduard Thöny (Abb. 2).

aus Deutschlands Kämpfen 1914. Siebentes Bändchen. 1914 [im Folgen-
den: *Unsere Bayern II];*
Unsere Bayern anno 14/15. Dritter Teil. Langens Kriegsbücher. Geschichten
aus Deutschlands Kämpfen 1914/15. Fünfzehntes Bändchen. 1915 [im
Folgenden: *Unsere Bayern III*].
Die Titelbilder (vgl. Abb. 2) stammten von dem *Simplicissimus*-Zeichner
Eduard Thöny (1866–1950).
Im Umkreis von *Unsere Bayern* entstanden ähnliche Stücke, die nicht in die
Bändchen aufgenommen wurden: *Eine Stunde in der Münchner Bekleidungs-
hilfe.* MNN (Generalanzeiger), Nr. 66, 6. 2. 1916. *Kriegsbriefe.* MNN, Nr.
100, 25. 2. 1917.
Peter Benedix legte nach dem Tod Lena Christs eine Auswahlausgabe vor,
in der, »mit geringen Ausnahmen, nur die Vorgänge in der Heimat [...]
enthalten« (Benedix, S. 120) sind:
  Unsere Bayern anno 14. München: Albert Langen 1923.
Eine Auswahl erwies sich auch für die vorliegende Ausgabe als notwendig
(vgl. Bd. III. S. 432 f., 436 f.); hier wurden die folgenden Stücke nicht
aufgenommen:
aus *Unsere Bayern I*:
  Mobilmachung (S. 9–29)
  Mit Gott (S. 30–32)
  Bayern marschiert (S. 33–45)
  An den Feind (S. 76–92)
  Feuertaufe (S. 93–100)
  Die Radlerpatrouille (S. 101–106)
  Mit den »Leibern« nach Badonviller (S. 107–119)
aus *Unsere Bayern II*:
  Müchner Bilder [Abschnitte: Landwehr-Abschied (S. 7–12); Der Turner-
    landsturm (S. 13–20)].
  Flieger (S. 44–48)
  Flankenfeuer (S. 49–59)
  Die Erstürmung des Camp des Romains (S. 66–74)
  Allerhand aus Stadt und Land [Abschnitte: Im Hofbräuhaus (S. 75–77; Auf
    der Straße (S. 77–85); Im Dorf (S. 87–99); Im Lazarett (S. 99–106)]
  Im Schützengraben (S. 107–124)
aus *Unsere Bayern III*:
  Münchner Bilder [Abschnitte: Auf der Straße (S. 18–21); Die Metall-
    sammlung durch Schulkinder (S. 21–29)]
  Gesuch der Liebhartin um Gewährung eines Urlaubs für den Liebhart
    (S. 30–31).
  Aus dem Tagebuch des guten Heinrich von der Fuhrparkkolonne (S. 47–54)
  Im Badezug (S. 62–67)

Allerhand Patrioten (S. 77–81)

Die Ungedienten [Abschnitte: Die Nachmusterung (S. 82–90); Auf dem O. W. (S. 96–101)]

Der heulende Derwisch (S. 102–105). – Auch in: Simplicissimus 20, 1915, S. 320.

Den Gedanken zu einer Niederschrift und Sammlung von Erlebnissen während der ersten Kriegswochen reklamiert Peter Benedix für sich:

Die Lena griff diesen Gedanken lebhaft auf, und da der Verlag Langen gleichzeitig die Herausgabe einer Reihe solch kleiner Bücher erwog, kam die Sache zustande [...]. Wir hatten die Einnahme auch dringend nötig, war doch mit Kriegsbeginn alles, was mit Literatur zusammenhing, ins Stocken geraten. (S. 91)

Unsere Bayern wurde Lena Christs größter Publikumserfolg. Zur Neuauflage urteilte Josefa Metz in der *Frankfurter Zeitung (Nr.* 309, 25.4.1924) , diese »Skizzen [dürften] sich den besten in der deutschen Literatur anreihen«, und als der Langen Verlag 1942 den ersten Band neuerlich vorlegte, fand die Kritik »ein rundes, gut durchkomponiertes Bild der erregten Wochen des Kriegsausbruches 1914«, das aktuell genug sei (Joachim Günther, in: *Deutsche Allgemeine Zeitung,* Nr. 462/63, 27.9.1942). Beim ersten Erscheinen hatte die Kritik den Wert dieser Kriegs-Skizzen einer Frau bereits in der Authentizität der Schilderung gesehen: »Am unmittelbarsten wirken jene Bilder, die sie selber sah.« Sie gebe »Genrebildchen« aus dem »Leben der Daheimgebliebenen« (Schacht, 1916) und mache – wie der Berliner *Börsen-Courier* hervorhob – »den Krieg als Reflex in Spießerköpfen, Bauerngehirnen« anschaulich. Peter Benedix, der die Urteile des Berliner *Börsen-Couriers* zitiert (S. 120), hat die Echtheit des Mitgeteilten immer wieder betont; so seien die »Schilderungen der Frontkämpfe [...] auf Erzählungen von Verwundeten aufgebaut, die wir zum Kaffee geladen hatten, wo sie dann von ihren Erlebnissen im Felde berichteten« (S. 120; vgl. auch oben S. 354 f.). Zwar verzichtete Lena Christ im dritten Bändchen von *Unsere Bayern* auf den Aufruf, ihr weiteres authentisches Material mitzuteilen, doch wohl nur, weil der Zensor diesen im zweiten Band (im Hauptstaatsarchiv München, Abt. IV: Kriegsarchiv) mit einem warnenden Vermerk – »soll für diesmal noch unbeanstandet bleiben« – versehen hatte.

Das kritische Echo ist im übrigen ebenso einhellig wie stereotyp; noch in Benedix' Darstellung kehrt – ganz in der Phraseologie des durchschnittlichen Feuilletons um 1914 – das Lob »der elementaren Kraft der Darstellung« (S. 94) und jener Haltung wieder, welche *Regimentskamerad* (1916) als »goldener Humor« gepriesen wurde. Carl Busse hat in einer Besprechung der ersten beiden Bändchen für *Velhagen & Klasings Monatshefte* (29, III, 1914/15, S. 570 f.) auf engem Raum die Gemeinplätze umrissen, die sich in den übrigen, nachstehend in einer Liste zusammengefaßten Rezensionen immer wieder finden lassen. Busse spricht den Skizzen »dokumentarischen Wert« zu:

> Wenn man später einmal wissen will, wie es im ersten Halbjahr des Weltkriegs in München, ja in Bayern zuging, so wird man in höchster Lebendigkeit hier in diesen Büchern den Atem der Stadt und des Landes, den Rhythmus des gesteigerten Daseins, die Stimmung der Ausrückenden und Zurückbleibenden festgehalten finden. In den paar Dutzend Szenen gibt es einen einzigen Helden: das Volk. Es lacht und zürnt, opfert und kämpft, blutet und stirbt in vielen an sich gleichgültigen und namenlosen Vertretern. Mit keinem davon werden besondere Umstände gemacht, jeder ist nur das Glied einer Kette. Aber aus ihrer Gesamtheit tritt uns doch eben das Bild der Nation, die Ahnung ihrer Macht und Größe entgegen [...]. Daß Lena Christ selber in allen Fasern mit [dem Volk] verwachsen ist, braucht nicht gesagt zu werden. Wenn es anders wäre, könnte sie nicht in dieser Art wirken. [...] sie hat den Sinn für Humor, für den wundervollen Volkshumor, ohne den niemand an die Darstellung der Zeit gehen sollte. Es kommt ihr zugute, daß sie gerade die niederen bayerischen Volksschichten ausgezeichnet kennt und schon durch die Mundart ein gutes Stück der bajuwarischen Vollsaftigkeit in ihre Kriegsbilder hinüberretten kann.

Zum ersten Band ließen sich folgende Rezensionen nachweisen; einige davon legte Lena Christ während ihres Prozesses (vgl. S. 358 f.) zur Verteidigung vor.

Straßburger Post, Nr. 105, 13. 2. 1915
Der Regimentskamerad (München), Februar 1915, S. 13
Richard Rieß, in: *März* 9, 1915, S. 240
Richard Rieß, in: *Der Osten* 41, 1915, H. 3, S. 45
Norddeutsche Monatshefte 2, 1915, S. 111 f.
Roland Schacht, in: *Preußische Jahrbücher,* 160, 1915, S. 360 f.
Zum zweiten Band:
Erich K. Schmidt, in: *Börsen-Courier* (Berlin), 17. 10. 1915
Richard Rieß, in: *März* 9, II, 1915, S. 72.
Die schöne Literatur, 1915, Nr. 13, Sp. 182 f.
Zum dritten Band:
Hamburger Fremdenblatt, 29. 1. 1916
Der Regimentskamerad 6, 1916, S. 13
Richard Dohse, in: *Die schöne Literatur,* 1916, Nr. 13, Sp. 203
Hanna Gräfin von Pestalozza, in: *Nord und Süd,* Jg. 40, Bd. 156, 1916, S. 358
R. Schacht, in: *Preußische Jahrbücher,* 165, 1916, S. 170 f.

Die Wirkung dieser Veröffentlichungen blieb – gemäß der Absicht der Autorin – nicht auf den Literaturbetrieb beschränkt. Während der Beweisaufnahme im ›Fall Trombetta‹ konnte sie zudem begeisterte und verehrende Briefe von Feldsoldaten vorweisen und sogar etliche Schreiben des Hofmarschallamtes des Prinzen Rupprecht (als Beilage in der Prozeßakte). Auch in einer Soldatenzeitschrift wie *Aus Sundgau und Wasgenland* wurden ihre Skizzen nachgedruckt. Im Frühjahr 1915 hatte denn auch – laut Peter Benedix – das

> Bayernbüchlein auf seinem kleinen Siegeslauf die Landesgrenzen überschritten, in den Häusern der Münchnerstadt aber die höchsten Stiegen erklommen, am Ende sogar die Stufen des Thrones. Darum kam eines Tages ein Schreiben aus der Hofkanzlei an den Verlag Langen, die Verfasserin möchte sich im Palais Wittelsbach einfinden, da Seine Majestät sie kennenzulernen wünsche. [...] Die Lena machte sich also zur festgesetzten Stunde auf, klopfte an die Hoftür und wurde sehr freundlich empfangen. Der König meinte der leicht Befangenen gegenüber, sie solle nur reden, wie ihr der Schnabel gewachsen sei, grad als wäre sie daheim. Nach einigem Zögern tat sie das auch, und der König und die Königin fanden so viel Spaß an ihr, daß sie sie bald darauf zu Tisch luden. Da hat sie dann allerhand erzählt, von den Leuten der Münchnerstadt und von den Soldaten, manchen Scherz und manches Abenteuer. Es war ein sehr vergnügtes Mittagsmahl, und der König und die Königin lachten herzlich, nur die Hofdame, die dabeisaß, wurde bald rot, bald blaß. (S. 100 f.)

Am 7. Januar 1916 erhielt Lena Christ für ihre vaterländischen Verdienste das Ludwigskreuz.

S. 37 Kriegserklärung
Aus: *Unsere Bayern I,* S. 1–8.

S. 44 Allerhand aus der ersten Kriegswoche
Aus: *Unsere Bayern I,* S. 46–75. Dort die Abschnitte: Jung Bayern (S. 46–48); Ham Sie's schon gehört?... (S. 48–54); Die Wasserleitung (S. 54–61); Beim Automobilfang am Land (S. 61–68); Augenblicke (S. 69–75).
Wieder abgedruckt u. d. T.: *München in der ersten Kriegswoche in: Das Müchner Bilderbuch,* hg. v. Richard Rieß, München: Georg Müller 1919, S. 213–232. Die Wasserleitung wurde noch aufgenommen in: *Dichter der Heimat 6,* für die Schule hg. v. Georg Rummel und Michael Gebhardt, Bamberg: Buchner 1925, S. 58–62.

S. 69 Die »Viehparkkolonne«
Aus: *Unsere Bayern II*, S. 20–31; Abschnitt aus: *Münchner Bilder.*

S. 79 Im Dorfwirtshaus
Aus: *Unsere Bayern II*, S. 32–43.

S. 89 Es ist ein Schnitter...
Aus: *Unsere Bayern II*, S. 60–65.
Der Titel zitiert aus dem *Erndtelied,* das als »katholisches Kirchenlied« in
Achim von Arnims und Clemens Brentanos Sammlung *Des Knaben
Wunderhorn. Alte deutsche Lieder* (1806) aufgenommen wurde, den Beginn:
»Es ist ein Schnitter, der heißt Tod, / Hat Gewalt vom höchsten Gott.«
(Vgl. in Bd. III die komplementären Erzählungen S. 154 u. 159.)

S. 95 Allerhand aus Stadt und Land
Aus: *Unsere Bayern II*, S. 85–87. Abschnitte: Auf der Straße (S. 85–86); Im
  Dorf (S. 86–87).

S. 98 Münchner Bilder
Aus: *Unsere Bayern III*, S. 7–18. Abschnitte: Die Biernot (S. 7–8); Der
  Kaminkehrer (S. 8–10); Sieben um eine Mark! (S. 10–13); Brot- und
  Mehlkarten (S. 13–18).

S. 109 Weihnacht im Krieg
Aus: *Unsere Bayern III*, S. 32–37.

S. 115 Kriegsjahrmarkt
Aus: *Unsere Bayern III*, S. 38–46.

S. 123 Eine Kriegswallfahrt
Aus: *Unsere Bayern III*, S. 55–61.

S. 129 Die Lebensretterin
Aus: *Unsere Bayern III*, S. 68–69.

S. 131 Liebesbriefe aus dem Felde
Aus: *Unsere Bayern III*, S. 70–71.

S. 133 Die Siegesfahne der Totenpackerlies
Aus: *Unsere Bayern III*, S. 72–76.
Auch u. d. T. *Die Siegesfahne* in: *Simplicissimus* 20, 1932 (9. November),
S. 382.

S. 137 Um Feierabend vorm Quartier
Aus: *Unsere Bayern III,* S. 90–96. Abschnitt aus: *Die Ungedienten.*

Die Rumplhanni. Eine Erzählung

Lena Christ hatte zunächst eine dramatische Bearbeitung des *Rumplhanni*-Stoffes geplant (vgl. Bd. III, S. 378). »Als ich«, so erinnert sich Peter Benedix (S. 118 f.) an die Zeit als Offiziersaspirant in Landshut 1916,

> gegen Ende der letzten Märzwoche wieder einmal auf Sonntagsurlaub nach München kam, überraschte mich die Lena mit einer neuen fertigen Arbeit, die sie mir stolz auf den Tisch legte. Es war ein ländliches Theaterstück in drei Aufzügen mit dem Titel *Die Rumplhanni.*
> Ich setzte mich hin und las die Sache durch. Dann gab ich ihr das Stück zurück mit dem Wort: »Mist!«
> Das war nicht besonders höflich, aber deutlich. [...] Kein Wunder also, daß die Mutter dieser dreiaktigen Rumplhanni über mein hartes Urteil nicht erbaut, ja sogar gekränkt war, dann aber doch ihr neuestes Kind packte und wortlos in die Schublade warf.

Vorgeblich Ende April 1916, als sie Peter Benedix in seinem Landshuter Quartier besuchte, brachte Lena Christ »die beiden ersten Kapitel ihres neuen Romans mit [...] ich kargte nicht mit meinem Lob. Da noch eine zweite Schlafgelegenheit im Zimmer war, blieb sie eine Woche bei mir und schrieb während dieser Zeit die beiden folgenden Kapitel.« (S. 119) – »Nach Vollendung der vier ersten Kapitel«, so berichtet Benedix weiter, »blieb die Arbeit freilich liegen, und die Dichterin nahm sie erst wieder auf, als sie im Juli mit den Kindern aufs Land ging, und zwar abermals« – wie seit dem Sommer des Kriegsausbruchs – »nach Lindach bei Glonn«; die »beiden verfeindeten Höfe« gaben »viel Stoff« für den Roman (S. 86). Gerade in diesem Sommer trug sich dort »Verschiedenes zu, was sie unmittelbar nach dem Geschehen in den Roman aufgenommen hat«:

> Vor allem waren das jene Szenen zwischen der alten Kollerin, der Bäuerin und der Dienstmagd, die das Urbild der Rumplhanni ist und schon das Jahr zuvor auf dem Hofe war. In Wirklichkeit war sie rothaarig, doch hat die Dichterin nicht nur die Haarfarbe geändert, sondern auch wesentliche Züge ihres Charakters. [...]. Ebenso haben die Vorgänge zwischen dem Bauern, seinem Sohn, dem Simmerl, und der Magd keine wirklichen Geschehnisse zur Grundlage, sondern sind von der Dichterin erfunden, genauso wie die höchst originelle Figur der Wabn, der Großmutter der Rumplhanni. Eigenes Gut der dichterischen Phantasie sind ferner alle späteren Ereignisse, insonderheit die Übersiedlung der Rumplhanni vom Land in die Stadt. (S. 121 f.)

Aus dem Manuskriptfragment der *Rumplhanni* (Abb. 3).

Bei diesem neuen Buch der Lena Christ bekam der Verleger, Korfiz Holm,
vom fünften Kapitel an die Fortsetzungen erst im Satz zu Gesicht [...].
Da die Zeit drängte – das Buch sollte schon im Herbst erscheinen – ging
es nicht anders, und weil das Fertige bisher stets den Beifall des Verlags
gefunden hatte, erschien dieser Weg als der kürzeste und beste. Bemer-
ken muß ich hier, daß an der Urschrift, die in Fortsetzungen unmittelbar
in die Druckerei ging, von der Verfasserin so gut wie nichts geändert
wurde. (Benedix, S. 129)

Die Darstellung der Entstehungsgeschichte in Benedix' Buch entspricht
freilich nicht dem handschriftlichen Befund, den er ebenfalls selbst überlie-
fert hat. Denn aus einer frühen, vielleicht der ersten Arbeitsphase hat sich
ein Manuskript erhalten; Benedix hat es – vor seinem Namenswechsel
1933 und lange vor der Konzeption seines Buches – mit einem Titelblatt
versehen, es als ein »Bruchstück der ersten Niederschrift der *Rumplhanni*«
bezeichnet und es – entgegen seinen späteren, oben zitierten Angaben – auf
den Februar 1916 datiert.

Handschriftlich liegen damit die ersten drei Abschnitte (S. 145–S. 181,
Z. 11 v. u. dieses Bandes) vor; doch fehlen zwei Blätter der Handschrift
(S. 165, Z. 2 v. u. – S. 166, Z. 9 v. u. sowie S. 170, Z. 6 – Z. 2 v. u. dieses
Bandes). Die Abweichungen vom gedruckten Text sind in diesem Frag-
ment zumeist zwar unscheinbar, aber doch recht zahlreich. Sie könnten
wohl in den Fahnen eingefügt worden sein; Benedix' spätere Entstehungs-
chronologie legt freilich auch die Vermutung nahe, daß im April eine
weitere Fassung entstand, die dann als Druckvorlage diente. Jedenfalls
erlauben die Varianten der Handschrift Rückschlüsse auf Lena Christs
Absichten in der Leserführung und auf ihr Stilideal.

Vor allem der erste Abschnitt des Romans, die Szenen in der Schmiede
und im Wirtshaus haben sich vom dramatischen Dialog mit Szenenan-
weisungen noch kaum entfernt. Im Druck werden nur längere Dialog-
passagen durch kurze Sätze aufgelockert, die sich wiederum wie Regie-
anweisungen lesen, so S. 149, Z. 8 u. 12; S. 150, 7. – Auch später wird
der epische Gestus des Textes verstärkt; lakonische Passagen werden
um – charakteristische – Details ergänzt und damit zugleich ein weiter
ausgreifender, ruhiger Satzrhythmus geschaffen – wie im folgenden Beispiel:

Die Hanni kichert leise und packt den Simmerl beim Haarschüppel, ehe sie zur Alten hinaufsteigt.	S. 155, Z. 20 ff. Die Hanni kichert leise, packt den endslangen Bur- schen bei seinem rötlichen Haar- schüppel und wirft ihm das Hütl ins Gesicht, ehe sie zur Alten hin- aufsteigt.

Aber – da fährt er zusammen; grad
vor ihm stößt ein Weibsbild einen
unterdrückten Schrei aus und lehnt
sich in den hintersten Winkel der
Türnische.
»Was gibt's? Wer is da?« frägt
der Simmerl halblaut; im selben
Augenblick aber fährt ihm das Erkennen durchs Hirn: die Wirtsleni. –

S. 168, Z. 7–12: Aber – da fährt er
zusammen; – grad vor ihm stößt
eine Weiberstimm einen unterdrückten Schrei aus, – und jemand
lehnt sich in den hintersten Winkel
der Türnische.
»Was gibts? – Wer is da?« fragt
der Simmerl halblaut; – im selben
Augenblick aber fährt ihm auch
schon das Erkennen durchs Hirn:
Die Wirtsleni! –

Die Erzählung gewinnt an Breite; so wird die Erzähler-Motivierung des
Verhaltens der Rumplwabn hinzugefügt (S. 176, Z. 1–21), und auch die
Schilderung des bäuerlichen Alltags wird erweitert (S. 154, Z. 5 Jetzt
wendet – Z. 14; ähnlich S. 159, Z. 17–21 u. Z. 7–5 v. u). Gerade eine kleine
Änderung in diesen Passagen ist jedoch über das Stilistische hinaus sym-
ptomatisch für die soziale Wahrnehmung der Personen: Während bei der
Zuckerverteilung in der Handschrift einfach die Namen gereiht werden:
»drei der Bäuerin, zwei dem Bauern, vier dem Simmerl, vier dem Lisei,
zwei sich selber und eins der Hanni« – verdeutlicht die Druckfassung (Z. 8
v. u.): »und eins der Magd, der Hanni«. Und das Verhältnis der Hanni zu
der alten Kollerin, ihrer erbitterten Gegenspielerin, wird gleich beim
ersten Zusammenstoß verdeutlicht; denn nun münden die Reden der
Alten wie selbstverständlich in die Beschimpfung: »Lalln, dumme«
(S. 155, Z. 14). – Ein hinzugeschriebener Absatz im Gespräch des Hauser
mit seinem Sohn beleuchtet grell den gekränkten Bauernstolz des Alten
(S. 165, Z. 5 ff.), und die Charakteristik der Ödenhuber-Wirtin – auch sie
eine der imposanten unmütterlichen Mütter im Werk der Lena Christ –
wird durch die simple Reaktion der Küchendirn (S. 171, 19 ff.) noch
konturiert.

Personencharakterisierung und daraus resultierende Handlungsmoti-
vierung sind die inhaltlichen Ziele der Überarbeitung jener ersten Niederschrift.

Dort lautet der Absatz S. 145, Z. 8 v. u. – S. 146, Z. 2:

»[...] Guat Nacht aa.«

Und der Reiser gibt seinem Bräundl einen Tatsch mit der flachen Hand
und ruft: »Hüa, Alter! Zua, sag' i! Morgn gehts Frankreich zua!«

Daß der Auszug in den Krieg ins Leben des Dorfes eingreift, daß die
jungen Männer fehlen werden und einem ungewissen Schicksal entgegen-
gehen – dieses Thema schlägt die Druckfassung in dem überarbeiteten
Abschnitt bereits an. Auch die Emphase im Entschluß des Pauli zur

Freiwilligenmeldung wird deshalb etwas gedämpft; so heißt es im Schlußwort des Ödenhuber nicht mehr: »Bist a Prachtkerl, Pauli!« – sondern nur noch: »Na wünsch ich dir halt Glück, Pauli!« (S. 152, Z. 9) Und die halb unbewußten, sich überkreuzenden Motive des Pauli werden noch vor dem Dialog im Wirtshaus bereits angedeutet: S. 146, Z. 4 f. v. u. lautet in der Handschrift nur: »I wollt, i waar der vierzehnt.« Erst der Druck fügt bei: »Die ganz Arbeit ko mi jetz bald gern habn!«

Noch sorgfältiger ist an dem entscheidenden Gespräch zwischen Hanni und Simmerl gefeilt worden. In der Handschrift antwortet die Hanni auf die Ankündigung: »Jetzt hoaßts geh.« – sogleich heftig: »Und i steh da im Dreck...«; später folgt der schwächere Vorwurf: »Und hänga lassen!« Der Druck kehrt diese Abfolge um (S. 156, Z. 13 u. 7 v. u.). Vor allem in der heiklen Vaterschaftsfrage aber wird das Gespräch zum Porträt der Personen:

»Vo mir! ...«	S. 157, Z. 9–23: »Vo mir? ...«
»Vo wem denn? – Dees woaßt du guat selber...«	»Frag net so dumm! – Dees woaßt du guat selber!«
»Hanni, dees ko net sei...«	»I – Da bin i mir gar nixn...«
»Simmerl, mach mi net wild, sag i! Sinst geh i auf der Stell zu de Altn... Dees konnst dir na scho denka...«	»Aha. Möchst di weggaschraufa...«
»I sag ja nixn! ... I bekenn mi ja...«	»Und i sag, es ko net sei...«
	»Dees sagt a jeder.«
	»Da muaß scho a anderner...«
	Die Hanni fährt in die Höh: »Du! Mach mi net harbisch, sag i! – Sinst geh i auf der Stell zu de Altn...«
	»Hanni!«
	»Dees konnst dir nachher scho denka...«
	»Dees werst dir überlegn!«
	»Da überleg i gar nixn! I red ganz oafach!«
	Der Simmerl tappt ihrer Stimme nach.
	»I sag ja nixn, Hanni. – I bekenn mi ja...«

Ein treffender Dialektausdruck (»harbisch«) wird eingesetzt; das Zögern und Ausweichen des Simmerl, das berechnende Drängen der Hanni wird sorgfältig entwickelt, und um so glaubhafter wirkt das entscheidende Argument dieser ›Überflüssigen‹, die aber wenigstens stets die Worte für ihren Anspruch zu finden weiß: »I red ganz oafach!«

Zeichnungen Lena Christs im Manuskript der *Rumplhanni* (Abb. 4).

Den Sieg der Rumplhanni im Lebenskampf freilich schien Lena Christ ursprünglich nicht vorgesehen zu haben. Zwar mangelt ein Manuskript-Zeuge, doch hat Peter Benedix festgehalten, daß der Schluß, der zunächst wohl weniger optimistisch getönt war, geändert wurde. In den letzten Tagen des ersten Herbstmonds ging auch der neue Roman seinem Ende entgegen. Den Ausgang der Geschichte hatten wir, wie alles Vorhergegangene, gemeinsam besprochen, und ich hatte mich mit der Schlußwendung, die die große Erzählung nehmen sollte, einverstanden erklärt.

Doch habe auch er, so erinnert sich Benedix (S. 134) weiter, die Ausführung »erst im Satz, und zwar als vorletzten Korrekturbogen« kennengelernt.

Es gefiel mir nicht in dem Maße, wie ich's erwartet hatte, doch nun war es einmal gesetzt, und bei meinem sparsamen Sinn dachte ich nicht einen Augenblick an eine mögliche Änderung. Aber da protestierte Korfiz Holm, der den in zwei Abzügen hinausgegangenen Korrekturbogen gleichzeitig mit mir erhielt, als Verleger gegen diese Schlußwendung, die ihm noch weniger gefallen hatte als mir, und machte den großzügigen Vorschlag, den Bogen noch einmal neu setzen zu lassen, wenn die Dichterin sich entschließen könnte, den Text und damit den Ausgang des Romans in dem von ihm gewünschten Sinn zu ändern. Etwas verstimmt [...] erklärte sie sich schließlich dazu bereit und schrieb an einem Oktobernachmittag im Laufe von ein paar Stunden das Ende des Romans um.

Das fast vollständig erhaltene Manuskript, das in der Stadtbibliothek München verwahrt wird, diente offenbar als Druckvorlage.

Im laufenden, sauber geschriebenen Text finden sich nur wenige Korrekturen; gelegentlich grenzen – wie in der *Mathias Bichler* – Handschrift – Vignetten die Kapitel voneinander ab (S. 12,36,71). Der Text weist überdies, gegen das Ende zu, eine Lücke auf; nach der Passage S. 267: »Am Abend dieses Tages sagt die Hanni das erstemal zum Metzgerburschen: ›Lieber Hansl!‹« (S. 328, Z. 25 dieses Bandes) setzt die Erzählung auf S. 271 wieder ein: »und a guate Maß herrichten« (S. 330, Z. 24 dieses Bandes).

Der Roman, der im November 1916 erschien, war erfolgreich; »die erste Auflage von 4000 Exemplaren [war] schnell vergriffen« (von Gugel, S. 28). Das kritische Echo auf diese Neuerscheinung blieb jedoch gering; die Publikationsmöglichkeiten waren für die literarische Kritik während des Krieges stark eingeschränkt, und der neue ›Bauernroman‹ der Lena Christ wurde – wie hier von Fritz Baader (in: *Hamburger Nachrichten,* Nr. 572, 8. 11. 1918) – zwar freundlich, aber nur knapp und oft auch verspätet zur Kenntnis genommen. Lob für die Heimatschilderung spendeten Otto Kiefer in *Die Propyläen* (Nr. 30, 27. 4. 1917), Theodor Luecke in *Die literarische Welt* (Nr. 51, 9. 12. 1932, S. 8), Rudolf Fürst im *Literarischen Echo* (19, 1917, Sp. 1454) und Carl Thelen in *Die schöne Literatur* (1919, Nr. 15, Sp. 168). Carl Busse hatte in *Velhagen & Klasings Monatsheften* (31, II, 1917, S. 578 f.) anerkannt, wie ein »reiner Naturalismus« die »echte, ungebrochene Volkskraft« vorzuführen wisse, hatte dann jedoch die Annäherung an die »soziale Anklageliteratur früherer Jahrzehnte« in den Episoden um die Weinzierl-Familie gerügt. F. Stirius fand – im *Sammler* (Beilage zur *München-Augsburger Abendzeitung*, Nr. 34, 20. 3. 1917) – bei der ›bewährten‹ »oberbayerischen Erzählerin« wieder »alle Feinheit der echtesten Kleinmalerei«; doch werde man »ein Gefühl des Unbehagens nicht los […], wenn eine Frauenhand das Licht hält, das in Abgründe der geschlechtlichen Beziehung und in unheimliche Tiefen des erotischen Lebens hineinleuchtet«; Ludwig Thoma, an den ihn Lena Christ »sehr stark« erinnere, sei eben doch »realistisch«, Lena Christ aber »veristisch«. J. Sandmeier dagegen skizzierte in der Münchner *Allgemeinen Zeitung* (Nr. 4, 21. 1. 1917) die Entwicklung von Lena Christs Werk und betonte, »wie die Schreiberin sich wieder aus der bloßen, treffenden Anschauungsweise der Bayernbücher zu höherer Gestaltung zurückringt«. Während Fritz Baader Lena Christ nun lobend mit Thoma vergleicht und hervorhebt, wie sie mehr als er »auch als Künstlerin Mensch aus dem Volke« bleibe, stellt die *Zeitschrift für Bücherfreunde* (Beiblatt, N. F. 9, 1917, H. 2, S. 105) diesen neuen Roman in die Nachfolge von Anzengrubers *Der Sternsteinhof* (1885) und folgert: »Die neue Dichterin verliert dadurch nichts, ja ihr Naturmut erscheint dem des klassisch gewordenen Realisten weit überlegen« (vgl. Bd. III, S. 415, 425 ff.).

Im Jahr 1932 – auf das unermüdliche Werben des Nachlaßverwalters Benedix hin – schenkte Josef Hofmiller diesem Roman der Schriftstellerin, deren Erstling er so geschätzt hatte (vgl. Bd. I, S. 647 f.) und deren Werk er nach ihrem Tod verteidigt hatte, nochmals seine Aufmerksamkeit: Der Essay *»Die Rumplhanni« und ihre Dichterin* (in: *MNN*, Nr. 189, 14. 7. 1932) zeugt von Hofmillers verständnisvollem Eintreten für diesen Roman – orientiert an seinem Ideal ›süddeutscher Dichtung‹, ohne den Klischees des Heimatdenkens zu verfallen. Der Text soll deshalb – als ein bleibender Beitrag zum Verständnis von Lena Christs Schaffen in seiner Zeit – hier vollständig mitgeteilt werden.

»Die Rumplhanni« und ihre Dichterin
Von Josef Hofmiller

»Die Austragmutter schiebt in der kohlschwarzen Kuchel einen Büschel Reisig ins Ofenloch, entzündet einen dürren Span und hält ihn unter die Reiser, bis sie knistern und rauchen und brennen. Dann löscht sie den Span, legt ihn wieder hinters Ofenrohr zu den dürren Eierschalen und den Sandriegel, schürt etliche Prügel nach und stellt hüstelnd und seufzend die große Messingpfanne mit dem Kaffeewasser auf den Herd.«

Wieviel Brocken Zucker tut die Großmutter in den Kaffee? Der Bäuerin drei, dem Bauern zwei, sich selber auch zwei, dem Liesei vier, dem Simmerl, weil er in den Krieg muß, auch vier, die Hanni kriegt bloß einen.

Was für einen Schnaps mag die alte Wabe, die Mutter der Rumpelhanni? »Was für oan welchan, fragst? Ja – wart amal: heunt ham mir Mariä Schnee, da tuat oan der Kräuter nimmer weh, hoaßts. Sinst kunnt i ja aa an Zwetschbn trinka. Vorgestern hat ma Steffanie Auffindung gfeiert, und ma sagt: Nach der Auffindung von Sankt Steffanus macht oan da Zweschbn koa Bitternus.«

Jetzt ist die Hanni in der Münchner Stadt, draußen in der Au, in einer alten »Herberg«. Was ist ihre Morgenbeschäftigung? »Sie zieht die schreienden, zappelnden Würmer an, wäscht sie und striegelt ihnen das Haar, hilft der Großen ein Feuer anmachen, daß es knistert und kracht, und stellt den Hafen mit dem Kaffeesatz drauf. Dann nimmt sie den Melcheimer, auf dem noch ein Zettel klebt: Feinste Aprikosenmarmelade, und geht hinein in die Geißenkammer. Da liegt auf einem elendigen Lager ein bleicher Mann mit eingefallenen Wangen und fiebernden Augen, der flüstert heiser etwas Unverständliches, wobei ihn ein dürrer Husten plagt. Neben diesem Siechenbett steht ein alter Waschkorb, darin kriecht's und wurlt's, und es winselt ein Häuflein junger Hunde und krabbelt und sucht an der knurrenden Alten herum. Drunten am Fußende der Bettstatt ist ein Haufen Laubstreu aufgeschüttet, darauf liegt, an den Bettfuß gebunden, meckernd eine grobbeinige Geiß, die gleich aufspringt und nach ihrem Futter schaut.« ...

Morgenspaziergang in Stadelheim: »Kübel 'nei! Anstellen in den Hof! ... Wird's bald? Wollt ihr euch ordentlich anstellen da vorn? Marsch, vorwärts jetzt! – Das Gitter öffnet sich, stumm gehen die Paare hinaus ins Freie, in ein kleines Viereck mit hohen Mauern, etlichen knospenden Sträuchern und einem jungen Grasfleck in der Mitte. Die Paare lösen sich auf; eine hinter der andern, jede durch einen Zwischenraum von ihrer Vordnerin getrennt, so beginnt der Umgang: Abstand halten! – Was haben denn Sie zu gaffen? – Wer schwätzt da? – Sie, da hinten! Wissen Sie nicht, daß Winken und Zeichengeben verboten ist? – Nachgehen da drüben! – Abstand da herüben! – He da! Sie von Nummer 28! Was haben sie eben verhandelt mit Nummer 16?«

Sie weiß alles, diese Erzählerin. Sie weiß, wie es in der Küche beim Hauserbauern zugeht und beim Martlbräu. Sie weiß zu jedem Kalenderheiligen eine Bauernregel. Sie kennt die Herbergen in der Au und die Zellen in Stadelheim. Sie weiß, wie eine Wirtin mit ihrer Tochter grantelt, wie sie ein Küchenmädl einstellt, wie sie dirigiert bis sich die Speiskarte bei der Jakobidult glatt abwickelt; was man alles herrichtet, wenn fünfundsiebzig Landwehrleut von der sechsten beim Martlbräu Abschied feiern. Sie weiß, wie das Abendgebet der Hanni am Hochzeitstag lautet, nachdem sie, totmüd von ihrer Arbeit, spät in der Nacht das grüne Kranzl und den Schleier vom Haar löst: »Alsdann. In Gottsnam hab i angfangt. In Gottsnam tean ma weiter. Guate Nacht, Himmelvater, guate Nacht, Himmelmuatta, guate Nacht, Schutzengel. Amen.«

Sie weiß noch mehr. Sie blickt ihren Gestalten bis ins Innerste: keine Regung entgeht ihr, kein Verdacht, kein Spiel mit einem Gedanken. Die Heldin kennt nur ein Ziel: eine Heimat, ein eigenes Sach, Haus und Hof. Wer ihr das bietet, das ist ihr einerlei. Um zu diesem Ziel zu gelangen, bändelt sie mit jedem erreichbaren Burschen an; aber sobald sie merkt, mit dem ist es nichts, läßt sie ihn fallen. Sie hält die Männer zum Narren und ist in ihren Mitteln skrupellos: vorgetäuschte Schwangerschaft, Kindsunterschiebung, Unterschriftsbetrug – alles umsonst. Wer etwa solche Mittel übertrieben finden sollte, braucht nur die Rubrik Gerichtssaal in Provinzblättern aufmerksam lesen. Im Gegenteil, es ist bezeichnend: nur solang die Heldin nicht aus ihrem engen bäuerlichen Umkreis herauskommt, macht sie einen dummen Streich um den andern, ihr Glück mit List zu erzwingen; sobald sie in die große Stadt kommt, lernt sie mit der Wirklichkeit rechnen. Bei den Bauern bringt sie alles durcheinander. In der Münchner Vorstadt wird sie, ohne daß sie's will, ohne daß sie's merkt, ein ruhiger, guter Hausgeist: »Das Häusl draußen an dem Berghang wird allmählich hell und freundlich, die Kinder hängen an ihr, die Hunde springen ihr entgegen, die Geiß kennt sie, und der Todkranke macht zufrieden die eingebrochenen Augen zu, wenn ihm die Hanni die Kissen aufschüttelt und die Kammer hinausfegt.« Draußen geriet ihr alles falsch, in der Stadt gedeiht ihr auch das Schlimme zum Guten. Sie bleibt innerlich dieselbe, pfiffig, schlagfertig, resch, im Grund ein guter Kerl, fest bei der Arbeit, unverdrossen, immer auf der Paß nach ihrem Hochzeiter, bis sie ihn glücklich erwischt. Das Gespräch, das mit dem Verlobungskuß schließt, ist kostbar: Zuerst ist von nichts die Rede als von Fleisch wiegen, Zwiebeln schneiden, Gewürz richten, Kalbsnetz waschen, Milz und Bries stückeln, Wurstbraat rühren, Zitrone reiben, Petersil fein schneiden –

»Hannerl, hast jetzt du no gar koan Hochzeiter im Sinn?« – »Wo ham S'
denn an Pfeffer, Hans?« Das Gespräch geht weiter: »kann er a Frau ordentli
ernährn? ... Lebt dei Vater no, Hans? ... Und dei Muatta? ... Wia, hast's
Braat gsalzn? ... Wo hast dein Spagat? San die Netzln sauber? ... Is dei
Vater no aufm Gschäft? ... Wieviel Kalbshaxen soll i denn spalten?« Man
muß diesen Dialog in seiner ganzen Urwüchsigkeit lesen, bis zum Schluß.
»O du liabs Schaf« sagt er, und küßt sie frisch auf den Mund.

Ein urwüchsigerer, echterer Dialog ist in altbayerischer Mundart nie-
mals geschrieben worden. Wie redet der Wirt mit den Bauern? Wie nimmt
ein Bursch Abschied von seinem Mädel? Was wird unterm Essen am
Bauerntisch gesprochen? Wie bringt der Bursch dem Alten die brenzliche
Geschichte bei? Wie fertigt die Hanni einen zwidern Geizkragen ab?
Welche Sprüche macht der Eier- und Butteraufkäufer? Welche Sprüche
machen die Bauern beim Politisieren? Immer neue Situationen, immer
neue Dialoge, einer so echt wie der andere, keine tote Stelle, keine
überspitzte Pointe. Dieser Dialog ist so durch und durch bauernmäßig,
daß man an den bei Jeremias Gotthelf denken muß; er stammt nicht aus der
Beobachtung, und wäre sie noch so glänzend, er stammt aus dem Blut. Er
ist nicht erlauscht, er ist erlebt.

Die Geschichte selbst ist erlebt. Nicht nur, daß die Urbilder der
Gestalten erlebt, daß deren Namen heute noch als Haus- oder Schreibna-
men in und um Glonn zu finden sind, wie dies Peter Jerusalem, der
Entdecker und spätere Gatte der Lena Christ in der »Heimat« auseinander-
gesetzt hat (M. N. N. 4. Nov. 1931), nein, die Geschichte ist in einem viel
tieferen Sinn erlebt. Die drei Hauptwerke der Lena Christ sind fabulierte
Bekenntnisse. In den »Erinnerungen« erzählt sie ihr Leben mit einer
Aufrichtigkeit, die an Grausamkeit grenzt. Im »Matthias Bichler« (ihre
Mutter hieß Magdalena Bichler) übersetzt sie ihren Lebenslauf aus dem
Weiblichen ins Männliche, aus dem Dichterischen ins Bildschnitzerische
und verlegt den Schauplatz aus der Gegend von Glonn in die von Bayrisch-
zell; aber trotz dieser dreifachen Umschleierung des Autobiographischen
ist sie selbst deutlich erkennbar, ja sie hat vielleicht erst in dieser scheinba-
ren Maske den Mut gehabt, ganz sich selbst zu geben. In der »Rumplhanni« nimmt sie gewissermaßen den Faden da auf, wo er mit einer
unglücklichen Ehe in den »Erinnerungen« jäh abriß: wie wär' es gekommen, hätte sie es zunächst noch bei den Bauern ausgehalten, welche
Möglichkeiten wären noch zu erschöpfen gewesen? Diese Möglichkeiten
denkt sie mit schonungsloser Folgerichtigkeit zu Ende. Gut: auf dem Land
ist ihr der Boden zu heiß geworden. Bleibt nichts übrig als München:
entweder zugrunde gehen oder sich durchbeißen. Wiederum wägt sie die
Möglichkeiten ab und entscheidet sich dafür: Hanni soll aus der Schicht, in
der sie aufgewachsen ist, nicht heraus, aber innerhalb dieser Schicht soll sie

ihr Wunschziel erreichen; jedoch nicht ohne Hemmnisse und Fährlichkeiten. Zugleich fabulierend und über sich selbst Gericht haltend, denkt sie wieder Möglichkeiten, die in ihr selbst liegen, zu Ende. Daß auch das Gefängnis dabei eine Rolle spielt, ist nur ein Beweis für die Unbefangenheit, mit der sie sich selbst gegenübertritt. Sie ist sich bewußt, daß etwas in ihr steckt, das sie ins Gefängnis führen wird. Sie verschloß die Augen nicht vor dem Unberechenbaren, Unbeherrschten, Unlenkbaren, das in ihr lauerte. Sie schmeichelt sich selbst nicht; eher, daß sie diese Züge noch unterstreicht. Dafür verleiht sie ihren Helden, vor allem der Rumplhanni, eine unnachgiebige Zähigkeit, die ihr selbst versagt war. In Gedanken hat sie offenbar viele Fortsetzungen und Abschlüsse ihres eigenen Lebens durchgekostet, heitere und düstere. Sie wünscht wohl den guten Ausgang; aber wenn sie sich die Karten ihrer Eigenschaften schlägt, erschrickt sie vor dem unheilvollen. Die »Rumplhanni« ist, neben verschiedenen anderen, ein tapferer Versuch, ihr Dasein wenigstens in der Vorstellung bis zum Schluß eines bescheidenen Arbeitsglücks zu erleben. Dieses ihr Wunscherlebnis ist für die Erkenntnis dessen, was sie war, mindestens so aufschlußreich wie ihr tatsächliches. Vielleicht sogar beweiskräftiger. Denn während sie mit den wirklichen Tatsachen ihres Lebenslaufs in den »Erinnerungen« gelegentlich unbekümmert umspringt, stellt sie ihre Wunscherlebnisse in der »Rumplhanni« resolut in die Welt einer illusionslosen Wirklichkeit.

Bleibt noch von der besten Eigenschaft der Christ zu sprechen, die sich kaum sonst so zeigt wie in der »Rumplhanni«: ihrem Humor. Sie ist nicht spöttisch, sie ist nicht ironisch, sondern sie hat Humor, oder vielmehr der Humor hat sie, sie ist ohne ihn nicht zu denken. Er ist der Grundton dieses weiblichen Schelmenromans.

Seit Jahren hatte ich das Buch nicht mehr gelesen, da es völlig vergriffen war. Nun, da es der Verlag Albert Langen-Georg Müller endlich wieder auflegt, las ich es auf einen Sitz. Es strotzt von Lebenskraft. Sehr berühmte Werke werden daneben blaß. Es ist ganz unliterarisch. Ich verstehe, warum der verstorbene Werner Mahrholz schrieb, die Christ sei »rein dichterisch vielleicht neben Annette Droste das größte, stärkste, sinnlichste Talent unserer ganzen Literatur.«

ABKÜRZUNGEN UND SIGLEN

Ay – Karl Ludwig Ay, »Es wird aber nicht lange dauern, so wird das Volk aufständig werden«. Bayern im Ersten Weltkrieg, in: Unbekanntes Bayern. Politik, Staat und Kirche II, München: Süddeutscher Verlag 1980, S. 9–20.

Benedix – Peter Benedix, Der Weg der Lena Christ, 2. Aufl., München: Ludwig Bauer-Verlag 1950.

Deist – Wilhelm Deist, Militär und Innenpolitik im Weltkrieg 1914–1918, 2 Bde., Quellen zur Geschichte des Parlamentarismus und der politischen Parteien. Zweite Reihe: Militär und Politik 1/I u. II, Düsseldorf: Droste Verlag 1970.

Falk – Walter Falk, Der kollektive Traum vom Krieg. Epochale Strukturen der deutschen Literatur zwischen Naturalismus und Expressionismus, Heidelberg: Winter 1977.

Ganghofer – Ludwig Ganghofer, Eiserne Zither. Kriegslieder, Stuttgart: Adolf Bonz & Co. 1914.

Gebhardt – Bruno Gebhardt, Handbuch der deutschen Geschichte, 9. Aufl., hg. v. Herbert Grundmann, Bd. 4/I, Stuttgart 1973.

Goepfert – Günter Goepfert, Das Schicksal der Lena Christ, 3. Aufl., München: Süddeutscher Verlag 1989.

Keller – Ernst Keller, Nationalismus und Literatur. Langemarck, Weimar, Stalingrad, Bern: Francke Verlag 1970.

Keuler – Ulrike Keuler, Lena Christ: Möglichkeiten und Grenzen der Autobiographie, München (Magisterarbeit am Institut für Deutsche Philologie) 1987.

Lemp – Richard Lemp, Ludwig Thoma. Bilder, Dokumente, Materialien zu Leben und Werk, München: Süddeutscher Verlag 1984.

Mann – Thomas Mann, Gesammelte Werke in dreizehn Bänden. Band XIII: Nachträge, Frankfurt: Fischer 1974.

Mann, Briefe – Thomas Mann, Briefe 1889–1936, Frankfurt: Fischer 1961.

Mann, Tagebücher – Thomas Mann, Tagebücher 1918–1921, hg. v. Peter de Mendelssohn, 2. Aufl., Frankfurt: Fischer 1979.

MNN – Münchner Neueste Nachrichten.

Spindler – Max Spindler, Handbuch der bayerischen Geschichte, IV. Band: Das neue Bayern. 2 Teilbände, München: Beck 1974 f.

von Gugel – Adelheid von Gugel, Lena Christ. Leben und Werk, München, Diss. 1959.

Thoma – Ludwig Thoma. Ein Leben in Briefen (1875–1921), hg. v. Anton Keller, München: Piper 1963.

NACHWEIS DER ABBILDUNGEN

Frontispiz: Lena Christ, Photographie um 1911. Im Besitz von Frau Lena
             Dietz.
S. 350:   Kriegsheft der »Kritischen Rundschau«. Universitätsbibliothek
             München.
S. 363:   Lena Christ, »Unsere Bayern anno 14«. Einband der Erstaus-
             gabe 1914/15. Münchner Stadtbibliothek, Monacensia, P. Mon.
             10.
S. 370:   Original-Manuskript der Lena Christ: Bruchstück der ersten
             Niederschrift der »Rumplhanni«. Privatbesitz.
S. 374:   Vignetten von Lena Christ im Original-Manuskript (S. 12, 36,
             71) der »Rumplhanni«. Münchner Stadtbibliothek, Handschrif-
             tenabteilung, L 1763.

383

INHALTSVERZEICHNIS